L'HISTOIRE
EN
QUESTION

OUVRAGES DU MÊME AUTEUR

Chez le même éditeur

ALAIN DECAUX RACONTE, première série.
ALAIN DECAUX RACONTE, deuxième série.
ALAIN DECAUX RACONTE, troisième série.
ALAIN DECAUX RACONTE, quatrième série.
HISTOIRE DES FRANÇAISES, 2 volumes.
BLANQUI L'INSURGÉ.
LES FACE-A-FACE DE L'HISTOIRE.
DOSSIERS SECRETS DE L'HISTOIRE.
NOUVEAUX DOSSIERS SECRETS.
L'EMPIRE, L'AMOUR ET L'ARGENT.
LA CASTIGLIONE, *d'après sa correspondance et son journal inédits.*
LETIZIA. NAPOLÉON ET SA MÈRE, *couronné par l'Académie française.*
LES GRANDES HEURES DE VERSAILLES, *grande médaille d'or de la ville de Versailles.*
GRANDES AVENTURES DE L'HISTOIRE, *prix Plaisir de lire.*
OFFENBACH, ROI DU SECOND EMPIRE.
LES HEURES BRILLANTES DE LA CÔTE D'AZUR.
GRANDS MYSTÈRES DU PASSÉ.
GRANDS SECRETS, GRANDES ÉNIGMES.
HISTOIRE DE LA FRANCE ET DES FRANÇAIS AU JOUR LE JOUR, 8 volumes (en collaboration avec André Castelot, Jacques Levron et Marcel Jullian).

chez d'autres éditeurs

LE LIVRE DE LA FAMILLE IMPÉRIALE (en collaboration avec André Castelot et le général Kœnig) (Plon).
CET AUTRE AIGLON, le prince impérial (Presses Pocket).
L'ÉNIGME ANASTASIA (Presses Pocket).
LA CONSPIRATION DU GÉNÉRAL MALET (Presses Pocket).
LA BELLE HISTOIRE DES MARCHANDS DE PARIS (hors commerce).
LA MÉDAILLE MILITAIRE (épuisé).
LOUIS XVII RETROUVÉ (épuisé).

Théâtre

LES ROSENBERG NE DOIVENT PAS MOURIR (Librairie Académique Perrin).
DANTON ET ROBESPIERRE (*L'Avant-scène,* en collaboration avec Stellio Lorenzi et Georges Soria).

ALAIN DECAUX
de l'Académie française

L'HISTOIRE EN QUESTION

Iconographie de Janine Knuth

Librairie Académique Perrin
8, rue Garancière
Paris

ISBN 2-262-00272-X.

A FRANCE ET
ROBERT POURCHET

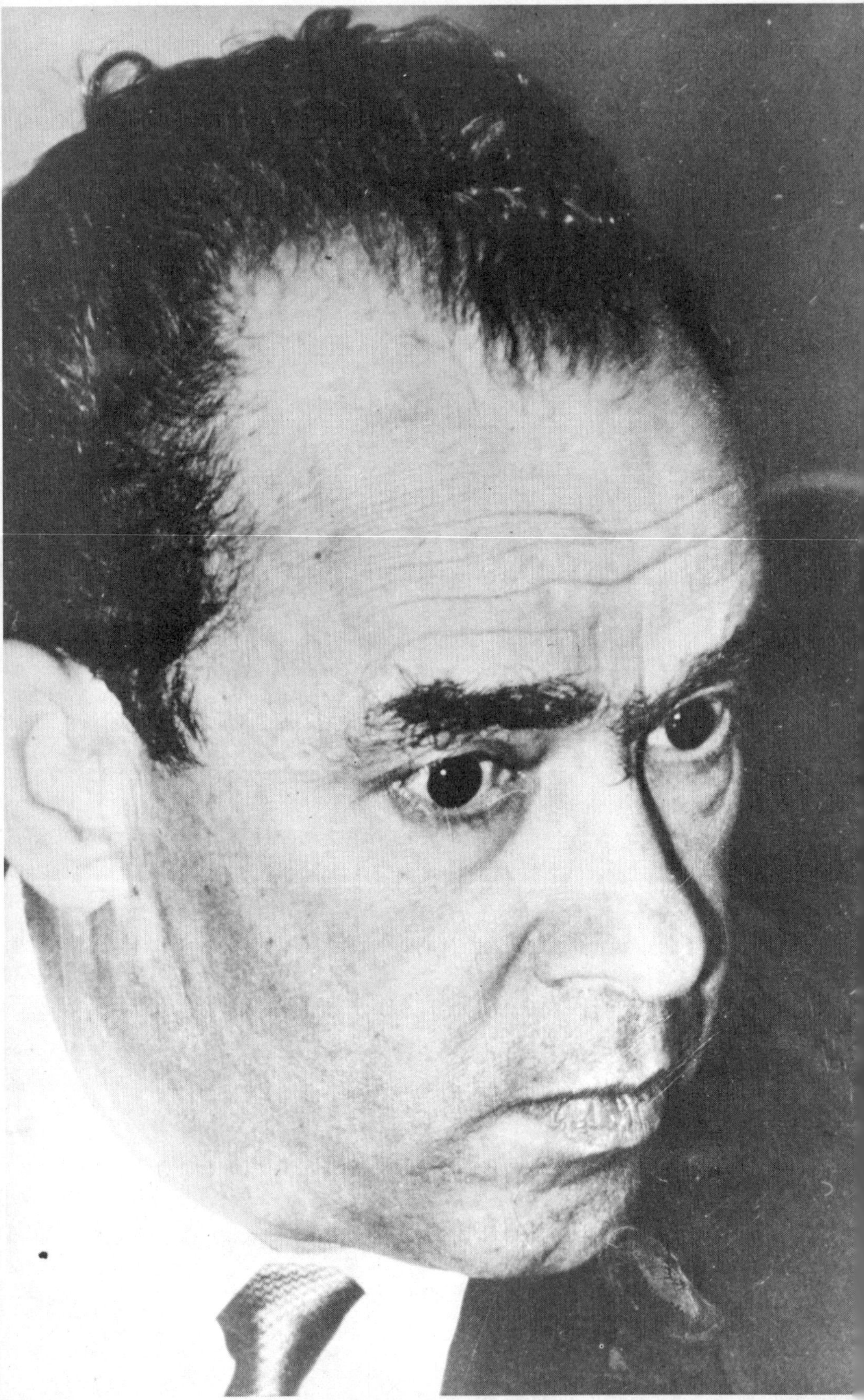

I

LES ASSASSINS DE BEN BARKA

Qui pourrait savoir que cette 403 noire, sur l'autoroute du Sud, est une voiture de la Préfecture de police ? A l'heure du déjeuner, le trafic — annonce la radio — reste « fluide ». La 403 noire roule vite, très vite. En ce temps-là, aucune limitation de vitesse ne ralentit son allure.

Rien de plus banal qu'une 403 noire. D'autant plus que les concepteurs du modèle ne se sont pas gênés pour s'inspirer des lignes de la Mercedes alors la plus répandue. Seulement, cette 403-là ne ressemble qu'en apparence aux autres 403 noires.

A l'intérieur, cinq hommes. Cinq hommes qui se taisent. Au volant, trapu, solide, cheveux gris, un policier : l'inspecteur principal Louis Souchon. Son voisin, petit et chauve, assis à la « place du mort », semble avoir peine à rester calme. Une pile électrique. Un policier, lui aussi ? Non. Mais un agent du S.D.E.C.E. — autrement dit : Service de documentation et de contre-espionnage. Personnage clé de l'affaire que nous allons évoquer, il s'appelle Antoine Lopez.

A l'arrière, trois hommes. A gauche, un certain Le Ny qui, pour avoir belle allure — celle d'un officier de carrière, disent ses amis — n'en demeure pas moins un truand professionnel. A droite, un policier — oui, encore — l'inspecteur Roger Voitot. Surtout, au centre, serré entre les deux premiers, un homme de petite taille, au teint légèrement basané, aux cheveux très noirs. Celui-là roule vers son destin. Dans quelques heures, il ne sera plus qu'un cadavre. Et ce cadavre fera vaciller sur ses bases le gouvernement du général de Gaulle.

◀ *Mehdi Ben Barka : enlevé à la veille de la Toussaint.* (Agip)

La France attend le week-end de la Toussaint. La veille, au Viêtnam, le Viêt-cong a détruit quarante-sept avions américains. En Indonésie, la chasse aux communistes a commencé. A Paris, le *Journal officiel* vient, ce matin-même, vendredi 29 octobre 1965, de fixer au 5 décembre le scrutin pour l'élection présidentielle.

Il s'achève, le premier mandat de Charles de Gaulle. Déjà, François Mitterrand s'est porté candidat de la gauche et Jean Lecanuet se présente au nom du M.R.P. et des indépendants européens. Nul ne doute que le général de Gaulle sollicitera de nouveau les suffrages des Français.

Cela, il ne faut jamais l'oublier : c'est en pleine campagne présidentielle que l'affaire Ben Barka va prendre son essor. L'*affaire*, comme on va dire pendant plusieurs semaines. Ce terme-là, tout au long de l'Histoire, les Français l'ont employé chaque fois qu'ils se sont trouvés devant un événement qui dépassait les limites du fait divers. Devant ce qu'ils considéraient comme une affaire d'État.

On saura très vite que l'affaire Ben Barka est une affaire d'État.

Qui était Mehdi Ben Barka ? Un Marocain. Un homme d'origine modeste. Par son intelligence hors de pair et un travail sans relâche, il a pu entreprendre et mener à bien des études supérieures. A l'âge de vingt-deux ans, en 1942, il enseignait les mathématiques et la physique au Collège impérial de Rabat. Parmi ses élèves — détail à ne jamais oublier — le jeune prince héritier, alors âgé de douze ans, le futur Hassan II.

Je n'ai jamais rencontré Mehdi Ben Barka. Mais, cependant que j'enquêtais sur l'affaire, j'ai interrogé tant de gens qui l'ont connu qu'il me semble — curieusement — avoir été moi-même de ses amis. Ce qui me frappe, c'est la chaleur avec laquelle on me l'a dépeint. Il était petit — et cette courte taille surprenait d'abord ceux qui le voyaient pour la première fois. Mais on l'oubliait, tant il donnait une apparence de solidité, d'équilibre. Au milieu d'un visage régulier, non sans beauté, sous l'épaisse masse de cheveux sombres, les yeux noirs vous fixaient avec une sorte d'intensité tranquille qui retenait l'attention et — toujours — suscitait l'intérêt.

Dès l'époque de la Seconde Guerre mondiale, Mehdi Ben Barka avait opéré son choix : il militait pour l'indépendance. On le vit, en 1943, parmi les fondateurs de l'Istiqlàl. En 1944, il cosigna le Manifeste de l'indépendance, ce qui lui valut sa première arrestation.

Ben Barka, jeune bachelier ès sciences.
(Éd. Robert Laffont)

Résultat : deux ans de prison à Rabat. Libéré, il continua son combat. Il sera de ceux qui négocieront, à Aix-les-Bains, avec le gouvernement français, au nom des indépendantistes, le retour au Maroc de Mohammed V, absurdement exilé quelque temps plus tôt.

Ben Barka croyait alors que la monarchie marocaine évoluerait fatalement vers le socialisme. Donc, il jouait le jeu de la monarchie. Il devint, en 1956, le président de l'Assemblée nationale consultative désignée par le roi. Une grande carrière politique lui semblait promise. Beaucoup le pensaient au Maroc. Pas seulement au Maroc. Mais décidément, le roi et le prince Hassan avaient choisi de s'appuyer sur la droite. Alors, Ben Barka et la gauche de l'Istiqlàl firent scission, créèrent, en 1959, un nouveau parti, l'U.N.F.P. : l'Union nationale des forces populaires. Ben Barka, naguère si choyé, devenait le « cauchemar du palais ». Conscient des risques qu'il courait, il préféra s'exiler à Paris.

Quand, en 1961, Mohammed V meurt, Ben Barka adresse de son exil à Hassan II un message d'attachement et de fidélité. Rien de plus vrai : entre le professeur et son ancien élève des liens subsistent, étroits, presque d'amitié, peut-être d'affection. Liens subtils et difficiles : Hassan II ne comprendra jamais que l'homme qu'il considère comme un ami puisse se muer en opposant. Si Mehdi Ben Barka place les idées et les principes au-delà des liens personnels, Hassan II, lui, n'est pas un homme d'idées. Il se veut avant tout pragmatique, efficace. De là, de la part de Hassan II à l'égard de Mehdi Ben Barka, d'étranges aller et retour de confiance absolue et de méfiance aiguë. Pour le moment, Hassan II vient de monter sur le trône du Maroc dans un véritable délire populaire. On attend tout de lui, on espère tout de lui. Le message de Mehdi Ben Barka a touché le jeune roi. Il rappelle son ancien professeur. Ben Barka rentre au Maroc, il est accueilli triomphalement. Il va tenter de réconcilier une gauche divisée. Son talent de négociateur sera souligné — avec esprit — par Jean Lacouture : « Ben Barka, c'est Lénine plus Edgar Faure. »

En 1962, le roi annonce un référendum sur le texte d'une nouvelle Constitution. Celle-ci ne satisfait pas Ben Barka ni ses amis. Ils décident de boycotter le référendum. Du coup, Mehdi sera victime d'un *accident* de circulation. Sa voiture est accrochée par une autre voiture et projetée sur le bas-côté de la route. Simplement, l'automobile qui a provoqué l'accident appartient à la police. Ben Barka sera grièvement blessé. Une vertèbre fracturée nécessitera d'abord le port d'un collier de plâtre, puis d'une *minerve*. Sans attendre d'être rétabli, Ben Barka préfère quitter le Maroc. Décidément, la sollicitude du pouvoir peut se révéler bien dangereuse. Loin de sa patrie, il se verra deux fois condamné à mort par contumace : d'abord, parce qu'il a stigmatisé l'absurde conflit algéro-marocain. Ensuite, parce qu'on l'accusera d'avoir participé à un prétendu complot contre la vie du roi.

1964 : « Jamais Ben Barka ne remettra les pieds au Maroc », confie Hassan II à Simone Lacouture.

Mais l'opposition marocaine, qu'on avait crue muselée, marque des points. En mars 1965, de sanglantes émeutes éclatent à Casablanca. Les quatre cent mille chômeurs de la ville s'en prennent à la police. Le général Oufkir, ministre de l'Intérieur, réprime sauvagement ce qu'il appelle une insurrection. On dénombrera plusieurs centaines de morts.

Hassan II réfléchit. Des événements comme ceux de Casablanca peuvent faire tache d'huile. Au sein du prolétariat de son royaume, une misère profonde frappe une grande majorité de citoyens. Jusque-là — peut-être par atavisme — ils se sont résignés. Qu'adviendrait-il si la gauche parvenait à donner à ce prolétariat la conscience de son sort véritable et à canaliser sa colère ?

Hassan II est un homme à l'esprit vif, prompt aux décisions. Il appartient à ce petit nombre de politiques qui, lorsqu'il le faut, ne redoutent pas de brouiller totalement leur jeu pour repartir sur des bases entièrement nouvelles. Après Casablanca, Hassan II décide de renouer avec l'opposition. En avril 1965, il prononce un discours — qui fait grand bruit — par lequel il accorde l'amnistie aux condamnés politiques marocains. Inutile de préciser que ces condamnés-là ne sont pas des gens de droite. Ben Barka, lui, vit toujours en exil. Nul mieux que Hassan II ne sait le rôle qu'il joue dans l'opposition et surtout qu'il peut être amené à jouer. La stature de Ben Barka a pris en exil ses réelles dimensions. Il serait exagéré de dire qu'il incarne à lui seul l'opposition. Mais, aux yeux des Marocains, l'image de Ben Barka s'identifie à celle qu'ils se font de l'opposition. Hassan II a compris qu'il ne renouerait jamais vraiment avec la gauche s'il n'obtenait pas le retour de Ben Barka.

Ici se pose une question dont nous verrons très vite qu'elle se révèle capitale. Pour quelles raisons précises Hassan II souhaite-t-il le retour de Ben Barka ? Est-ce seulement pour tenter de profiter de ses talents de négociateur ? Est-ce pour lui confier un ministère ? Est-ce même pour lui demander de présider le gouvernement ? Ou bien tient-il simplement à le garder à portée de main, à contrôler cette individualité de plus en plus redoutable ? Est-ce, d'une manière ou d'une autre, pour le mettre hors d'état de nuire ?

Un « accident » de voiture avait contraint Ben Barka à porter une « minerve ».
(Éd. Robert Laffont)

Quoi qu'il en soit, le roi a entamé les grandes manœuvres de la séduction. Elles vont loin, très loin. Le roi n'hésite pas à envoyer à Mehdi son cousin et beau-frère, le prince Moulay Ali. Le 25 avril, celui-ci rencontrera Ben Barka à Francfort. Les deux hommes étudieront les conditions d'un retour éventuel au Maroc du leader de la gauche.

Preuve qu'on lui a fait des promesses précises — vraies ou fausses — nous savons que, en juin, Ben Barka a étudié la création d'un gouvernement U.N.F.P. homogène qui, dès son arrivée au pouvoir, aurait fait voter d'importantes réformes et aurait passé avec le roi un contrat politique de deux années. Ben Barka a-t-il cru réellement que Hassan II consentirait à se dessaisir entre ses mains — fût-ce provisoirement — d'un pouvoir auquel il était démontré qu'il tenait tant ? Ben Barka demeure lucide. L'obstacle majeur — il s'en ouvrira au journal égyptien *Al-Ahram* — reste la présence autour du roi de certains militaires. Il les sait formés par le colonialisme et dans le colonialisme. Il se déclare intimement persuadé qu'ils s'opposeront — même par la force — à toute politique d'ouverture.

Il est bon que Ben Barka ait donné cette interview. Elle nous apparaît véritablement prémonitoire. Nous qui connaissons la suite ne pouvons nous empêcher de penser à un certain général Oufkir, ancien officier de l'armée française et qui s'est d'ailleurs couvert de gloire en Italie et en Indochine. Son visage brûlé au napalm en porte la trace indélébile. Nous aurons beaucoup à reparler d'Oufkir.

Les conditions posées par Ben Barka à son retour au Maroc et à son accession à un éventuel gouvernement ont pris le chemin de Rabat. Or Hassan II *les refuse*. Passant d'un extrême à l'autre — comme mû par le dépit, et peut-être par une certaine affectivité blessée — le roi met en sommeil le Parlement et se saisit de la totalité des pouvoirs. Sans tarder, on porte de nouveaux coups à cette U.N.F.P. avec qui l'on flirtait quelques semaines plus tôt.

Adieu au rapprochement ? Les opposants demeurés au Maroc — ceux qui restent libres et ceux que l'on a jetés en prison — ont abandonné tout espoir de conciliation. Etrangement, le seul qui croit encore à une possibilité de rapprochement, c'est, dans son exil, Mehdi Ben Barka. Le jour même de son enlèvement, le leader marocain dira à l'étudiant Thami El-Azemouri : « Il y a des propositions très positives du roi. C'est pour cela que je compte rentrer au Maroc. »

Nous nous trouvons ici en présence d'une contradiction de taille, mais qui tient à l'essence même des deux hommes : Hassan II et Ben Barka. Deux hommes imprégnés de culture arabe. Deux hommes qui, en politique, avancent leurs pions avec, inextricablement mêlées,

En ce temps-là le futur Hassan II et Ben Barka étaient amis. (Éd. Robert Laffont)

---

la prudence et l'audace, la provocation et la retenue. Deux hommes qui se connaissent bien et, par voie de conséquence, persistent à espérer l'un de l'autre ce qu'ils n'attendraient pas d'étrangers. Ben Barka sait parfaitement que toute entente avec le roi est devenue impossible, car Hassan II ne capitulera pas sur des principes qui ont été ceux de toute sa vie. Malgré tout, contre cette évidence, Ben Barka veut encore — de toutes ses forces — espérer.

C'est aussi de ce jeu, ambigu et serré, que va naître *l'affaire*.

Il nous faut parler ici d'un autre Ben Barka. En 1965, la presse française l'a trop souvent réduit au rôle de leader de l'opposition marocaine. Certes, il l'était. Mais, sur l'échiquier international, nous le découvrons d'une dimension combien plus considérable ! Peu à peu, dans l'exil, Ben Barka était devenu l'un des leaders du tiers monde. Il n'avait cessé de parcourir le monde, combattant non seulement pour l'indépendance de son propre pays, mais pour toutes les indépendances, luttant contre ce qu'il appelait l'impérialisme et notamment l'impérialisme américain. On le savait l'ami de Fidel Castro. Au cours de cette année 1965, son occupation quasi exclusive n'était autre que la préparation de la Conférence « des Trois Conti-

Ben Barka (au centre) à la Havane avec Fidel Castro. (Agip)

nents », autrement dit la Tricontinentale, qui devait se tenir à Cuba en janvier 1966. Pour la première fois allaient se réunir les peuples d'Afrique, d'Asie, mais aussi d'Amérique latine. Pour les amener tous à La Havane, Ben Barka avait dû vaincre des écueils que beaucoup de bons esprits croyaient insurmontables. Il s'était même rendu à Pékin pour tenter de convaincre les Chinois d'accepter la présence des Soviétiques à la Tricontinentale. Autant dire affronter l'impossible. Le mieux est qu'il y était parvenu !

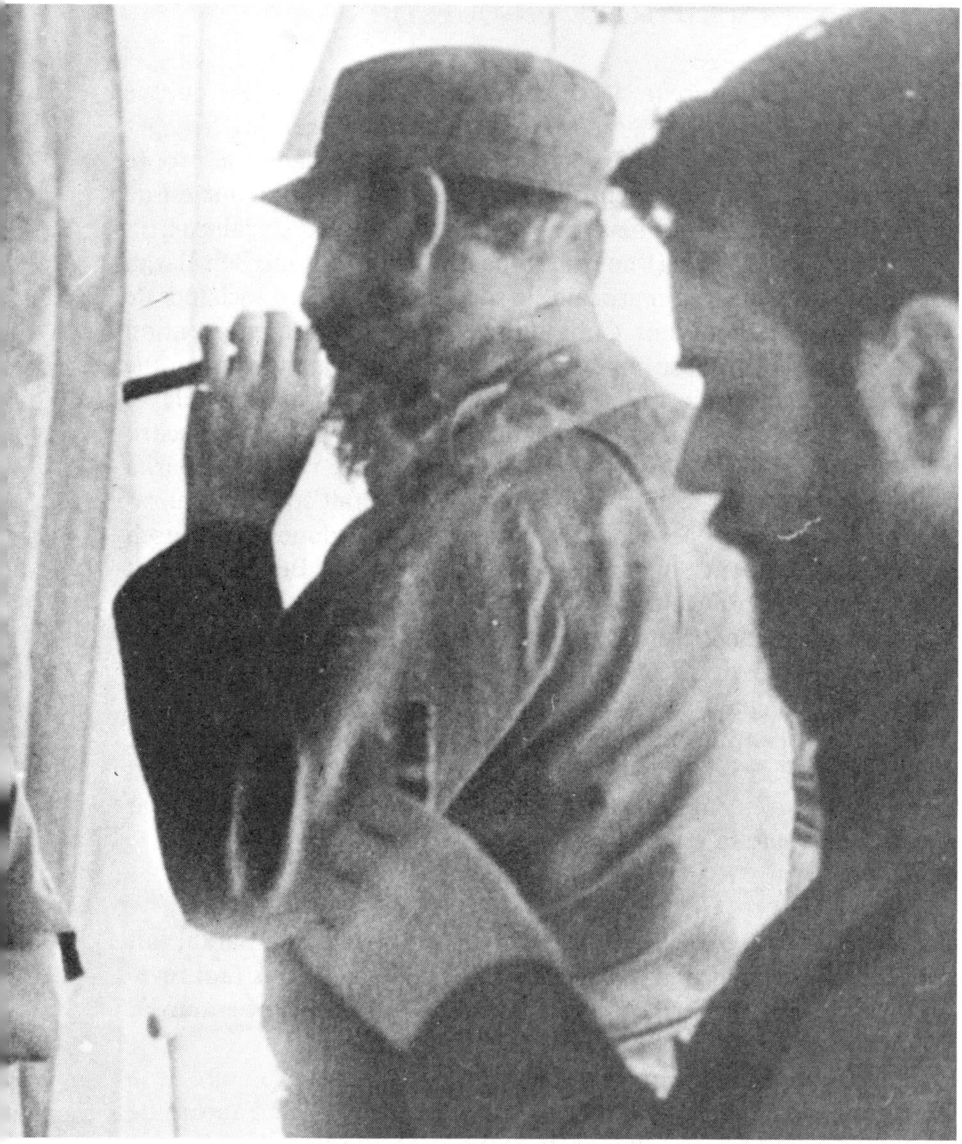

Fin septembre 1965, le voilà de nouveau à Cuba, où il retrouve Fidel Castro. Il a été élu président du comité préparatoire de la Tricontinentale. Bref, sans paradoxe, on peut dire que le Marocain qui, en 1965, joue le premier rôle dans la vie du monde n'est pas Hassan II, mais Ben Barka. Evidence que le roi du Maroc va naturellement ressentir comme une insulte personnelle. Avec colère, il a pris connaissance de ces articles qui, dans la presse des pays non alignés, encensent Ben Barka. Il connaît l'orientation de la future Tricontinentale. La présence des Chinois et des Soviétiques se passe à cet égard de longs commentaires. La Tricontinentale a choisi son camp. D'évidence, Hassan II n'appartient pas à ce camp-là, et son indignation se change en fureur. Décidément, ce Ben Barka n'est qu'une vipère réchauffée dans son sein ! Non content de diriger de l'étranger tous ceux qui lui sont opposés — à lui, Hassan — dans son propre pays, il anime un mouvement international dont le but avoué est de déstabiliser les Etats qui ne sont pas encore voués au socialisme.

La colère de Hassan II ne restera pas verbale. Puisque Ben Barka est toujours un citoyen marocain, le roi pense qu'il peut réclamer de Castro que le territoire de Cuba lui soit interdit. Cette intervention tout instinctive, quasi épidermique, Hassan l'appuie par une menace : si Ben Barka assiste aux réunions de la Tricontinentale, le Maroc achètera son sucre ailleurs qu'à Cuba. Impavide, Fidel Castro veut ignorer la demande et la menace. En octobre, voilà Ben Barka — infatigable — sur le chemin de l'Indonésie. Il fait étape en Tanzanie, quand une dépêche vient lui annoncer qu'en Indonésie un putsch a chassé le président Sukarno du pouvoir. Aussitôt, Ben Barka voit dans ce coup d'État la main de la C.I.A. Il n'a peut-être pas tort. Derechef, il dénonce l'impérialisme américain. Avec force.

Pas commode, décidément, ce Ben Barka. Et gênant. Et, aux yeux de certains, dangereux. Il devenait de plus en plus urgent de le mettre hors d'état de nuire. L'éliminer ? Certes on pouvait l'assassiner. Mais on pouvait aussi tenter de s'assurer de sa personne. Ce dont nous sommes seulement sûrs, c'est que la décision a été prise. Par qui ? C'est toute la question.

Pour essayer d'y voir clair — ce qui, dans l'affaire Ben Barka, fait penser souvent à un treizième travail d'Hercule — il nous faut revenir quelques mois en arrière. Précisément le 17 mai 1965. Ce jour-là, un certain Antoine Lopez arrive à Rabat.

Nous avons déjà rencontré Antoine Lopez. Dans la 403 noire de la Préfecture de police qui, le 29 octobre 1965, roulait sur l'autoroute du Sud. La voiture qui emmenait Mehdi Ben Barka vers le lieu où allait s'écrire la dernière page de son destin. Nous avons vu Antoine Lopez assis à l'avant à côté du chauffeur.

Nous allons désormais parler beaucoup d'Antoine Lopez. Pourquoi ? Parce que tout tourne autour de lui. Parce que, sans Antoine Lopez, il n'y aurait probablement pas eu d'affaire Ben Barka. Ce qui ne veut pas dire que Lopez soit coupable de la mort du leader marocain. Il jure tout au contraire qu'il n'y est pour rien. Et il n'est pas exclu que Lopez — même avec beaucoup d'apparences contre lui — soit une victime.

J'ai maintes fois rencontré Lopez. Au cours de conversations qui ont duré plusieurs jours, je lui ai posé une infinité de questions. Toujours, il y a répondu, parfois d'une manière satisfaisante, parfois sans emporter ma conviction. Je le revois, là, devant moi, petit, chauve, vif, volubile, ses yeux noirs fixés sur moi, tâchant de deviner à l'avance ma question — et y parvenant souvent. Il est né en 1924. Au moment de l'affaire, il avait quarante et un ans. Ceux qui l'ont connu m'ont dit que, déjà, son agitation perpétuelle amusait, parfois indisposait. Son plaisir ? Aller au-devant des désirs de son interlocuteur et les satisfaire parfois même malgré celui-ci. Il était partout, il voyait tout, il voulait tout savoir — et y parvenait. Une anguille, quelquefois un fâcheux. Mais sympathique. Il l'est resté. Même si les efforts démesurés qu'il accomplit pour capter votre confiance finissent quelquefois par se retourner contre lui.

Ce qu'il faut rappeler, c'est que, depuis l'*affaire,* Lopez a présenté plusieurs récits différents, voire contradictoires. On a même publié un livre sous son nom, qu'il renie aujourd'hui. Que le lecteur sache donc que lorsque je lui donnerai la parole, il trouvera ici le dernier point de vue de Lopez. Que ce lecteur sache aussi qu'à la suite de ces entretiens, je reste pour ma part convaincu que Lopez *n'a pas tout dit.*

Antoine Lopez est fils d'un commerçant d'origine espagnole. Il en a souffert. Il m'a affirmé être entré au service de contre-espionnage français dans le seul dessein de servir. De prouver aux autres — et peut-être à lui-même — qu'il était non seulement un Français à part entière, mais mieux que cela. En 1948, il entre à Air France comme agent commercial. De 1954 à 1956, on l'affecte, en qualité de chef de trafic, à l'aéroport de Tanger. Antoine Lopez aime qu'on l'aime. Alors, il rend service. Il se fait beaucoup d'amis marocains. Parmi ceux-ci, un certain Oufkir, officier français appelé, après l'indépendance, à une grande carrière.

Important, le séjour de Lopez à Tanger. Peut-être n'y aurait-il pas eu d'affaire Ben Barka s'il avait été affecté ailleurs. Un jour, sur l'aéroport, des hommes font irruption, hors d'haleine, en escortant un autre. En toute hâte, ils s'adressent à Lopez, lui disent que l'homme qu'ils accompagnent est un officier du S.D.E.C.E. que poursuivent les Espagnols. Ils seront là dans un instant, les Espagnols. Il faut sauver l'officier. Que peut faire Lopez ? Aucune hésitation de sa part : il fait embarquer sur-le-champ l'officier dans un avion qui décolle. Floués, les Espagnols. Lopez apprendra que cet officier était au Maroc pour organiser, contre les activistes de l'indépendance, le contre-terrorisme. Il travaillait en collaboration étroite avec un personnage douteux mais célèbre : Jo Attia, truand éminent.

Antoine Lopez : le personnage-clé de l'affaire. (Tallandier)

Voici que nous pénétrons dans une zone d'ombre qui va envelopper toute l'affaire Ben Barka. Nous nous apercevons que, dès cette époque, différents services français ne craignent pas de faire appel à la collaboration de gangsters mal repentis. Ce n'est qu'un début.

L'important est que Lopez vient de nouer son premier contact avec le S.D.E.C.E. Il a rendu service, dans des conditions qui ont plu. En haut lieu, on s'est dit que cet homme-là ferait éventuellement un « honorable correspondant » de qualité. Quand Lopez sera nommé à Orly — il y deviendra chef d'escale — l'un des officiers du S.D.E.C.E., Marcel Le Roy-Finville, saura s'en souvenir. Mais, au S.D.E.C.E., on n'engage pas un collaborateur nouveau sans procéder à une enquête approfondie. Favorable, cette enquête. Aux propositions qui lui ont été faites, Lopez a répondu sans hésitation et d'une manière plus que satisfaisante. En tant « qu'honorable correspondant », il va désormais rendre de grands services. Son chef, Le Roy-Finville — qui pourtant aujourd'hui ne le porte pas dans son cœur — écrira qu'après le recrutement de Lopez à Orly, le dispositif du S.D.E.C.E. a fonctionné mieux que jamais. Soyons au moins sûrs d'une chose : Antoine Lopez est un excellent agent du contre-espionnage.

Cette collaboration pourrait se poursuivre longtemps, et à la satisfaction générale, si Lopez n'éprouvait une nostalgie du Maroc. Certainement, il y avait passé la plus belle époque de sa vie. Son ambition : devenir directeur de Royal Air Maroc, la compagnie officielle du nouvel État. Apparemment, Lopez vise haut. Après tout, un chef d'escale n'est qu'un cadre moyen. Viser la direction d'une compagnie comme Royal Air Maroc paraît un rêve démesuré, inaccessible. Ce n'est pas l'avis de Lopez. Le général Oufkir, devenu ministre marocain de l'Intérieur, s'est déclaré acquis à une telle nomination. Il faut savoir que Lopez se rend souvent au Maroc et que, là, il loge chez le général Oufkir. Son ami. Un détail : Oufkir tutoie Lopez.

Or nous savons que, le 17 mai 1965, le général Oufkir et Lopez se sont rencontrés.

Première question : qu'a dit Oufkir à Lopez le 17 mai 1965 ?

Lopez est revenu à Paris. Aussitôt, il a adressé son rapport au S.D.E.C.E. Car Lopez n'oublie jamais qu'il est un « honorable correspondant ». Dès qu'il capte une information dont il pense qu'elle peut intéresser le service du contre-espionnage, il fait un rapport écrit ou verbal. Cette fois, ce qu'il annonce apparaît fort intéressant. Il fait savoir que, décidément, le roi Hassan II a résolu de se rapprocher de Ben Barka. Lopez insiste sur les difficultés intérieures du Maroc et sur la nécessité pour Hassan II de « récupérer » Ben Barka. Dans quel dessein ? Nous nous sommes déjà posé la question. Pour Lopez, la réponse semble évidente. Afin de se concilier l'opposition, le roi fera de Ben Barka un ministre. Lopez déclare même à Le Roy-Finville, son « officier traitant » :

— Ils ont tellement besoin de Ben Barka qu'ils seraient capables de mettre Brigitte Bardot dans son lit, si cela pouvait inciter Mehdi à rentrer...

Le plus curieux, c'est qu'au moment où Lopez fait son rapport, il n'appartient plus officiellement au S.D.E.C.E. L'usage de stupéfiants prenant en France une extension redoutable, le Premier ministre Georges Pompidou a décidé d'intensifier la lutte contre les trafiquants. On a souhaité que le S.D.E.C.E. mît l'un de ses agents à la disposition de la brigade des stupéfiants.

C'est Lopez que l'on a désigné. Lopez qui va donc désormais travailler avec l'inspecteur Souchon, un as en la matière. Et qui va rendre, du propre aveu de celui-ci, des services inestimables.

Lopez, lui, ne se considère pas comme exclu du S.D.E.C.E. A Orly

— et ailleurs — il reste en mesure d'enregistrer des informations de toute sorte, certaines de la plus grande importance, et qui ne concernent en aucune façon la brigade des Stupéfiants. Pourquoi garderait-il ces renseignements par-devers lui quand il peut en faire bénéficier le S.D.E.C.E. ? Le service semble avoir partagé l'avis de Lopez. D'où le rapport du chef d'escale sur sa rencontre du 17 mai avec Oufkir.

Le colonel Marcel Le Roy-Finville, chef du Service 7 (recherche de renseignements) au S.D.E.C.E., recueille avec attention les révélations de son « honorable correspondant ». Il les juge si importantes qu'il les fait enregistrer dans un rapport officiel, codé, microfilmé, microfiché. Ce texte est transmis à la hiérarchie du S.D.E.C.E. On peut y lire ces lignes sur lesquelles on n'a pas fini d'épiloguer :

« Oufkir n'a pas hésité à confier à Lopez le désir des dirigeants marocains de mettre fin à la position de Ben Barka suivant des procédés non orthodoxes. »

Question : est-ce pour en faire un ministre que l'on récupère un homme par des moyens non orthodoxes ?

Ce que nous savons aujourd'hui, c'est que, au moment même où Lopez informe Le Roy-Finville, l'opération de *récupération* est engagée.

A la mi-avril, un certain Chtouki arrive à Orly. D'après son passeport, il se nomme Larbi Chtouki. Mais à la direction de la Police, à Rabat, il est connu comme Miloud Chtouki, né à Casablanca en 1938. Il semble avoir fait partie des brigades spéciales marocaines chargées de la répression des menées politiques. Il a été nommé commissaire de police au début de 1965. A ceux qui s'étonneraient de voir un si mince personnage, un policier subalterne, chargé d'une aussi importante mission, il faut rappeler que Chtouki fait partie de l'entourage du général Mohammed Oufkir, ministre de l'Intérieur, et d'Ahmed Dlimi, directeur général adjoint de la Sécurité nationale. En outre, il faut citer une note du S.D.E.C.E. adressée au juge d'instruction du procès Ben Barka : « Chtouki serait le pseudonyme d'un commissaire de police des brigades spéciales dont le véritable nom serait Chafik ». En tout cas, qu'il soit Chtouki ou Chafik, c'est Lopez qui l'accueille à Orly, comme il a pris l'habitude d'accueillir tous les Marocains qui touchent au pouvoir chérifien.

◀ *Le général Oufkir : ministre marocain de l'Intérieur et ami de Lopez.* (A.F.P.)

Ce Chtouki a reçu une mission précise. En ce qui concerne Ben Barka, il doit passer aux actes. Pour ce faire, il va rencontrer un certain Philippe Bernier.

Attention ! voilà l'un des personnages essentiels de l'*affaire* qui entre en scène. Philippe Bernier est journaliste. En 1965, il a trente-cinq ans. Quand je l'ai rencontré en 1981, ce qui m'a étonné le plus, c'est de le trouver physiquement quasi inchangé. Abondamment photographié à l'époque, je le comparais avec ces images vieilles de seize ans et je lui trouvais le même visage tendu, mobile, comme aux aguets, le même regard vigilant, les mêmes cheveux très noirs, avec cette mèche qui, sans cesse, lui tombe sur les yeux et qu'il chasse d'un geste impatient. En 1965, il pouvait arguer d'une carrière bien remplie. Et presque entièrement axée sur l'Afrique du Nord. Le curriculum vitae qu'il m'a remis fait état, de 1953 à 1956, de ses fonctions de producteur, puis de directeur des programmes à la *Radiodiffusion marocaine*. Puis, de 1957 à 1959, de reporter et présentateur au journal parlé de la R.T.F., d'envoyé spécial de celle-ci et de *Combat* en Algérie. De fondateur et de directeur, de 1960 à 1962, de l'agence U.A.P. (Union africaine de presse).

Donc, le revoilà en Afrique du Nord. Il va même participer aux préliminaires des négociations franco-algériennes et deviendra, en 1962, le porte-parole du président Farès à Rocher-Noir, chargé de mission à l'exécutif provisoire algérien.

Un journaliste, donc, mais un journaliste très spécialisé. Parmi les personnalités qu'il a approchées de très près figure Mehdi Ben Barka. Philippe Bernier s'est toujours dit l'ami de Ben Barka. Il a abondamment confirmé cette amitié au moment de l'*affaire*. Il est revenu sur elle en 1981, affirmant même avoir veillé sur la sécurité de Mehdi au Maroc, à un moment où celle-ci était compromise. Ce qui reste certain, c'est que Philippe Bernier connaît très bien Ben Barka. Et Chtouki — l'envoyé du général Oufkir — le sait.

Chtouki est venu proposer à Bernier de l'argent — beaucoup d'argent — pour l'inciter à convaincre Mehdi Ben Barka de rentrer au Maroc. Faute de quoi il serait enlevé et échangé à Alger — où il doit se rendre bientôt — contre un opposant algérien, le colonel Saddok, réfugié au Maroc.

Chtouki obtiendra trois rendez-vous de Bernier. Il lui offrira successivement dix, puis vingt, puis trente millions — car les deux hommes parlent en anciens francs. Question : pourquoi Bernier, ami de Ben Barka, accepte-t-il d'écouter Chtouki qui en veut visiblement, sinon à la vie du leader de l'opposition marocaine, du moins à sa sécurité ? Le journaliste s'en est expliqué plusieurs fois et longuement : il voulait percer l'intrigue qu'il voyait se développer. Il voulait pouvoir avertir à temps Ben Barka. Et il est *vrai* qu'il a prévenu le frère de Ben Barka, Abdel-Kader. Et il est *vrai* qu'il a fait connaître au colonel Saddok la menace qui pesait sur lui. Lequel Saddok a aussitôt sauté en avion et gagné Paris. Échec à Chtouki. Bonne note pour Bernier.

Mais Chtouki ne renonce pas. Oufkir lui a confié une mission. Il entend la mener à bonne fin. Il cherche donc un autre moyen d'approcher Ben Barka.

Précisément, il est en rapport avec un truand sur le retour, mais de vaste envergure. Il s'appelle Georges Boucheseiche.

Nous voici en présence d'un nouveau personnage essentiel de l'affaire. Ce qui va nous conduire à devoir parler de truands. Désormais, dans notre histoire, ils seront là, omniprésents, mêlés à tout. Leur rôle nous apparaît à la fois d'une triste clarté et sur plusieurs points totalement voilé d'ombre.

Ils sont accablants, les renseignements fournis sur Georges Boucheseiche à l'instruction par la mairie de Fontenay-le-Vicomte et la gendarmerie de Mennecy : « Ex-lieutenant de Pierrot le Fou, tenancier de maison de tolérance rue Blondel, objet de nombreuses condamnations, élément marquant de la pègre, fréquentations des plus douteuses, notamment au *Relais fleuri* à Mennecy, individu dangereux, a toujours vécu d'expédients, entouré de truands. » On ne saurait mieux dire et l'on dit bien. Boucheseiche a été condamné à un an de prison en 1954, pour complicité de recel de cadavre, à sept ans de travaux forcés en 1957 pour vol qualifié. Pour le moment, il se contente de vivre de la prostitution. Son hôtel de la rue Blondel n'a pas d'autre raison d'exister. Mais Boucheseiche écoute les conseils de notre ministre des Finances : il exporte. Il possède au moins un établissement du même genre au Maroc et se préoccupe d'en installer d'autres dans le même pays.

De toute éternité, la prostitution et la police ont « voisiné ». La force des choses. Au Maroc, Boucheseiche a noué de nécessaires contacts. Il a « arrosé » certains policiers de haut rang. Non point que ceux-ci ignorent son passé. Ce serait plutôt au contraire un argument pour faciliter les choses. Ici, on manœuvre en terrain connu. Les policiers savent pertinemment que, d'un tel homme plus peut-être que d'autres, on peut espérer attendre de « petits services ».

C'est donc dûment informé que Chtouki va s'adresser à Boucheseiche. Il faut que nous regardions le truand tel qu'il apparaît sur les rares images qui subsistent de lui, à travers ce que ses amis ont dit de lui : un gros homme râblé, au visage rond, au front bas sous une épaisse masse de cheveux sombres, dont la graisse envahissante n'a pas annihilé les muscles redoutables.

Question de Chtouki à Boucheseiche :

— Pouvez-vous me trouver un homme qui pourrait approcher Ben Barka ?

Approcher, en effet. Mais ici le mot n'apparaît-il pas comme un euphémisme ? Chtouki sait parfaitement à quel *milieu* appartient Boucheseiche. L'homme qu'il souhaite qu'on lui procure, il peut prévoir très exactement d'où il viendra. Il paraît n'y avoir vu aucun inconvénient. Au contraire.

Et Boucheseiche trouve. Un certain Georges Figon. Un truand, bien entendu. Cette fois, tous les personnages de premier plan de *l'affaire* ont fait leur apparition. Ils sont en scène : Oufkir, Lopez, Chtouki, Bernier, Boucheseiche, Figon. Cela fait beaucoup de noms. Beaucoup de personnages. Mais c'est cela l'affaire Ben Barka. Une foule de gens mêlés à une sale histoire. A des titres divers — pour certains à leur corps défendant — ils vont conjuguer leurs efforts pour faire d'un homme bien vivant un cadavre.

En vérité, le dernier, Georges Figon, nous apparaît doté d'une originalité assez fracassante. Un type assez rare de truand, le voyou de bonne famille. Mince, provocant, une petite moustache, des lunettes. Il est fils d'un inspecteur général de la Santé publique. A dix-neuf ans, à la suite d'une agression, il est arrêté pour la première fois. Pour lui épargner la prison, son avocat obtient une expertise psychiatrique. Résultat : il est interné pour trois ans à l'hôpital Henri-Colin, à Villejuif. Il dira y avoir été abominablement traité. Il va s'y lier d'amitié avec deux vedettes du milieu : René Girier, dit René la Canne, Émile Buisson, baptisé par la presse l'ennemi public n° 1.

C'est fait : il est intégré au milieu. A peine libéré, il vole. Repéré par des policiers, il tire sur eux, visant au sol il est vrai. A son procès, il affirmera qu'il n'a voulu qu'intimider ses poursuivants. L'avocat général soutiendra que c'était « pour les atteindre par ricochet ». Au procès, Figon plastronne, provoque. Quand, après la plaidoirie, le président Jadin lui donne la parole, il lance, avec un dédain mêlé de mépris :

— Quoi ! l'avocat général Turlan demande des travaux forcés ? Mais il n'est pas assez sévère. Je suis coupable ou non. En tout cas, moi, je vous dis que je n'ai pas eu l'intention de donner la mort. Et je vais plus loin que mon avocat, je vais vous demander le sursis. Tout le monde sait qu'une condamnation ne sert à rien pour se redresser. Si je cherche un emploi, on me « virera » comme un malpropre. Un mot encore, je vais vous dire pourquoi je me suis défendu comme je l'ai fait, en dépit des conseils de mon avocat : j'estime plus normal de me présenter sous mon vrai jour. Vous serez en mesure de me juger. Je n'ai pas besoin de boniment ni de chansonnettes. Je saurai tout à l'heure si aux assises il convient de jouer la comédie ou d'être franc !

Vingt ans de travaux forcés.

En fait, il restera douze ans en prison. Il sera remis en liberté le 9 janvier 1962. Peu de temps après sa libération, Pierre Desgraupes, pour l'émission de télévision *Cinq colonnes à la une,* recherche un prototype de voyou. Ses collaborateurs lui amènent Figon. Il existe, chez le personnage, un aspect exhibitionniste évident. Non seulement Figon ne se dérobe pas à l'interview, mais il va s'y prêter complaisamment. Je l'ai revue, cette interview, en 1981. Les téléspectateurs d'Antenne 2 avec moi. Difficile d'oublier cette silhouette à contre-jour, cette ombre si expressive d'un homme mince et cynique. Violemment, il répudie la morale chrétienne. Il ne croit pas au remords : durant ses longues années de prison, il n'a jamais vu un assassin qui en ait éprouvé. Il dénonce la société, affirme ne croire à aucune des règles dont elle enseigne l'usage. Desgraupes lui demande :

— Il y aurait deux cents millions dans cette pièce, vous les faucheriez ?

Figon regarde autour de lui. Un studio, cela grouille de techniciens. Il répond :

— Vous êtes beaucoup...

Desgraupes saisit la balle au bond :

— Je serais seul avec vous, vous m'assassineriez pour deux cents millions ?

— Bien sûr.

Pour finir, Desgraupes lui demande, maintenant qu'il est libre, ce qu'il va faire. Figon se montre évasif, il va chercher un boulot, oui. Il a besoin de pognon. Il emploie le mot plusieurs fois : pognon, pognon, pognon. Visiblement, c'est un vocable qui lui plaît. Une dernière question de Desgraupes : et si, dans quelques mois, il n'a rien trouvé ?

La réponse fuse, directe, gouailleuse :

— Ben, je replongerai.

Figon est l'ami de Jo Attia. A retenir. D'ailleurs, tous les truands qui apparaîtront dans cette affaire sont des amis de Joseph Brahim, dit Jo Attia. Au procès, Me Germaine Sénéchal dira de lui que son « ombre rôde beaucoup autour de cette salle d'audience ». Dans le milieu, aucun homme — si ce n'est Pierre Loutrel, dit Pierrot le Fou — n'a joui d'un si grand prestige. D'ailleurs, Loutrel et Attia étaient amis, s'étant connus, dans leur jeunesse, aux bat'd'Af [1]. Pendant l'Occupation, à l'inverse de la plupart des hommes du milieu qui avaient rallié effrontément le camp allemand, notamment la Gestapo française de Lafont, Jo Attia avait choisi la Résistance. Arrêté par l'occupant, il avait été déporté. Ce qui peut-être permet d'expliquer certaines paradoxales amitiés dont il ne cessera de bénéficier jusqu'à sa mort. Nul n'ignore qui est Attia. Il a, en particulier, totalisé vingt et une années de prison. Mais on aime bien Attia. Et on ne craint pas de faire appel à lui pour certaines tâches où il faut se salir les mains. En 1955, n'est-il pas chargé d'éliminer Allal el-Fassi, leader marocain de L'Istiqlàl ? A Tanger, avec l'aide de l'un de ses hommes, Jean Palisse, dit le « Petit-Palois », il dépose deux valises piégées au domicile et au bureau d'El-Fassi. Le premier engin explose, l'autre est découvert. Allal el-Fassi est sauf.

Curieusement, Le Roy-Finville a depuis révélé que lui-même et son service avaient été mêlés à la préparation technique de l'attentat. Des contacts étroits se sont donc produits à cette époque entre Jo Attia et le S.D.E.C.E. Faut-il retenir l'affirmation souvent avancée que Jo Attia fut, tout un temps, l'un des « honorables correspondants » du S.D.E.C.E. ? C'est Daniel Guérin qui a fait remarquer cette bizarre coïncidence : « la plupart des futurs acteurs de l'affaire Ben Barka se trouvent impliqués, à des titres divers, dans cette machination criminelle, mais avortée [1]. »

D'autres ont collaboré à l'attentat, le truand Palisse et un certain Gaston Despierres, membre du S.D.E.C.E. La police espagnole est sur ses talons. Un chef d'escale à Tanger va le sauver *in extremis* : Antoine Lopez. Tiens ! le revoilà. Souvenons-nous : nous avons évoqué déjà cette étape de sa carrière.

Le sénateur américain Frank Church a affirmé — avec de sérieuses présomptions à l'appui — que Jo Attia aurait été chargé d'éliminer le Premier ministre de l'ex-Congo belge, Patrice Lumumba. En 1963, quand il s'agit d'enlever en Allemagne l'un des chefs de l'O.A.S., le colonel Argoud, c'est Jo Attia qui supervise l'expédition. Parmi les auteurs de l'enlèvement : Boucheseiche, assisté de Palisse — le revoilà, lui aussi — de Le Ny, autre truand et, a-t-on dit, de Georges Figon. Argoud sera déposé, ligoté, devant les jardins de l'Archevêché de Paris. C'est la fille de Jo, Nicole Attia, qui explique que l'on a

1. Bataillons d'Afrique où servaient, leur temps venu, les repris de justice.
2. Daniel Guérin : *Ben Barka. Ses assassins* (1982).

« pensé en haut lieu que les gens de sa trempe, même s'ils ont été des voyous, peuvent servir utilement la France ».

Par la voie détournée de Jo Attia — qu'il admire éperdument et reconnaît pour son maître — nous voici revenus à Figon. Après son passage à *Cinq colonnes à la une,* on va beaucoup rencontrer Figon à Saint-Germain-des-Prés. Il se targue d'intellectualisme. Dès son adolescence, il a lu Stendhal et Proust et, en prison, a dévoré un livre par jour. Parmi la faune « intellectuelle » qui fréquente le *Flore* ou les *Deux-Magots*, ce voyou, devenu officiel, suscite une curiosité non dénuée de snobisme. On aime l'avoir à sa table. On l'écoute volontiers pérorer. On ignore que, dans le véritable milieu, on a tendance à ne pas prendre Figon tout à fait au sérieux. Il passe pour n'avoir pas le cerveau solide. On l'appelle Jo le Dingue, ou Jo le Louf. Ce que l'on découvre aisément, en revanche, c'est qu'il a de gros appétits d'argent. Le pognon. Pour du pognon, il est prêt à tout. N'avait-il pas prévenu Desgraupes de ce qui se passerait s'il ne trouvait rien dans l'année à venir ? « Je replongerai. » Le moment est venu.

Or c'est à cette époque justement que, sur la recommandation de Boucheseiche, Chtouki aborde Figon. Approcher Ben Barka ? Se faire payer très cher pour cela ? Voilà qui aussitôt plaît à Figon. Oui, mais comment aboutir ? Ce que nul n'a jamais dénié à Figon, c'est une imagination fertile. Très vite, il va exposer à Chtouki le plan qu'il a conçu : il se présentera à Ben Barka sous le prétexte de réaliser un film politique. Il faut dire que, depuis qu'il est passé à la télévision, depuis que le réalisateur Michel Mitrani lui a fait écrire une partie du dialogue de son film *le Détenu* et même jouer un petit rôle, Figon ne rêve plus que de cinéma. Chtouki va trouver l'idée intéressante, certes, mais difficilement réalisable. Par définition, Ben Barka, opposant en exil, se méfie des inconnus. Il a nécessairement édifié autour de lui un barrage que Figon ne parviendra pas à franchir.

Mais Figon a réponse à tout : pourquoi ne pas se servir de Philippe Bernier ? Pourquoi ne pas le « raccrocher » ? Chtouki se récrie : Bernier a choisi son camp, celui de Ben Barka. S'adresser à lui, c'est être sûr que Ben Barka sera dans l'instant prévenu du danger qu'il encourt. D'un revers de main, Figon souriant balaye l'objection : le croit-on tombé de la dernière pluie ? Bien sûr, on ne dira pas à Bernier qu'il s'agit de la même affaire. Voilà Chtouki rasséréné.

Pour ainsi parler de Bernier, c'est donc que Figon le connaît ? Il le connaît. C'est le réalisateur Michel Mitrani qui l'a présenté à Bernier. Comme cela, au hasard d'un verre. Et Bernier s'est souvent ouvert à Figon d'un projet de film, nourri par lui depuis longtemps, sur la décolonisation.

Philippe Bernier : le négociateur piégé. (A.F.P.)

Cette conversation apparaît en fait à l'origine de *l'idée* de Figon. Quand Chtouki apprend tout cela, il donne son aval. Aussitôt, Figon passe à l'action. Marguerite Duras — oui, il connaît Marguerite Duras, qui l'a d'ailleurs interviewé — lui a fait connaître Georges Franju, réalisateur de talent, à qui l'on doit une manière de chef-d'œuvre : *le Sang des bêtes.* C'en est assez pour que Figon décide que le réalisateur du film pour lequel on va pressentir Ben Barka sera Georges Franju. Figon appelle Bernier. Rendez-vous est pris avec Franju, au restaurant *les Petits-Pavés,* rue Bernard-Palissy. Les trois hommes s'entendent à merveille. On convient que Bernier sera l'auteur du scénario, Franju le réalisateur du film et que l'on demandera le commentaire à Marguerite Duras. Le rôle de Figon ? Il sera le producteur, bien sûr ! Lequel producteur propose à Bernier d'engager Mehdi Ben Barka comme conseiller historique. Bernier saute sur l'occasion : son ami Ben Barka ! Il faudra le joindre, hasarde Figon. J'en fais mon affaire, répond Bernier.

Justement, au point où nous en sommes de notre chronologie — début septembre 1965 — Ben Barka doit présider au Caire le comité préparatoire de la Conférence tricontinentale. Cela, c'est Bernier qui l'apprend à Figon. Celui-ci réagit « au quart de tour » : au Caire ? Eh bien on va y aller !

Nous allons tout à coup découvrir ici une preuve évidente de la collusion Chtouki-Figon. Car c'est Chtouki qui va demander à Antoine Lopez, à Orly, de faciliter le voyage de Figon et de Bernier au Caire. Il faut, entre autres, faire renouveler le passeport de Bernier, qui est périmé. Aussitôt Lopez — l'homme qui rend toujours service — se précipite pour effectuer les démarches à la préfecture de police. Ne travaille-t-il pas pour elle ? N'y est-il pas connu comme le loup blanc ? L'homme à qui il va s'adresser est un inspecteur du nom de Roger Voitot. Le même Voitot qui arrêtera Ben Barka le 29 octobre 1965. Vous voyez, dans cette histoire, tout le monde se retrouve.

Donc, le 2 septembre, Bernier et Figon s'envolent pour Le Caire. Ils se sont embarqués à Orly, sous l'œil bienveillant de Lopez. Chtouki, lui, s'envole le même jour, également pour Le Caire. Mais il a préféré prendre l'avion au Bourget...

Figon ne s'était pas trompé. En l'occurrence, Bernier restait le meilleur introducteur auprès de Ben Barka. Le leader en exil accueille à bras ouverts son ami Bernier qui lui présente aussitôt Figon, producteur de cinéma à Paris. On parle du film sur la décolonisation envisagé par Figon. Ben Barka accepte-t-il d'être conseiller technique ? Il accepte. Il collaborera au film.

Au retour, l'avion fait escale à Athènes. Figon en profite pour appeler Boucheseiche au téléphone : en jubilant, il annonce que ça y est, que le contact est établi avec Ben Barka.

Le contact, oui. Savent-ils déjà, Figon et Boucheseiche, ce que ce mot veut dire ?

Le 22 septembre, Marcel Le Roy-Finville va rédiger une note au sujet de ce voyage au Caire. Une note qui résume le rapport verbal que lui a fait Lopez. Il faut la lire avec la plus vive attention, car elle soulève au passage — et soulèvera au cours du procès — plusieurs graves questions :

« Selon M. Lopez, le général Oufkir, ministre de l'Intérieur du Maroc, aurait demandé à Dlimi, directeur général de la Sûreté nationale marocaine, de monter une tentative d'approche sur Ben Barka, leader de l'opposition, séjournant actuellement à Genève.

» Pour y parvenir, il a dépêché au Caire, le 2 septembre, une équipe spéciale dont la mission était de contacter Ben Barka, qui assistait alors à une conférence préparatoire à la Conférence des Trois Continents qui doit se tenir à Cuba au mois de janvier 1966.

» L'équipe était composée de Chtouki Larbi, né en 1938 à Rabat, chargé de mission du gouvernement marocain ; Bernier Philippe, journaliste ; Figon Georges-Auguste, français, chimiste [1].

» Bernier devait présenter Figon en tant que cinéaste à Ben Barka. Figon devait soumettre à Ben Barka le projet d'un film traitant des révolutions, en partant des séquences filmées lors des incidents de Casablanca. Ben Barka se montra, paraît-il, intéressé et suggéra que des séquences soient également prises à Cuba, au Zanzibar et au Viêt-nam.

» Sur la réserve exprimée par Figon au sujet de la distribution en France, qui ne manquerait pas d'être interdite, Ben Barka répondit que ce n'était pas Sa Majesté qui serait visée en l'occurrence mais Oufkir, responsable de la répression.

» Ben Barka a précisé, d'ailleurs, que ses relations avec le trône n'étaient pas si mauvaises, puisque aussi bien il avait eu récemment l'occasion de recevoir Moulay Ali à Francfort sur la demande de Hassan II.

» M. Lopez rencontra de nouveau les trois personnages ci-dessus nommés lors de leur retour à Orly.

» M. Lopez n'a pu, selon ses dires, et malgré les conversations qu'il a eues avec le trio, déterminer exactement les raisons de cette mission télécommandée par Oufkir. »

S'il était vrai que Lopez avait rencontré « le trio » à son retour à Orly, nous serions sincèrement inquiets quant au rôle exact joué par le journaliste Philippe Bernier. En fait, nous savons que, au Caire, Chtouki, repéré par les services secrets égyptiens, a dû décamper, ceci dès le matin du 3 septembre. Il a pris le premier avion, celui d'Athènes. Il y est demeuré deux jours, pour « convenance personnelle ».

Ou bien Lopez, à l'usage de Le Roy-Finville, a travesti la vérité, ou bien Le Roy-Finville, résumant les dires de son collaborateur occasionnel, les a modifiés involontairement. Il semble qu'il faille admettre plutôt cette dernière explication.

Voilà un rapport étonnamment explicite. Pour nous, en tout cas. Pour nous qui savons où nous allons — ou plutôt où va Ben Barka. Mais il faut que nous prenions bien conscience de ce qu'est l'administration d'un service secret. Chaque jour, le S.D.E.C.E. reçoit des centaines de rapports. Une note comme celle de Le Roy-Finville sur

1. Il faut évidemment lire cinéaste.

les intentions d'Oufkir et de Dlimi relativement à Ben Barka, ce n'est pour le moment qu'une information entre beaucoup d'autres, pouvant concerner aussi bien la Suède, l'Uruguay ou le Zanzibar. Pourquoi, justement, la retenir plutôt que d'autres ? Ceux qui, plus tard, crieront que la direction du S.D.E.C.E. était dûment prévenue et qu'elle a laissé faire — on ne craindra pas d'ajouter que sa cécité était délibérée —, ceux-là feraient bien de se rappeler cette simple évidence.

Il s'agit maintenant de faire signer à Ben Barka un contrat. Ceci pour un film que Bernier et Franju croient réel. Mais qui, pour Figon, n'est toujours qu'un prétexte. Il faut également présenter Franju à Ben Barka. C'est la moindre des choses. On décide de partir pour Genève où se trouve maintenant Ben Barka. Ceci, le 25 septembre. Mais Figon s'arrange pour faire manquer son avion à Franju. Au point où l'on en est venu, il ne tient pas à introduire, dans ces rouages déjà si bien huilés, un inutile grain de sable.

Bernier et Figon, seuls, s'en vont à Orly prendre l'avion de Genève. Naturellement, Antoine Lopez les accueille, cause avec eux. Or, selon Lopez, un troisième homme se trouve dans le hall de l'aéroport, et celui-là semble fort intime avec Figon. Il s'agit de l'avocat et député U.N.R. Pierre Lemarchand. Figon, montrant à Lopez l'avocat, lui aurait dit :

— Voyez, Lopez, je suis couvert.

Au juge d'instruction, Lopez déclarera :

« Je n'étais pas sans connaître l'existence d'un réseau Lemarchand mais je n'ai pas été surpris de la révélation. Tout au contraire, j'étais rassuré par cette nouvelle, n'ignorant pas que Lemarchand bénéficiait du soutien officiel. »

Comment, en effet, Lopez aurait-il ignoré que Lemarchand avait été à la tête d'un réseau de barbouzes, réunies pour lutter contre l'O.A.S. et qui avaient porté à cette organisation, aussi bien en Algérie qu'en métropole, des coups sévères ? Comment aurait-il ignoré — lui qui savait tout — que, pour exercer sa mission très spéciale, Lemarchand n'avait pas craint de recruter notamment des truands dont il aimait, d'autre part, faire souvent sa société ? Quels étaient les liens qui pouvaient unir Lemarchand à Figon ? Les deux hommes avaient été condisciples de collège et Lemarchand avait littéralement pris sous sa coupe Figon à sa sortie de prison. Figon qui, de son côté, fréquentait aussi les « truands retraités de la bande à Boucheseiche, Julien Le Ny, Pierre Dubail et Jean Palisse [1] ». Comment ne pas

1. Jacques Derogy : *le Mystère Ben Barka* (*Historia,* n° 422).

Pierre Lemarchand : un avocat qui aimait la compagnie des truands. (Associated Press)

trouver étrange que, dans quelque direction que nous nous tournions, nous retrouvions les mêmes noms, les mêmes relations, les mêmes amitiés ?

Bien entendu, Me Lemarchand a nié s'être trouvé à Orly ce jour-là. Qui faut-il croire ? Que faut-il croire ?

Bernier et Figon s'envolent pour Genève. Ils y rencontrent Ben Barka. Un projet de synopsis rédigé par Franju est remis au leader marocain qui en accepte le principe et qui fixe aux deux hommes, début octobre, une nouvelle entrevue.

Le 2 octobre, Bernier et Figon ont rendez-vous chez Franju. Ils entendent bien, eux, se mettre au travail. Franju a convoqué son assistant. On parle du film en techniciens : durée, contenu, séquences, etc. Figon ne peut pas suivre. De mauvaise humeur, il reste dans son coin, buvant un whisky près de la fenêtre, cependant que les autres travaillent de part et d'autre d'un bureau.

A minuit, tous se rendent au bar *les Petits-Pavés,* 4, rue Bernard-Palissy. Figon est un peu ivre. Tout à coup, il éclate :

— Vous n'allez pas m'éliminer comme ça ! J'ai fait l'avance des frais et je tiens bien à rentrer dans mes frais. Ce film représente beaucoup d'argent pour moi. On ne se débarrasse pas de moi.

Bernier, qui en veut à Figon d'avoir fait manquer à Franju le rendez-vous à Genève et qui n'a pas bu moins de whisky, lance :

— Je chercherai un autre producteur !

Ajoutant le geste à la parole, il flanque à Figon deux paires de gifles. Figon lui jette à la tête un verre qu'il tient à la main. Bernier est blessé au visage, le sang coule. Franju, médusé, a assisté sans rien comprendre à cette altercation.

La colère de Figon monte. Le 6 octobre, il ira donc sans Bernier — mais, s'il faut en croire Lopez, en compagnie de Chtouki — à Genève pour faire signer à Ben Barka son contrat. Et de fait, ce contrat ne portera que sa signature et celle de Ben Barka. D'évidence, Figon a commencé de jouer dans l'affaire un rôle *personnel*. Selon une expression familière, il roule toujours pour ceux qui l'ont engagé. Mais déjà il roule aussi pour lui-même. Sans doute faut-il déceler ici l'une des clés de l'affaire Ben Barka. Qu'un plan ait été conçu au Maroc, rien de plus évident, mais il ne faut nullement exclure que des initiatives intempestives de Figon aient à certaines reprises brouillé les cartes. Dans quel dessein, ces initiatives ? Pour le *pognon*, bien sûr. Les Marocains lui ont promis du pognon. Mais s'il sait mettre les Marocains en difficulté, il touchera encore plus de pognon. Un tel raisonnement correspond très exactement à la psychologie de Figon telle que l'ont dépeinte tous ceux qui l'ont connu.

Faut-il croire que, dans le même temps, Chtouki, impatienté par le temps que l'on met à « contacter » Ben Barka, ait brusquement changé d'avis et décidé d'en finir ? Est-il vrai qu'il aurait proposé à Figon d'abattre Ben Barka à Genève et lui aurait remis pour cela un revolver muni d'un silencieux ? Est-il vrai que Figon a déclaré un peu plus tard à Chtouki que l'opération n'avait pas été possible, « chaque fois qu'il s'apprêtait à tirer, quelqu'un le dérangeait, ou bien s'interposait entre lui et la victime... Une vraie poisse [1] » ? Est-il vrai que Chtouki, déçu par Figon, ait alors songé à utiliser des gens plus sûrs, tels que Boucheseiche et Le Ny ? Ce qui est certain, c'est que Figon, tout à coup, se sent « mis sur la touche ». Et il n'aime pas ça.

D'autant plus qu'il apprend que Lopez, le 7 octobre, s'est en quelque sorte précipité à Genève. Figon sait pertinemment que Lopez travaille pour le S.D.E.C.E. Jusque-là, il a cru deviner que le S.D.E.C.E. — à travers Lopez — marchait la main dans la main avec

1. Roger Muratet, *op. cit.*

Chtouki, donc avec les Marocains. Que signifie ce voyage de Lopez ? Une manœuvre du S.D.E.C.E. contre lui ? Ou, pis encore, un lâchage des Marocains ?

Au fait, qu'est donc allé faire, le 7 octobre, Lopez à Genève ? Je l'ai interrogé là-dessus. Voici ce qu'il m'a répondu :

— Le 6 octobre, au matin, je quittai mon service de nuit. Je fis un tour, comme il m'arrivait souvent, au service des passagers. J'ai alors rencontré Chtouki et Figon qui partaient pour Genève. Cette fois, ils s'étaient débrouillés tout seuls pour leurs billets. Si je n'avais pas fait mon tour, je n'aurais rien vu de ce voyage. J'ai alors pensé que les deux hommes en avaient peut-être accompli d'autres dont ils ne m'avaient rien dit. J'ai guetté leur retour en fin d'après-midi. Je ne les ai pas vus rentrer. Je me suis dit qu'il se passait quelque chose de louche qui avait sûrement trait à Mehdi Ben Barka. Il fallait à tout prix que je puisse informer le S.D.E.C.E. Alors, le lendemain, 7 octobre, je suis parti pour Genève afin de savoir ce qui s'était réellement passé. J'ai cherché du côté de Ben Barka. Il venait de partir pour l'Indonésie. Mais j'ai su par un Marocain que la rencontre entre Figon et Mehdi s'était déroulée au bar de l'Hôtel Président, à côté du lac. Le Marocain m'a même dit : « Ben Barka va rentrer au Maroc. Il l'a dit au monsieur qui est venu le voir et qui lui a apporté de l'argent. Il n'a pas pris cet argent, il a dit à l'autre de le donner au « Croissant rouge ». Ecoutez bien ce que je vais vous dire : en confiant à Figon qu'il allait rentrer au Maroc, Ben Barka a signé son arrêt de mort. Car s'il rentrait au Maroc, la poule au œufs d'or était tuée pour Figon. En même temps, c'était une mauvaise nouvelle pour Chtouki.

Je me souviens de m'être étonné :

— Pourquoi pour Chtouki ?

— Parce que je vais vous confier le nœud de l'affaire. L'affaire Ben Barka, c'est une opération beaucoup plus subalterne qu'on ne l'a dit. A Rabat, on savait bien que Ben Barka allait rentrer. Le roi le voulait. On était persuadé que Hassan II allait lui confier des responsabilités importantes. Alors, parmi les fonctionnaires de l'entourage d'Oufkir, on s'est mis à paniquer. Sûrement, Ben Barka donnerait un grand coup de balai. Tous ces gens-là seraient mis au rencart. Ce sont eux, monsieur Decaux, qui ont pris l'initiative. Il fallait empêcher Ben Barka de rentrer. L'empêcher à tout prix. Chtouki était l'émissaire, le porte-parole de ces collaborateurs d'Oufkir en danger. Alors, je suis rentré à Paris et, une fois de plus, j'ai fait mon rapport au S.D.E.C.E.

Exact. Le 8 octobre, Lopez rend compte de son voyage à un adjoint de Marcel Le Roy-Finville. Il l'informe qu'il a été appelé à

Genève par un certain Djebaïli, lequel peut-être se nommait Djilali, et de qui il avait reçu l'information que Ben Barka était parti pour l'Indonésie, mais aussi qu'il regagnerait le Maroc dans les premiers jours de novembre, afin d'être officiellement mandaté par son pays pour le représenter à la Tricontinentale. Ce bref compte rendu, dont on a dit à juste titre qu'il était « non seulement incomplet mais passablement fantaisiste », on l'appellera, dans la procédure du procès futur, « le rapport du 8 octobre ». Surtout, on reprochera à Le Roy-Finville de ne pas l'avoir transmis à ses supérieurs. Lequel Le Roy-Finville affirmera — et pourquoi ne pas le croire ? — que personne, sous quelque forme que ce soit, ne lui a transmis le rapport de Lopez.

Je pense à Mehdi Ben Barka. Je pense à cet homme sincère, à ce leader qui combat avec courage et acharnement pour ses idées. Il poursuit sa route. Une meute s'est attachée à ses pas. Il ne sait rien. Il ressemble à une proie que poursuivent — à des titres divers et parfois contradictoires, en toute lucidité ou en toute ignorance — des hommes qui s'appellent Chtouki, Figon, Boucheseiche, Le Ny, Lopez, Lemarchand, Bernier, d'autres sûrement.

Il ignore tout. Entre ceux qui le « cherchent » — dans tous les sens du mot — les passions montent, et les querelles, et les rivalités. Lui, Mehdi Ben Barka, les ignore.

Impavide, il va son chemin. Sans savoir que, de jour en jour, l'implacable filet se resserre autour de lui.

Dans l'émission que j'ai consacrée à l'affaire Ben Barka sur *Antenne 2* — et dont les récits, on le sait peut-être, sont entièrement improvisés — il m'est advenu à deux ou trois reprises de faire allusion à « notre ami Lopez ». Certains s'en sont étonnés. J'ai dit déjà que le personnage, même si l'on s'en défendait, suscitait de la sympathie. L'expression m'est venue spontanément, sans qu'elle ait été méditée, ni même réfléchie.

Au moment où nous sommes parvenus, son comportement après tout demeurait cohérent. Agent du S.D.E.C.E., son devoir était de recueillir des informations. Les hasards de la vie avaient fait de lui l'intime du ministre de l'Intérieur marocain, dont il avait reçu un important renseignement. Aussitôt, il avait informé son service. Par la suite, en contact avec d'autres Marocains — et des personnages qui étaient en rapport avec ces Marocains — il n'avait pas cessé de glaner auprès d'eux d'autres informations aussitôt transmises au S.D.E.C.E.

Une belle brochette. De g. à d. : Boucheseiche, Dubail, Le Ny, Palisse. (Agip).

Même son voyage improvisé du 7 octobre pouvait s'expliquer puisque, la veille, voyant partir Figon et Chtouki pour Genève, il avait flairé un péril plus immédiat pour Ben Barka.

Oui, jusqu'ici rien à redire quant à Lopez. Mais voilà, le 7 octobre, « notre ami Lopez » n'est pas parti seul pour Genève. Il était accompagné d'un personnage que nous connaissons bien déjà, trop bien. Un voyageur qui s'appelait Georges Boucheseiche. D'un seul coup, nous ne comprenons plus. Et le regard que nous posons sur Antoine Lopez devient sévère.

— Qu'est-ce que cela veut dire, monsieur Lopez, votre voyage à Genève en compagnie de Boucheseiche ?

Mais rien ne pourra jamais démonter Antoine Lopez. Il a eu un geste large de la main, un sourire à peine indulgent et a consenti à *m'éclairer :*

— On a raconté que j'avais connu Boucheseiche dans mon enfance. C'est faux. Voilà comment ça s'est passé. J'avais un ami industriel qui avait une grosse affaire de miroiterie. C'était lui l'ami d'enfance de Boucheseiche. Il avait installé toutes les glaces de l'aérogare d'Orly, ce qui indique la dimension de son affaire. Celle-ci

s'appelait le Comptoir général des glaces. Elle était située à Gennevilliers. L'ami se nommait Raymond Scopélitis. Un jour, il est venu me dire : « Je vais te présenter un ami qui a eu des ennuis. Mais il est rentré dans le droit chemin. Il a lancé une petite affaire de production de macarons à Mennecy. Il aimerait bien avoir la clientèle d'Air France. » Bon. Je lui ai dit qu'il me l'envoie. Et un peu plus tard, Boucheseiche est venu me voir à Orly. Je ne l'oublierai jamais, ce gros homme, fort comme un Turc, avec ses petits macarons dans la main. D'ailleurs, ils étaient bons, ses macarons. Voilà comment on s'est connus, c'était vers 1959-1960. Boucheseiche habitait une belle maison à Fontenay-le-Vicomte. Il m'a invité chez lui. C'est comme ça que j'ai découvert le coin. Justement, je cherchais une maison. Un jour, Boucheseiche m'a prévenu qu'à côté de chez lui il y avait une maison à vendre aux enchères. Ça m'a intéressé. J'ai raté l'affaire, mais l'idée de m'adresser à des notaires m'est restée. C'est par un notaire que j'ai acheté ma maison d'Ormoy, en 63 ou 64. A ce moment-là, le S.D.E.C.E. m'avait « passé » à la préfecture de police : aux stupéfiants. Un jour, Souchon me dit : « Nous avons un type à protéger, il nous a rendu de grands services. Aujourd'hui, il n'a plus de quoi s'acheter un kilo de pain. C'est un certain Georges Belmicieri. Un Corse. Vous qui connaissez tout le monde, il faudrait que vous lui trouviez quelque chose. » Je me suis alors souvenu que Boucheseiche avait des difficultés dans l'exploitation de son hôtel de la rue Blondel. La police mondaine, à cause de son passé, lui avait refusé le « condé », autrement dit la protection habituelle. Difficile, quand on tient un hôtel de passe, de travailler sans le « condé ». Alors j'ai eu ma petite idée : demander à Boucheseiche d'engager le Belmicieri. Après quoi faire valoir à la mondaine qu'il a rendu service à l'un de ses protégés et, en reconnaissance, obtenir pour lui le fameux « condé ». Je pensais que ça ne ferait pas un pli. Mais Boucheseiche a refusé, car il avait déjà un gérant rue Blondel. Mais il voulait acheter un autre hôtel rue du Montparnasse. Et pour celui-là, il lui fallait absolument le « condé ». Il a fait savoir qu'il engagerait Belmicieri comme gérant si on lui promettait le « condé ». Souchon et ses chefs ont dit O.K. Mais Boucheseiche manquait un peu d'argent pour acheter le nouvel hôtel. Moi je lui en ai trouvé, ceci par l'intermédiaire de Languillaume, président de la Sogesta, la caisse de prévoyance pour les navigants, qui lui-même a trouvé l'argent à Financia, rue de Téhéran. Cet argent — 100 000 NF — c'est à moi qu'on l'a prêté, parce que j'offrais naturellement plus de surface que Boucheseiche. Aussitôt que je l'ai reçu, je l'ai placé dans les affaires de l'hôtel. J'ai eu des parts en garantie. J'étais remboursé tous les mois. Cette affaire a encore resserré mes liens avec Boucheseiche, qui était loin d'être un mauvais type. J'allais souvent le dimanche avec ma femme le voir chez lui à Fontenay-le-Vicomte. On y rencontrait des tas de gens importants : un commissaire divisionnaire, un conseiller général, d'autres. Il vivait là avec sa concubine, Marie-Louise, qui partageait sa vie depuis vingt ans et n'avait qu'une idée, se faire épouser. C'est moi qui ai décidé Boucheseiche. J'ai été témoin au mariage.

J'écoutais tout cela avec étonnement, mais, je l'avoue, avec un intérêt renouvelé. Il a fallu que je me reprenne pour revenir à ma sévérité première :

— Monsieur Lopez, vous n'avez pas répondu à ma question : pourquoi Boucheseiche vous a-t-il accompagné à Genève le 7 octobre ?

— Mais il ne m'a pas accompagné !

— Comment cela ?

— Quand, le 6 octobre, je suis rentré chez moi sans avoir su si Figon et Chtouki étaient rentrés de Genève, et bien décidé à partir le lendemain pour en avoir le cœur net, Boucheseiche, justement, est venu me faire une petite visite. Il a vu que je faisais mes préparatifs de départ. Il m'a demandé où j'allais. « A Genève. » Aussitôt, il s'est écrié : « Ah ! et moi aussi je dois aller à Genève pour voir un avocat. » C'est moi qui ai enchaîné : « Alors, allons-y ensemble. » Et, le 7, nous sommes bien partis ensemble. Mais nous nous sommes séparés à l'arrivée. Au cours de la journée, nous nous sommes juste retrouvés au *Perroquet*. Et puis nous sommes rentrés à Paris.

« Notre ami Lopez » avait fini son récit. Une fois de plus, ses explications étaient claires, apparemment sans réticence. Presque convaincantes.

Le *hic,* c'est que son compagnon de voyage ne s'appelait ni Dupont ni Durand. Dans ce cas-là, je l'aurais cru sur parole. Nous l'aurions tous cru. L'ennui, pour Lopez, c'est qu'il s'agissait justement de Georges Boucheseiche.

Peut-être avait-elle du bon, l'ancienne éducation bourgeoise qui, dès l'enfance, nous enseignait que l'on pouvait être victime de mauvaises fréquentations.

Un homme qui n'a pas cessé de « gamberger » depuis quarante-huit heures, c'est Georges Figon. Quand il apprend le voyage de Lopez et Boucheseiche à Genève, la coupe déborde. Décidément, on veut le doubler. Les Marocains ne sont pas réguliers.

Ici, il faut nous demander si les déductions de Figon sont fondées ou non. Est-ce à tort qu'il laisse galoper la folle du logis ? Daniel Guérin ne le pense pas. Il faut savoir que Daniel Guérin est, avec Jacques Derogy, de l'hebdomadaire *l'Express,* le meilleur connaisseur français de l'affaire Ben Barka. Il a été, avec son ami François Mauriac, dès le début de novembre 1965, l'un des fondateurs du comité pour la vérité sur l'affaire Ben Barka, groupant des personnalités de toute origine qui ne cherchaient qu'une chose : la vérité. En collaboration avec ce comité, Daniel Guérin a mené pendant seize ans une enquête que l'on peut bien dire exemplaire. Il a tout su de ce que l'on peut savoir. Et même au-delà. Mes entretiens avec lui — de même que ceux que j'ai eus avec Jacques Derogy — ont facilité complètement mon approche de l'affaire. Que dit aujourd'hui Daniel Guérin de la situation telle qu'elle nous apparaît au 8 octobre 1965 ?

— La vérité, c'est sans doute que les dirigeants de Rabat, qui avaient, dans une certaine mesure, encouragé l'approche, donnent maintenant l'impression de faire machine arrière d'ajourner le moment de mettre la main sur Ben Barka.

Tout cela n'est pas simple, décidément, et je mesure ici la perplexité du lecteur. Qu'il sache que, lorsque je découvrais moi-même l'affaire, ma perplexité n'était pas moindre. Ce qui est sûr, c'est que, le 10 octobre, n'y tenant plus, Figon se rue à Orly. Dans le bureau de

Lopez, il prend celui-ci à partie. Il s'agite, hurle, il est hors de lui :

— Tes amis marocains veulent se débarrasser de Ben Barka ! Et ils s'imaginent qu'ils vont se passer de mes services. Pas question ! Je veux être dans le coup jusqu'au bout ! Alors, à tes amis marocains, tu vas leur dire ceci : pour le travail déjà effectué, je veux vingt millions d'anciens francs. Pour la poursuite des contacts (mais sans participation à l'enlèvement) : soixante millions d'anciens francs (trente immédiatement, trente à la fin de l'opération). Pour que je m'occupe de tout, y compris de l'enlèvement, voilà mon prix global et forfaitaire : cent millions d'anciens francs (cinquante à la commande, cinquante à la livraison).

.Le plus extraordinaire, c'est que Figon a fait taper une lettre qui résume ses conditions. Il la remet à Lopez et le somme de la faire parvenir aux Marocains (« puisque tu es si bien avec eux »), et il exige que la réponse lui soit transmise sous quarante-huit heures. Faute de quoi, « je raconterai tout aux journaux ». Et il ajoute :

— Ce n'est pas ton enfoiré de S.D.E.C.E. qui y changera quelque chose.

Nous touchons ici encore à un aspect important de l'affaire Ben Barka. L'appartenance de Lopez au S.D.E.C.E. a pesé d'un poids très lourd. Car Lopez en a joué complaisamment, habilement, dangereusement. A-t-il vraiment laissé croire que « ses chefs » couvraient l'opération d'approche de Ben Barka ? Figon en était sûr. Plus que probablement aussi Lemarchand. Dans quelques jours, l'inspecteur Souchon, pour son malheur, le croira également. Plus tard, c'est toujours l'appartenance de Lopez au S.D.E.C.E., dès que la presse l'apprendra, qui mettra le feu aux poudres et déclenchera le scandale.

Quant à Lopez, fidèle à lui-même, il est allé rendre compte à Le Roy-Finville de son altercation avec Figon. Le Roy-Finville sursaute : qui est ce Figon ? On ne lui en a jamais parlé. Lopez s'étonne. Il a fourni le nom à Michel Poulin, adjoint de Le Roy-Finville. Il ajoute, définissant parfaitement le personnage :

— Figon, c'est un voyou, un mythomane et un fabulateur.

Alors, Le Roy-Finville explose : il a toujours interdit que l'on ait dans son service des rapports avec les truands.

Il renvoie durement Lopez, lui interdit désormais de le contacter.

Figon attend la réponse des Marocains. Elle ne vient pas. Alors il met sa menace à exécution. Le 12 octobre, il rend visite à François Brigneau, l'un des rédacteurs en chef de *Minute,* et lui tient des propos ahurissants :

— Pour dessouder Ben Barka, on avait cent briques. J'ai monté toute l'opération avec un de vos confrères. On a imaginé de faire un film sur la décolonisation. Aujourd'hui, les Marocains disent qu'ils ont renoncé à l'affaire et ils refusent de balancer l'acompte de quarante « briques » qu'ils avaient promis. Comme maintenant c'est râpé, plus d'hésitation. Le gros Jo Boucheseiche est contre, mais tant pis, je balance la purée.

Pour un hebdomadaire à polémique, voilà qui est pain bénit. On serait tout prêt à publier, mais Figon a exigé qu'on ne fasse rien avant qu'il donne le feu vert. C'est donc qu'il espère toujours la réponse des Marocains. Dans les jours qui suivent, on le voit hésiter, tergiverser. Il téléphone plusieurs fois à *Minute.* « A chaque communication, son avis changeait. Un jour, c'était : « Allez-y. » Le lendemain : « Stop ! Attendez. » « Si vous écrivez un mot, je laisse la viande. » Deux jours plus tard : « Tant pis, on fonce », suivi d'un angoissé : « Non. Arrêtez le camion ! »

Enfin, le 19 octobre, il se rend de nouveau aux bureaux de *Minute* et déclare, cette fois catégoriquement, qu'il faut oublier ses propos. Surtout ne rien publier !

C'est donc le 19 octobre que Figon a reçu enfin la réponse qu'il attendait. Et que cette réponse est positive. De qui l'a-t-il reçue ? Quelle est-elle ?

Le 26 octobre, après l'échec de son voyage en Indonésie, Mehdi Ben Barka revient à Genève. Il repense à cette histoire de film. Une autre forme d'action. Il appelle à Paris Philippe Bernier, ravi de l'entendre. Car Bernier croit toujours, lui aussi, au film. Le bonheur de Bernier augmente encore quand il apprend de la bouche de Ben Barka que celui-ci va se rendre à Paris trois jours plus tard. Ben Barka veut battre le fer quand il est chaud et rencontrer Bernier le jour même de son arrivée. D'un commun accord, on décide de déjeuner ensemble ce jour-là à la brasserie Lipp.

Ce même 26 octobre, Chtouki reçoit l'ordre — du commandant Dlimi semble-t-il — de quitter le Maroc où il est entré et de partir le jour même pour Paris. Dans la journée, il prend la *Caravelle.* Il voyage en compagnie de Boucheseiche, lequel entre-temps, pour ses « affaires », a lui aussi gagné le Maroc. Figon, lui, a rencontré son avocat, Me Lemarchand. Pourquoi ?

Le mercredi 27 octobre, Ben Barka appelle de nouveau Bernier pour confirmer son rendez-vous chez Lipp le 29 et le prier d'avertir Franju et Figon : il souhaite que l'un et l'autre assistent au déjeuner.

Le soir du 28 octobre, Lopez est à Orly. Comme chaque jour. Qui voit-il arriver ? Chtouki. Comme on n'a jamais pu retrouver ce dernier et par conséquent recueillir ses confidences, c'est encore au seul Lopez qu'il faut demander ce que le Marocain lui a dit. Chtouki se serait exprimé ainsi :

— J'arrive de Genève. Le président va rentrer. La rencontre aura lieu chez M. Georges à Fontenay-le-Vicomte. Mais le président veut des policiers français pour l'accompagner. Je vais d'ailleurs en demander à mon correspondant de l'Intérieur.

Chtouki aurait donc un correspondant au ministère français de l'Intérieur ?

Chtouki et Lopez se dirigent vers une cabine téléphonique. Chtouki y pénètre. Il fait un numéro. Lopez l'entend dire :

— Je suis avec M. Lopez. Je vais lui demander des policiers de la police Air et Frontières.

Lopez intervient. Non, de tels policiers ne sont pas disponibles. Mais l'obligeant Lopez a comme toujours une idée :

— Je sais à qui je puis demander des policiers : l'inspecteur Souchon.

Chtouki répercute sur son correspondant. Un silence. Puis Chtouki se tourne vers Lopez : il connaît. Souchon recevra des instructions demain matin.

Vers 21 h 30 - 21 h 45, Lopez appelle Souchon. Il a besoin de lui. Souchon se montre réticent. Il a eu une journée très fatigante et de plus il ne se sent pas bien. Ses vieilles douleurs, ses rhumatismes. Lopez insiste. Souchon se résigne :

— J'arrive.

Et le voilà à Orly. L'inspecteur principal Souchon, c'est le type même du vieux policier blanchi sous le harnais. Allure et tête de Français moyen, quelque peu enveloppé, front dégarni, cheveux grisonnants. Il est proche de la retraite, parvenu à un rang que pouvait difficilement espérer jadis le simple gardien de la paix qu'il avait été. Un grand résistant, Souchon. Blessé grièvement à la Libération, il est abondamment décoré. A la brigade mondaine, il est chef de la section chargée des stupéfiants. Trente ans de service, ce n'est par rien.

Délibérément, un tel homme allait-il tremper dans ce qu'on appellerait bientôt un « complot » ? Difficile à croire. Pourtant, il écoute sans l'interrompre Lopez quand celui-ci expose que, pour la protection du président Ben Barka, on aura besoin demain de policiers. Il hoche la tête, ne dit pas non. D'autant plus que Lopez souligne qu'il recevra une confirmation le lendemain matin de la part du ministère

Les inspecteurs Voitot (à g.) et Souchon : pour eux aussi, le jour de l'enlèvement de Ben Barka, le destin a changé. (Paris-Match/Auer Bach)

de l'Intérieur. Souchon confirme : s'il reçoit ces instructions-là, il tiendra Lopez au courant.

Dans la conversation, Lopez explique à Souchon comment fonctionne le S.D.E.C.E. L'inspecteur principal prête l'oreille. Les services secrets ont toujours fasciné tout le monde. Y compris les inspecteurs principaux, même à la veille de la retraite. Lopez raconte que les rapports partent de la base, des honorables correspondants, des agents, et remontent ainsi la hiérarchie. Quand les plus importants parviennent à l'Élysée, alors « Foccard est au parfum ». Phrase imagée qui connaîtra une fortune extraordinaire. Dans quelques semaines, toute la France ira répétant : « Foccard est au parfum. » Il faut dire que M. Foccard, à l'Élysée, est un collaborateur direct et privilégié du général de Gaulle. De sa compétence, les affaires africaines et malgaches. Il s'y déploie comme un poisson dans la plus défavorable des eaux, même si parfois le liquide paraît trouble à certains. Au vrai, dans ce qu'on appelait autrefois l'empire africain, M. Foccard tire tous les fils. A ce jeu, il est d'ailleurs de première force et ses résultats, quelquefois contestés, demeurent appréciables. Volontiers, l'homme s'enveloppe de mystère et la presse, un peu jalouse du domaine qui lui est réservé, en a fait un *deus ex machina*. La phrase de Lopez a touché le mieux préparé des buts. Il aurait dit : « Burin des Rosiers est au parfum » que cela n'eût éveillé qu'un écho discret. Mais Foccard !...

J'ai, pour les besoins de mon enquête, rencontré M. Foccard. Il m'a reçu le plus obligeamment du monde. Malheureusement, m'a-t-il dit, j'avais frappé à la plus mauvaise porte. A l'Élysée, ses responsabilités ne touchaient qu'aux régions situées au sud du Sahara. Le Maroc en était exclu et il n'avait rien su du Maroc.

Nous avons bavardé de choses et d'autres. Surtout, bien sûr, de l'Afrique. En me reconduisant, il m'a dit :

— Vous ne me croirez naturellement pas, mais je tiens à vous dire que j'ai appris l'enlèvement de Ben Barka par les journaux.

Pourquoi ne croirais-je pas M. Foccard ?

L'inspecteur Souchon est rentré chez lui. Il n'a qu'une envie, se coucher et soigner ses rhumatismes. Lopez, lui, est resté à Orly, car il est de service de nuit. Il ne rentrera chez lui, à Ormoy, que le lendemain matin vers 9 heures, le vendredi 29 octobre.

Souchon, à la même heure, est arrivé à son bureau de la préfecture de police. On l'appelle au téléphone. Son correspondant se présente comme *M. Aubert,* directeur du cabinet du ministre de l'Intérieur.

— Je vous appelle pour savoir si vous avez bien rendez-vous ce matin.

— Oui, monsieur le directeur, j'ai rendez-vous.

— Et vous comptez pouvoir vous y rendre ?

— Certainement, monsieur le directeur.

— Bon. C'est ce dont j'ai voulu m'assurer.

Certes, M. Jacques Aubert niera avoir donné ce coup de téléphone. Mais Souchon jurera l'avoir reçu. Ce que nous devons retenir, c'est que le coup de téléphone a vraiment été reçu. Mais Souchon, au procès, croira devoir donner des détails : son correspondant était doté d'une voix claire, remarquablement timbrée. Lorsque le vrai M. Aubert a paru à la barre des témoins, que l'on a entendu sa voix éraillée, brisée, et que l'on a su que c'était sa voix de tous les jours, l'hilarité a été grande dans le public, sur les bancs de la presse et jusque parmi les magistrats.

Alors, qui a téléphoné à l'inspecteur principal Souchon ?

Il n'y a pas de temps à perdre. Souchon prévient son chef hiérarchique — *je pars en mission* — demande et obtient une voiture. Au passage, il récupère l'inspecteur Voitot, un policier de trente-sept ans, neutre et discipliné : « Tu viens avec moi, Roger. » Pourquoi Voitot refuserait-il ? Il est le subordonné de Souchon. Son rôle est d'obéir. Donc il obéit.

Pauvre Voitot !

A signaler que, quelque temps plus tôt, Lopez a demandé à Souchon des lunettes et une fausse moustache. Celui-ci n'a pas demandé d'explications et les lui a remises.

On s'est étonné de cette bonne volonté à l'égard de Lopez. Les magistrats se sont refusés à admettre les explications des policiers, tout au moins celles de Souchon, qui paiera très cher son rôle dans l'affaire. Il s'est expliqué pourtant et son explication sonne juste : il a dit que Lopez avait rendu à la brigade des stupéfiants *d'immenses services.* Il n'avait jamais rien demandé. Or, pour la première fois justement, il demandait quelque chose. On ne pouvait quand même pas lui refuser !

Pour ma part, il me semble que j'aurais cru l'inspecteur Souchon.

Mais déjà la mécanique est en marche.

Ce même 29 octobre, à 8 h 50, un message télex a été adressé par le poste frontière de Ferney-Voltaire — dont dépend le corridor français de l'aéroport de Genève — à la direction des frontières du service des renseignements généraux de la Sûreté nationale. Ce télex signale la sortie du territoire helvétique, en direction de Paris, d'un passager voyageant avec un passeport diplomatique algérien établi par l'ambassade d'Algérie au Caire, au nom de Mehdi Ben Barka. Aucune suite officielle. Le commissaire de la police de l'Air à Orly, M. Coulomb, ne reçoit pas d'instructions. La préfecture de police n'est pas prévenue.

Ainsi, Mehdi Ben Barka, comme il l'avait annoncé, s'est envolé pour Paris. Vers 9 h 30 du matin, l'épouse d'un étudiant marocain, détaché à Paris comme boursier, Anne El-Azemouri — d'origine, elle, norvégienne — reçoit d'Orly un coup de téléphone : c'est Mehdi Ben Barka qui vient d'atterrir et l'appelle. Un dialogue s'engage :

— Ici, c'est Ben Barka. Est-ce que je peux voir Thami dès ce matin ? Nous avions rendez-vous pour cet après-midi mais, comme j'ai du temps libre, je préférerais le voir immédiatement.

Thami El-Azemouri est âgé de vingt-huit ans, licencié d'histoire et de géographie. Il a, depuis 1961, été chargé de cours à la Faculté des lettres à Rabat. Il est venu à Paris préparer son doctorat ès-lettres. Au lycée Moulay-Youssef à Rabat, il a eu naguère Mehdi Ben Barka comme professeur de mathématiques. Ben Barka a apprécié l'intelligence du jeune El-Azemouri, lequel, en retour, a voué une solide admiration à ce professeur dont il connaissait les opinions.

Tout naturellement, quand Ben Barka a su qu'il serait chargé, à la Conférence tricontinentale de La Havane, de présenter un rapport sur la situation politique en Asie, en Afrique et en Amérique du Sud, il a songé à demander la collaboration d'El-Azemouri. Malgré les réticences de l'étudiant, effrayé par l'ampleur de la tâche, Mehdi lui a confirmé au téléphone qu'il avait besoin de ce travail très rapidement. « Je serai à Paris dans trois jours, lui a-t-il dit, nous nous rencontrerons à cette occasion et je te donnerai plus de précisions. » Il lui a fixé un rendez-vous pour le vendredi 29 octobre, à 15 heures, au café du Rond-Point des Champs-Élysées. A aucun moment, il ne lui a parlé du film auquel il doit collaborer et pour lequel il a signé un contrat avec Figon.

D'où le coup de téléphone de Ben Barka à son arrivée à Orly. Elle est fort ennuyée, Anne El-Azemouri : son mari est parti de fort bonne heure, car il doit effectuer un travail important dans une bibliothèque. Comme elle sent le désir de Ben Barka de rencontrer Thami le plus vite possible, elle lui dit qu'elle va partir à sa recherche. Qu'il l'appelle au milieu de la matinée. De toute façon, elle et lui pourront se rencontrer au café du Rond-Point.

Ben Barka a raccroché, est sorti de l'aéroport, a hélé un taxi. Il a donné comme adresse : 9, rue Jean-Mermoz, près des Champs-Élysées. C'est l'adresse de son ami Jo Ohana, riche israélite marocain, un ami d'enfance. A Paris, c'est chez lui que Ben Barka descend généralement.

Le taxi s'arrête rue Jean-Mermoz. Ben Barka monte déposer sa serviette dans le bureau de Jo Ohana. Son ami est absent, se trouvant à New York depuis un mois et ne devant rentrer que le 3 novembre. Le domestique qui l'accueille demande à Mehdi s'il doit lui préparer une chambre. Ben Barka répond affirmativement. Après quoi, il sort acheter plusieurs journaux et il se rend au café du Rond-Point pour les lire, en attendant Anne El-Azemouri. Une demi-heure plus tard, il regagne l'appartement de Jo Ohana où il poursuit sa lecture. Comme convenu, il téléphone chez El-Azemouri, n'obtient que la bonne. Il appelle au café du Rond-Point pour savoir si quelqu'un l'a demandé. On lui répond négativement. En fait, Anne El-Azemouri n'arrive qu'en fin de matinée au café du Rond-Point. Elle cherche parmi les clients, ne trouve pas Mehdi. Elle téléphone chez elle. Sa bonne l'informe que M. Ben Barka a bien téléphoné. Elle lui donne comme consigne : « S'il rappelle, dites-lui que je me trouve au café où nous devons nous rencontrer. »

Cinq minutes plus tard, attendant sur une banquette du café du Rond-Point, elle reçoit enfin un appel téléphonique de Mehdi : « J'arrive immédiatement. »

Cinq minutes encore et Mehdi Ben Barka, souriant, pénètre dans le café. Etonnement d'Anne : c'est à peine si elle le reconnaît. Pourtant, elle l'a vu maintes fois. Ce jour-là, Ben Barka porte un petit chapeau de feutre, un manteau de cuir et des lunettes noires. Ils s'installent à la terrasse vitrée. Mehdi paraît très en forme, très gai. Il demande à Anne des nouvelles de ses deux enfants, parle de sa propre famille. Vers 11 heures, arrive Thami El-Azemouri. Effusions. On s'embrasse. Thami commande un thé, Mehdi un jus de tomate. On commence à discuter. On parle de la Tricontinentale. L'étudiant pourra-t-il travailler pour Ben Barka ? Thami confirme qu'une telle documentation ne peut se réunir en si peu de jours. Il a ses propres travaux qu'il ne peut différer. Mehdi, conciliant, a un geste de la main qui signifie : tu t'arrangeras quand même.

Il enchaîne :

— Nous en reparlerons plus tard. De toute façon, ce n'est pas ce qu'il y a de plus urgent à faire. Pour l'immédiat, je voudrais que tu m'accompagnes à un déjeuner, car j'ai en tête un projet de film dont je vais discuter avec quelques amis. J'aimerais que tu assistes à notre conversation. Car j'aurai besoin de toi pour rassembler la documentation nécessaire à la réalisation de ce film.

El-Azemouri s'étonne :

— Quoi ! Tu fais du cinéma ?

Mehdi résume en deux mots ce dont il est question, parle de son rôle de conseiller historique, ajoute qu'il s'est engagé un peu hâtivement, qu'il est absorbé entièrement par ses travaux de préparation de la Conférence de La Havane, et qu'il voudrait que Thami se substitue à lui auprès des producteurs et du réalisateur [1].

Mehdi parle de Franju, de Philippe Bernier, demande à l'étudiant s'il connaît ce dernier. A aucun moment, il ne parle de Figon. Il fait allusion à la collaboration de Marguerite Duras, insiste encore pour qu'El-Azemouri le remplace dans cette affaire. L'étudiant reste évasif :

— Je ne sais pas encore, nous verrons...

Ben Barka regarde sa montre :

— Je crois qu'il est l'heure de partir car on nous attend pour déjeuner et il ne faudrait pas que nous arrivions en retard. Nous allons chercher un taxi.

On prend congé d'Anne El-Azemouri. On s'en va chercher un taxi. A midi, la chose n'est pas facile. En attendant, on parle. El-

1. Je suis ici la reconstitution très exacte faite par Roger Muratet à l'aide des confidences qu'il a longuement recueillies auprès de Thami et d'Anne El-Azemouri. Spécialiste des affaires marocaines, longtemps correspondant de presse au Maroc, où il travailla notamment pour la B.B.C., Roger Muratet s'est livré à une remarquable enquête qui prend tout son intérêt du fait qu'elle a été menée à chaud.

Mehdi Ben Barka ne devait pas revenir au Maroc. (Éd. Robert Laffont)

Azemouri demande à Ben Barka ce qu'il compte faire après la Conférence de La Havane :

— Je vais rentrer au Maroc. Des négociations ont eu lieu avec l'ambassadeur Moulay Ali, tu as certainement dû entendre parler de tout cela par la presse. Les choses ont l'air de s'arranger et j'ai l'impression que le roi veut sincèrement renouer avec nous. Il nous a fait deux propositions extrêmement positives et il est vraisemblable que nous allons participer au gouvernement. Je pense que ce serait une bonne solution pour le pays, car je crois sincèrement que l'opposition systématique n'est pas une bonne tactique, il faut savoir de temps en temps se montrer positif, collaborer. J'estime que le pays a besoin de nous, qu'il ne faut pas nous dérober à ce qui est notre devoir, et c'est pour cela que je compte rentrer au Maroc.

On ne peut que se rallier au commentaire de Roger Muratet, aux yeux de qui cette déclaration de Mehdi Ben Barka revêt une grande importance. Elle montre qu'il a cru aux propositions que le roi lui a fait transmettre par son cousin Moulay Ali. Par conséquent, il n'éprouve aucune méfiance et croit sincèrement à un rapprochement entre Hassan II et son parti, l'U.N.F.P.

Enfin un taxi ! On le hèle, on y monte : « A Saint-Germain-des-Prés ! »

Les Champs-Elysées, le pont de la Concorde, le boulevard Saint-Germain, le carrefour de la rue de Rennes. Ben Barka demande au chauffeur de s'arrêter rue de Rennes, un peu plus loin, devant un magasin appelé *Supermag*. Ils descendent. Ben Barka paye. Ils sont en avance. Ben Barka demande à son ami de faire quelques pas avec lui. Ils s'avancent sur leur droite dans la rue Bernard-Palissy. Ils gagnent la rue du Dragon, passent devant le Centre culturel américain, reviennent à droite sur le boulevard Saint-Germain. Ils continuent à deviser tout en marchant à petits pas. Ils s'arrêtent devant la vitrine d'un libraire. Ben Barka regarde sa montre :

— Midi 10, j'ai encore quelques minutes.

Quelques pas encore. Sur le trottoir, on croise des passants, assez nombreux. Ben Barka regarde encore sa montre :

— Midi un quart, c'est l'heure de mon rendez-vous, allons-y !

A ce moment, Ben Barka et El-Azemouri se trouvent très exactement devant l'hôtel Taranne, voisin de la brasserie Lipp. Tout à coup, un homme fait face à Ben Barka. Il avance une main dans la paume de laquelle se voit une plaque de métal émaillé. Il ordonne :

— Police ! Suivez-moi !

Étonné, Ben Barka regarde l'homme. Il s'aperçoit qu'un second personnage flanque le premier. C'est ce dernier qui fait signe à El-Azemouri de s'éloigner. Le premier policier demande ses papiers à

Ben Barka. Mehdi lui tend son passeport diplomatique algérien. Le policier examine les cachets.

— Quand êtes-vous arrivé ?

— Ce matin, à Orly.

— Et pourquoi êtes-vous à Paris ?

— Pour m'occuper d'un film sur la décolonisation.

— C'est bien, suivez-nous.

Une voiture — une 403 noire — est rangée dans la contre-allée parallèle au boulevard Saint-Germain. Les deux policiers se dirigent vers elle. En silence, Ben Barka les suit. Le premier policier se retourne vers lui :

— Êtes-vous bien sûr de n'être pas venu pour un but politique ?

La seule réponse de Ben Barka est un sourire. Le policier commente :

— Je me permets d'en douter, car je vous informe que j'ai été chargé de faciliter un rendez-vous que vous devez avoir avec d'importantes personnalités.

Le trio est arrivé à la voiture. Il semble que Ben Barka soit pris d'un doute. Il questionne :

— Vous êtes bien de la police française ?

Alors le premier policier dit au second :

— Montre-lui ta plaque.

Témoin incomparable, Thami El-Azemouri a assisté à tout cela. Il précisera qu'à aucun moment Ben Barka n'a paru inquiet. C'est avec la plus extrême bonne volonté qu'il a suivi les policiers. Pas de doute : pour Mehdi, cette rencontre politique dont a parlé le policier est une évidence. Il ne peut ignorer qu'Ahmed Balafrej, ministre d'État, représentant de Hassan II, est à Paris depuis trois jours. C'est lui, plus que probablement, qu'il va devoir rencontrer. Suite logique des pourparlers de Francfort.

On lui ouvre la portière arrière de la 403. Ben Barka s'y engouffre. Le second policier le suit. La portière claque. Thami El-Azemouri voit la voiture démarrer et tourner aussitôt dans la rue de Rennes.

Mehdi Ben Barka roule vers son destin.

La scène que nous venons de voir se dérouler, c'est à travers le regard de Thami El-Azemouri qu'elle a pu être reconstituée. D'un étudiant d'abord déconcerté, puis tout à coup épouvanté. A ce point qu'il va prendre ses jambes à son cou et disparaître dans Paris, se terrant pendant plusieurs jours. D'autres acteurs de la scène ont disparu, à commencer par le principal, Mehdi Ben Barka. Mais d'autres sont restés bien vivants. D'abord les inspecteurs Souchon et Voitot.

Ce sont eux qui ont interpellé Ben Barka. Ils ont été abondamment interrogés. Souchon a même publié ses souvenirs [1]. Et puis, il y a le troisième. Le plus disert, le plus loquace : « notre ami Lopez ».

Le lecteur s'étonne : quoi ! Lopez aurait été là, boulevard Saint-Germain, devant chez Lipp ? A quel titre ? Qu'y faisait-il ?

Le mieux est de le lui demander à lui-même. Ce que je n'ai pas manqué de faire. Une fois de plus, nous avons droit à un beau récit.

Après son service de nuit à Orly, Lopez est donc rentré chez lui, à Ormoy, vers 9 heures du matin. Il a appelé Le Roy-Finville chez lui. Car Lopez affirme qu'il avait l'habitude d'appeler souvent son officier traitant à son domicile. Pourquoi cette fois l'appelle-t-il ? Vers 11 heures, Le Roy-Finville et Lopez devaient « réceptionner » le général Jacquier qui rentrait de Lisbonne. Lopez veut simplement prévenir Le Roy-Finville qu'il a organisé la réception, mais qu'il n'y assistera pas, car à cette heure-là, il tient à aller à un autre rendez-vous. Il s'agit tout simplement du « contact » qui doit avoir lieu, devant chez Lipp, avec ce fameux Ben Barka dont on ne fait que parler depuis tant de semaines. Quand on lui demande pourquoi il a pris la résolution de s'y rendre lui-même, Lopez répond aussitôt :

— Parce que je savais que Ben Barka intéressait le S.D.E.C.E. et que je voulais pouvoir renseigner le S.D.E.C.E.

Lopez n'ira pas directement boulevard Saint-Germain. Il gagne la préfecture de police pour rencontrer Souchon. L'inspecteur principal lui dit qu'il a bien reçu les instructions annoncées et que donc il va se rendre à l'endroit fixé.

— Bon, dit Lopez, j'y vais aussi.

A l'endroit fixé. Arrêtons-nous. De qui Souchon tient-il que Ben Barka se rendra à 12 h 15 chez Lipp ?

Souchon, naturellement interrogé sur ce détail important, a répondu : « C'est Lopez qui me l'a dit. » Logique. Mais de qui Lopez a-t-il lui-même tenu l'information ? Il répond : « De Chtouki. » Ce qui, ici encore, ne manque pas d'une autre logique.

Mais alors, de qui Chtouki tenait-il ce renseignement essentiel ? On n'a jamais retrouvé Chtouki et nul n'a pu lui poser la question. Raisonnons. Depuis quelque temps, le torchon brûlait entre Figon et les Marocains. Mais tout à coup, le 19 octobre, Figon, prêt à « balancer » toute l'histoire à la presse, est devenu curieusement prudent. Plus un mot à la reine mère ! Comment ne pas penser que Figon se trouve de nouveau en selle, c'est-à-dire rentré en grâce auprès des Marocains ? Les Marocains, donc Chtouki. Qui aurait pu

1. Louis Souchon : *Accusé, taisez-vous* (1966).

renseigner Chtouki sur le lieu du rendez-vous avec Ben Barka, sinon Figon ?

Ainsi Souchon et Voitot se sont-ils portés vers Saint-Germain-des-Prés. Souchon a pris position devant la porte de l'hôtel Taranne, cependant qu'il expédiait Voitot devant le drugstore. Lopez, arrivé séparément, fait les cent pas. Il porte les lunettes et la moustache postiche prêtées quelque temps plus tôt par Souchon. Pourquoi ce déguisement d'opérette ? Lopez m'a expliqué :

— Pour moi, il ne faisait aucun doute que Ben Barka allait rentrer au Maroc, comme ministre ou Premier ministre. S'il m'avait vu à Orly, où ma place était évidente, il n'aurait conçu aucun soupçon. Mais il n'était pas normal qu'il me rencontre boulevard Saint-Germain. Ma présence aurait pu susciter chez lui des soupçons. Or n'oubliez pas que le Maroc était l'un de mes meilleurs terrains de chasse. Je voulais pouvoir continuer à aller au Maroc. Continuer à informer le S.D.E.C.E. Je ne voulais pas — pour l'avenir — être brûlé vis-à-vis de Ben Barka quand celui-ci serait devenu tout-puissant. C'est pour cela que je me suis déguisé.

Enregistrons.

Lopez a garé sa voiture, quelques mètres avant chez Lipp, sur le boulevard lui-même et non dans la contre-allée. Tout de suite, il aperçoit Souchon et Voitot. Tout va bien. Mais voici un personnage dont Lopez affirmera qu'il ne l'attendait nullement : il s'agit de Le Ny. Le truand Julien Le Ny. Qu'est-ce qu'il fait là ? Nous sommes en un temps où il est convenable de ne s'étonner de rien. Le Ny fait partie de ces truands dont le pouvoir se sert. Comment Lopez ne se souviendrait-il pas du rôle joué par Jo Attia au Maroc ? Et puis Lopez connaît Le Ny. Il le connaît très bien. Toujours ces mauvaises fréquentations. Il va donc lui serrer la main.

D'ailleurs, ce Le Ny n'a pas du tout l'allure d'un voyou. Surtout ce jour-là, avec sa gabardine bleue. Il est grand, très grand. Souchon, le désignant à Lopez, dira à son propos :

— C'est pas des demi-portions chez vous.

Souchon, lui, ne va-t-il pas s'étonner de la présence de Le Ny ? Mais non. Quand Souchon dit à Lopez *chez vous,* il montre qu'il prend Le Ny pour un agent du S.D.E.C.E. Je prie le lecteur de ne jamais oublier cette époque, la seule de notre histoire peut-être où tant de services ou de réseaux ont fait ouvertement appel à la pègre. Choix auquel, à mes yeux, nul ne sera jamais en mesure de donner une justification quelconque.

Au procès de l'affaire Ben Barka, le président demandera à Souchon :

— Est-ce que cela ne vous a pas paru inquiétant quand on vous a dit qu'il fallait emmener Ben Barka chez Boucheseiche ?

— Non, monsieur le président, car il coopérait avec les policiers et il a fait tout ce qu'il a pu au moment de la lutte anti-O.A.S.

Daniel Guérin a posé la même question à Souchon, lequel lui a répondu que Boucheseiche et ses amis — y compris Le Ny — étaient des policiers supplétifs, tous munis de la carte à bande tricolore. Ici, le lecteur est comme moi : il se demande s'il rêve.

Chez Lipp, assis à la dernière table à droite, près de la fenêtre, Franju, Bernier et Figon attendent. Ils attendent Ben Barka.

Lopez fait quelques pas en compagnie de Souchon. Il lui révèle qu'il devra conduire Ben Barka chez « Bonne-Bouche » — l'un des pseudonymes que le milieu donne à Boucheseiche — à Fontenay-le-Vicomte. C'est à ce moment précis que Ben Barka paraît. Vite, Lopez dit à Souchon :

— Le voilà.

Et Souchon s'avance vers le leader marocain.

Alors survient un personnage qu'on n'attendait pas : Chtouki. C'est du moins Lopez qui le raconte. Le Marocain arrive de la direction du drugstore. Il se campe sur le trottoir. Il veut tout voir.

La scène de l'interpellation, nous la connaissons. Un détail, souligné par Lopez et que confirmera Souchon : quand l'inspecteur principal a fini de consulter le passeport de Ben Barka, il le lui a rendu. Ce qui nécessairement indique qu'aux yeux de Souchon, Ben Barka n'est pas en état d'arrestation. Un policier ne rend jamais son passeport à un homme qu'il arrête.

Ben Barka est monté dans la voiture, à l'arrière. Il y trouve Le Ny, dûment installé. Voitot monte après lui. Ben Barka se trouve donc encadré par un policier et un truand.

Souchon, lui, s'est installé au volant. C'est alors que Chtouki aurait dit à Lopez :

— Allez avec eux !

Lopez ne demande pas mieux. Ne s'apprêtait-il pas à suivre la 403 dans sa propre voiture ? Il n'y a plus qu'une place libre dans la voiture de la préfecture de police : celle de l'avant, à côté de Souchon. Lopez s'y installe.

La voiture démarre.

La maison de Boucheseiche à Fontenay-le-Vicomte : là est écrit le destin de Ben Barka. (Paris-Match/Jarnoux)

La 403 a remonté la rue de Rennes, s'est engouffrée dans la rue du Château puis, un peu avant le carrefour d'Alésia, dans l'avenue du Maine. On atteint la porte de Châtillon.

Dans la voiture, le silence. Souchon, naturellement peu disert, ne desserre pas les lèvres. Lopez se tait. Il ne veut pas que Ben Barka reconnaisse sa voix. L'avenir, toujours l'avenir.

On roule maintenant sur l'autoroute du Sud. Voitot dira, au procès, que Ben Barka a paru regarder avec attention la route que l'on suivait. Voitot lui-même, au moment où l'on s'est engouffré sur l'autoroute du Sud — et à qui nul n'a dit où l'on allait —, ressent quelque inquiétude. On dépasse la bretelle d'Orly. Selon le journaliste Jean Marvier, à qui le Ny l'avait raconté, à partir de ce moment, Ben Barka aurait manifesté « une certaine nervosité ». Il aurait tenté d'engager la conversation avec les policiers, rappelant que ses relations avec la France étaient excellentes et que le général de Gaulle lui avait accordé une audience. Simple monologue qui ne semble pas avoir reçu d'écho.

On va quitter l'autoroute par la sortie Mennecy [1]. On gagne Lys, puis Mennecy. Voici Fontenay-le-Vicomte. On stoppe devant la grosse maison qu'habite là Georges Boucheseiche.

1. Cette sortie n'existe plus aujourd'hui.

On les attend. Lopez voit Palisse — *le Petit-Palois* — sortir et d'un geste inviter la voiture à entrer. Ce qu'ils font. Ils franchissent un large portail, pénètrent dans une grande cour. En face d'eux, la maison. A gauche, un hangar. Le gros Boucheseiche, en manches de chemise, les attend devant la porte. Au moment où la voiture stoppe dans la cour, Lopez entend Boucheseiche dire :

— Je vais mettre mon veston.

Correction rare chez les truands ? Nullement. M. Jo sait qu'il a affaire au président Ben Barka. Cela ne prend qu'une minute. *Bonne-Bouche* revient avec son veston, accueille Ben Barka :

— Bonjour, monsieur le président, vous serez ici chez vous. Et en toute sécurité.

Souchon s'en va satisfaire un besoin naturel. Voitot prend le volant, fait faire demi-tour à la voiture. Ben Barka se détend : quelques pas en compagnie de Boucheseiche. Après quoi, M. Jo renvoie tout son monde. Ce n'est pas dans ses habitudes. En général, il se montre le plus hospitalier des hôtes. Lopez pense que, s'il agit ainsi, c'est que Ben Barka le lui a demandé. Souchon reprend donc le volant. Lopez s'installe auprès de lui. Voitot monte à l'arrière. La voiture démarre. Direction Paris.

A partir de cet instant, nul ne sera plus capable de dire d'une façon précise ce qu'il est advenu de Mehdi Ben Barka.

Faisons le point. Mehdi Ben Barka se trouve entre les mains de plusieurs truands de haut vol. A Fontenay-le-Vicomte sont réunis Boucheseiche, Le Ny, Dubail (ex-garde du corps de Jo Attia), Palisse, ancien de la Gestapo, interdit de séjour. Du beau monde.

Le drame, c'est que ces quatre repris de justice ont déjà été utilisés comme hommes de main pour des missions spéciales par le service Action du S.D.E.C.E.. Marcel Le Roy-Finville l'a expressément confirmé dans ses souvenirs parus récemment [1]. Le drame, c'est qu'en haut lieu, on a pris trop souvent l'habitude de se montrer indulgent à l'égard de ces hommes qui ont rendu des services. Mais si l'administration ne se vante pas trop de ces services, ces messieurs les truands se gardent bien, de leur côté, de les oublier. Il les font valoir haut et clair. Cela donne de l'assurance, quand on est un voyou mal repenti, une carte tricolore dans le portefeuille.

Chargé de « réceptionner » Ben Barka chez lui, à Fontenay-le-Vicomte, Georges Boucheseiche ne s'en est pas montré surpris.

1. Philippe Bernert: *S.D.E.C.E., Service 7. L'extraordinaire histoire du colonel Le Roy-Finville et des clandestins* (1980).

Quand on a déjà été désigné pour enlever le colonel Argoud, comment s'étonnerait-on d'avoir à recevoir le chef de l'opposition marocaine ? La présence de Lopez, d'ailleurs, aurait rassuré ces truands s'ils avaient eu besoin d'être rassurés. Ils savent que Lopez appartient au S.D.E.C.E. Par voie de conséquence, les truands se sentent couverts par le S.D.E.C.E. D'autre part, leur ami Figon — l'organisateur en chef — se croit assuré de la protection de Lemarchand, ancien chef des barbouzes.

Incroyable, non ? Le lecteur doit comprendre que c'est cela, l'affaire Ben Barka.

Lopez ? A peine à Paris, il s'en est allé téléphoner au S.D.E.C.E. A l'appareil, il a obtenu le colonel Boitel. Il lui a laissé un message sibyllin : *De don Pedro à Thomas. Le rendez-vous que vous savez a bien lieu à Fontenay-le-Vicomte.*

Lopez rentre à Ormoy. Il se restaure. N'oublions pas qu'il n'a pas dormi la nuit précédente. Il est très tenté par une petite sieste. La sonnerie du téléphone. C'est Boucheseiche :

— J'ai reçu un coup de téléphone. Dlimi annonce son arrivée. Il faut que j'aille le chercher. Est-ce que tu peux venir me prendre ?

Boucheseiche pourrait y aller seul. Non, il tient à se faire véhiculer par Lopez. Lopez n'adore-t-il pas rendre service ? Et le chef d'escale, regrettant son lit, s'en va quérir Boucheseiche qui l'attend devant sa porte. De concert, ils s'en vont à Orly.

Ils attendent le premier avion en provenance de Casablanca. Dlimi ne s'y trouve pas. Allons, il sera sûrement dans le suivant. Derechef, ils attendent. Pas de Dlimi. Boucheseiche s'énerve. Il veut appeler Rabat. Mais le gros est dur d'oreille. Il préfère que ce soit Lopez qui téléphone.

Les deux hommes gagnent une cabine téléphonique. Lopez y pénètre, cependant que sa corpulence oblige Boucheseiche à rester dehors. Lopez va donc lui répéter phrase par phrase sa conversation. Des témoins entendent, ils confirmeront les termes.

A Rabat, on répond que Dlimi n'est pas là. Où est le chef de la Sûreté marocaine ? A Alger. Alors ? Qu'est-ce que c'est que cette histoire ? On cherche à joindre Oufkir. Il n'est pas là non plus. Lopez laisse un message à un adjoint du ministre de l'Intérieur qui se borne à dire qu'il transmettra.

Lopez ramène Boucheseiche chez lui. Il repart pour Ormoy où il arrive vers 19 heures. Littéralement épuisé. Son lit enfin ! Las ! Vers 20 h 30, encore le téléphone. Il décroche. C'est Oufkir :

— Tu m'as appelé ?

— Oui, mon général, c'est M. Georges qui veut savoir quand se passera la rencontre avec El-Koli.

El-Koli n'est autre que l'un des pseudonymes de Ben Barka. D'après Lopez, *Oufkir n'a pas manifesté d'étonnement.*

— Oui, oui. Je suis en ce moment à Fès. Je vais aller consulter le « patron ». Après, je viens à Paris.

Lopez croit comprendre que le général arrivera par l'avion de nuit. Donc à 3 heures du matin. En tant qu'agent du S.D.E.C.E., il juge intéressant d'être là. Oubliant une fois de plus son lit, il se rendra à l'aéroport pour accueillir Oufkir.

Vers minuit, un autre appel : c'est le commandant Dlimi, cette fois. Il lui annonce son arrivée par l'avion qui partira à midi d'Alger. Comme l'appareil risque d'être plein, il demande à Lopez de lui faire retenir une place.

Comme prévu, Lopez sera à Orly à 3 heures du matin. Pas d'Oufkir. Décontenancé, vaguement furieux contre lui-même, il rentre chez lui. Il dormira deux heures environ.

Bien sûr, une fois de plus, nous sommes obligés de suivre le seul témoignage de Lopez. Le récit qu'on vient de lire doit être pris comme le dernier en date, celui qu'il a retracé à mon usage. Remarquons seulement que les différents déplacements de Lopez — à Orly notamment — ont été contrôlés. On doit admettre pour véritables ses entretiens téléphoniques avec Oufkir, puis Dlimi. Ils ont certainement eu lieu. Mais voilà : les propos tenus par ses correspondants sont-ils bien ceux qu'a rapportés Lopez ?

Nous sommes toujours le 29 octobre. Le même soir, dans un bar de la rive gauche, Georges Figon — tiens ! le revoilà — se vante devant deux journalistes d'avoir pris part à un enlèvement grâce auquel il pense bien pouvoir faire chanter les Marocains. Il n'attend, dit-il, pour avancer ses pions, que l'arrivée d'Oufkir. Alors, pour lui, il y aura du pognon. Beaucoup de pognon.

Après les premières heures d'affolement — bien compréhensibles —, El-Azemouri a fait parvenir, vers 14 heures, un message à sa femme, lui demandant d'alerter d'urgence l'Amicale des étudiants marocains, 20, rue Serpente : qu'on leur dise que Ben Barka a été enlevé sous ses yeux. Après quoi, El-Azemouri replonge.

Les étudiants n'estimeront pas devoir prévenir directement la police française. Le frère de Mehdi Ben Barka, Abd el-Kader, réside à Paris, c'est donc lui qu'il faut avertir. De graves intérêts politiques semblent en jeu. Abd el-Kader jugera, lui, de la conduite à tenir. Malheureusement les étudiants marocains ne parviendront à toucher Abd el-Kader Ben Barka que tard dans la nuit. Il s'est en effet rendu au théâtre avec un ami marocain, Mohammed Tahiri.

Le samedi 30 octobre, à 9 h 30, Mohammed Tahiri, responsable des étudiants marocains à Paris, et son compatriote Si Naceur se rendent à la poste de la rue Danton. Pour adresser un pneumatique au général de Gaulle et l'informer que Mehdi Ben Barka a été enlevé. A la même heure, Abd el-Kader Ben Barka téléphone à tous ses amis et relations. Il alerte le journal *le Monde.* On pourra lire dans le numéro du samedi soir de ce journal — daté du dimanche 31 octobre — un entrefilet publié sous le titre : *M. Ben Barka aurait été appréhendé vendredi à Paris,* avec le texte que voici : « M. Ben Barka aurait, selon ses amis politiques, été appréhendé vendredi après-midi, au milieu de la journée, sur les Champs-Élysées par deux personnes, présentant des cartes de police. A l'ambassade du Maroc, on déclare ne pas disposer d'informations sur cette affaire. Quant à la police française, elle ignore tout de cette interpellation. »

Pourquoi parler des Champs-Élysées ? On a dit à Abd el-Kader que Ben Barka avait été enlevé près du drugstore. Il a cru qu'il s'agissait de celui des Champs-Élysées, ignorant celui, ouvert depuis peu, du boulevard Saint-Germain.

Cette même matinée du samedi 30 octobre, Me Gisèle Halimi, avocate et amie personnelle de Mehdi Ben Barka, reçoit un coup de téléphone de Philippe Bernier. Le journaliste lui annonce que Ben Barka a disparu et qu'il est fort inquiet. Me Halimi notera avoir été surprise par la manière dont Bernier s'exprimait : « Son débit était saccadé, dira-t-elle, et son insistance et sa prolixité me parurent suspectes. » Me Gisèle Halimi va aussitôt appeler Edgar Faure, dont elle connaît les amitiés marocaines. Celui-ci prévient sur-le-champ Roger Frey, ministre de l'Intérieur.

A 11 h 30, Roger Frey interroge lui-même, par téléphone, le préfet de police, Maurice Papon.

A midi, il apparaît que Ben Barka n'est détenu par aucune force de police.

A 14 heures, comme convenu, Lopez se trouve à Orly pour accueillir le commandant Dlimi qui arrive d'Alger. Il l'emmène déjeuner dans un restaurant de Paray-Vieille-Poste et le conduit ensuite chez Boucheseiche, à Fontenay-le-Vicomte. Oui, chez Boucheseiche. Il repart aussitôt pour Orly, où le général Oufkir doit arriver à 17 heures. Il s'en faut d'ailleurs de peu que Lopez ne manque le ministre marocain de l'Intérieur. Il le rejoint devant l'aérogare, sur le trottoir et le découvre flanqué d'un certain El-Mahi. Il s'agit d'un « policier-étudiant » résidant en France, protégé du général Oufkir dont il a épousé la fille adoptive. Lopez aperçoit même Chtouki — décidément tout le monde est là ! — à qui Oufkir va serrer la main.

Lopez s'avance vers Oufkir :

— Bonjour, mon général.

— Bonjour, Lopez. S'il te plaît, tu m'emmènes chez Georges.

On se met en route pour Fontenay. Donc, Oufkir, lui aussi, se rend directement *chez Boucheseiche*. Dans la voiture, conversation détendue :

— Comment ça va, la famille ? demande Oufkir.

On parvient à la hauteur de la bifurcation qui conduit vers Ormoy. Lopez explique :

— Vous voyez, mon général, j'habite par là.

— Loin de chez Georges ?

— Deux kilomètres, deux kilomètres et demi...

— Alors, j'aurai quelqu'un à recevoir chez toi ce soir.

Jamais probablement Lopez ne s'est senti aussi désolé. Il n'oublie pas qu'il a été reçu souvent par Oufkir à son domicile marocain. Et voilà qu'il doit lui refuser sa propre maison ! Une grave atteinte aux lois de l'hospitalité si prisées des musulmans. Douloureusement, il explique :

— Mon général, ma femme m'attend depuis ce matin pour que je l'accompagne dans le Loiret, chez sa mère.

Oufkir ne dit rien mais il a tiqué. Il faut trouver quelque chose. Et Lopez trouve. Il trouve toujours.

— Mon général, ça n'empêche rien, je vous confierai les clés. Vous recevrez qui vous voudrez.

On arrive à Fontenay. On s'arrête devant la maison de Boucheseiche, on ouvre le portail. Lopez aperçoit Dlimi dans la cour, qui fait les cent pas. Oufkir, dûment muni des clés de la maison de Lopez, le rejoint. Lopez rentre chez lui.

N'oublions pas qu'il s'agit du week-end de la Toussaint. Depuis longtemps, Lopez a promis à sa famille un *vrai* week-end de vacances. Celui-ci, justement. La famille s'entasse dans la voiture. En route pour le Loiret où habitent les parents de Mme Lopez.

Dans la voiture, Lopez écoute la radio. Plus précisément Europe 1. Voici les informations. Le journaliste annonce que M. Ben Barka, leader politique marocain bien connu, a été arrêté la veille sur les Champs-Élysées et que, depuis, on ne sait plus rien de lui.

Quoi ? Qu'est-ce que c'est que cette embrouille ? A partir de ce moment-là, Lopez ne tient plus en place. Il n'emmène pas moins sa famille jusqu'à Bellegarde-du-Loiret. Mais, à peine arrivé, il rebrousse chemin, fonce sur Paris. Il ne rejoint la région parisienne qu'en pleine nuit. Il passe d'abord à Fontenay-le-Vicomte. Il veut en avoir le cœur net. Il trouve, chez Boucheseiche, la maison ouverte, toutes les lumières allumées. Mais personne.

Abasourdi, il repart pour Ormoy, chez lui. Au moment où il entre dans son jardin, il s'aperçoit que les lumières de son salon, au rez-de-chaussée, sont allumées. Il s'approche de la fenêtre et constate que plusieurs hommes sont réunis dans ce salon. Parmi eux, Oufkir. C'est lui qui parle, son ton est cassant :

— Eh bien, je vous remercie, mais à l'avenir, avec moi, il faudra s'y prendre autrement !

La voix de Figon :

— Oui, oui, mon général. C'est bien compris.

Lopez se décide à entrer, pousse la porte du salon. Tout le monde se lève. Il constate qu'il y a là, d'un côté de la pièce, Le Ny, Palisse, Dubail, Figon. De l'autre, Oufkir, Dlimi, Boucheseiche. Circulant entre les deux groupes, un personnage qui sera identifié par la suite comme étant El-Houssaïni, un ancien infirmier devenu inspecteur de la police marocaine. Que fait-il là ? En mai 1969, Daniel Guérin obtiendra une audience du général Oufkir et pourra lui poser un grand nombre de questions auxquelles, d'ailleurs, le ministre se dérobera adroitement. Guérin posera notamment la question du rôle d'El-Houssaïni. Oufkir répondra que l'inspecteur de police était à Paris pour « étudier à l'avance le parcours du cortège royal à travers la capitale ». Le roi Hassan II ne devait-il pas assister, aux côtés du général de Gaulle, au défilé du 11 novembre ? On peut penser aussi que certains se sont souvenus de l'ancien métier d'El-Houssaïni. Peut-être, pour ce que l'on projetait, la présence d'un infirmier serait-elle nécessaire. Il semble bien certain qu'El-Houssaïni se trouvait, le 30 octobre, à Fontenay-le-Vicomte.

L'entrée de Lopez à son propre domicile, cette nuit-là, c'est l'apparition du commandeur. Oufkir le fixe d'un air interrogateur. Tous les regards sont portés vers lui. Lopez croit nécessaire de s'expliquer :

— Mon général, j'ai entendu la radio. On dit que Ben Barka a été enlevé. Qu'est-ce qui se passe ?

Un sourire rassurant d'Oufkir :

— Tout va bien. T'inquiète pas.

Le général se lève. Les autres l'imitent comme un seul homme. Ils s'en vont. Lopez reste seul avec El-Houssaïni. Pour passer le temps, ils jouent au rami. Lopez cherche à savoir ce qui s'est passé. Très tranquille, El-Houssaïni se contente d'observer :

— Le général a des relations. De toute façon, ça s'arrangera.

Il est minuit à peu près.

Ici le récit de Lopez devient extrêmement confus. Il aurait encore reçu un appel téléphonique de Dlimi, lui demandant de les retrouver, Oufkir et lui, à Orly. Il se serait aussitôt rendu à l'aéroport, puis serait revenu chez lui en compagnie d'Oufkir et de Dlimi. Dès son arrivée, le général lance à El-Houssaïni :

— Ils ne sont pas encore venus ?

— Non.

Lopez boit un coca-cola. La fatigue le fait vaciller. Compatissant, Oufkir lui lance :

— Couche-toi. Moi j'attends quelqu'un.

Lopez ne se le fait pas dire deux fois. Le voilà couché. Il sombre aussitôt dans un sommeil si profond qu'il entend à peine arriver une voiture. Par un réflexe qui lui est habituel — Lopez veut toujours tout savoir — il se lève, regarde au-dehors. Une 404 est rangée devant la maison. Elle est munie d'une plaque du corps diplomatique. Deux hommes de type méditerranéen en sortent, se dirigeant vers la maison. Lopez prête l'oreille. Les deux hommes sont reçus par Oufkir dans le salon. Impossible de distinguer les termes de leur conversation, mais Lopez entend le mot *tiara* qui, en arabe, signifie avion. Lopez se recouche. Il se rendort.

Vers 5 heures du matin, Oufkir vient le réveiller pour lui demander de les accompagner à Orly. Dlimi repart pour le Maroc et lui, Oufkir, doit s'envoler pour Genève. Une fois de plus, Lopez va obtempérer. A l'aéroport, on se sépare. Lopez annonce qu'il va maintenant rejoindre sa famille. Oufkir hoche la tête. Favorablement.

— C'est d'accord. Au revoir Lopez.

Il est 7 heures du matin.

Avant de partir pour le Loiret, Lopez va s'arrêter chez lui. Il met de l'ordre, car la maison en a grand besoin. Il rassemble dans la cuisine les verres épars dans le salon. Il règle sa chaudière. Il arrivera à Bellegarde avant 10 heures du matin. Il faut qu'il dorme. Il le faut absolument. Et il dort.

A-t-il, en se réveillant vers 15 heures, appelé Le Roy-Finville chez lui pour l'informer ? Lopez l'a dit et redit. Marcel Le Roy-Finville l'a nié avec une véhémence qui sonne juste. Il reconnaît que Lopez l'a appelé, mais pour lui tenir les propos les plus anodins, évoquant la présence d'Oufkir et de Dlimi chez lui, sans la rattacher un instant à Ben Barka. Oui, dit Le Roy-Finville, pas un mot du boulevard Saint-Germain, pas un mot de Fontenay-le-Vicomte, pas un mot de

Ben Barka ! Le but de l'appel de Lopez, selon Le Roy-Finville : « simplement pour pouvoir affirmer plus tard, si les choses devaient mal tourner : "J'ai averti mon chef, Le Roy-Finville ; je l'ai appelé pour tout lui dire." Tout, c'est-à-dire rien ».

Avec Le Roy-Finville également je me suis entretenu. Cet homme solide, sérieux qui, dans l'exercice de ses missions très spéciales, a fait montre d'une audace souvent sans limite, ne m'a nullement paru être l'homme des complots, des retournements, des subtilités parapolicières. Il a mené sa barque tout droit, sans se préoccuper des conséquences. A mes yeux, Marcel Le Roy-Finville, en cette affaire, n'est coupable de rien. Chaque fois que Lopez l'a informé, il a transmis. Est-ce sa faute si, en haut lieu, au moment de faire le tri, on n'a pas retenu les informations concernant Ben Barka ?

C'est pourquoi, en ce qui concerne le fameux appel du dimanche matin 31 octobre, entre Lopez qui jure avoir tout dit et Le Roy-Finville qui jure n'avoir rien entendu, j'incline à donner raison à Le Roy-Finville.

Le colonel Leroy-Finville, as du contre-espionnage, recueillait les rapports de Lopez. (Associated Press)

Le même dimanche 31 octobre, à 18 h 45, la police judiciaire diffuse un télégramme de recherche concernant Ben Barka. A la brigade mondaine, l'inspecteur Voitot voit passer le télégramme. Il ne réagit pas.

Le lundi 1er novembre, Georges Boucheseiche prend l'avion de 9 heures pour Casablanca. Il ne reviendra jamais en France.

Dans un Paris en partie vidé par les fêtes de la Toussaint, Bernier vient faire part de ses soupçons au commissaire Marchand, provisoirement chargé de l'enquête. Il lui parle de Figon, livre son numéro de téléphone. Mais on ne peut joindre Figon. Bernier déclare alors qu'il est possible que Figon — il s'en est vanté — passe le week-end chez son avocat et ami, Me Lemarchand. Pour la première fois, les noms de Figon et de Lemarchand se trouvent officiellement associés. Ce ne sera pas la dernière. Le soir, à 22 heures, Bernier rencontre encore Abd el-Kader Ben Barka. Ils dînent ensemble. Abd el-Kader tient des propos très durs, déclare à Bernier qu'il le considère comme le principal responsable de ce qui a pu arriver à son frère. Bernier pleure, jure qu'il considérait Mehdi comme son propre frère. Il ajoute :

— Tout ce que je sais, c'est que ça se passe du côté de Fontenay-le-Vicomte.

Aussitôt, Abd el-Kader veut y aller. Bernier proteste, dit que c'est trop dangereux, qu'il y a là-bas des hommes du milieu et que ni Abd el-Kader ni lui-même ne sont armés. Le frère de Ben Barka notera sur son carnet, pour en conserver la mémoire : *Fontenay-le-Vicomte.* Mais Bernier niera avoir prononcé un nom aussi précis. Le commissaire Bouvier déclarera que Bernier ne lui a parlé que d'« un certain Fontenay ». Or il y a sept ou huit Fontenay dans la région parisienne.

A noter que le soir du 1er novembre, Dlimi sera de retour à Paris. Il expliquera qu'il est revenu dans la capitale française pour assister à la fin d'un stage de préfets marocains à la Sûreté nationale.

Le 2 novembre, tout se précipite. Figon se rend chez son ami Lemarchand et lui raconte ce qui s'est passé : c'est Oufkir qui a lui-même, à Fontenay-le-Vicomte, blessé mortellement Ben Barka avec un poignard. Mehdi, agonisant, a été emporté à Ormoy où on l'a descendu dans la cave de Lopez. On l'a attaché au tuyau du chauffage central et là on l'a achevé. Tel est le récit de Figon. Il connaîtra — avec divers enjolivements — une extraordinaire fortune. Mais Figon dit-il la vérité ?

Comment Lemarchand n'aurait-il pas conscience aussitôt que l'on se trouve en présence d'une affaire très grave ? L'inconditionnel gaulliste qu'est l'avocat ne peut éviter de penser à la campagne présidentielle qui va s'ouvrir. Comment ôter aux adversaires de De Gaulle cette arme idéale que peut devenir, entre des mains expertes, *l'affaire Ben Barka* ? A peine Figon sorti de son cabinet, il appelle le commissaire Caille et lui rapporte le récit de Figon. C'est une faute lourde : lui, avocat, il vient de *donner* un client à la police. Pour cette faute, Lemarchand sera interdit à vie par le Conseil de l'ordre. En appel, l'interdiction sera ramenée à trois ans.

Or, ce jour-là — et ce n'est qu'un hasard —, Caille déjeune avec Le Roy-Finville. Il va le cuisiner savamment. Dans la journée, Lopez voit deux fois son « officier traitant » qui lui conseille de se présenter le lendemain aux enquêteurs.

Le même jour, Oufkir, de retour de Genève, est tranquillement revenu à Paris.

Le mercredi 3 novembre, l'inspecteur principal Souchon expose son rôle dans l'enlèvement au directeur de la police judiciaire, qui tombe des nues et à qui il amène Antoine Lopez. Celui-ci exige que son appartenance au S.D.E.C.E. ne soit pas indiquée dans le procès-verbal. Officiellement, il se contente de parler d'un service personnel rendu à Chtouki. Au cours de tous les premiers interrogatoires auxquels seront soumis Lopez, puis Le Roy-Finville, les deux hommes s'acharneront à mettre le S.D.E.C.E. hors de cause. D'où des oublis volontaires, des omissions délibérées, parfois de flagrantes contre-vérités. Ce qui ne simplifiera pas la tâche des enquêteurs. Et le S.D.E.C.E. lui-même ? Sa position est claire : le service ne sait rien. Le résultat ? Prisonnier de ses réticences, Lopez est le premier inculpé de l'affaire.

Le soir de ce mercredi 3 novembre, un cocktail d'adieu est offert, au ministère français de l'Intérieur, aux préfets marocains qui achèvent leur stage. Roger Frey découvre avec surprise Oufkir parmi les invités. Il ne lui adresse qu'un signe de tête et passe. Il déléguera son chef de cabinet, Jacques Aubert, au dîner offert un peu plus tard à la villa Saïd par l'ambassadeur du Maroc Moulay Ali. Au cours du dîner, on appelle Oufkir de Rabat. Il prend l'appareil. On est inquiet au Maroc parce que la radio a annoncé que le cadavre de Ben Barka avait été retrouvé dans l'Essonne. Oufkir a un petit rire :

— Ne t'en fais pas. On ne repêchera sûrement pas Mehdi dans l'Essonne. Dors tranquille.

Mais, à partir de ce moment, Oufkir manifeste une visible impatience. Il fait savoir qu'il veut rentrer le plus vite possible au Maroc. De fait, il prendra le premier avion.

Le 4 novembre, le Premier ministre Pompidou, le ministre des Affaires étrangères Couve de Murville et le ministre de l'Intérieur Roger Frey se concertent. Si tant est que Mehdi Ben Barka soit encore vivant, il faut le sauver. Mais sans compromettre nos bonnes relations avec le Maroc. Avec le gouvernement marocain, on négociera donc en secret, afin de conserver le maximum d'atouts. On décide donc de ne pas arrêter encore les policiers Souchon et Voitot. Une telle inculpation ferait grand bruit, la presse s'en ferait aussitôt l'écho. Ce serait une arme pour les Marocains qui pourraient s'écrier :

— Vous voyez bien ! C'est une affaire française !

La négociation fera long feu. Au Maroc, on a choisi de rester bouche cousue. C'est un échec. De Gaulle s'impatiente et adresse, contre tous les usages, une lettre à la mère de Ben Barka dans laquelle il promet « diligence et rigueur ». Alors, Souchon et Voitot, placés le 11 novembre en garde à vue, sont déférés aux juges le 13, dix jours après leurs premiers aveux.

Entre-temps, l'affaire est devenue publique. Elle fait les gros titres de la presse. Ce n'est plus seulement un mystère. C'est un scandale. Ce qu'on a voulu cacher éclate au grand jour. D'abord, l'appartenance de Lopez au S.D.E.C.E. Pour tirer leur épingle du jeu, les dirigeants du service de contre-espionnage décident de sacrifier Le Roy-Finville, promu bouc émissaire.

Mais la vedette de toutes ces semaines, incontestablement, c'est Figon. Il est, comme on dit, en çavale. En fait, il s'est réfugié d'abord chez l'actrice Françoise Arnoul, place Denfert-Rochereau. Une autre comédienne, Anne-Marie Coffinet, lui a apporté son aide. L'extraordinaire, pourtant, c'est que Figon ne se cache pratiquement pas. Même, il passe sa vie avec les journalistes, fait des confidences aux uns et aux autres, répète sans cesse son récit, le perfectionne, l'enjolive. Il se fait photographier dans les rues de Paris, et jusque devant la préfecture de police. Les Français s'esclaffent, car ils ont toujours aimé les Arsène Lupin. Mais Figon met les pieds dans le plat : c'est lui qui révèle ses propres contacts avec Lemarchand et l'entrevue de Lemarchand avec le commissaire Caille. Figon devient un gêneur de premier plan.

Le 14 janvier 1966, la police, enfin décidée à le « retrouver », cerne l'immeuble du 14, rue Desrenaudes, où Figon dispose d'un studio. Jamais on n'a vu un tel déploiement : cars, voitures, plusieurs centaines d'hommes. Les sirènes hurlent, les ordres claquent. Tout est réuni pour conduire tout droit au suicide un homme dont les nerfs

Georges Figon : un truand pas comme les autres. (Minute)

sont fragiles. Quand on enfonce la porte du studio, Figon est mort. *Le Canard enchaîné*, reprenant une manchette déjà utilisée pour Stavisky, imprimera que Figon « s'est suicidé d'un coup de révolver qui lui a été tiré à bout portant ».

Dans scs bagages, on trouvera un papier portant un certain nombre de questions à l'adresse de Ben Barka. Des questions de ce genre :

— Comment arrivez-vous à être bien informé de la situation politique au Maroc en dehors de la presse et de la radio ?

— Avez-vous installé au Maroc, en dehors de l'U.N.F.P., des organisations secrètes dotées d'armes pour affaiblir l'autorité du régime ? Qui contrôle et finance ces organisations ?

— Qui leur donne des ordres et, si elles existent, pourquoi ne sont-elles pas entrées en action ? Disposent-elles du soutien de hautes personnalités civiles ou militaires au Maroc ?

— Avez-vous déjà organisé un attentat contre Hassan II et à quelle occasion ? Etes-vous partisan de l'accomplissement dans l'immédiat d'une telle action ?

— Pour réaliser la révolution armée, avez-vous pu stocker des armes au Maroc ?

— Avez-vous le soutien d'officiers des Forces armées royales qui pourront un jour, sous vos ordres, tenter un coup d'Etat au Maroc ? Avez-vous également des éléments de la police ?

Etc., etc.

Un questionnaire, oui. Et l'on ne peut s'empêcher de se souvenir de cette confidence de Boucheseiche, dans la nuit du 28 au 30 octobre, évoquant la contenance de Ben Barka chez lui :

— Oh ! Il parle, il parle...

Surtout on ne peut se retenir de penser que le texte manuscrit de ce questionnaire a fait l'objet d'une expertise graphologique. Les experts sont formels : il est *de la main de Me Lemarchand.*

C'est le temps où Souchon, pour se défendre, évoque la phrase que lui a lancée Lopez la veille de l'enlèvement : « Foccard est au parfum. » Nouveaux gros titres. Foccard, c'est le pouvoir. Pour aboutir à la perte du leader marocain, la collusion paraît donc établie entre les gouvernements de Paris et de Rabat. L'Élysée bafoue les droits de l'homme ! Nouveau déchaînement quand Le Roy-Finville révèle qu'il a transmis à la direction de son service tous les rapports de Lopez et que l'on en a fait fi. C'est donc délibérément que l'on a laissé assassiner Ben Barka, alors que l'on était prévenu des risques qui pesaient sur lui ! Pour la presse d'opposition, tout cela est clair et confirme ce qu'elle a toujours pensé, dit et redit de l'essence même du pouvoir gaullien. D'ailleurs, Figon ne s'est pas suicidé. On l'a exécuté parce qu'il en savait trop. Tout cela, jure la presse d'opposition, a dépassé le niveau du supportable. La gauche exige le départ de Roger Frey et du garde des Sceaux, Jean Foyer. Naturellement en vain.

De Gaulle, entre-temps réélu pour sept années président de la République, déteste que de telles accusations soient portées contre un pouvoir qu'il incarne. Il décide de réformer le S.D.E.C.E. et de réunir les polices dont il estime qu'elles ont mal fonctionné. Il rappelle son ambassadeur à Rabat. Et, le 21 février 1966, il donne une conférence de presse qui restera dans le ton et l'allure, comme l'une de ses plus magistrales :

— Le ministre de l'Intérieur du Maroc a procédé sur notre sol à la disparition d'un des principaux chefs de l'opposition... Du côté français, ce qui s'est passé, n'a rien que de vulgaire et de subalterne. Il s'est agi d'une opération consistant à amener Ben Barka au contact d'Oufkir et de ses assistants, en un lieu propice au règlement de leurs comptes. Rien, absolument rien n'indique que le contre-espionnage et la police, en tant que tels et dans leur ensemble, aient connu l'opération et *a fortiori* qu'ils l'aient couverte... Hélas ! Une grande partie de la presse, attirée par l'espèce d'atmosphère à la Belphégor que créait l'évocation de mystérieuses barbouzes, s'est lancée, sans ménager rien, dans l'exploitation de l'affaire... Trop de journaux ont, audedans et au-dehors, desservi l'honneur du navire.

Alors s'ouvrira le procès. Ou plutôt les procès, étalés sur deux sessions, du 5 septembre 1966 au 5 juin 1967. Un procès monstre : 5 000 pages de dossier, 167 témoins. Le coup de théâtre : l'arrivée volontaire de Dlimi au Palais de justice, le 19 octobre 1966, venu « défendre l'honneur de son roi ». Dans le box des accusés, il s'assiéra aux côtés de Lopez, de Souchon, de Voitot, de Philippe Bernier, d'El-Mahi. La place de Figon est naturellement vide. Celles aussi de Boucheseiche, Palisse, Dubail et Le Ny : ils sont au Maroc et n'ont nulle intention de rentrer pour se faire juger.

Tout cela finira par quatre acquittements : Philippe Bernier, Voitot, El-Mahi et Dlimi. Par la relaxe de Marcel Le Roy-Finville. Et par la condamnation de Lopez et Souchon, respectivement à huit et six ans de réclusion criminelle. Sont condamnés à la réclusion criminelle à perpétuité — par contumace — Oufkir, Chtouki, Boucheseiche, Palisse, Dubail et Le Ny.

Le titre s'est étalé sur l'écran de la télévision : « Qui a tué Ben Barka ? » L'émission fut abondamment annoncée, longuement commentée. Il semblait que l'infortuné Ben Barka, tout à coup, revivait et que sa disparition, trop oubliée, redevenait un événement d'actualité. Devant les caméras s'étaient exprimés Marcel Le Roy-Finville, Antoine Lopez, Philippe Bernier. Autour de moi venaient de s'asseoir Daniel Guérin et Jacques Derogy. Personne en France n'avait plus longuement et de façon plus approfondie que ces deux hommes étudié l'affaire Ben Barka.

Après seize années, étaient-ils parvenus à une solution ?

Jacques Derogy avait, à l'époque, publié, dans les colonnes de l'hebdomadaire *l'Express*, une enquête qui reste un modèle du genre. Faire de l'histoire *à chaud*, c'est un exercice que parviennent à réussir bien peu de journalistes. Pourtant, *l'Express* était du nombre de ces journaux qui avaient fait de l'affaire Ben Barka une machine de guerre contre le pouvoir gaulliste. Que leur auteur l'ait voulu ou non, les articles de Jacques Derogy s'inscrivaient dans ce contexte. Mais aujourd'hui ? Jacques Derogy estime qu'il faut se rallier finalement à l'explication donnée par Charles de Gaulle dans sa conférence de presse. Il s'agit bien d'une affaire marocaine. C'est au Maroc que tout a été conçu, dans des conditions que l'on n'est pas encore en mesure de déterminer avec précision. Voulait-on réellement la mort de Ben Barka ? Cette mort est-elle intervenue accidentellement ? Le plan primitivement conçu a-t-il été mis à mal par des interventions non prévues et intempestives ? Autant d'hypothèses que Jacques Derogy tient à examiner sans se sentir en mesure d'adopter l'une ou l'autre.

Quant à la participation française, il ne croit pas à une collaboration au niveau gouvernemental. Le pouvoir gaulliste, à ses différents stades, a tout ignoré de ce qui se tramait. L'intervention de Souchon et de Voitot reste une initiative personnelle, suite du piège tendu par Lopez. Oui, « du côté français, ce qui s'est passé n'a rien que de vulgaire et de subalterne ».

En revanche, il proteste contre l'accusation portée par le général de Gaulle à l'encontre des journaux qui auraient « desservi l'honneur du navire ». Il estime que les informations alors publiées par la presse, même si quelques-unes se sont trouvées isolées de leur contexte et manipulées dans un dessein évidemment politique, ont finalement servi la vérité et l'histoire. La presse se doit de tout dire. C'est à la fois son devoir et sa fierté. L'*honneur du navire,* ici, n'était nullement en cause.

J'ajouterai que Jacques Derogy m'a confié avoir écrit un livre sur l'affaire Ben Barka. L'ouvrage est toujours inédit, car il manque la conclusion :

— Je l'attends toujours, m'a dit Derogy. Lorsque je la connaîtrai, je publierai mon livre.

De quoi, en vérité, rendre modestes tous les commentateurs de l'affaire !

Devant les caméras, Daniel Guérin s'est, en revanche, montré beaucoup plus affirmatif. A la question : « Qui a tué Ben Barka ? », il a répondu en martelant ses mots :

— Mehdi Ben Barka a été assassiné à Fontenay-le-Vicomte par Georges Boucheseiche.

Daniel Guérin pense toujours, lui, que l'affaire n'a pu être montée par les Marocains sur le territoire français qu'avec l'accord et l'appui de personnalités gouvernementales. Il a tenu à dénoncer avec force et éclat le rôle trouble de Me Lemarchand, si étroitement lié au pouvoir gaulliste. Georges Pompidou n'est-il pas intervenu personnellement pour que son interdiction à vie d'exercer son métier d'avocat fût considérablement réduite en appel [1] ?

---

1. L'un de mes correspondants, M. Claude B..., à Paris (2e) m'écrit à cet égard : « Puis-je apporter une précision concernant Me Lemarchand ? Lemarchand était couvert jusqu'à un certain point, en cette affaire, par Pompidou. Il existait, en effet, entre eux deux, une relation privilégiée. Afin de mieux la situer, revenons au mois d'octobre 1942. L'année scolaire 1942-1943 commence. Et nous nous trouvons dans la cour du lycée Henri IV, André Fanton, Lemarchand (et moi-même entre autres). Nous attendons notre professeur principal de la classe de seconde A2. Ce professeur, c'est Georges Pompidou. Je puis témoigner, dès cette époque, de l'ardente (et désintéressée) foi gaulliste de mes deux camarades Fanton et Lemarchand, qui sont un peu toute ma jeunesse à « H IV » de 1940 à la Libération. Or voici ces deux jeunes élèves, éblouis par le Maître (qui joue un peu le rôle de M. Bouteiller dans *les Déracinés* de Maurice Barrès). Ils retrouvent leur professeur devenu Premier ministre. Cette remarque est importante. Compte tenu du dévoue-

Mais que sait Daniel Guérin des circonstances mêmes de la mort de Ben Barka ? Il rappelle que le commissaire Bouvier, à l'audience du 26 avril 1967, a déclaré, sur un ton quelque peu mystérieux, qu'un « événement insolite » fit changer tous les plans. « Quel fait ? La réponse donnerait certainement la clé de l'énigme toujours posée : le sort de Ben Barka, tel qu'il a finalement dû se jouer en cette nuit du 30 au 31 octobre. » A l'audience du 1er juin 1967, Me Floriot intervient dans le même sens : « Et puis, il y a eu un accident. Lequel ? Je n'en sais rien. Mais il n'était en tout état de cause pas prévu. Quelque chose s'est passé : l'accident... »

Me Michel Bruguier, avocat de la partie civile, dans sa plaidoirie, rapportera les rumeurs selon lesquelles « Ben Barka serait mort accidentellement à la suite de l'absorption d'une dose trop forte de somnifère, le 29 octobre ». Lopez aurait confié à Souchon que Ben Barka a été, à Fontenay-le-Vicomte, pris d'une « crise cardiaque » qui l'aurait emporté. Le 10 décembre 1969, *le Canard enchaîné* se faisait l'écho d'une thèse selon laquelle Ben Barka se serait débattu dans la 403 noire et qu'alors l'un des truands l'aurait frappé, atteignant sans le vouloir la vertèbre cervicale fracturée lors de l'accident de 1962.

Préparant mon émission, je suis allé interroger mon confrère et ami Maurice Schumann qui, en tant que ministre des Affaires étrangères, a eu la tâche difficile de renouer avec le Maroc les relations diplomatiques légitimement rompues par le général de Gaulle. Lui aussi fait état d'une confidence à lui faite au Maroc concernant une mort accidentelle de Ben Barka. Il l'a d'ailleurs confirmé dans une lettre à Daniel Guérin, précisant qu'on lui avait dit que Ben Barka « était mort accidentellement sous les coups qui lui étaient portés, au moment où il essayait de se débattre contre ses agresseurs et ses tortionnaires ».

Daniel Guérin a reçu d'importantes confidences d'une haute personnalité française qui, après avoir accepté qu'on la nommât, l'a interdit par la suite. Voici le récit qui a été fait à l'écrivain : « Ben Barka se serait attendu, après avoir déjeuné chez Boucheseiche, à

---

ment admiratif que professe Lemarchand à l'égard de Pompidou, nous pouvons former, sans trop nous avancer, l'hypothèse minimum selon laquelle Pompidou ne pouvait pas ne pas être tenu au courant, heure par heure, du déroulement de l'affaire Ben Barka — et cela par Lemarchand. Connaissant, d'autre part, le cynisme monumental dont Pompidou était capable, je le vois aisément utiliser Lemarchand dans cette affaire, quitte à le compromettre, ce qui fut fait. Cela nous conduit à penser que l'affaire Ben Barka ne fut point si « subalterne » que l'affirma le général de Gaulle. » Je laisse à mon correspondant la responsabilité de ses commentaires. Je retiendrai pour ma part que des liens particuliers existaient entre Georges Pompidou et Me Lemarchand.

recevoir la visite d'un émissaire du souverain marocain, en l'espèce un certain Mohammed Mouatassem. Ne le voyant pas arriver, il aurait été pris d'impatience, peut-être d'une soudaine méfiance, et il se serait écrié : « Mais qu'est-ce que je fais ici ? » Il se serait alors dirigé vers la porte de sortie. Boucheseiche l'aurait suivi de près, intercepté, après une rixe où Ben Barka, dont la petite taille n'excluait pas une poigne de fer, aurait bien failli avoir l'avantage. Pris au dépourvu, le gros truand se serait alors saisi d'une canne ou d'un bâton qui se trouvait dans l'entrée et lui aurait assené un formidable coup qui aurait atteint une de ses vertèbres cervicales. Il était notoire que la nuque du leader marocain était restée fragile depuis *l'accident* (de voiture), mot que Ben Barka, dans une lettre à un ami, plaçait entre guillemets, car cet accident avait été vraisemblablement provoqué... Bien entendu, l'hypothèse d'une « bavure » involontaire éveille des doutes. Le coup fatal porté à Ben Barka l'aurait peut-être été à dessein. Boucheseiche aurait pu être informé de la vulnérabilité de la nuque de son hôte et aurait pu, sur ordre, frapper en conséquence... La blessure pourrait avoir atteint la moelle épinière et provoqué une mort instantanée. Le drame se serait produit vers 3 heures de l'après-midi, comme se sont accordés à le supputer, au cours du premier procès, deux avocats, le premier de l'un des accusés, le second de la partie civile. Certains qui ont retenu l'hypothèse des coups portés à Ben Barka les ont attribués à deux des truands liés à Boucheseiche, Palisse et Dubail. Mais la suite des événements incite à penser que Boucheseiche a bien été le tueur. Tout d'abord, cet ancien complice du gangster Jo Attia n'en était pas à un meurtre près. On a pu établir que Palisse et Dubail ne se sont envolés pour le Maroc que le 4 novembre et Le Ny le 3 février 1966. Ils étaient un peu moins pressés que le *gros Jo.* »

Cette thèse, il semble qu'elle soit corroborée par l'audition de Mme Boucheseiche, le 1er décembre 1976, par le juge d'instruction Pinsseau. Elle a confié au magistrat que dès que son mari l'eut rejointe à Casablanca — souvenons-nous qu'il s'est envolé dès le 1er novembre — il lui avait avoué qu'il venait de commettre une *grosse bêtise.* Mme Boucheseiche révélait en même temps que jamais depuis lors son époux ne s'était trouvé en liberté au Maroc. Toujours, il était resté placé sous la surveillance étroite de policiers et dans des résidences assignées par la police. Le terme qu'employait Mme Boucheseiche est *otage.* Il en était de même des autres truands, Le Ny, Dubail et Palisse. Cela dura quelques années. Et puis, le 17 ou 19 mars 1971, Boucheseiche fut arrêté et emprisonné, en même temps que Le Ny et Dubail. En 1972, Marie-Louise Boucheseiche devait apprendre que son mari était mort en prison. De même que Le

Ny et Dubail. La date porte en elle-même tout son intérêt. C'est le 16 août 1972 qu'Oufkir, ayant raté son attentat contre Hassan II, tombe sous les balles de Dlimi. La seule garantie pour les truands d'une vie sauve s'appelait Oufkir.

Palisse avait été laissé en liberté. On le savait atteint d'un cancer. Marcel Le Roy-Finville, depuis l'affaire, n'a cessé d'enquêter car il n'accepte pas le sort injuste qui lui a été réservé et ses 117 jours de détention préventive. Ainsi a-t-il pu mettre la main sur une lettre manuscrite de Palisse, datée du 21 septembre 1978, dont voici des extraits : « Il y a beaucoup de la faute de Marie-Louise si les autres sont canés... Le grand Tôlier (Dlimi) est venu les chercher en pleine nuit... Je ne veux pas caner ici. Je n'ai pas de breliqua (calibre), sinon j'aurais fini en beauté depuis longtemps... » Palisse suppliait qu'on vînt le chercher en « toba » (bateau).

Le juge d'instruction avait pourtant, le 28 mars 1967, délivré une commission rogatoire qui aurait permis d'exiger son extradition. Nul ne semble y avoir songé. Qu'aurait bien pu raconter Palisse en France ? Il est mort, en septembre 1979, de son cancer, à l'hôpital de Rabat.

Si l'on suit Daniel Guérin, l'affaire se reconstitue ainsi : Oufkir, agissant probablement sur les ordres de Hassan II, décide de faire enlever Ben Barka et de le faire reconduire au Maroc. Larbi Chtouki est chargé de monter l'opération. Il s'ouvre du projet à Lopez, qui tient essentiellement à être bien vu des Marocains : sa nomination de directeur d'Air Maroc en dépend. Il facilitera donc tous les contacts. Boucheseiche, qui n'a rien à refuser aux Marocains, est également mis à contribution. Grâce à lui, on obtient la collaboration de Figon. D'où l'affaire du film en forme de piège, dans lequel tombera Ben Barka.

Ben Barka est enlevé à Paris par deux policiers contactés par Lopez et conduit à Fontenay-le-Vicomte chez Boucheseiche. L'opération a peut-être eu lieu plus tôt que prévu, puisqu'elle semble prendre au dépourvu Oufkir et Dlimi, qui n'arriveront que plusieurs heures plus tard. Pour s'apercevoir, semble-t-il, que Ben Barka est déjà mort d'un coup porté par Boucheseiche — accidentellement ou non.

Le cadavre ? Il aurait été, dit Daniel Guérin, « discrètement évacué vers le Maroc dans la nuit du 30 au 31 octobre 1965. Un agent du fret d'Orly, dont je n'ignore pas l'identité, aurait, en présence et sur l'injonction d'Oufkir et de Dlimi que Lopez avait, peu après minuit, conduits dans sa voiture d'Ormoy à Orly, commis une entorse au règlement en acceptant de faire passer à l'écart de la douane, vers les pistes de l'aéroport, un colis d'une certaine dimension ». C'est dans un avion cargo d'Air Maroc, stationné dans un coin écarté de l'aéroport, que le colis — une caisse ou une malle — aurait été hissé.

Assurément, une telle version nous paraît satisfaisante et répond à la plupart des questions que nous pourrions nous poser.

En apparence seulement. Car elle néglige complètement le rôle de Figon.

Quand j'ai décidé de faire de l'affaire Ben Barka le thème de la première émission de *l'Histoire en question,* j'en savais ce qu'en surent, en 1965 et 1966, tous les Français. Je restais convaincu qu'autour du leader marocain s'étaient déployées des connivences odieuses, des manœuvres inavouables. Bref, un climat particulièrement nauséabond. Mon enquête ne m'a que partiellement détrompé. Je me souviens des efforts que je dus déployer pour remettre à leur place les pièces d'un puzzle que d'autres avaient trop astucieusement mélangées. Je n'ai toujours eu, dans l'exercice de mon métier, qu'une exigence : y voir clair moi-même pour tenter que ceux qui m'entendent ou me lisent y voient clair à leur tour.

Voir clair dans l'affaire Ben Barka !

J'ai voulu d'abord m'y retrouver dans le déroulement des faits. Je crois y être parvenu. Ensuite, il me fallait distribuer à chacun des personnages son rôle exact. D'où mes entretiens avec les intéressés. Là aussi je crois n'être pas loin d'une répartition équitable.

Mais, à mesure que je me rapprochais de la cible, je discernais avec plus de netteté que la clé de l'affaire Ben Barka devait se trouver du côté de chez Georges Figon.

Le 12 octobre, rendant visite à *Minute,* Figon confiait on ne peut plus clairement à François Brigneau ses intentions :

— J'ai pensé prendre l'affaire à notre compte. Enlever le Charlot, faire semblant de le tuer, et après, à votre bon cœur, messieurs dames. Un coup à la Jo Attia. Avec le gros Jo (*Boucheseiche*), le grand Dédé (*Le Ny*), nous avons eu l'idée d'améliorer le rendement en essayant de chouraver le Marocain pour notre propre compte. Pourquoi lui faire du mal à ce gros baigneur ? Tout ce qu'on voulait, c'était de la fraîche.

On peut découvrir là une véritable préméditation, le désir — bien dans la mentalité de Figon — de rouler tout le monde et d'abord les Marocains initiateurs de l'affaire. Pour le plaisir ? Peut-être, mais surtout pour récolter davantage de pognon.

Reprenons la chronologie du 29 octobre. A 12 h 15, Figon est chez Lipp. Il joue le rôle de l'appât. Nous le perdons de vue dans la journée pour ne le retrouver que le soir, dans un bar de la rive gauche. Il déclare avoir pris part à un enlèvement « *grâce auquel il pense bien pouvoir faire chanter les Marocains* ». Nous le retrouvons plus tard dans la nuit, à Ormoy, dans le salon de Lopez. C'est la rencontre au sommet : d'une part, Oufkir et Dlimi, de l'autre, la bande à Boucheseiche — et Figon. Que fait-il là, Figon ? Pourquoi réapparaît-il soudainement ? N'est-ce pas qu'il est venu, en négociateur, proposer ou vendre quelque chose ?

Une lettre anonyme, mais abondante en détails authentiques, fut adressée le 17 février 1966 au premier juge. Elle affirmait : « Figon se rendit en voiture à Fontenay avec trois personnes pour prendre Ben Barka en charge. »

Une autre lettre signée Le Ny, parvenue le 8 octobre 1966 à la cour d'assises, confirme : « Je tins compagnie à Ben Barka jusqu'à l'arrivée de Figon à 15 h 30... Ils partirent ensemble dans une Jaguar qui attendait Figon avec trois personnes à l'intérieur. »

Curieux, non ?

Profitant du fait que Boucheseiche était parti pour Orly, en compagnie de Lopez, afin d'attendre un Dlimi qui n'arriva pas, Figon serait donc venu prendre livraison de Ben Barka *pour son propre compte.* On se demandera pourquoi Le Ny aurait laissé partir si facilement un otage si précieux. Mais Le Ny n'avait aucune raison de se méfier de Figon, qu'il savait l'instigateur et le metteur en scène de toute l'affaire.

Ainsi Figon aurait-il pu mettre Ben Barka en lieu sûr. C'est sa « livraison » qu'il serait venu négocier chez Lopez avec Oufkir. Négociation sans doute réussie puisque, le dimanche 31 octobre, Figon prend le train pour Bruxelles où il va rejoindre la comédienne Anne-Marie Coffinet, interprète d'une pièce anglaise *la Crécelle.* « Georges était très détendu, très gai », témoignera Anne-Marie Coffinet. Il lui déclare qu'il vient « de faire un coup qui va me rapporter gros. Avec les Marocains ». Doute d'Anne-Marie :

— Ça va encore tourner au vinaigre.

— Non, cette fois ce n'est pas dangereux, je ramasse et c'est tout.

Je ramasse et c'est tout. Qu'est-ce que cela veut dire ?

La faille de cette hypothèse — je ne la présente que comme une hypothèse — est que précisément Figon n'a pas touché beaucoup d'argent. Moins que les autres. En tout, 30 000 francs à peu près. De quoi le défrayer seulement de ses voyages au Caire et à Genève. S'il avait réussi pleinement sa « livraison », il aurait dû, comme il disait, être plein aux as. Ce n'est pas le cas.

A moins que lui, qui voulait duper les Marocains, n'ait à son tour été dupé. Par les Marocains.

Dans ce cas, l'affaire Ben Barka ne représenterait, sous cet aspect particulier, qu'un épisode supplémentaire de l'arroseur arrosé.

Mon émission m'a naturellement attiré un nombreux courrier. Je passe sur les avis, commentaires, félicitations, critiques qui n'ont d'intérêt que pour moi seul. En revanche, je retiendrai deux communications parce qu'elles débouchent sur des pistes que d'autres pourraient suivre. L'affaire demeurant trop brûlante, on comprendra que je ne nomme pas mes correspondants.

Le premier témoignage évoque la conversation qu'eurent M. Maurice B... et l'un de ses amis avec un haut fonctionnaire de l'administration marocaine :

« Comme nous évoquions l'affaire Ben Barka, en stigmatisant, mon ami et moi, le rôle prépondérant qu'à notre sens le roi y avait joué, cette personnalité nous déclara que, de source sûre, il avait été et par le plus grand des hasards, mis au courant des tenants de cette affaire.

« En effet, alors qu'il compulsait des dossiers dans le cadre de son travail, il « tomba » sur un document secret concernant cette affaire. Et il nous affirma que si Oufkir avait dirigé en personne l'assassinat de Mehdi Ben Barka, c'était à l'insu du roi du Maroc, qui ignorait tout de ce qui se tramait, paraît-il, mais à l'instigation de la C.I.A. américaine. »

» C'est cette dernière, seule, qui aurait donc décidé de la disparition de Ben Barka et soudoyé Oufkir pour qu'il se fît l'exécuteur de cette tâche.

» La C.I.A., désireuse de préserver les intérêts américains au Maroc, menacés selon elle si Ben Barka accédait au pouvoir, et voulant l'empêcher de prendre la tête des partis opposants du tiers monde, avait purement et simplement décidé de le faire supprimer. »

Lettre intéressante qui surprendra maint lecteur. Ce n'est pas la première fois que le rôle de la C.I.A. dans cette affaire est mis en avant. Roger Muratet, dans un livre paru dès 1967, soulignait la probabilité d'une intervention de la C.I.A.

Ne l'oublions pas : au cours de la réunion préparatoire de la Tricontinentale, tenue du 3 au 13 janvier 1966, un résumé des thèmes principaux abordés fut élaboré, ceci sous la signature de Mehdi Ben Barka. On peut y lire notamment :

« Intensification de toutes les formes de lutte, y compris la lutte armée des peuples des trois continents contre le colonialisme dirigé par l'impérialisme des États-Unis.

» Appui à la juste lutte du peuple de Cuba défendant sa souveraineté nationale contre l'impérialisme américain, et appui à la lutte patriotique des peuples d'Amérique latine contre le même impérialisme américain et ses instruments dociles tels que l'Organisation des États américains. »

Au vrai, une véritable déclaration de guerre aux États-Unis.

D'où la décision prise par la C.I.A. d'éliminer Ben Barka. Se refusant à frapper elle-même, elle aurait persuadé Oufkir de prendre l'initiative.

J'ajouterai que Maurice Schumann, au cours de l'entretien qu'il m'a accordé, m'a déclaré avoir lui-même recueilli au Maroc des informations concordantes à cet égard. En haut lieu, on ne mettait pas en doute qu'Oufkir eût été « manipulé » par la C.I.A.

N'oublions pas enfin que l'intervention de la C.I.A. dans l'affaire Ben Barka a été, depuis l'origine de l'affaire, constamment dénoncée par Daniel Guérin.

Mon précédent correspondant mettait hors de cause le roi Hassan II. Une proposition de témoignage m'est parvenue de province. Elle m'a semblé suffisamment importante pour que je me rende auprès du personnage qui s'offrait à m'informer. Celui-ci m'a naturellement livré son identité et m'a fourni la preuve qu'il a exercé certaines fonctions durant des années, auprès du roi Hassan II. Ce Français, au sein de la maison royale, jouait un rôle qui lui permettait de vivre dans l'intimité totale du souverain. Il allait et venait, vaquait à ses occupations sans qu'on le remarquât. On le traitait fort bien, mais comme une manière de domestique. Pour les princes musulmans comme pour les autres, un domestique n'est pas un homme.

Qu'est-ce donc qu'a vu et entendu mon informateur ?

Vers le mois de novembre 1964, au Palais des Hôtes à Rabat, le roi, le prince Moulay Abdallah et le général Oufkir sont réunis. Ils parlent de Ben Barka. Le roi, très agacé, demande à Oufkir s'il a pu enfin savoir où se trouvait Mehdi. Réponse négative d'Oufkir. Le roi s'impatiente de plus en plus :

— Tu vas me faire le plaisir de le retrouver, n'importe où qu'il puisse être. Mais n'oublie pas : je ne veux pas qu'il lui arrive quelque chose en France.

« Il a bien dit *en France,* précise mon informateur, faisant bien comprendre qu'à l'étranger ce qui pourrait arriver à Ben Barka lui était tout à fait égal. C'était le temps où Hassan faisait une cour effrénée à de Gaulle. »

La conversation continue. Il en ressort qu'une fois Ben Barka retrouvé, *il faudra le prendre vivant et le ramener au Maroc.*

Quinze jours plus tard, le roi vient passer la nuit au Palais des Hôtes. Il s'y trouve bien. Il aime, en plaisantant, à répéter que là, au moins, ne se cache aucun terroriste. Il est 21-22 heures. Le roi appelle Oufkir par téléphone. Mon informateur entend :

— Tu es sûr de ce que tu dis ? Il est en Suède ?

Oufkir répond quelque chose que mon informateur n'entend naturellement pas. Après quoi, le roi conclut :

— Je compte sur toi. Ne le perds surtout pas de vue. Maintenant il faut le prendre là où ce sera le plus facile.

Le troisième épisode de l'affaire se déroule chez la princesse Lalla Aïchar, route des Zaïr, à Rabat. Ce soir-là, la princesse reçoit. Beaucoup de monde et du beau monde. La domesticité habituelle ne suffit pas. Mon informateur, comme cela arrive souvent, a été appelé en renfort. La fête bat son plein lorsque Lopez paraît. La princesse et lui se saluent à la marocaine, puis Lopez baise les mains de Lalla. Elle le prend par le bras, le conduit dans un petit salon privé. De loin, mon informateur les voit discuter sans savoir ce dont il est question.

Mon informateur rappelle que Lalla connaît bien le milieu des truands, en particulier Boucheseiche.

Alors Oufkir survient. Mon informateur le voit rejoindre la princesse et Lopez. La conversation reprend. Mon informateur s'approche, entend qu'Oufkir, Lopez et la princesse parlent de Ben Barka. Lalla demande à Oufkir s'il possède toujours sa « baraque » à Temara, une plage à 35 kilomètres de Rabat. Oufkir répond positivement, mais dit que la maison est en bien mauvais état. Lalla se met à rire et lui conseille surtout de ne procéder à aucun changement, de la laisser telle qu'elle est.

— Pour recevoir notre hôte, ce sera bien suffisant.

« Cette maison, me dit encore mon informateur, était totalement isolée. Le rêve pour y garder sous la main un homme que l'on veut, soit interroger, soit mettre hors d'état de nuire. »

Mon informateur n'en sait pas davantage, ayant quitté le Maroc quelque temps plus tard.

Ce témoignage donnerait à penser que l'opération prévue ne concerna d'abord qu'un enlèvement. Et que le roi en personne en a donné l'impulsion.

Il y a longtemps que la sagesse des nations nous rappelle que les hommes proposent et que Dieu dispose. Celui des chrétiens comme celui des musulmans. A moins qu'il ne faille se résigner à laisser Dieu en dehors d'une histoire où il n'a rien à faire. Et se dire que ce qui a disposé, en l'occurrence, c'est plutôt le gros bâton de Boucheseiche. Ou l'imagination trop fertile de Georges Figon, dit Jo le Dingue.

Le Strasbourg *(à g.) et le* Colbert *achèvent de mourir.* (J. Tallandier/A. Zucca)

II

LA FLOTTE SE SABORDE A TOULON

27 novembre 1942. 5 h 30 du matin. La nuit enveloppe encore Toulon. Tout à coup, de l'émetteur du *Strasbourg* s'élance cet ordre d'où va naître une tragédie : « Ici, amiral Forces de haute mer, *sabordez la flotte... sabordez la flotte...* »

Le *Strasbourg,* c'est le cuirassé amiral. Amarré à quai à l'ouest des appontements Milhaud, il domine de sa masse et de ses superstructures tous les bâtiments voisins. Il porte la marque de l'amiral Jean de Laborde, chef des Forces de haute mer. L'émetteur du bord continue à lancer sur les ondes le terrible message : *Sabordez la flotte... Sabordez la flotte... Sabordez la flotte.*

Et voici, à la tête du mât du *Strasbourg,* que la signalisation optique se met à clignoter. Le même ordre, toujours : *Sabordez la flotte... Sabordez la flotte...* Dans un instant, des messagers au-delà du désespoir vont emporter, dans tout le port et la rade de Toulon, des ordres écrits, destinés à tous les commandants : « Exécutez immédiatement sabordage de votre bâtiment. *Signé :* Amiral de Laborde. »

27 novembre 1942. 5 h 30 du matin. L'essentiel de la flotte française, de cette nouvelle marine qui, en 1939, faisait l'admiration du monde — et suscitait la jalousie des Anglais, nos éternels rivaux sur mer — l'essentiel de notre flotte va mourir.

Inlassablement, la radio du *Strasbourg* continue à émettre son message. Inlassablement, le signal optique confirme : *Sabordez la flotte, sabordez la flotte...*

Oui, dans un instant vont retentir les premières explosions. Les cales s'ouvriront. Ces bateaux orgueilleux, superbes, lentement s'engloutiront dans l'eau noire.

Le Dunkerque: *dans toute sa gloire.* (Marius Bar)

Cette flotte, tout le monde la redoutait. Tout le monde la convoitait. Depuis juin 1940, elle représentait le dernier atout d'une France vaincue et humiliée. Et dans un instant cet atout va lui-même s'anéantir.

Pourquoi ?

Je me souviens. J'étais enfant, c'était à la veille de la guerre. A Lille, un dimanche, mon père et moi avons pris le train pour Dunkerque. Car, là, tout au long de cette belle journée d'été, la visite du *Dunkerque* était autorisée. En ce temps, le *Strasbourg* n'était pas sorti des chantiers et le *Dunkerque* restait notre plus beau bateau. Le *Dunkerque,* ancré dans le port dont il portait le nom, cela ressemblait à un symbole. Pendant des heures, nous avons arpenté les ponts et les coursives de la splendide unité. Nous étions fiers. Les centaines d'hommes et de femmes qui accomplissaient la visite en même temps que nous se sentaient fiers aussi.

Le temps des complexes n'était pas encore venu. On trouvait légitime d'être orgueilleux de sa marine, de son armée. Au lycée Faidherbe de Lille, on venait d'inaugurer une section des J.E.F.

— Jeunesses de l'Empire français — que présidait le fils de Daladier.

Pour nous tous, les Français du dimanche qui visitions le *Dunkerque,* un tel bateau affirmait la réalité de la résurrection de notre marine.

Après la Première Guerre mondiale, notre flotte de combat ne comprenait plus guère que 485 000 tonnes. En 1939, elle disposera de 705 000 tonnes de navires au combat et de 126 unités auxiliaires. Résultat acquis par l'effort de plusieurs hommes, parmi lesquels il faut citer un ministre tel que Georges Leygues, un autre ministre, François Piétri, un grand marin, l'amiral Durand-Viel. Et un autre marin, le plus tenace peut-être, qui s'appelait François Darlan. En 1937, l'amiral Darlan est devenu chef d'état-major général de la Marine. En 1939, on a créé pour lui le grade d'amiral de la Flotte qui, dans les conférences interalliées, lui permettait de parler d'égal à égal avec son homologue britannique. Au sacre de George VI, Darlan, chef de l'une des plus puissantes flottes du monde, n'avait-il pas été traité avec moins de considération que des chefs militaires de pays de second ordre, mais parés de titres plus ronflants ? A Westminster, on l'avait même relégué derrière un pilier. *L'amiral de la Flotte* Darlan n'aurait plus à redouter pareille humiliation, ressentie par lui moins à l'égard de sa personne que de la France.

Donc, avant même que la guerre n'éclatât, chacun en France en demeurait persuadé : la flotte française, c'était Darlan. Et Darlan, c'était la flotte.

Et puis vient septembre 1939. La Pologne. La drôle de guerre. Le 10 mai 1940. La percée à Sedan. La poche de Dunkerque. La guerre-éclair. La défaite qui menace.

Dès le début de juin, l'éventualité d'un armistice a commencé à se poser. Mais un tel armistice soulèverait fatalement le problème de la flotte. Car elle est intacte, la flotte française. Hitler ne réclamera-t-il pas sa livraison ? Et sous les coups portés par les trois flottes allemande, italienne et française réunies, c'en serait fait à jamais de l'Angleterre.

Le 11 juin 1940, à Briare, Churchill a pris à part l'amiral Darlan et, angoissé, lui a dit :

— Darlan, j'espère que vous ne rendrez jamais la flotte !

Et Darlan a répondu :

— Il ne peut en être question. Ce serait contraire à nos traditions navales et à l'honneur.

Et il est de fait que Darlan n'avait pas attendu l'adjuration de Churchill pour se décider. Le 28 mai — on commençait à peine à évacuer Dunkerque — il avait remis à son chef d'état-major, le contre-amiral Le Luc, une note personnelle manuscrite qui contenait ces mots : « Au cas où les événements militaires conduiraient à un armistice dont les conditions comprendraient la reddition de la flotte, *je n'ai pas l'intention d'exécuter cet ordre.* »

Dans les jours qui ont précédé l'armistice, l'angoisse des Anglais s'est accrue. A plusieurs reprises, et avec une insistance de plus en plus appuyée, ils ont demandé au gouvernement français de prendre l'engagement de ne jamais remettre la flotte aux Allemands. Néanmoins, ils se sont sentis quelque peu rassurés quand le maréchal Pétain, formant son gouvernement le 16 juin au soir, a choisi comme ministre de la Marine le commandant en chef des forces maritimes, Darlan lui-même. Alors que le maréchal va solliciter l'armistice, Darlan, dès le 17 juin, précise à ses subordonnés que « quelle que soit l'évolution de la situation, la Marine peut être certaine qu'en aucun cas elle ne sera livrée intacte ». Le 18, il ordonne de replier vers l'Afrique tous les navires stationnés dans les ports de l'Atlantique. Il donne l'ordre de faire saborder les navires qui seraient hors d'état d'appareiller.

Le 18 juin, le président des U.S.A. Franklin D. Roosevelt entre personnellement en lice. Il adresse un message à Darlan pour lui demander de faire tout afin que la flotte française ne tombe pas entre les mains de Hitler. Darlan fera répondre par le ministre français des

Affaires étrangères que l'éventualité envisagée est hors de question.

Le 18 juin, l'amiral de la flotte britannique, sir Dudley Pound, accourt à Bordeaux. Son but ? Rencontrer Darlan. Pound s'inquiète des intentions de la France quant à sa flotte. Darlan, en présence du contre-amiral Auphan, donne au Britannique sa parole de soldat qu'en aucun cas nos bateaux ne seront remis aux Allemands. Si la reddition de la flotte se révèle l'une des conditions posées par les Allemands pour un armistice, il n'y aura pas d'armistice.

C'est — très exactement — ce qu'un proche avenir va démontrer.

Le 21 juin, dans la forêt de Compiègne, en ce même carrefour de Rethondes, dans ce même wagon de l'Armistice où, le 11 novembre 1918, Foch avait imposé sa loi aux Allemands, Hitler dicte la sienne aux Français. Une loi dure, implacable. Tout est prévu, et, surtout, que la France doit plier l'échine. Sauf pour la flotte. Car, à l'article 8, il est expressément prévu ceci : « La flotte doit être rassemblée et désarmée dans des ports à déterminer. Le gouvernement allemand déclare solennellement qu'il n'a pas l'intention d'utiliser à ses propres fins la flotte de guerre française... Le gouvernement allemand déclare solennellement et formellement qu'il n'a pas l'intention de formuler de revendication à l'égard de la flotte française lors de la conclusion de la paix... » Au sein de la délégation française, c'est l'amiral Le Luc qui représente la Marine. Il écrira : « J'ai vu les regards des autres membres de la délégation se tourner tous vers moi avec une lueur d'admiration et d'envie... »

On va, le 22 juin au soir, signer l'armistice avec l'Allemagne et, le 24 juin au soir, l'armistice avec l'Italie. Les hostilités cesseront le 25 juin à 0 h 35.

Pendant toutes ces journées, Darlan n'a pas dévié d'un pouce de son attitude. Le 20 juin : « Quels que soient les ordres reçus, ne jamais abandonner à l'ennemi un bâtiment de combat intact... » Surtout, un texte capital a été transmis à tous les responsables de la Marine :

« *Chiffré secret fil et radio.*

» Clauses armistice vous sont notifiées par erreur — stop — je profite dernière communication que je peux transmettre en chiffré pour faire connaître ma pensée sur ce sujet :

» *Primo.* Les navires démobilisés doivent rester français avec pavillon français, équipage réduit français séjournant ports français, métropolitains ou coloniaux.

» *Secondo.* Précautions secrètes autosabotage doivent être prises pour que ennemis ou étrangers s'emparant d'un bâtiment par force ne puissent s'en servir.

» *Tertio.* Si commission armistice chargée interpréter textes décide autrement que dans paragraphe *primo,* au moment exécution cette décision nouvelle navires de guerre seraient, sans nouvel ordre, soit conduits États-Unis, soit sabordés s'il ne pouvait être fait autrement pour les soustraire à ennemi — stop — En aucun cas, ils ne devront être livrés intacts à ennemi.

» *Quarto.* Navires ainsi réfugiés à l'étranger ne devront pas être utilisés à opérations guerre contre Allemagne ou Italie sans ordre du commandant en chef. » C'était signé : *Xavier 377.* La signature dont usait Darlan pour les messages secrets émis par lui.

Retenez bien la phrase : *Sabordés s'il ne pouvait être fait autrement pour les soustraire à ennemi.*

La tragédie de Toulon se découvre tout entière dans cette phrase-là.

Comme chacun le sait, les Anglais n'ont pas cru à la sincérité de la parole donnée par Darlan. Moins encore aux engagements pris par l'Allemagne. Le résultat ? La sinistre opération *Catapult.* Un ordre implacable : saisir, prendre sous contrôle, mettre hors de combat ou détruire « tous les bâtiments susceptibles d'être atteints ». C'est ainsi que dans les ports anglais, les Britanniques se sont saisis par la force des navires français qui s'y trouvaient, notamment le *Surcouf.* C'est ainsi que la marine anglaise a écrasé sous ses obus la flotte rassemblée à Mers el-Kébir. Ce jour-là, même les plus anglophiles des Français ont maudi les Anglais. Quant aux marins français, aux officiers de marine français, leur anglophobie de toujours s'est trouvée renforcée à un point inimaginable.

Plus tard, en décembre 1942, Darlan écrira à Churchill qu'il avait ce jour-là éprouvé « une grande amertume et un grand ressentiment envers l'Angleterre ». Cette amertume et ce ressentiment, on peut dire que tous les marins français — et même ceux qui étaient passés du côté de De Gaulle — les ont ressentis également.

Et cela aussi est une des explications de Toulon.

Le 7 novembre 1942 au matin, le programme français de la B.B.C. diffuse ce message : « Allô ! Robert, Franklin arrive. » Ainsi le président des États-Unis, Franklin Roosevelt, annonce-t-il à son représentant à Alger, Robert Murphy, le débarquement en Afrique du Nord. Ce qu'on a appelé l'opération « Torch ». Le 8 novembre, le débarquement américain commence sur les côtes du Maroc et d'Algérie. Sans préavis, la flotte française est écrasée sous les bom-

L'amiral Darlan, en 1940, avait promis que la Flotte ne serait jamais livrée. Ici à Toulon, à bord du Strasbourg, *en compagnie du maréchal Pétain.* (Keystone)

bes et les obus. Un Pearl Harbor marocain, a pu écrire Pierre Varillon [1]. Conformément aux ordres reçus, la Marine française, notamment à Casablanca et à Oran, fait face à ce qui est considéré officiellement à Vichy comme une agression. La bataille se poursuivra toute la journée du 8, toute la journée du 9 et ne cessera qu'au soir du 10 novembre. Résultat : onze bâtiments de guerre français portés « coulés ou disparus », et vingt-cinq — dont le *Jean-Bart* — « incendiés, sabordés, hors de combat ». Quant à l'aéronautique navale, elle a perdu 50 % de ses effectifs (Oran) et 75 % pour le Maroc. D'où pour les marins français demeurant en métropole — et notamment à Toulon — un nouveau motif d'amertume.

A Toulon — où, précédemment, comme partout en France, les Américains étaient populaires — beaucoup d'officiers, amèrement, évoquent Mers el-Kébir. Du coup, leur réprobation englobe tous ceux qu'ils appellent maintenant les *Anglo-Américains*. Les forces des États-Unis, comme naguère celles de la Grande-Bretagne, n'ont-elles pas attaqué par surprise et, fortes d'une écrasante supériorité, n'ont-elles pas, les premières, ouvert le feu ? A Toulon, par exemple, l'amiral de Laborde, commandant des Forces de haute mer, dès qu'il apprend la nouvelle de « l'agression » en Afrique du Nord, n'a-t-il pas proposé (8 novembre) à l'amiral Auphan, secrétaire d'État à la Marine, d'appareiller avec toute sa flotte pour aller porter secours à ses camarades attaqués à Oran et à Casablanca par les Anglo-Américains ?

Voilà deux noms cités. Deux noms essentiels. Deux personnages de la tragédie. Il nous faut les mieux connaître.

L'amiral de Laborde : on l'appelle *le comte Jean*. Écrasante personnalité. Caractère difficile. Cassant autant qu'imaginatif. Un des promoteurs de l'aéronautique navale. A commandé le porte-avions *Béarn :* n'a jamais raté une occasion d'apponter en personne aux commandes d'un des avions de chasse. Exploit : a escorté, en 1940, le *Jean-Bart,* inachevé, de Saint-Nazaire à Casablanca.

Un original. Comme il est à la veille de la retraite, il s'est acheté, pour ses vieux jours, une propriété... à Tamanrasset.

Comptait bien devenir chef d'état-major de la Marine. Déteste Darlan, qui lui a soufflé le poste en 1937.

L'anglophobie de Laborde se présente comme quelque chose d'incroyable, d'irraisonné. Une passion, une fièvre, presque un

1. Pierre Varillon : *le Sabordage de la flotte* (1954).

délire. Il dit : « Je ne suis pas anglophobe, je suis anglophage. » Il n'a que mépris pour ceux qu'il appelle les dissidents. En janvier 1941, de Gaulle lui a envoyé un officier chargé de discuter d'un éventuel ralliement de l'amiral. Le comte Jean l'a jeté dehors. Peu à peu, allant bien au-delà de sa fidélité inconditionnelle à Pétain, Laborde a glissé dans la voie de la collaboration active. Quelques heures avant le débarquement en Afrique du Nord — exactement le 6 novembre — n'a-t-il pas participé, à Paris, à une conférence à l'ambassade d'Allemagne ? Là, devant l'ambassadeur Abetz, le docteur Rahn, le colonel Böhme, représentant l'O.K.W., et un colonel de la Luftwaffe, Laborde a proposé d'organiser et de prendre lui-même le commandement d'une expédition au Tchad contre les gaullistes. Ce commandement, Laborde a déclaré qu'il était prêt à l'assumer sous les ordres du maréchal Rommel [1].

Que le comte Jean ait proposé une telle expédition à Pétain, on pourrait à la rigueur l'admettre. Mais qu'il se soit adressé directement aux Allemands, voilà qui est difficilement excusable. D'ailleurs, les sentiments de Laborde — ses sentiments vrais — il les a, avec une incroyable naïveté, exposés après le sabordage, ne cessant de protester, par des lettres aux journaux, contre l'accusation que l'on osait formuler contre lui d'avoir eu un seul instant l'idée d'appareiller pour rejoindre les Anglo-Américains. Dans une lettre à l'un des journaux les plus collaborationnistes, *France Révolution,* Laborde écrit qu'il en appelle au témoignage des 6 000 officiers et marins des Forces de haute mer : « Ils peuvent jurer que, depuis deux ans, je n'ai jamais cessé de leur communiquer ma haine des Anglo-Saxons, antérieure même à Mers el-Kébir, que je n'ai jamais donné l'ordre de ne pas les combattre, bien au contraire, et que je n'ai jamais songé à faire appareiller la flotte pour les rejoindre. »

Un « exposé des motifs » qui n'a pas besoin de commentaire. Un détail : normalement, le 9 novembre, l'amiral de Laborde aurait dû prendre sa retraite. Mais, étant donné les événements, le maréchal Pétain et Laval ont décidé de lui maintenir son commandement. Aussitôt, le 13 novembre, le représentant de Vichy en territoire occupé, Fernand de Brinon, adressait à Pierre Laval un message faisant état de « l'excellente impression » produite sur les Allemands par cette décision.

---

1. Henri Noguères : *Le Suicide de la Flotte à Toulon.*

L'interlocuteur de Laborde à Vichy, c'est donc l'amiral Auphan. Un excellent marin qui jouit de l'estime de ses pairs. Depuis avril 1942, Gabriel Auphan est secrétaire d'État à la Marine.

Secrétaire d'État, tel est le terme en usage à Vichy pour désigner les ministres. Cela fleure bon l'Ancien Régime. Car pour comprendre Toulon, il faut aussi imaginer Vichy. Rien de plus étrange que cette ville d'eaux devenue capitale. Le lycéen que j'étais a, l'été 1942, traversé Vichy. Moi qui venais de la zone occupée, je me suis cru hors du monde. La « station n° 1 du foie », dont chaque hôtel abritait un ministère, incarnait un paradoxe vivant. La Marine avait choisi un hôtel modeste, le Helder. Mais, bien sûr, on m'a montré l'hôtel du Parc où résidait le maréchal Pétain ; ainsi que tous ceux qui passaient par Vichy, je n'ai pas voulu manquer un spectacle de choix : je me suis posté en fin de matinée sur le passage du vainqueur de Verdun. Promenade rituelle. Il faut reconnaître qu'il avait fière allure, le vieux soldat au regard bleu, alors âgé de quatre-vingt-six ans. Il passait, droit comme un chêne, et rituellement on l'applaudissait. Non moins rituellement, des petites filles et des petits garçons s'élançaient vers lui. Il leur serrait la main ou les embrassait. Ou même encore, peut-être pour démontrer sa belle vigueur physique, il les soulevait de terre avec sa canne.

A Vichy, pouvait-on se rappeler que, partout dans le monde, des hommes mouraient ? En Russie. En Afrique du Nord. Dans le Pacifique. Se le rappeler, certes, mais il fallait y mettre du sien.

De Vichy, régulièrement, le maréchal Pétain partait visiter les provinces et les villes de la zone libre. La zone Nono, comme on disait, cocasse raccourci de « non occupée ». En 1942, la popularité du maréchal ne se situait plus au niveau de 1940, après l'armistice. En ce temps-là, 95 % de la population française s'était littéralement jetée dans les bras de ce vieil homme recru de gloire. Les Français vaincus se tournaient logiquement vers ce vainqueur d'un autre temps. De plus, qui aurait douté, en 1940, que la défaite anglaise n'allait suivre de très près la défaite française ? Depuis, beaucoup d'eau avait coulé sous le pont de l'Histoire. L'Angleterre avait gagné la bataille de Londres. Hitler était entré en Russie et n'était nullement venu à bout en quelques semaines, comme il l'espérait, du colosse soviétique. Les États-Unis s'étaient à leur tour jetés dans la guerre. La perspective d'une victoire allemande s'éloignait. Et, pour les Français, de plus en plus, les appels d'un de Gaulle devenaient crédibles. Ici et là, à travers la France, la Résistance s'organisait.

Malgré tout, on aimait toujours le maréchal. On chuchotait qu'il était en secret d'accord avec de Gaulle. Et, chaque fois qu'il apparaissait en public, on s'attendrissait, on l'acclamait.

Il en avait été de même à Toulon, par exemple. Et ceci nous ramène à notre histoire. A Toulon où le maréchal avait été reçu à bord du *Strasbourg* par l'amiral Darlan.

A Toulon où, comme à Vichy, on se donnait, dans un monde en guerre, l'illusion d'une drôle de paix.

Et soudain, le 8 novembre 1942, tout va changer.

Le débarquement américain en Afrique du Nord va se muer en révélateur. Adieu les atermoiements, adieu les faux-fuyants. Tout à coup, c'est à un *choix* que Vichy va se trouver acculé.

Depuis des mois, la marge de manœuvre du maréchal et de son gouvernement a diminué. Ce Laval qui, aux yeux des Français, incarnait la politique de collaboration et qui avait été renvoyé le 13 décembre 1940, Pétain, en avril de cette même année 1942, avait bien dû le reprendre. Entre le départ et le retour de Laval, qui avait été chef du gouvernement ? François Darlan, l'amiral de la Flotte. Aux Français, Pétain avait présenté Darlan comme son dauphin. On le voyait partout à ses côtés. La propagande officielle chantait ses louanges. On vendait des brochures dont la couverture était ornée d'un portrait de l'amiral et d'un portrait du maréchal. Pour dire le vrai, ce culte officiel n'accrochait pas vraiment. Si les Français ont regretté le départ de l'amiral, c'est uniquement parce qu'il a comporté pour corollaire la rentrée de Laval aux affaires.

Mais, même après ce retour, Darlan est demeuré le chef de notre Marine. Ses ordres n'ont subi aucune modification : il ne faut en aucun cas que cette Marine tombe dans les mains des Allemands. Cela, on ne l'oublie pas.

Or, maintenant que les Anglo-Américains ont pris pied en Afrique du Nord, un évident dilemme va se poser à notre flotte de Toulon : va-t-elle tranquillement attendre d'être rejointe par les Allemands ? Car il serait naïf de penser que Hitler va se contenter d'observer de loin l'implantation de l'ennemi en Afrique du Nord. Un jour ou l'autre, ses blindés vont foncer vers le sud.

Ou bien encore, la flotte de Toulon va-t-elle rejoindre l'Algérie et le Maroc qui, après les premiers combats, se sont ralliés au camp allié ?

Logiquement, c'est Darlan qui devrait opérer ce choix. Les Français l'attendent. La Marine l'attend.

Mais voilà : le 8 novembre 1942, Darlan ne se trouve plus à Vichy. Où est-il ? A Alger.

Alain Darlan, fils de l'amiral, terrassé en Afrique du Nord par la poliomyélite, avait été hospitalisé. Aussitôt, l'amiral avait pris l'avion et s'était rendu à son chevet. C'est ainsi que, le 8 novembre, Darlan résidait encore à Alger où sa présence, imprévue et non

souhaitée, allait en quelque sorte fausser toutes les cartes. Les Américains avaient choisi de mettre le général Giraud à la tête de l'Afrique du Nord. Et c'était Darlan qu'ils trouvaient sur place ! Darlan qui, après quelques heures d'hésitation, allait se décider à négocier tout en demeurant officiellement fidèle à Pétain. Désormais, fort de l'appui des Américains, Darlan régnait sur l'Afrique du Nord.

Voilà encore quelque chose dont il faut se souvenir si l'on veut bien comprendre le sabordage de la flotte à Toulon.

Tout s'est déroulé vite, très vite. Le 8 novembre, cependant que Darlan traite avec les Américains, Hitler convoque à Munich Pierre Laval. Sans doute pour que celui-ci ne nourrisse pas trop d'illusions sur ce qui va lui être demandé, Hitler, avant son départ de France, a exigé le libre accès des aérodromes de Tunis et de Constantine pour les avions de la Luftwaffe.

Donc, Laval est absent. Darlan est absent. A Vichy, deux hommes vont entreprendre le siège du maréchal : le général Weygand, qui, depuis l'armistice, a commandé en Afrique du Nord et que Pétain a rappelé, et l'amiral Auphan.

Sans doute n'existe-t-il pas dans l'Histoire beaucoup de moments où le destin a hésité de semblable façon. De la décision qui va être prise, c'est l'avenir — tout entier — de la France qui dépend. Et celui des Français.

De leur affrontement a dépendu le sort de la Flotte : l'amiral Auphan, le général Weygand, Pierre Laval. (Keystone et Roger Viollet)

Car Weygand affirme au maréchal qu'il n'est qu'un choix possible : partir pour l'Afrique du Nord. Là, se mettre à la tête de la lutte qui, au-delà des mers, va reprendre.

Et l'on songe. Admettons que Pétain ait dit oui. Il monte dans un avion. Quelques heures plus tard, il atterrit à Alger. En Afrique du Nord, une immense acclamation s'élève vers ses sept étoiles. En métropole, l'immense majorité des Français répond à son appel. Malgré la probable obstruction de quelques jusqu'auboutistes de la collaboration, il n'existe plus qu'une seule France. Le maréchal s'est mué en chef incontesté de la Résistance. On ne parle plus ni de Darlan ni de Giraud. Charles de Gaulle glisse dans une ombre dont il ne sortira plus.

Le premier geste de Pétain arrivé à Alger aura été d'ordonner à la flotte de Toulon de le rejoindre. Elle aura obéi, naturellement. Comment l'amiral de Laborde oserait-il ne point se plier à un ordre du maréchal ? Et la possession de cette flotte orgueilleuse va permettre à Pétain de parler haut et fort à ses alliés dans le combat contre l'Axe : Roosevelt, Churchill, Staline.

C'est en tant que partenaire à part entière que la France désormais rentrera dans la guerre et siégera aux conférences qui annonceront la victoire.

Un rêve ? Justement ce n'est qu'un rêve.

L'amiral Auphan se tient aux côtés de Weygand pour adjurer le maréchal de prendre une décision. Auphan ne va pas aussi loin que

Weygand. Il se veut plus nuancé. Plus près des réalités aussi : pour le moment il faut calmer l'amiral de Laborde et certains de ses subordonnés qui ne pensent, eux, qu'à partir pour l'A.F.N... mais pour y combattre les Américains. Auphan veut mettre à la raison ces boutefeux. Après quoi, on dénoncera l'armistice et l'on se rangera avec éclat aux côtés des Anglais et des Américains.

Le maréchal écoute attentivement Weygand et Auphan. Le projet de départ, il semble sûr qu'il ne l'ait pas pris à la légère. Mais Weygand et Auphan ne sont pas seuls. Auprès du vainqueur de Verdun, les fidèles de Laval tiennent bon. En attendant le retour de leur patron, ils défendent avec fougue sa politique.

Pendant quelques jours, il semble que le maréchal, très ému, va se ranger aux avis de Weygand et d'Auphan. Et puis ce sont les amis de Laval qui l'emportent. Le maréchal ne quittera pas Vichy. N'oublions jamais : Pétain a quatre-vingt-six ans !

Accablé, Pétain va dire à l'amiral Auphan :

— Si la guerre ne doit durer que trois mois, vous avez raison. Mais s'il y en a encore pour trois ans, qu'est-ce que nous deviendrons ?

Le maréchal se sent hanté par l'exemple de la Pologne. Il ne veut pas que les Allemands, devant la vacance du pouvoir, imposent un *gauleiter* à la France. Il estime que sa présence sur le territoire national peut seule empêcher le pire pour les Français. L'avenir lui donnera tort : dès ce moment, les combats politiques entrepris par Vichy ne se révéleront plus que comme des entreprises de retardement — et échoueront tous, pratiquement sans exception.

Pour éviter la mainmise allemande sur la flotte, deux solutions, deux seulement. Il faut :

1) que la flotte quitte Toulon et gagne l'A.F.N. ;

2) que la flotte se saborde à Toulon.

En premier lieu, il faut nous poser une question dont tout dépend : la flotte est-elle en mesure d'appareiller de Toulon *avant l'arrivée des Allemands ?*

Réponse : *oui.*

La preuve : les Forces de haute mer sont rentrées *le 7 novembre,* d'un séjour d'entraînement, en rade des Salins d'Hyères. Les bateaux se sont révélés parfaitement entretenus, les soutes pleines de carburant, les hommes remarquablement entraînés.

Autre preuve : le soir du 7 novembre, on a appris à Toulon qu'un important convoi anglo-saxon était signalé à l'est de Gibraltar. S'agissait-il d'un transport destiné à ravitailler les armées britanniques d'Égypte et de Tripolitaine ? Devait-on redouter une tentative de débarquement sur les côtes méditerranéennes ? Dans le doute, ordre a été donné aux bâtiments de se préparer à toute éventualité. Dans la nuit du 7 au 8, les navires étaient prêts à appareiller. Ce n'est que le 8, une heure avant le lever du soleil, qu'on a appris à Toulon que ce convoi transportait les forces qui allaient débarquer en Algérie et au Maroc.

Donc, incontestablement, le 8 encore, la flotte de Toulon pouvait appareiller et gagner le large en quelques heures.

Elle ne l'a pas fait. Ni le 8, ni le 9, ni le 10.

Jusqu'au 11 novembre, Pétain va atermoyer. Auphan ne veut pas désespérer. Officiellement, Pétain condamne Darlan. Officieusement, lui adressant des messages par un code secret, il approuve son action. Et puis, le 11 novembre, à l'aube, Hitler, dans une lettre personnelle à Pétain, annonce que les armées allemandes vont franchir la ligne de démarcation. Il s'agit, explique-t-il, d'occuper les côtes méditerranéennes pour repousser toute tentative de débarquement anglo-américain. Déjà les armées allemandes déferlent sur les routes de France. C'est l'opération *Attila* — la bien nommée.

Aussitôt, Pétain va protester solennellement contre cette violation de l'armistice. De quart d'heure en quart d'heure, la radio de Vichy diffuse cette protestation.

Occuper les côtes méditerranéennes : c'est le but, avoué par Hitler, de l'opération *Attila*. M. de La Palice dirait lui-même que Toulon se trouve sur les côtes méditerranéennes. Donc, Hitler va occuper Toulon. Donc, Hitler va s'emparer de la flotte. La parole donnée à Churchill en 1940 sera violée. La puissance sur mer des Allemands et des Italiens se trouvera considérablement renforcée.

Les Français vont-ils accepter cela ?

A Toulon, les officiers et les marins de la flotte attendent les ordres. Ceux de leurs chefs directs qui sont, rappelons-le :

- Le maréchal Pétain, commandant en chef de toutes les forces françaises ;
- L'amiral Auphan, secrétaire d'État à la Marine ;
- L'amiral Marquis, préfet maritime de Toulon ;
- L'amiral de Laborde, commandant des Forces de haute mer.

Tout va se jouer entre Toulon, Vichy et Alger.

11 novembre. On apprend à Toulon la nouvelle de l'entrée des Allemands en zone libre. L'amiral de Laborde adresse aux Forces de haute mer un ordre du jour appelant à suivre le maréchal dans tout ce qu'il ordonnera. Il publie un communiqué qui contient ces phrases lourdes de sens :

L'amiral de Laborde : un personnage. (E.C.P. Armées)

« Les troupes allemandes ont franchi la ligne de démarcation et sont en marche pour occuper des lignes de défense de nos côtes.

» Le gouvernement allemand a déclaré officiellement qu'il ne faisait occuper ces positions de défense que dans un dessein strictement militaire.

» Ceci n'implique d'emprise d'aucune sorte des autorités allemandes sur la flotte. Pour celle-ci, l'ordre plusieurs fois répété du maréchal, avec lequel je suis toujours en liaison directe, qu'elle ne doit tomber intacte aux mains d'aucun étranger serait strictement appliqué s'il était nécessaire. »

Dans la journée du 11, c'est Alger qui se manifeste. Par deux fois, Darlan s'adresse à l'amiral de Laborde. Dans le premier télégramme, Darlan invite Laborde à conduire la flotte en A.-O.F. Dans le second, en A.F.N. Réponse de Laborde au dernier message : « Je vous fais la même réponse que le commandant Toussaint de Quièvrecourt à Muselier. » Le 20 septembre 1940, le capitaine de corvette Toussaint de Quièvrecourt avait répondu par le seul mot de Cambronne à un télégramme de l'amiral Muselier demandant à l'équipage de son navire, l'aviso colonial *Dumont-d'Urville,* stationné à Nouméa, de se rallier à la France libre.

Toujours le 11 novembre, à 19 heures, l'amiral de Laborde va faire mettre bas les feux. Décision extrêmement grave et qui s'affirme comme une prise de position. A bord du *Strasbourg,* réunis sur la plage avant, des marins ont manifesté contre cette décision. Ils seront arrêtés le lendemain.

11 novembre : à Vichy, toute la journée, l'amiral Auphan a espéré encore. Son action des jours précédents avait tendu à faire dénoncer par la France l'armistice de 1940. Et voilà que Hitler le dénonçait lui-même en le violant. Le moment n'est-il pas venu pour la France de ce qu'Auphan appelle une « renverse politique totale » : c'est-à-dire le ralliement à la cause alliée ? Donc, il faut sauver la flotte et obtenir de Pétain l'ordre que celle-ci rallie un port contrôlé par les Alliés.

Auphan estime disposer encore de vingt-quatre heures : les Allemands ne parviendront à Toulon, croit-il, qu'à l'aube du 12 novembre. Il adresse un télégramme à l'amiral Marquis, préfet maritime de Toulon, lui donnant l'ordre de s'opposer à l'intrusion de troupes étrangères à bord des navires, si possible sans effusion de sang, et si l'on n'y parvient pas de « saborder les bâtiments ».

Auphan a expliqué : « Il ne s'agissait là, dans mon esprit, que d'instructions provisoires, en attendant une évolution politique que l'accord du maréchal rendait certaine. »

Certaine ? Non, hélas ! Pétain hésite toujours à donner l'ordre à la flotte de rejoindre l'Afrique. Il se borne à faire diffuser sa protestation solennelle sur les ondes de la radio. Et il dit qu'il n'entreprendra rien avant le retour de Laval.

14 heures. Laval regagne Vichy. Il rend compte des entretiens de Munich :

— Ciano a fait du chantage, Hitler a été bien, Ribbentrop amical...

17 h 30. Conseil des ministres. Laval refuse catégoriquement la suspension officielle des hostilités en A.F.N. Le départ du maréchal Pétain pour l'A.F.N. ? Pas question. A la table du Conseil, le maréchal apparaît triste et silencieux. N'oublions pas : quatre-vingt-six ans !

Laval domine tout, tranchant et sûr de lui. A son adresse, Weygand lance, furieux :

— Vous avez 95 % des Français contre votre politique :

Laval, cynique et souriant :

— Vous pouvez même dire 98 %... mais je ferai leur bonheur malgré eux.

Auphan songe à démissionner. Ce serait perdre le contact avec la flotte. Cela, il ne le veut pas. Pas encore.

11 novembre, 11 heures du soir. A Toulon, Marquis est tiré de son lit. Le lieutenant de vaisseau von Ruault-Frappart — un Autrichien d'origine française —, membre de la commission d'armistice de Toulon, est venu lui remettre un message de Hitler. Encore un. Il exige de Marquis sa parole d'honneur « de n'entreprendre aucune action dirigée contre les puissances de l'Axe, et de défendre de toutes ses forces Toulon contre des Anglo-Saxons et des Français ennemis du gouvernement. En ce cas, la place forte de Toulon ne doit pas être occupée, mais un détachement de liaison de marine sera délégué auprès du commandant de la Marine à Toulon ».

Marquis répond que, s'il est prêt à prendre personnellement cet engagement d'honneur, il tient à faire observer que les Forces de haute mer ne sont pas placées sous ses ordres. Il est indispensable d'obtenir l'accord de l'amiral de Laborde.

Rien n'est plus vrai. De Marquis, préfet maritime, ne dépendent que l'arsenal et seulement quelques bâtiments en état de prendre la mer. A quoi s'ajoutent les bâtiments à demi désarmés ou en réparation, ainsi que les pontons des Écoles. Marquis explique qu'il a beaucoup plus de bâtiments sous ses ordres que Laborde, mais que ceux-ci, pour la plupart, ne peuvent appareiller.

L'amiral Marquis, préfet maritime de Toulon. (Keystone)

Marquis arbore trois étoiles. Laborde, cinq : il commande à la mer tous les bâtiments des Forces de haute mer. Même, dès que l'escadre sort, les bâtiments de l'arsenal passent du commandement de Marquis au sien.

Ruault-Frappart connaît la situation. Il acquiesce. Sans perdre de temps, il se rend à bord du *Strasbourg,* interroge Laborde, qui répond :

— Je suis prêt à donner la parole d'honneur demandée, mais je ne peux la donner en conscience que si je suis sûr d'être suivi par les états-majors et les équipages. Vous devez savoir combien est difficile le maintien de la discipline dans une force navale inactive. Je demande donc la promesse qu'aucun Allemand ne paraîtra à bord des bâtiments ni aux environs.

Réponse de l'Allemand :

— C'est auprès de l'amiral Marquis que doit fonctionner le détachement de liaison prévu dans le télégramme du Führer.

Dans ces conditions, Laborde et Marquis donnent la parole d'honneur réclamée par le Führer.

12 novembre, 9 heures du matin : dix-neuf amiraux et commandants de bâtiments des Forces de haute mer sont rassemblés dans le salon du *Strasbourg*. Laborde leur apprend que Marquis et lui ont

donné aux Allemands leur parole « que les forces placées sous leurs ordres n'entreprendront aucune action dirigée contre les puissances de l'Axe, et défendront Toulon contre les Anglo-Saxons et les Français ennemis du gouvernement du maréchal ». Contrepartie de cet engagement : « Le territoire de la place forte de Toulon reste donc entièrement français et libre. » De plus, un camp retranché sera établi autour de Toulon dont il est entendu que les Allemands ne franchiront pas les limites.

Laborde demande aux dix-neuf officiers supérieurs présents de donner à leur tour leur parole d'honneur. Dix-huit consentent.

Chaque commandant rentre à son bord et fait prêter le serment à ses propres officiers. La plupart acceptent.

Je demande au lecteur de prendre conscience que déjà un grand pas a été franchi : jusque-là demeurait la fiction d'une flotte qui ne tomberait entre les mains *d'aucun étranger.* Maintenant, officiellement, la flotte s'engage à n'entreprendre aucune action contre l'Axe et à se défendre contre les Anglo-Saxons. *La flotte a choisi son camp.* Ou tout au moins, on a choisi pour elle.

Dans la nuit du 12 au 13, un télégramme de l'Amirauté signale la présence d'une escadre anglaise devant Barcelone. On peut redouter un coup de main sur Toulon. Marquis et Laborde font rallumer les feux des bâtiments.

Importante, cette affaire de feux. Il faut entre quatre et six heures pour allumer les feux. Et deux heures pour remorquer les filets qui barrent la passe.

L'argument sera donné plus tard par Laborde pour expliquer l'impossibilité d'appareiller. Peut-être. Mais quel magnifique prétexte ne vient-on pas de lui procurer, le 13 novembre ! On déclare aux Allemands et aux Italiens que l'on va courir sus à l'escadre anglaise signalée... et l'on se dirige sans coup férir sur Alger ! Bien sûr, il y avait des risques : l'intervention de la Luftwaffe, en particulier. Mais fait-on une guerre sans prendre de risques ? Plus tard, au moment du renversement des alliances, la flotte italienne, dans des conditions identiques, ne quittera-t-elle pas le port de La Spezia pour rejoindre les Alliés ?

A son procès, l'amiral Marquis, quand on lui demandera si la flotte disposait alors des moyens d'appareiller pour fuir Toulon, a répondu *oui,* sans hésitation.

Et Laborde :

— Je n'ai pas contesté qu'il fût possible d'appareiller le 13 novembre.

L'aurait-il fait si l'ordre lui en avait été donné par Pétain ?
— Assurément.
Mais, cet ordre, le maréchal ne l'a pas donné.

Auphan tente toujours de parer au pire. Il se voit de plus en plus seul. Les Allemands viennent de faire arrêter Weygand. Ce que veut Auphan, c'est au moins atténuer la portée de la parole d'honneur de Marquis et de Laborde. Alors, il leur prescrit de prendre note que « l'engagement de défendre Toulon ne saurait comporter d'opération offensive en haute mer pour prendre part aux hostilités entre l'Axe et ses ennemis ou pour participer à la défense en commun des parties de côtes occupées par les troupes de l'Axe ».

15 novembre. Auphan convoque Laborde à Vichy. Il lui fait part de ses scrupules, de ses angoisses. Laborde ne se montre aucunement impressionné. Auphan n'est-il pas plus jeune que lui, n'a-t-il pas trois étoiles de moins ?

Surtout, Laborde sait à quoi s'en tenir sur Auphan et sur son désir de « renverse politique totale ». A Vichy, un ami le renseigne, l'amiral Platon, partisan fanatique des Allemands et du nazisme. Platon a *informé* Laborde sur Auphan. Alors, Auphan tente en vain de persuader Laborde. Un témoin dira que l'entrevue a été orageuse. Orageuse mais sans résultats. Laborde se rend alors chez Pétain, qui lui confirme qu'il ne donnera pas l'ordre d'appareiller. Laborde, conforté, voit Laval, puis Platon, repart en avion pour Toulon, adressant de l'aéroport un message à Laval : Auphan va sûrement démissionner, il faut le remplacer par l'amiral Le Luc.

Le même 15 novembre, conseil de cabinet. Laval propose que l'on déclare la guerre aux États-Unis d'Amérique. Il n'est pas suivi mais Auphan et deux autres ministres démissionnent. C'en est fait de la « renverse politique » qui eût changé le sort de la France.

Le 19 novembre, Auphan passera ses pouvoirs à son successeur, qui n'est pas Le Luc, mais l'amiral Abrial, l'homme de Dunkerque. Il lui conseille vivement de se rendre sans tarder à Toulon.

21 novembre. Abrial quitte Vichy par la route. Entre Marseille et Toulon, il rencontre d'imposantes forces allemandes qui le retardent. Il constate une énorme concentration de chars aux portes de Toulon. De quoi faire réfléchir. Il arrive à Toulon le 22 au soir, y passe la journée du 23, rencontre Marquis à la préfecture maritime et Laborde sur le *Strasbourg*. Il insiste sur la nécessité d'être toujours prêt au sabordage. Il se convainc qu'il ne faut plus songer à un appareillage.

Il repart pour Vichy.

Les signes se multiplient : blindés allemands aux portes de Toulon ; mouvements de troupes allemandes et italiennes ; 5 000 marins allemands retirés de Brest et dirigés vers Toulon. Un témoin a noté, le 26, un important rassemblement de troupes entre Ollioules et Le Beausset, entre Bandol et Sanary : « Toutes les troupes étaient stationnées sur le bas-côté de la route et donnaient l'impression d'attendre le signal du départ. »

Un autre témoin, le général Revers, arrivant à Toulon, sera surpris par le climat d'euphorie et de quiétude qui y règne. Tout le monde reste persuadé que l'on ne tentera rien contre la flotte et donc contre Toulon. En vérité, les Toulonnais ont toujours vécu à l'heure de *leur flotte*. Ils en tirent leur sécurité et jusqu'à leur raison de vivre. Pourquoi changeraient-ils ? Comme l'a dit Jean-Marie Pelaprat, « Toulon s'installe sur son volcan. » Une principale et presque unique hantise : le ravitaillement. On entend ces mots : « Nous avons bien assez de mal pour trouver des pommes de terre, s'il fallait, en plus, s'inquiéter du reste... » Les queues s'allongent devant les magasins d'alimentation, devant les cinémas. On donne encore des films américains : Toulon reste la seule ville en France dans ce cas. Plus pour longtemps. Étrangement, on parle de la « République libre » de Toulon...

Pour faire face à toute éventualité, l'amiral Marquis s'est installé au fort Lamalgue, à l'est de Toulon, avec tout son état-major. Il attend. Il a affirmé plus tard : « Nous sommes restés seize jours à notre poste de combat. » Pendant ces seize jours — a-t-il dit encore — il s'est attendu au pire.

Laborde, lui, se sent parfaitement tranquille. A la Haute Cour de justice, quand on lui demandera s'il avait cru que les Allemands respecteraient la neutralité de Toulon, il a répondu avec une franchise qui lui ressemble bien :

— Je l'ai cru. J'avais d'abord eu des doutes, mais mes doutes mêmes avaient sérieusement diminué. J'avais peut-être tort, je ne connaissais pas les Allemands.

Ce qui le prouve : le 26 novembre, Laborde propose à Marquis de laisser les officiers, sous-officiers et hommes mariés descendre à terre, par roulement. Jusque-là, il les avait maintenus à bord pour parer à toute éventualité.

— Nous commencions à avoir moins de méfiance à l'égard des Allemands, confiera Laborde. Vous me direz que le moment était mal choisi, mais nous ne savions rien, malheureusement...

Rien, vraiment ? Alors que des anonymes, eux, faisaient plus que se douter de quelque chose. Ce fut le cas de Pierre Bonami, par exemple, qui appartenait à la police. Le 26 novembre, en compagnie d'Henri Guyader, commissaire de police à Sanary-sur-Mer, il se rend à Bandol afin d'y effectuer un contrôle. « Vers 21 h 30, m'écrit-il, rentrant à Sanary à vélo, nous avons constaté que les troupes allemandes, avec un grand nombre de tanks, étaient en stationnement du grand pont de Bandol au parc de Stellamare, à Sanary, soit quatre kilomètres environ. Sachant Toulon ville ouverte, après avoir quitté mon chef de service, je me rendis au *Bar des Sports* tenu par M. Bourély Fernand et, en sa présence, je téléphonai à l'Amirauté à Toulon, pour lui signaler ces faits. Il était aux environs de 22 heures. Il me fut répondu que M. le préfet maritime allait être avisé de mon information. La suite, vous la connaissez. »

Nous la connaissons.

Vichy, 27 novembre, 3 h 30 du matin. Le secrétaire général du ministère des Affaires étrangères, Charles Rochat, est réveillé par un appel téléphonique de Krug von Nidda, consul général d'Allemagne :

— Je suis chargé de remettre une communication urgente au président Laval.

— Il est à Châteldon.

— J'y vais à l'instant. Je passe vous prendre.

Rochat s'habille. Quelques minutes plus tard, arrive von Nidda. La voiture roule rapidement sur la route de Châteldon. Rochat tente de savoir quelque chose, pose plusieurs questions : aucune réponse.

Châteldon. Pierre Laval, le fils du petit aubergiste-voiturier, qui a débuté dans la vie comme pion dans un collège, s'est hissé au sommet de la réussite. Un signe palpable : en 1931, il a acheté le château de son village. Rastignac-Laval.

4 h 25. La voiture stoppe au bas du château. Rochat veut sonner. Von Nidda regarde sa montre :

— Non. Encore cinq minutes.

L'heure c'est l'heure. La nuit est froide. Rochat se tait, mécontent.

Le plus drôle : Laval attend aussi car Rochat l'a alerté par téléphone avant de quitter Vichy.

4 h 30. Krug von Nidda sonne à la grille, on l'introduit. Rochat suit. Nidda remet deux lettres à Laval, l'une de Hitler pour Pétain, l'autre de l'ambassadeur Abetz pour lui, Laval. Pourquoi ces lettres ? Hitler annonce qu'il a donné l'ordre d'occuper Toulon. Le message commence par deux pages de récriminations. Ensuite :

« C'est pourquoi, après avoir eu connaissance de nouvelles violations de leur parole d'honneur commises par des officiers, des généraux, des amiraux français, qui ont l'intention maintenant prouvée, d'ouvrir aux fauteurs de guerre anglo-juifs la France après l'A.F.N., j'ai donné l'ordre d'occuper immédiatement Toulon, d'empêcher le départ des navires ou de les détruire et de briser par la force, en cas de besoin, toute résistance. »

Abetz ne fait que paraphraser la lettre de Hitler. Laval ne peut retenir un mouvement de colère. Il adresse de dures paroles à Nidda, qui n'en peut mais. Il ordonne à Rochat de faire convoquer immédiatement à Vichy, en conseil restreint, les ministres concernés et leurs conseillers.

Pour veiller sur le camp retranché de Toulon, il ne se trouvait, sur chaque voie d'accès, qu'un détachement de gendarmes français. C'est donc un gendarme qui va être la première victime de l'attaque décidée par Hitler contre Toulon et qui est baptisée : opération *Lila*.

Au poste de Lavalette, à 3 h 30 du matin, les gendarmes de garde — qui, comme sœur Anne, n'avaient rien vu venir — se découvrent tout à coup encerclés par un détachement allemand qui coupe les lignes téléphoniques. Le gendarme Le Moign, brutalement désigné, est réquisitionné. Quoi qu'il en ait, il doit monter à bord de l'un des chars de tête. Il devra guider les Allemands dans la banlieue toulonnaise.

3 h 30. Les gendarmes dont le poste est situé, lui, cinq cents mètres après la sortie d'Ollioules, entendent à leur tour le ronflement des moteurs et le roulement des chenilles. Le chef du poste veut téléphoner à Toulon. Il s'aperçoit que la ligne a été coupée. Il décide d'envoyer son estafette motocycliste à Toulon.

Il est 4 heures quand cette estafette arrive à l'entrée de l'arsenal. L'homme s'adresse au lieutenant de vaisseau Morel qui, à la préfecture maritime, appelle aussitôt l'enseigne de vaisseau Pieters. Celui-ci fait dire à l'estafette de repartir pour Ollioules pour vérifier s'il s'agit bien d'une colonne marchant sur Toulon.

Le motocycliste file. On ne le reverra pas. Il est tombé en panne sur la route !

A 4 h 25, sans nouvelles, l'enseigne Pieters demande le fort Lamalgue. Ce fort où, nous le savons, l'amiral Marquis s'est transporté avec son état-major. Dès que la standardiste a pu obtenir la communication, Pieters demande à parler à l'amiral Robin. Une voix étouffée lui répond :

— Impossible, les Allemands sont là !

Oui, les Allemands sont là !

La colonne que le gendarme Le Moign était chargé de guider — et qu'il a tenté en vain d'égarer en chemin — est arrivée à 4 h 25 devant le fort. Les Allemands, sautant à terre, se sont rués dans la cour. Ils s'engouffrent dans le fort, se perdent dans le dédale des couloirs. On a le temps d'aller prévenir l'amiral Robin qui peut *in extremis* appeler l'amiral Dornon, major général :

— Les Allemands occupent Lamalgue, c'est la prise de Toulon par la force... Il faut agir en conséquence : appelle le *Strasbourg* et préviens Guérin.

Il est 4 h 35.

Les soldats de vert vêtus errent toujours dans les couloirs. Ils ouvrent les portes au hasard, sans bien savoir — dans la demi-obscurité — où ils se trouvent. Deux jeunes soldats, mitraillettes brandies, pénètrent aussi dans le P.C. du commandant de la Marine (COMAR). Ils ne découvrent là, dans la pénombre à peine troublée par une lampe unique, qu'un homme en pyjama. Prêts à s'excuser, ils referment la porte. Or l'homme en pyjama n'est autre que le capitaine de corvette Le Nabec. Et le central de transmission est installé dans la pièce voisine. Le Nabec peut s'y ruer et appeler successivement tous les P.C. dépendant de COMAR : Division métropolitaine de police, 1re flottille de patrouille, commandements de la D.C.A., Défense du littoral, Artillerie de côte, Police, Navigation. Un bref message : « Ici, commandant Le Nabec, officier du service COMAR. Les Allemands occupent le fort Lamalgue. »

L'information court Toulon, rejoint tous les responsables. De son côté, l'amiral Dornon a pu en un temps record alerter le contre-amiral Guérin, chef d'état-major.

4 h 45. Guérin s'élance dans la longue coursive qui, à tribord arrière du *Strasbourg,* permet de rejoindre les appartements du commandement en chef, l'amiral de Laborde. Parvenu devant la porte, il frappe.

— Entrez !

A peine dans la chambre, Guérin lance :

— Dornon vient d'être prévenu par Robin que les Allemands ont envahi Lamalgue.

Haut-le-corps de Laborde : les Allemands à Toulon ! Dans l'instant, il doute encore. Ces Allemands en qui il avait choisi d'avoir confiance. Vérifier, il faut vérifier.

— Appelez-moi Marquis !

On appelle Marquis sur sa ligne personnelle. Nul ne répond. Et pour cause : l'amiral Marquis vient d'être fait prisonnier.

— Appelez-moi Robin !

Robin répond, lui, mais d'une voix étouffée :

— Allô ! allô !...

La voix s'assourdit encore :

— Il y a *quelqu'un* dans mon bureau... N'appelez plus, je vous en prie.

A l'instant même, la communication est interrompue. Les Allemands, un peu tard, viennent de couper toutes les transmissions téléphoniques de Lamalgue.

Cette fois, il faut que Laborde se rende à l'évidence :

— Faites sonner le branle-bas sur tous les bâtiments !

Il est 4 h 57.

On ne peut que souscrire au commentaire d'Henri Noguères : « Ainsi, simplement pour avoir négligé d'isoler totalement le central téléphonique du fort Lamalgue, les Allemands ont perdu le bénéfice de la surprise réalisée au moment de l'occupation du fort.

» L'alerte qu'ils redoutaient est maintenant donnée [1]. »

---

1. Henri Noguères, *op. cit.*

Et les Allemands arrivèrent trop tard... (Tallandier)

Les Allemands ont perdu une demi-heure. D'ores et déjà il est trop tard pour que, selon le souhait de Hitler, ils puissent s'emparer de la flotte *intacte.*

De la colonne qui s'était emparée de fort Lamalgue s'étaient détachés deux groupes. Le premier avait foncé en direction du sud pour s'emparer du fort de Grosse-Tour. Son but : installer là de l'artillerie pour battre les passes. Le second groupe était chargé de s'emparer de l'arsenal du Mourillon.

Mais une autre colonne était partie de Sanary pour occuper la presqu'île de Saint-Mandrier. Là aussi, on a installé une artillerie puissante qui croisera ses feux sur la passe avec ceux de la Grosse-Tour et du Mourillon.

Le sens de l'opération apparaît clairement : il s'agit de prendre la flotte dans une souricière, afin de lui ôter toute possibilité de sortir et même de se saborder.

Du moins était-ce le plan primitif conçu par le commandement allemand. Car ce ne sera qu'à 5 heures que les premiers soldats verts pénétreront dans l'arsenal du Mourillon. Or, à cette heure, *tout le processus de sabordage est en route.*

A 5 h 5 au plus tard, tous les bâtiments des F.H.M. ont reçu l'ordre de faire branle-bas. La première étape de sabordage. Il n'est plus, à l'instant où nous sommes, que cette solution. Il est hors de question que des bateaux puissent encore appareiller. Et pourtant, quatre unités, sous le nez des Allemands qui atteignent le quai et ouvrent le feu sur elles, vont prendre ce risque. Au vrai, il s'agit de sous-marins. Un sous-marin n'a pas les problèmes d'un navire. Pas de feux à allumer. On met le contact et on démarre. Ce que font les sous-marins *Casabianca, Marsouin, Iris* et *Glorieux.*

Il faut lire le livre de bord du *Casabianca* pour comprendre avec quelle rapidité l'opération a été réalisée.

« 4 h 55 : rien à signaler.

» 5 h 5 : alerte au klaxon — ennemi sur les quais — mitraillage.

» 5 h 10. Dépassé la *Vénus.* »

5 heures. Nouvelle étape de l'intervention : la Luftwaffe survole Toulon . Sa mission : illuminer le port pour permettre de surveiller le mouvement des navires. Torches et fusées tombent à l'eau. La rade surgit en pleine lumière.

Mais que fait l'amiral de Laborde ? Depuis 5 heures, il n'a pris aucune nouvelle décision. Sa flotte, il l'aime comme on aime un être vivant. Il sait bien que l'honneur lui commande de la saborder. Et, en même temps, il ne parvient pas à se résoudre à l'irrémédiable.

5 h 20. Dornon l'appelle :

— Les Allemands ont occupé l'arsenal du Mourillon. On signale une colonne en route vers la porte du Chemin-de-Fer, donc qui vous menace directement.

Alors Laborde :

— Je passe l'ordre : « Prendre disposition finale. »

— J'en fais autant...

Disposition finale ? Il s'agit de mettre à son poste le personnel prévu. Faire placer les charges d'explosifs, les pétards amorcés, les grenades. Verser de l'essence sur tous les foyers d'incendie préparés. Détruire les tuyautages, démonter un certain nombre de pièces essentielles.

A 5 h 24, l'ordre parvient à bord de tous les bâtiments des Forces de haute mer.

Pendant ce temps, les sous-marins, sous un déluge de fer et de feu, réussissent leur extraordinaire évasion. C'est le *Casabianca* qui a donné l'ordre au remorqueur *Dardennes* d'ouvrir ce qu'on appelle le portillon et qui permet de sortir du port. Le *Dardennes* obtempère. Le premier, le *Casabianca* passe et plonge. Au milieu des mines qui explosent autour de lui, il gagne le large. Derrière, le *Marsouin* plongera aussi. La *Vénus,* elle, conformément aux ordres, se sabordera au large. L'*Iris* qui a peu de carburant, met le cap sur l'Espagne.

Il m'apparaît légitime que l'Histoire ait réservé à l'amiral de Laborde toute sa sévérité. Mais, plus tard, le comte Jean a évoqué le déchirement éprouvé par lui à ce moment précis. Nous devons y croire. On n'est pas un marin, un grand marin — et Laborde en est un — sans, en une telle occurrence, éprouver dans son âme, dans son cœur, voire dans son corps, la plus incontestable des angoisses. Un geste, un ordre, un mot — et cette flotte, orgueil de la France, va sombrer.

Il ne peut plus hésiter, le comte Jean. Il donne l'ordre. Et l'émetteur transmet : « Ici amiral Force de haute mer, *sabordez la flotte... sabordez la flotte...* » Et la signalisation optique clignote : *Sabordez la flotte.*

Je pense au matelot radio Georges Villain, matricule 1281-R37. Il était de quart cette nuit-là au P.C. radio dans la tour du *Strasbourg.* Il m'a écrit : « J'ai seul procédé à l'envoi des trois messages, à savoir : *Branle-bas à tous les équipages. — Prendre les dispositions finales. — Ordre de saborder la flotte.* Je m'y suis repris à deux fois pour transmettre ce dernier ordre tant l'émotion était grande... »

J'aime que, sur le *Strasbourg* deux hommes — aux deux extrémités de la hiérarchie — aient connu à la même heure un déchirement identique : l'amiral Jean de Laborde, le matelot Georges Villain.

Et voici que se met à hurler, sur le *Strasbourg,* une sirène, la plus lugubre des sirènes. Et, sur tous les bateaux, de loin en loin, à travers le port, à travers la rade, des sirènes identiques déchirent les tympans et les cœurs. Au même instant retentissent les premières explosions. Eh bien, oui, ça y est, ça saute. Les canons qui se tordent, les machines qui éclatent, les tuyaux qui se déchirent, les vannes qui s'ouvrent dans les fonds. Et l'eau qui s'engouffre. Et les bateaux qui coulent.

Le *Strasbourg,* d'abord, aux appontements de Milhaud. Le *Dunkerque,* touché presque à mort à Mers el-Kébir, renfloué, réparé, et qui va mourir une seconde fois. La *Provence,* le *Colbert,* le *Foch,* l'*Algérie,* le *Dupleix,* la *Marseillaise.* Et puis le *Vauquelin,* la *Galissonnière,* le *Tartu,* le *Kersaint,* l'*Iberbille,* le *Jean-de-Vienne,* le *Cas-*

Plus que les larmes pour pleurer. (Tallandier)

sard. Et encore l'*Adroit,* le *Mars,* la *Palme.* Et le *Sirocco,* le *Foudroyant.* Les avisos aux noms aussi évocateurs que charmants : l'*Impétueuse,* la *Curieuse,* le *Chamois,* la *Dédaigneuse.* Et le *Mogador,* le *Volta,* le *Lion,* le *Tigre,* la *Panthère,* le *Guépard,* l'*Aigle,* le *Vautour,* le *Gerfaut...* On ne peut les nommer tous !

Sur toute la flotte de Toulon, sur tous ces bateaux dont chaque nom rappelle l'une de nos provinces, l'un de nos grands hommes, les qualités de notre race ou les plus mémorables de nos victoires, ce qui s'abat, c'est la mort.

Beaucoup de survivants m'ont écrit. Des amiraux, des officiers, de simples marins. Tous ils partagent le sentiment de l'amiral de La Chadenède qui, dans mon émission, avec une remarquable sobriété — elle a d'autant plus frappé les téléspectateurs — a fait état de l'immense tristesse ressentie ce jour-là à Toulon par tous les marins.

Quels que soient les grades. De la tristesse, certes, mais aussi une profonde *incompréhension*.

— Nous ne comprenions pas, a répété l'amiral de La Chadenède.

Au cours de la même émission, Henri Noguères, auteur d'un ouvrage sur le sabordage qui fait autorité, a accablé les chefs de notre flotte — Laborde, Marquis, Auphan — et tout autant les dirigeants politiques de Vichy, Laval en premier lieu, mais aussi Pétain :

— Le grand âge n'excuse pas tout !

A quoi un grand journaliste, qui est aussi un remarquable historien de la marine, René Maine, tout en soulignant le manque de jugement de Laborde, a répondu qu'il nous est facile, à nous qui connaissons la suite, de juger, voire de condamner. Cette issue, ceux qui ont vécu l'événement l'ignoraient et, en conscience, cherchaient la voie la meilleure sans toujours la trouver.

Les hommes et les femmes qui, le 27 novembre 1942, se trouvaient à Toulon s'en sont trouvés marqués — à jamais. Les marins, bien sûr, mais aussi les civils. Mme Jean Cabanis, par exemple :

« Vers 5 heures du matin, bruits divers, une explosion : nous avons su plus tard que les avions allemands jetaient des mines dans la passe... Une mine avait explosé sur un mur ou un rocher. Une demi-heure plus tard, explosions, détonations, nous ne comprenions pas, et nous avons attendu le jour pour réfléchir : explosions qui se succédaient, ça dure, ça dure. Vers 8 h 30, mon mari m'annonce qu'il va voir à l'Arsenal ce qui se passe. Assez inquiète, j'attends son retour et il m'annonce en revenant que toute l'escadre est en feu !...

» Explosions. Explosions... Les soixante-dix bateaux qui auraient pu combattre les nazis ont flambé dans le port : la *Marseillaise* a brûlé douze jours. »

Robert Paillard avait douze ans : « Quand une des mines parachutées par la Luftwaffe a explosé sur la grande jetée, l'explosion a réveillé les Toulonnais (Marine comprise) ; mon père et moi sommes allés sur le port et grande fut notre surprise d'apercevoir dans la fumée et la brume du petit matin la forme d'un casque allemand et de dire " C'est les Chleuhs "... Mon père a pleuré et j'ai gardé cette image qui, pour moi, est peut-être la plus terrible... »

Combien sont-ils, les Toulonnais qui n'ont pu, ce matin-là, ou l'après-midi, en découvrant le lamentable spectacle, retenir leur émotion ? Certains bateaux ont coulé tout droit, ils gisent au fond. D'autres ont chaviré sur le côté. Mais partout les passerelles ont volé en éclats, les superstructures n'existent plus qu'à l'état de souvenir, les coques sont éventrées. Ce qui a frappé surtout ceux qui m'ont écrit ce sont les incendies, ces flammes, cette odeur, cette fumée qui montait vers le ciel. L'image désespérée de l'agonie et de la mort de la Flotte.

Le 30 novembre 1942, le sous-marin *Casabianca* se présente devant le port d'Alger. Les hommes, rangés en ligne sur le pont derrière le commandant Lherminier, découvrent, sur d'autres bateaux, à la bande, d'autres marins comme eux, des marins français, au garde-à-vous, qui présentent les armes — et des officiers qui saluent. C'est pour eux, cela ? Oui, pour eux.

Le *Casabianca* glisse vers la jetée. Les hommes d'équipage voient là d'autres marins, tous au garde-à-vous, qui les attendent. Qui les saluent. Et voilà que les clairons sonnent. Comme nous imaginons ce qu'ont pu ressentir alors Lherminier et ses hommes ! Les voilà à Alger. Ils ont gagné.

Le *Marsouin* suivra. Le *Glorieux* suivra. Eux aussi, ils ont gagné. Qui nierait que l'odyssée de ces trois sous-marins courageux soit une victoire pour la France ?

Il reste à Toulon 250 000 tonnes de bateaux français au fond de l'eau du port, éventrés, anéantis, promis aux chalumeaux des démolisseurs.

Alors, trois sous-marins...

(Tallandier)

III

ENLEVEZ ADOLF EICHMANN !

Là, dans la salle du tribunal de Jérusalem, cinq cents journalistes venus du monde entier ne pouvaient détacher leurs regards de la cage de verre étrangement érigée près de l'estrade où les juges allaient prendre place. Une cage, un box, un cube translucide — et l'on savait que ce verre était à l'épreuve des balles. Tout à coup, il entra. Il s'assit. Il fixa les écouteurs à ses oreilles.

Quoi ! C'était lui ? C'était donc là Adolf Eichmann l'Exterminateur ? Cinq cents hommes et femmes considéraient avec stupeur ce personnage falot, image du fonctionnaire discret, semblant créé et mis au monde pour passer inaperçu. Ils le voyaient maigre, frêle, à demi chauve, avec des lunettes. Un témoin allait écrire qu'il avait l'air « d'un comptable effrayé à l'idée de demander une augmentation ». D'évidence, ce qu'il cherchait, c'était à se donner une contenance. Il s'appliquait à ne pas porter son regard vers les journalistes. Il regardait droit devant lui, tapotait ses écouteurs.

Ce que l'on savait aussi, c'est que le strict complet bleu sombre qu'il portait avait été coupé par un tailleur juif. Comme d'ailleurs étaient juifs les magistrats qui allaient le juger, comme étaient juifs les gardes qui surveillaient les issues de la salle, les policiers qui veillaient aux grilles de la Maison du peuple, les sentinelles qui campaient sur le toit, les parachutistes qui patrouillaient dans les cours. Et dehors, dominant la foule du haut de leurs chevaux, les hommes de la police montée étaient juifs.

La vie de l'homme qui avait mis au point la plus prodigieuse machine à anéantir les juifs qu'ait jamais connue l'Histoire, cette vie se révélait tout entière entre les mains des juifs.

Un cri de l'appariteur. Un cri en hébreu : la cour ! Et aussitôt, mû par un réflexe immédiat né de cette discipline qui a rythmé sans cesse ses belles années, voilà Eichmann debout. Au garde-à-vous. Il a l'œil fixé sur les trois hommes vêtus de noir qui viennent d'entrer. Et même un témoin croira discerner, dans le regard qu'il porte sur ces hommes en toge, quelque chose qui ressemble à de la vénération [1]. Les juges sont venus s'asseoir à une longue table, sur une estrade, à la droite de la prison de verre où Eichmann se tient au garde-à-vous. Ils sont nés Allemands, ces trois hommes : le président Landau, ses assesseurs Halévy et Raveh. Avec un peu moins de chance, ils auraient dû prendre place dans l'un de ces milliers de trains acheminés par Adolf Eichmann vers l'un de ces camps où la mort n'était pas un simple aboutissement mais une fin scientifiquement calculée.

Au lieu d'avoir été réduits en cendres, comme quelques millions d'autres, ils sont là, face à cet accusé à l'allure obséquieuse. Le président Landau porte ses écouteurs à l'oreille, se penche vers le triple micro posé devant lui, ouvre son dossier. Le procès Eichmann va commencer.

Seize ans plus tôt, en 1944, à Budapest, à ce Joël Brand qui, éperdument, tentait d'échanger des camions contre la vie des juifs, et qui lui demandait s'il n'éprouvait pas de craintes pour l'avenir, Eichmann avait répliqué :

— Nous perdrons peut-être la guerre. Mais moi et ma famille, vous ne nous aurez pas. J'ai pris mes précautions.

En effet, on avait jugé à Nuremberg les grands criminels de guerre. Les plus coupables étaient morts. Pendus. A ce procès, lorsqu'il avait été question de la « solution finale » du problème juif, un nom était revenu sans cesse, comme un leitmotiv : Eichmann. Mais on n'avait pas arrêté Eichmann. On ne l'avait pas jugé à Nuremberg. Parce qu'il avait disparu : « J'ai pris mes précautions... »

Pendant seize années, nul n'avait su si Eichmann était vivant ou mort. De temps à autre, on reparlait de lui. On affirmait qu'il avait été vu en Autriche, en Italie, ou même en Égypte. D'autres se déclaraient convaincus qu'il s'était réfugié en Amérique du Sud, comme bien d'autres nazis. Bref, sur Eichmann, le silence, peu à peu l'oubli. Et l'impunité.

Cependant, dans l'ombre, des hommes n'oubliaient pas. Des hommes ne pardonnaient pas. Des hommes savaient qu'Eichmann était

1. Pierre Joffroy : postface de *Eichmann par Eichmann* (Grasset, 1970).

vivant. Des hommes avaient résolu de se saisir un jour d'Eichmann vivant.

Car ces hommes-là savaient, eux, très exactement, qui était Eichmann.

Les plus redoutables des monstres sont ceux qui n'ont pas l'air de monstres. Regardez bien celui-ci : c'est Adolf Eichmann jeune. A-t-il l'air d'un monstre ?

Il est né le 19 mars 1906 à Solingen, en Rhénanie. Son père était alors comptable de la Société d'Électricité et des Transports de la ville. Mais, dès 1914, Adolph a vécu en Autriche où son père dirigeait — à Linz — la Société d'Électricité et des Tramways. C'est donc en Autriche qu'il a passé son enfance et poursuivi ses études. Médiocres, ces études. Après deux années au lycée technique de Linz, son père estime qu'il vaut mieux le faire entrer dans la vie active. Il est mineur, puis stagiaire dans une usine de construction électrique, puis représentant à la Vacuum Oil Company. Il va rester dans cette société pendant cinq ans et demi, de 1928 à 1933.

Mais, entre-temps, il s'est passé quelque chose d'essentiel dans sa vie : il est devenu nazi. Cela s'est fait assez curieusement. On ne par-

Adolf Eichmann n'était en ce temps-là qu'un petit représentant de commerce. (Tallandier)

lait jamais de politique chez les Eichmann. Mais Adolf avait un ami qui militait dans le groupe « jeunes » de l'Association des anciens combattants austro-allemands. Pour suivre son ami, Adolf avait adhéré à cette association — qui ne se cachait pas de souhaiter le retour de la monarchie.

On a vu paraître à Linz les premiers fidèles de Hitler. Dans les rues, défilaient les groupes de S.A. ou de S.S. Ces nationaux-socialistes regardaient beaucoup du côté des « jeunes » de l'Association des anciens combattants. Logiquement, ils cherchaient à attirer à eux ces garçons déjà motivés. Un jour, le parti nazi organise dans une brasserie une grande réunion d'information. Adolf Eichmann s'y rend. Il y rencontre un certain Kaltenbrunner, fils d'un avocat. Il le connaît, leurs pères sont amis. Ce Kaltenbrunner, à l'issue de la réunion, s'approche de lui :

— C'est entendu, tu viens chez nous !

Alors, sans songer à discuter, Adolf répond :

— Oui, c'est bon !

Or Kaltenbrunner, au parti national-socialiste, milite à la S.S. Par voie de conséquence, Eichmann va devenir S.S.

Pour le malheur du monde.

Dans un premier stade, il va continuer à exercer son métier de représentant de commerce, tout en s'entraînant pendant le week-end — durement — à la S.S. Mais quand, par suite de la crise, on le licenciera de la Vacuum Oil Company, il gagnera l'Allemagne, emportant une lettre de recommandation pour la S.S. allemande. Signée Kaltenbrunner. C'est alors que, du tout au tout, sa vie va changer. Il devient à Berlin l'un des trois mille agents appointés du *Sicherheitdienst* — le S.D. — de Heydrich. Nous sommes en 1934. Eichmann a vingt-huit ans. Il ne quittera plus, jusqu'en 1945, son uniforme noir à tête de mort des S.S. Pour le moment, il n'est que sergent. C'est au début de 1935 — l'année où, à Nuremberg, Hitler va proclamer les lois racistes — qu'il va être nommé, dans le cadre de la S.S., au Service des affaires juives. Il n'en sortira pas davantage.

Eichmann est le plus consciencieux des hommes. Aussi, le plus scrupuleux. Puisqu'on l'a affecté aux affaires juives, il tient à apprendre l'hébreu et le yiddish. Il demande une bourse pour recevoir les leçons d'un rabbin. On la lui refuse[1]. Il décide donc d'apprendre seul l'hébreu et le yiddish. Bientôt, il en saura assez pour lire les journaux imprimés en yiddish.

En 1938, Eichmann est nommé officier — *Untersturmführer,*

1. Gideon Hausner : *Justice à Jérusalem. Eichmann devant ses juges* (1966).

c'est-à-dire sous-lieutenant — et envoyé au Moyen-Orient pour enquêter sur la situation en Palestine. Au retour, il rédige un rapport aussi violemment antisioniste qu'antisémite.

Eichmann a trouvé sa voie.

L'antisémitisme est à la source même du nazisme. Au lendemain de l'arrivée de Hitler au pouvoir, la chasse aux juifs a commencé en Allemagne. Pour le moment, il s'agit seulement de leur interdire toute participation à la vie de l'État. Le but recherché et avoué : s'emparer de leurs biens et, autant que faire se peut, les contraindre à émigrer. Ce sera la première grande réussite d'Eichmann. A Vienne, après l'*Anschluss,* tantôt usant d'une brutalité inouïe, tantôt négociant doucereusement avec les représentants de la communauté juive, il saisit des biens immenses, tout en poussant la grande majorité des juifs autrichiens hors des frontières. A Berlin, on s'émerveille. Décidément, cet Eichmann est un homme précieux. Au vrai, il va se révéler comme le prince des organisateurs. En ce domaine, ses qualités se montreront si exceptionnelles que l'historien anglais Trevor-Roper n'hésitera pas à employer le mot génie. Malheureusement, ce génie s'appliquera à la destruction de plusieurs millions de personnes.

Ce qui prouve que l'on juge déjà Eichmann à sa valeur dans les hautes sphères du national-socialisme, c'est, en 1940, qu'on le nomme à la Gestapo sous les ordres de Heinrich Müller. Heydrich lui donne la haute main sur un service baptisé *IV B 4.* Autrement dit : la « sécurité raciale ». C'est là qu'il va donner sa mesure, toute sa mesure.

Car la guerre va comporter pour conséquence une orientation tout à fait nouvelle de la doctrine antijuive de Hitler. Plus question que les juifs émigrent. Dès l'entrée des troupes allemandes en Pologne, les massacres commencent. On regroupe les juifs dans des ghettos, pour lesquels les fameuses qualités d'organisation d'Eichmann sont mises à contribution. Il fait merveille. Lentement, mais sûrement, il progresse dans la hiérarchie. Le plus curieux pourtant est qu'il ne dépassera pas le grade d'*Obersturmbannführer* — lieutenant-colonel. Avec ce grade, on ne le verra pas moins figurer dans toutes les conférences où se retrouvent les plus hauts dignitaires du régime et au cours desquelles sont prises, contre les juifs, les mesures les plus impitoyables. Notamment, à la conférence de Wannsee — un quartier aristocratique de Berlin — le 20 janvier 1942. Heydrich anime cette conférence. Mais c'est Eichmann qui a préparé les notes dont s'inspire Heydrich. L'heure est venue d'une solution définitive du problème juif, déclare Heydrich. Il s'agit de la Solution finale. L'Allemagne a décidé de régler le sort de onze millions de juifs. Et Heydrich parle :

— Les dispositions légales, c'est-à-dire l'émigration, n'ont plus cours et, à leur place, l'évacuation des juifs vers l'est a paru indiquée en vue de résoudre le problème. Cette mesure indique pour les juifs le départ vers l'est, où on les mettra au travail. Par exemple, des colonnes, par sexes séparés, iront construire des routes. Beaucoup d'entre eux périront de mort naturelle. On réservera aux survivants un « traitement spécial » ; en effet, étant les plus résistants, par le simple jeu de la sélection naturelle, ils risquent de former le noyau d'une nouvelle juiverie. L'Histoire nous met en garde contre semblable erreur.

Ce jour-là, à la conférence de Wannsee, on désigne le responsable pour *toutes les nécessités administratives, techniques et matérielles :* c'est le « chef de service » Adolf Eichmann.

On ne prête qu'aux riches. Après l'arrestation d'Eichmann, on a trop souvent répété que celui-ci avait organisé le système concentrationnaire, présidé au fonctionnement des camps de la mort, etc. Inexact. Les camps de concentration ont existé en Allemagne nazie dès 1933. La première fois où Eichmann s'est rendu à Auschwitz, la machine à tuer fonctionnait déjà et le commandant du camp, Rudolf Höss, a mis tout son orgueil à lui faire visiter « son » camp. Non. La responsabilité d'Eichmann se décèle ailleurs. Eichmann n'est pas un homme de terrain, mais un planificateur. Pour déporter des millions d'hommes, de femmes, d'enfants de l'Europe entière vers l'est — terme mystérieux qui signifie la mort —, il faut organiser les arrestations, le tri, les transports. C'est dans ce domaine qu'Eichmann va exceller. Les trains deviennent *ses* trains. Il les envoie partout. Ils partent à l'heure, arrivent à l'heure. Dans les wagons, soigneusement répertoriés, s'entassent des êtres humains qui n'existent pour Eichmann que comme des numéros. Les couples qui hurlent parce qu'on les sépare, les mères qui supplient qu'on leur laisse leurs enfants, les enfants qui sanglotent parce qu'ils ne comprennent pas : tout cela Eichmann veut l'ignorer. Il doit transporter tant de juifs par jour. Il les transporte. Il en est fier. Le plus extraordinaire, c'est que, à Jérusalem, interrogé par le magistrat instructeur, il décrira encore l'extraordinaire machine qu'il a mise en œuvre avec une sorte d'orgueil. Et quand le juge s'étonnera, lui faisant observer que les gens qu'il transportait ainsi allaient à une mort certaine, que le but ultime était le camp d'extermination, le four crématoire, Eichmann, presque sans se troubler, répondra :

— Oui, oui... probablement.

Quand il lui faudra aller — le plus rarement possible — assister à des exécutions en masse, il détestera ce contact avec la réalité. Il en

Inséré dans la hiérarchie nazie, Eichmann (au centre). (Roger Viollet).

reviendra écœuré, physiquement malade. Mais il retrouvera toute sa joie de vivre en se remettant à ses fabuleux organigrammes. Un jour, à Bordeaux, un incident se produit : les autorités locales ne parviennent pas à remplir entièrement le train qui a été envoyé. Eichmann hurle, trépigne : c'est une trahison, un gaspillage inouï, un manquement total aux principes ! Les trains d'Eichmann doivent toujours rouler *pleins*. Terrorisées, les autorités allemandes de Bordeaux jureront que cela ne se reproduira plus, jamais plus !

Le chef-d'œuvre d'Eichmann : en 1944, il va pratiquement vider entièrement la Hongrie de ses juifs. Se livrant à Budapest à un labeur de titan, en quelques semaines, il achemine plus de 400 000 juifs hongrois vers les camps d'extermination. Décidément, il a droit à ce titre que lui a décerné Simon Wiesenthal : le Grand Exterminateur.

Avec cela, bon mari, bon père. De son épouse Vera Liebl, une Tchèque, il a eu trois enfants, trois garçons : Klaus, Dieter et Horst. Vera Liebl sait seulement que son mari travaille beaucoup, qu'il est rarement à la maison, qu'il voyage. Elle voit en lui un fonctionnaire

Les trains d'Eichmann : un « chef-d'œuvre » d'organisation. (Tallandier et coll. part.)

sérieux, ponctuel. Elle le donne en exemple à ses fils. Pour lui-même, il faut le dire, Eichmann n'a jamais rien réclamé. Il n'est pas de ces dignitaires nazis — si nombreux, à commencer par Goering — qui ont réalisé d'immenses fortunes par leurs exactions, leurs trafics, ou les pots-de-vin qu'ils exigent et reçoivent. Toujours, Eichmann s'est contenté de sa solde d'officier S.S. Ce qui fait que, chez les Eichmann, on ne vit pas mal, mais l'on n'est pas riche.

Les amis d'Eichmann remarquent seulement, à mesure que les années passent, qu'il boit davantage. Du cognac. Beaucoup de cognac. Et qu'il fume. Trop, beaucoup trop. De même l'exemplaire Eichmann se laissera aller à nouer une liaison, à Budapest, avec une jeune femme de la noblesse. Remords ou simple tension nerveuse ? A Budapest, Eichmann a dit devant témoins :

— Cent morts, c'est une catastrophe. Cinq millions, c'est une statistique.

Et puis, un jour, l'empire de Hitler va s'effondrer. Les camps s'ouvrent devant des juifs survivants. On calculera que cinq à six millions de juifs ont péri. Ce qui amènera Eichmann à cette réflexion, recueillie par un Hollandais nazi, Willem Sassen :

— Pour être tout à fait franc avec vous, je vous avouerai que si nous avions tué tout le monde, les 10 300 000 juifs, je serais heureux et je dirais : « Mission accomplie : l'ennemi n'est plus. »

Il soupirera :

— Beaucoup de juifs ont survécu...

Mélancoliquement, il se posait des questions : peut-être n'avait-il pas travaillé assez. Peut-être les hommes et les événements avaient-ils élevé trop d'obstacles sur sa route.

Ces incroyables confidences — recueillies sur soixante-seize bandes de magnétophone qui ont été conservées — il les exprimait en 1957, alors que la guerre était terminée depuis douze ans.

Cependant qu'on le recherchait partout dans le monde, il avait réussi à échapper à ceux qui le poursuivaient. Il avait mis l'Océan entre eux et lui. Il vivait paisiblement en Argentine, où Vera, son épouse, et ses fils l'avaient rejoint. Il y serait probablement encore si, un jour de la fin de 1957 — l'année même où Eichmann narrait ses souvenirs à Willem Sassen — un message en provenance d'Allemagne n'était parvenu à Jérusalem : Adolf Eichmann était vivant. Et l'on connaissait son adresse en Argentine.

En 1957, le chef de la *Mossad* (Bureau central des renseignements et de la sûreté) s'appelle Isser Harel. Venu de Russie, il a émigré en Palestine en 1929. Il a participé à toutes les luttes d'Israël pour son indépendance et il est devenu l'ami intime de Ben Gourion. Le Premier ministre a fait de lui le chef exécutif des Services secrets. Des missions qu'on lui confiera, Harel sera personnellement responsable auprès de Ben Gourion.

Walter Eytan, chef de cabinet du ministre des Affaires étrangères, en appelant de Jérusalem Harel à son bureau de Tel-Aviv — un jour de la fin de 1957 — va donner son élan à l'une des plus prodigieuses opérations qu'ait conçues un service secret : la *récupération* d'Eichmann.

C'est du Dr. Shinar, chef de la Mission des réparations israélienne en Allemagne fédérale, que Walter Eytan tient l'information selon laquelle Eichmann est en vie en Argentine. L'homme qui lui a communiqué ce renseignement capital n'est autre que le Dr. Fritz Bauer, procureur de l'État de Hesse, en République fédérale allemande : l'un des plus brillants juristes allemands.

Cela, lorsque j'ai décidé de raconter à la télévision l'enlèvement d'Eichmann, on le savait. Isser Harel l'avait confié à des journalistes et même écrit dans ses souvenirs sur l'affaire [1]. La révélation qu'il a

1. Isser Harel : *La maison de la rue Garibaldi* (1975).

bien voulu me livrer n'en apparaît que plus surprenante. Rompant un silence vieux de vingt années, Isser Harel a fait connaître, devant la caméra de Jean-Charles Dudrumet, que ce n'est pas de sa seule initiative — comme on l'avait toujours cru — que le Dr. Fritz Bauer avait renseigné les Israéliens. Dès lors qu'il s'était trouvé en possession d'un renseignement que l'on pouvait légitimement juger comme sérieux, le Dr. Fritz Bauer s'était adressé au gouvernement de l'État de Hesse et avait sollicité des instructions quant à la conduite qu'il aurait à tenir. Fallait-il informer les autorités de l'Allemagne fédérale ? Il importait avant tout d'identifier de manière certaine l'homme que l'on désignait comme étant Eichmann. Après quoi il faudrait demander à l'Argentine son extradition. Dès qu'elle serait obtenue, on arrêterait Eichmann, on le ramènerait en Allemagne, on le jugerait. Il fallait espérer que la peine qui lui serait infligée correspondrait à l'immensité de ses crimes.

C'est ici que commence l'extraordinaire. Après réflexion, le président du gouvernement de l'État de Hesse, M. Gerhardt August Zinn, fit savoir au Dr. Fritz Bauer que le mieux, si l'on voulait vraiment qu'Eichmann fût puni, *serait d'informer les Israéliens.* Le lecteur a bien lu.

Réfléchissons. Une telle option, concernant une affaire de cette envergure, et dont le caractère politique apparaît indéniable, n'a pas été prise à la légère. Il semble tout à fait impossible que M. Zinn s'y soit résolu sans en référer au gouvernement de l'Allemagne fédérale. Donc, à l'époque, le chancelier Adenauer. Dans ce cas, ce serait de façon mûrement délibérée, en toute connaissance de cause, que Bonn se serait arrêté à la solution israélienne.

En me livrant cette révélation, Isser Harel avait-il conscience de sa considérable portée historique ? Bien sûr. Les spécialistes des relations germano-israéliennes jugeront si l'instant — janvier 1982 — n'a pas été choisi pour des raisons bien précises.

Dans un évident souci d'efficacité, consciente que toute mission officielle confiée à ses propres services ne comporterait que de faibles chances de réussite et peut-être aboutirait à informer Eichmann lui-même — et dans ce cas, il se mettrait définitivement à l'abri — l'Allemagne d'Adenauer a *voulu* que ce fût l'État d'Israël qui reçût la responsabilité de la poursuite et, si possible, de l'arrestation. Nous savons désormais que l'Allemagne d'Adenauer *tenait* à ce que Eichmann payât véritablement ses crimes. Et que c'est dans ce sens qu'elle a agi.

Le Dr. Fritz Bauer est couvert. Il va donc entrer en relation avec les Israéliens — le Dr. Shinar en l'occurrence — et leur faire connaître de quelle manière l'information est parvenue jusqu'à lui. Un jour, il a reçu une lettre d'un homme qui se disait demi-juif, allemand de naissance et qui vivait en Argentine. Cet homme était formel. Eichmann habitait à Buenos Aires, à une adresse bien précise : 4261, rue Chacabuco, Olivos. Mais il ne livrait pas le nom sous lequel vivait le « Grand Exterminateur ».

Pour Isser Harel, nulle hésitation : « Cette nuit-là, je décidai que si Eichmann était vivant, il serait pris, envers et contre tout. »

A cette décision, un corollaire immédiat : l'envoi d'un agent en Argentine. L'homme choisi sera Yoel Goren [1], un « agent opérationnel chevronné ». Dès le mois de janvier 1958, Goren part pour Buenos Aires.

C'est une étrange ville que Buenos Aires. Le somptueux y côtoie le sordide. Larges avenues à l'américaine, immeubles imposants où rutilent d'agressives enseignes, vitrines où la société de consommation se pare d'une élégance toute latine. *Beaux quartiers* où les villas étalent dans des parcs raffinés une richesse que certains jugeront de bon aloi, d'autres en forme de provocation. Bref, l'une des plus séduisantes capitales de l'Amérique du Sud.

Mais à peine s'éloigne-t-on du centre que l'on débouche dans des agglomérations de rues à peine tracées où se sont anarchiquement plantées des masures qui doivent tout à l'improvisation. Pour les édifier, tous les matériaux sont bons, pourvu qu'ils soient de récupération. Des bidonvilles ? Le terme me semble trop européen. Ces faubourgs contrastés, bigarrés, si typés, on les retrouve à l'orée de toutes les grandes villes d'Amérique latine. A Mexico comme à Rio. A Santiago comme à Buenos Aires. Leur caractéristique : ici, la misère s'enveloppe de soleil. Et, pieds nus, de beaux enfants aux dents éclatantes rient dans la poussière.

A peine arrivé, Goren a pris contact avec un certain Menashe Talmi, un Israélien qui bénéficiait d'une bourse pour se livrer à des recherches sur les colonies juives d'Argentine.

De concert, Goren et Talmi vont se rendre en reconnaissance dans les parages du 4261, rue Chacabuco. Un quartier misérable, un fau-

1. Tel est du moins le nom que lui donne Isser Harel dans son récit. Pour des raisons compréhensibles, il a décidé que toutes les personnes ayant pris part à l'opération seraient désignées par des pseudonymes.

Au 4 261, rue Chacabuco, à Buenos Aires, habitait un certain Ricardo Klement. (Coll. part.)

bourg occupé surtout par des ouvriers qui partent de grand matin pour Buenos Aires et qui, après leur journée de travail, rentrent le soir. Le n° 4261 ? Une sorte de masure sans étage, entourée d'un petit jardin et donnant sur un chemin de terre. Pour l'agent Goren, Eichmann ne peut en aucun cas habiter une telle maison. N'a-t-on pas raconté partout que les criminels nazis réfugiés en Amérique du Sud ont emporté de fabuleux trésors ? A son retour en Israël, Goren présentera donc à Isser Harel un rapport négatif : « L'information que nous a passée Bauer n'est pas fondée. » Une précision de plus, dans ce rapport : Goren et Talmi ont aperçu dans le jardin de cette masure « une femme imposante à l'allure débraillée ». Certes, cette femme pouvait être une Européenne, mais Talmi se refuse à admettre qu'un tel manque de tenue puisse être attribué à l'épouse d'Eichmann.

Se trouve-t-on dans un cul-de-sac ? Faut-il renoncer ? Harel ne le pense pas. Il s'adresse au Dr. Fritz Bauer et lui demande de lui faire connaître la source de son information. Jusque-là Bauer s'est refusé à la communiquer. Cette fois, il y consent. Il s'agit d'un certain

Isser Harel, chef exécutif des Services secrets israéliens. Il organisa l'enlèvement d'Eichmann. (Tallandier)

Lothar Hermann, qui habite Coronel-Suares, dans la province de Buenos Aires. Précisément, un policier israélien doit partir pour l'Argentine à l'occasion d'une affaire criminelle. Avec l'autorisation des dirigeants de la police, Harel confie à ce policier la mission de rencontrer ce Lothar Hermann. Ce qu'il fait.

Le policier se trouve en présence d'un homme d'une cinquantaine d'années, aveugle. Pour capter sa confiance, l'envoyé d'Isser Harel se présente lui-même comme Allemand et exhibe une lettre que l'on a obtenue du procureur Fritz Bauer. Rassuré, Lothar Hermann raconte toute l'histoire. Dix-huit mois plus tôt, il habitait encore Buenos Aires, dans le quartier d'Olivos. Il avait une fille, fort jolie, qui avait commencé à sortir avec un jeune homme de vingt et un ou vingt-deux ans. Un détail : il se nommait Nicolas — Klaus en allemand — Eichmann. Naturellement, Nicolas ignorait que la jeune fille avait du sang juif. Aussi s'était-il exprimé avec une parfaite liberté et tenant des propos rien moins que nuancés, disant, par exemple, qu'il aurait mieux valu que « les Allemands en aient fini avec l'extermination des juifs ». Disant aussi que son père avait été officier et qu'il avait accompli son devoir, tout son devoir. C'est alors que lui, Lothar Hermann, avait commencé à se dire que ce Nicolas devait être le fils d'Adolf Eichmann, et qu'il avait écrit au procureur Fritz Bauer.

La fille de Lothar Hermann confirme : elle dit avoir rencontré le père de Nick, qu'elle décrit comme « un homme d'âge mûr, avec des lunettes », doté d'une voix « désagréable et stridente ». Elle ajoute que cet Eichmann était père de cinq enfants, dont trois nés en Allemagne et deux en Argentine [1]. Une précision encore : « Les âges des trois aînés correspondent aux informations que leur a envoyées le procureur. »

Lothar Hermann et sa fille offrent de continuer les recherches. Ce qu'ils font durant l'année 1958. Sans guère de résultats concrets. Sinon ce renseignement : à la fin de 1947, la maison du 4261, rue Chacabuco, divisée en deux parties, comportait deux compteurs d'électricité, l'un au nom de Dagoto, l'autre au nom de Klement ou Klements. C'est tout.

Au début de 1959, on en sera toujours là. Il devient évident — pense Isser Harel — que l'on n'obtiendra plus rien de Lothar Hermann. On interrompt les relations avec lui.

Tout à coup, le 11 octobre 1959, une nouvelle fait la « une » des journaux israéliens : Eichmann est au Koweït, où il travaille pour une compagnie pétrolière. Fausse piste.

Décembre 1959. Le procureur Fritz Bauer se rend en Israël. Il apporte à Isser Harel une brassée d'informations de première importance qui permettent — d'après une source qu'il ne peut désigner — de suivre presque à la trace Eichmann depuis 1945. Il aurait rendu visite à sa femme en Autriche en 1950, muni de papiers au nom de Ricardo Klement. En 1952, on trouvait le nom de Ricardo Klement dans l'annuaire téléphonique de Buenos Aires. Ce Klement a tenu un certain temps une blanchisserie dans le quartier d'Olivos. Il a fait faillite. Il a trouvé une situation dans une compagnie d'électricité. En 1958, il travaillait toujours pour cette compagnie.

Pour Isser Harel, le nom de Klement surgit tel un trait de lumière. Lothar Hermann n'avait-il pas signalé que l'un des deux abonnés à l'électricité de la rue Chacabuco s'appelait Klement (ou Klements) ?

Les nouveaux renseignements recueillis apparaissent si importants que Harel juge le moment venu d'enquêter de nouveau en Argentine sur la famille Klement. Afin de savoir si Ricardo Klement est bien Adolf Eichmann.

S'il est prouvé que Klement et Eichmann ne sont qu'un seul et même personnage, Harel sait maintenant ce qu'il préconisera : le jugement d'Eichmann en Israël. « Le procès d'Eichmann serait le

1. Elle se trompe : un seul est né en Argentine.

couronnement de l'opération et j'avais la conviction que présenter Eichmann devant un jury israélien serait un acte d'une prodigieuse portée morale et historique. » Question : est-il possible de faire passer en jugement un homme qui a été enlevé dans un autre pays ? Deux juristes interrogés vont répondre affirmativement. On cite des précédents.

Mme Adolf Eichmann, née Vera Liebl. (A.F.P.)

Un premier groupe d'agents israéliens va enquêter en Allemagne et en Autriche. Leur mission : faire parler les familles Eichmann et Liebl.

On interroge la mère de Vera. A son insu, on examine sa correspondance. Rien. On tente d'obtenir des confidences des frères d'Eichmann, de ses amis proches, de ses voisins. Échec total. Au seul nom d'Adolf Eichmann se lève devant les investigateurs comme un mur d'airain. Tout ce que l'on apprend, c'est que Vera Liebl a vécu après la guerre au village d'Alt-Aussee. Ses fils fréquentaient l'école. Cependant, en 1952, après les vacances de Pâques, les jeunes Eichmann n'étaient pas retournés en classe. On n'avait jamais revu Frau Liebl ni ses fils.

Le 1er mars 1960, l'agent Yossef Kenet arrive à Buenos Aires. Il sait qu'il peut prendre contact avec quatre personnes, résidant toutes en Amérique latine, et qui se sont portées volontaires pour l'aider. Parmi elles, une jeune femme, Hedda.

Yossef Kenet et Hedda ont parfaitement conscience qu'il faut jouer serré. La moindre fausse manœuvre peut compromettre l'avenir entier de l'opération. Alors, quel pion va-t-on avancer en premier ?

La clé de tout, c'est le patronyme Eichmann. Si l'on parvient à démontrer que Klement est Eichmann, on aura accompli un pas immense. On décide donc de tendre un piège à l'un des fils Eichmann, ce Nicolas qui flirtait avec la charmante fille de Lothar Hermann. Le jeune homme — souvenons-nous-en — se présentait sans complexe comme Nicolas *Eichmann.* C'est là-dessus qu'on va jouer. Hedda, à la demande de Kenet, engage un coursier et le charge de porter un briquet à Nicolas *Klement,* 4261, rue Chacabuco, Olivos. Ceci le 4 mars, jour anniversaire de Nicolas *Eichmann.* Le coursier — un certain Pedro — trouvera vide l'appartement des Klement. Des peintres qui travaillent là lui apprendront que les Klement sont allés habiter ailleurs. Leur nouvelle adresse ? Les peintres l'ignorent. Mais l'un d'eux, pétri de bonne volonté, va conduire Pedro à un atelier voisin : là, dit-il, travaille l'un des fils Klement. Pedro se trouve en face d'un jeune homme blond qui le regarde avec quelque suspicion. Il ne lui remet pas moins le paquet, après avoir en vain tenté de se faire donner l'adresse nouvelle des Klement. Le jeune blond laissera seulement échapper le nom de Don Torcuato. Cependant, l'un des peintres avait parlé de San Fernando.

Quand Kenet recevra ces informations, il consultera une carte et s'apercevra que les deux localités sont éloignées d'environ dix kilomètres. Alors ? Le mieux — et à vrai dire la seule solution — est de filer le jeune homme blond. Le fils Klement ou Eichmann. Ce qui sera fait le lundi suivant. On le verra, à la sortie de la ville, enfourcher un scooter conduit par un homme d'une quarantaine d'années. Le scooter roule tout droit vers San Fernando : le peintre avait donc raison. Mais au centre de la localité, un convoi funèbre coupe tout à coup le chemin. On ne parviendra pas à retrouver le scooter.

Le 9 mars, on reprend la filature. A la même heure que la veille, 17 h 20. Cette fois, le jeune homme blond, en sortant de l'atelier, prend l'autobus. Les Israéliens y montent en même temps. Le jeune homme blond descend à la gare de Martinez. Mais il ne prend pas le train, il s'enfonce dans un petit chemin. Selon les instructions qui leur ont été données, les collaborateurs bénévoles de Kenet abandonnent la filature.

Elle reprend le 10 mars. Le jeune homme blond quitte l'atelier à 17 h 50, de nouveau à l'arrière d'un scooter. Cette fois encore ils sont là. Kenet saute dans sa voiture, suit le scooter qui se dirige comme l'avant-veille vers San Fernando. Il traverse la localité pour prendre la route de Don Torcuato. Ainsi le peintre et le jeune homme blond avaient raison tous deux ! On pouvait à la fois parler de San Fernando et Don Torcuato.

Le scooter va s'arrêter sur la route 202, à environ 150 mètres avant le pont de chemin de fer. Le jeune homme blond prend congé de son compagnon. Kenet a dû arrêter sa voiture pour ne pas attirer l'attention. Il voit, dans la nuit tombante, le jeune homme blond s'éloigner vers des masures groupées au milieu de cette lande accablée de tristesse. Kenet se dit que cela ressemble vaguement à un camp de réfugiés. Impossible de continuer la filature sans risquer de se faire remarquer.

Kenet va simplement repérer là un kiosque, sur la gauche de la route, où l'on vend sandwiches et boissons. A une centaine de mètres plus loin, se trouve une maison de briques qui paraît inachevée. Kenet n'y prête aucune attention.

Le 10 mars va se révéler comme une journée primordiale de la « chasse à Eichmann ». Sous le prétexte que la dame au briquet n'est pas contente et qu'elle n'est pas sûre que son cadeau soit vraiment parvenu à Nicolas Klement, Pedro est revenu trouver le jeune homme blond. Et cette fois, celui-ci se montre beaucoup plus expansif :

— Je vais te dire franchement, quand tu m'as donné l'enveloppe, je l'ai ouverte et j'ai lu la lettre. Elle disait « Bon anniversaire » et comme c'était l'anniversaire de mon frère et non celui de mon père, j'ai donné le cadeau à mon frère.

— Oui, mais le nom...

— Pourquoi a-t-elle écrit Klement et non Eichmann ?

Pedro hausse les épaules.

— Cela, je ne sais pas [1].

Quand on lui rapporte l'information, Kenet estime qu'il a franchi un pas immense. On sait maintenant que le fils aîné d'Eichmann, Nicolas, vit à Buenos Aires et se fait appeler de son vrai nom. Le jeune blond ne peut être que son frère Dieter. En confirmant la date de l'anniversaire de Nicolas, Dieter a dissipé tous les doutes que l'on

1. Dialogue restitué par Isser Harel, *op. cit.*

Au milieu d'un terrain vague, la maison de la rue Garibaldi où les agents israéliens ont retrouvé la famille Eichmann. (Keystone)

pouvait ressentir. Il semble définitivement prouvé que Ricardo Klement est Adolf Eichmann, mari de Vera Liebl et père des quatre enfants de Vera, les trois premiers nés en Europe, le dernier en Argentine.

Au cours de l'après-midi, dans l'état d'esprit que l'on imagine aisément, Kenet va partir pour San Fernando où il trouve sans trop de difficulté la maison dans laquelle vit la famille Klement. Une maison basse, d'aspect cubique, en brique, non crépie et non reliée au réseau électrique. Triste et désolée, cette maison. Sur le terrain vague, dans un rayon de plusieurs centaines de mètres, à l'exception d'une autre petite masure et du kiosque, on ne découvre aucune autre habitation. Rien de plus lugubre que ce paysage.

Nonchalamment, Kenet s'approche, passe devant la maison. Devant l'entrée, il aperçoit une femme corpulente d'une cinquantaine d'années. Un petit garçon joue à côté d'elle. Kenet pense — à juste titre — qu'il s'agit de Vera Eichmann et de son plus jeune fils.

Ainsi va commencer ce que l'on peut appeler la longue traque. Au cours des jours suivants, Kenet — et l'un ou l'autre de ses collaborateurs bénévoles — reviendront surveiller la maison. Ils la photographieront sans qu'aucun des habitants remarque quoi que ce soit. Le 16 mars, ils vont plus loin. Voyant sortir une jeune femme, ils l'interrogent : la demeure est-elle à vendre ? Ils se présentent comme représentants d'une firme américaine, ayant l'intention d'installer une usine dans le voisinage. La jeune femme répond que la maison appartient à sa belle-mère et qu'elle n'est pas à vendre.

Kenet attend avec impatience la date du 21 mars. Car, jusque-là, on n'a pas aperçu le soi-disant Ricardo Klement. Autrement dit Adolf Eichmann. Or Eichmann s'est marié un 21 mars. Le dossier montre qu'il n'a jamais manqué de souhaiter cet anniversaire à sa femme. Devant Pedro, Dieter Eichmann a dit à ses camarades que son père était à Tucumán, « pour affaires ». S'il est bien Eichmann, il semble plus que probable qu'il reviendra pour le 21 mars.

On observe toujours la maison, on continue de la photographier. L'un des collaborateurs de Kenet, fouillant dans les Archives municipales, découvre que le lotissement n° 14 — là où s'élève la maison — a été enregistré au nom de Veronica Catarina Liebl de Fichmann, 4261, rue Chacabuco, Olivos. Fichmann au lieu d'Eichmann : habileté un peu grosse. Le principal est que ce document permette d'associer le nom de Vera Liebl à celui d'Eichmann. Preuve que Vera n'est pas remariée à un autre homme. Preuve que *Klement est bien Eichmann.*

Le 19 mars, Kenet et l'un de ses collaborateurs, David, passent en voiture devant la maison. Une fois de plus. Vers 14 heures, ils aperçoivent un homme, « de taille moyenne, au front haut et dégarni », qui dépend du linge dans le jardin. Kenet tente de le photographier,

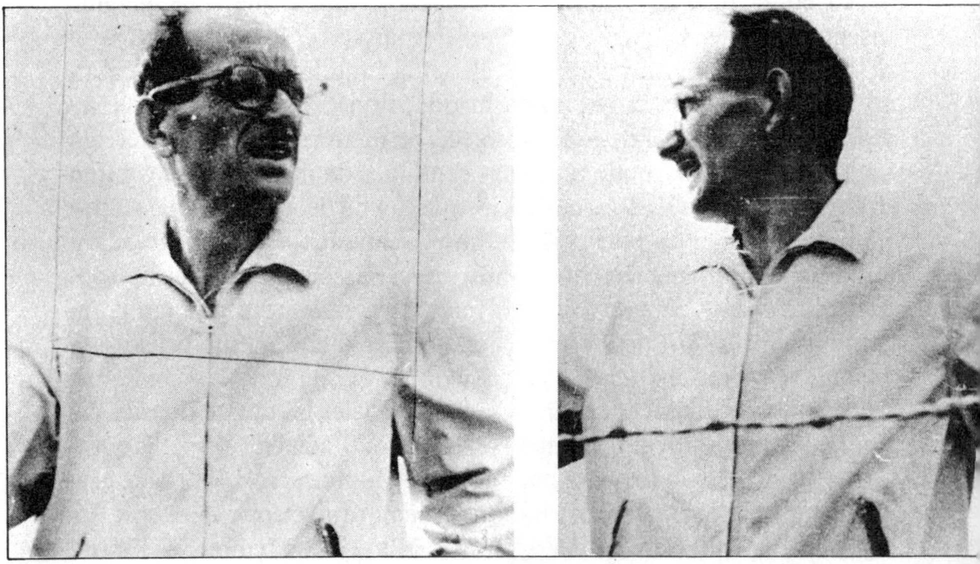

n'y parvient pas. Mais l'agent israélien, depuis des semaines, examine chaque jour les photos de l'Eichmann des années 30. *Rapport de Kenet à Harel :* « Dans la maison de la femme d'Eichmann nous avons vu aujourd'hui un homme qui correspond à la description d'Adolf Eichmann. J'avais toujours pensé que si Ricardo Klement était Adolf Eichmann, il essaierait de revenir de Tucumán avant ses noces d'argent, qui doivent avoir lieu après-demain. Comme Klement est effectivement revenu au moment attendu, il n'y a plus de doute qu'il soit Eichmann. »

Le dimanche 20 mars, Kenet loue un camion. C'est son collaborateur Primo qui le conduit. Kenet, lui, s'est caché sous la bâche. Le camion s'arrête à 150 mètres environ de la maison et à 60 mètres du kiosque. Ostensiblement, Primo s'en va acheter des sandwiches au kiosque. Tapi sous sa bâche, dans laquelle il a ménagé un orifice, Kenet observe la maison à la jumelle. Avec quelle intensité ! Vers 11 h 45, il voit paraître l'homme qu'il a vu la veille, cette fois fort bien habillé, « avec un pantalon brun clair, un pardessus gris, une cravate vert uni et des chaussures marron ». Kenet estime qu'il doit mesurer 1,70 m. Il note encore : « A moitié chauve, cheveux blonds sur les côtés du crâne, nez fort, front large, lunettes, peut-être une moustache, démarche lente. » Tout cela correspond à ce qu'il sait d'Eichmann.

Les photos d'Eichmann prises à la dérobée par les agents israéliens. (Coll. part.)

Ce qu'il remarque aussi, c'est que la maison donne sur une ruelle, à une trentaine de mètres de la route 202 : la rue Garibaldi.

Kenet reviendra encore les 21 et 22 mars. Et encore les jours suivants. Il continue à prendre des photos. Je les ai vues, ces photos, sorties pour la première fois pour mon émission des archives israéliennes. Toutes prises en se cachant, en dissimulant l'appareil — parfois dans une valise ou un sac, munis d'un trou. Pour la plupart mal cadrées, de guingois, floues, trahissant la gêne, la hâte, la fièvre. Mais quels documents ! Le but de Kenet : obtenir une image de l'homme en gros plan. Le 3 avril, il croit y être parvenu. Le 4, il reçoit un message d'Israël : « En vue d'établir un rapport complet pour planifier l'opération en détail et décider des différentes étapes à suivre, nous vous prions de rentrer aussitôt que possible. »

Avant de quitter l'Argentine, Kenet va faire développer ses photos. C'est à celles de l'*homme* qu'il s'attarde. Trois au moins sont réussies. Le 7 avril, Kenet s'envole pour l'Europe. C'est dans l'avion de Paris à Tel-Aviv que Isser Harel le retrouve. Anxieux, il l'interroge :

— Êtes-vous certain qu'il est l'homme que nous cherchons ?

Pour toute réponse, Kenet lui tend une photographie :

— Voyez. Il n'y a pas l'ombre d'un doute.

On est donc sûr d'avoir retrouvé Eichmann. L'essentiel reste à faire : il faut, à l'insu des autorités argentines, l'enlever. Après quoi, toujours en secret, le transporter en Israël. *A priori,* un plan quasi impossible à réaliser.

Pendant des jours, Harel médite. Le plus aisé à réaliser, c'est l'enlèvement. Le plus épineux : le transport. Le voyage par mer est exclu. Trop d'escales dans les ports étrangers. Ne reste que la voie aérienne. Certes, mais quelle compagnie accepterait de recevoir, sans méfiance, un passager — même drogué — conduit là contre sa volonté ? D'autant plus que la famille Eichmann ne manquera pas de porter plainte et que la police argentine enquêtera sur tous les départs. Alors ?

Un matin, en ouvrant le journal, Harel découvre que l'Argentine va fêter, à la fin du mois de mai, le 150e anniversaire de son indépendance. A ces fêtes qui promettent d'être grandioses, Israël est invité. Déjà le ministre des Affaires étrangères a annoncé qu'une délégation de haut rang serait envoyée en Argentine. Harel lit et relit l'article qu'il a sous les yeux. Il pressent qu'il vient de découvrir *la* solution. Ne pourrait-on pas prévoir un vol spécial, l'envoi d'un avion israélien où prendrait place la délégation ? Et, dans cet avion, porter au retour Adolf Eichmann, capturé, mis hors d'état de nuire ?

Harel sait qu'il joue gros jeu. L'un après l'autre, il hasarde ses pions. D'abord, il obtient des Affaires étrangères le vol spécial. Sans parler une seule fois d'Eichmann. Ensuite, il convainc le directeur de la compagnie israélienne de soustraire un appareil des vols réguliers pour l'envoyer en Argentine.

La date du vol est fixée au 11 mai. Isser Harel a décidé de prendre lui-même la direction de l'équipe qui enlèvera Eichmann. Un commando trié sur le volet. D'abord, Menashe Talmi, choisi pour sa grande connaissance de l'Argentine. Ensuite, un peintre de réel talent, Shalom Dani, peut-être le premier faussaire de son temps. On aura besoin de lui pour les faux papiers dont l'utilité et la nécessité ne manqueront pas de se faire sentir. Harel ne voulant que superviser l'opération, il va nommer le chef de groupe, Gabi Eldad, un ancien de la Hagana, un dur. Les autres : Yosef Kenet — bien sûr —, Ehud Revivi, Eli Yuval, Zev Keren, Ezra Eshet. A tous, on a dit qu'il s'agissait d'arrêter Eichmann. Tous ils ont manifesté un enthousiasme identique. Au dernier moment, Harel va embaucher deux autres agents : un homme, Yitzhak Nesher, et une femme, Dina Ron. Il les prévient qu'ils devront passer pour un couple marié et vivre ensemble dans la maison où l'on se propose de conduire Eichmann après son enlèvement. La fiction de ce couple étant destinée à rassurer les voisins... Le dernier agent engagé ? Un médecin qui aura pour rôle de droguer Eichmann aux différents stades de l'opération, ainsi que de veiller à la santé de l'équipe comme à celle du prisonnier.

Reste à mettre au point un calendrier rigoureux. C'est le 12 mai que l'avion doit atterrir à Buenos Aires. La délégation israélienne ne pouvant s'éterniser dans la capitale argentine, il est prévu que l'avion repartira le 13 ou le 14. A la rigueur on pourra retarder un peu son départ en arguant d'ennuis techniques. Mais assurément pas plus d'une journée. Conclusion : il faut capturer Eichmann avant le 11 mai, quelques jours plus tôt si possible.

Chaque agent est en possession de son billet d'avion. Rien n'a été laissé au hasard. Les uns et les autres — séparément — vont pouvoir s'envoler pour l'Argentine.

Le 22 avril, Menashe Talmi arrive le premier à Buenos Aires. Les autres suivront. Chacun d'eux va descendre dans un hôtel différent.

Kenet, lui, parvient le 25 avril dans la capitale argentine. Sa tâche : identifier Ricardo Klement dès que celui-ci sera entre les mains du commando. Mais aussi guider l'équipe jusqu'à la maison si soigneusement repérée.

Le 26 avril, à 18 heures, c'est cette dernière tâche qu'il accomplit. Deux des membres de l'équipe montent dans la voiture dont il a pris le volant. On roule jusqu'à la rue Garibaldi. Les deux agents, bien sûr, ont longuement examiné les photos. Mais qu'est-ce à côté de la réalité ? La voiture s'est arrêtée. La maison — en sa forme de cube non achevé — est là, sous leurs yeux. Ils regardent. Comme ils regardent !

Et tout à coup, ils aperçoivent un homme qui, à grands pas, marche vers cette maison. Kenet se ramasse sur lui-même, à l'image des grands fauves à l'affût. Entre ses dents, il siffle :

— C'est lui !

Lui !

Le souffle des autres se précipite. Ils écarquillent les yeux. Lui ! L'un des agents, Ezra, descend de voiture. De loin, il suit Klement Jusqu'à ce qu'il le voie rentrer chez lui.

Derrière la maison, Ezra repère un remblai de chemin de fer. Il le rejoint, le gravit. Un observatoire idéal. Il n'y reste que quelques instants. Cela lui a suffi.

Kenet et les deux autres peuvent rentrer à leur hôtel. Le premier contact s'est révélé on ne peut plus positif. La grande crainte nourrie par Kenet — et qu'il avait exprimée à Harel — c'était que Klement ne fût retourné à Tucumàn reprendre son travail pour la compagnie d'électricité. Donc, pour le moment, il reste à Buenos Aires à la disposition du siège central. On peut légitimement en conclure que, chaque jour, il va se rendre à son travail et en revenir à des heures régulières.

Le dimanche 1er mai, Isser Harel lui-même arrive à Buenos Aires. L'un des agents, Ehud, l'attend à l'aéroport et le conduit dans un appartement loué par l'équipe : leur première « planque ». S'y trouvent réunis les principaux membres du groupe. Harel écoute leurs rapports. Éloquents : le 27 avril au soir, à 19 h 45, à la nuit tombée, des observateurs, postés sur le remblai du chemin de fer, ont vu Klement descendre du bus 203, venant de San Fernando, s'avancer sur la route 202, tenant à la main une torche électrique, tourner dans la rue Garibaldi et entrer chez lui. Le lendemain, 28 avril, également à 19 h 45, ils ont vu Klement descendre du bus 203, suivre le même parcours, sa lampe électrique à la main, et rentrer chez lui. Comment douter qu'Eichmann ne regagne, chaque jour à la même heure, son domicile ?

Mais si l'on parvient à enlever Klement, où le conduira-t-on ? Plusieurs membres de l'équipe cherchent activement une maison à l'abri des regards indiscrets. Ils ne l'ont pas encore trouvée. Isser Harel les invite à hâter leurs recherches. Le 3 mai, après être allé repérer lui-même la maison où habite Klement-Eichmann — et ressenti le même étonnement que les autres agents devant son aspect misérable — Isser Harel va visiter une villa, située en dehors de la ville. Elle peut loger un certain nombre de personnes : le prisonnier, les gardiens, le médecin. Ce n'est pas le rêve. Mais le temps presse. Isser Harel donne l'ordre de conclure. Aussitôt, Menashe Talmi signe le contrat. Dès cet instant, la maison est entre les mains du commando. Isser Harel lui donne son nom de code : *Tira* (palais).

Le même jour, d'autres agents, toujours à la nuit tombée, voient encore une fois — la sixième — Klement rentrer chez lui.

Mais, le même 3 mai, une nouvelle catastrophique va parvenir à Isser Harel. Les autorités argentines ont fait savoir qu'elles ne pourraient recevoir la délégation israélienne que le 19 mai. Ce qui signifie que le vol spécial va être retardé *d'une semaine entière.*

Que faire ? Repousser la date de l'enlèvement ? C'est courir le risque que Klement ne reparte travailler à Tucumán. Le risque aussi que les agents israéliens ne finissent par se faire remarquer par Klement. D'autre part, si on l'enlève et si on le garde en captivité une semaine de plus, c'est donner le temps à sa famille et à ses amis de prévenir la police, laquelle se mettra en chasse et risquera de découvrir la « planque » israélienne. Isser Harel a remarquablement exposé le dilemme qui se posait à lui : « J'avais à choisir entre deux maux : prolonger une séquestration dans un pays étranger, dans des conditions de sécurité aléatoires avec tout le danger que cela comportait, et rater une chance inouïe d'amener devant un tribunal israélien le monstre responsable de la *Solution finale.* En d'autres termes il y avait, d'un côté, un risque qui, pour prolongé qu'il fût, n'était que temporaire, et, de l'autre, un crime pour lequel il n'y avait pas de pardon. » L'hésitation d'Isser Harel ne dura pas : « Le lendemain matin, je donnai pour instructions aux hommes de continuer comme si de rien n'était et de se tenir prêts pour la capture au jour fixé — le 10 mai 1960. »

Dans les jours qui vont suivre, on présentera à Harel une autre maison qu'il jugera plus favorable que *Tira* à recevoir Eichmann prisonnier. Il la louera et lui donnera le nom de code de *Doron* (le don). Et puis on lui en présentera une autre encore, offrant des avantages différents. Il la louera aussi. Cette fois, le nom de code sera *Ramim* (hauteurs).

Nicolas Eichmann : s'il n'avait pas trop parlé, aurait-on retrouvé son père ? (Agip)

Un problème sérieux : celui des voitures. Depuis le début de l'opération, dans différents garages spécialisés, on en avait loué beaucoup. Hélas, elles vivaient presque toutes leur agonie : carrosserie semée de trous et bosses, pneus lisses, batteries hors d'usage. Au prix d'efforts exténuants, on finit par dénicher les deux voitures indispensables à l'opération. Deux voitures — chose exceptionnelle — en parfait état de marche.

Le 7 mai, l'équipe se retrouve autour de Harel. On décide que l'enlèvement aura lieu le 10 mai. Au cours des trois jours qui suivent, c'est la veillée d'armes. L'équipe se rencontre dans différents cafés. Et même on loue encore une maison, non loin de *Tira*. Son nom de code : *Elazar*. Mais alors même que l'heure H approche, l'équipe constate que certaines pièces de matériel lui font défaut. Isser Harel décide de remettre l'enlèvement du 10 au 11 mai. Entre les différentes « planques » dont on dispose, on choisit définitivement : ce sera *Tira*.

Le 11 au matin, il pleut. Isser Harel convoque dans un restaurant les agents du commando : ultime réunion. A la table d'Harel, Gabi, Ehud, Kenet et Menashe. A 14 heures, le déjeuner s'achève. Les hommes se serrent la main et se souhaitent mutuellement bon courage.

16 h 30. On se retrouve à *Tira*. Les hommes changent de vêtements, se munissent de faux papiers — spécialement fabriqués pour eux — et du matériel nécessaire.

18 h 30. Les deux voitures « en état de marche » partent de *Tira*. Kenet conduit la première, Ehud la seconde, dans laquelle a pris place le médecin. Les voitures roulent vers la rue Garibaldi. L'opération est prévue pour 19 h 40.

19 h 35. Les voitures arrivent sur place. La première s'arrête dans la rue Garibaldi elle-même, à une dizaine de mètres de la route 202, l'avant tourné vers la maison de Klement. L'un des agents descend, vient relever le capot, se penche vers le moteur, comme s'il s'essayait à déceler une panne. Un autre agent le rejoint, se penche lui aussi vers le moteur, comme pour aider le premier. Deux autres agents — dont Kenet — sont restés à l'intérieur de la voiture.

La seconde voiture attend sur la route 202, à une trentaine de mètres de la première, entre le pont et le coin de la rue Garibaldi. Là aussi, deux agents sont penchés vers le moteur. On dira que cela fait beaucoup de voitures en panne près de chez Eichmann. Aucune importance, puisque toutes les voitures tombent en panne à Buenos Aires !

Voici le bus de 19 h 15. Celui que Klement emprunte chaque jour. *Il n'en descend pas.* Probablement a-t-il manqué son bus habituel. Il suffit d'attendre le suivant. Le voilà. *Klement ne s'y trouve pas.* Il ne se trouve pas non plus dans le troisième ni dans le quatrième !

Le plan prévoit que, si Klement n'arrive pas à l'heure accoutumée, on attendra jusqu'à 20 heures. Or il est 20 heures. Kenet sort de la voiture, interroge Gabi : il faut encore attendre, répond celui-ci. Il dira plus tard qu'il était décidé à attendre jusqu'à 20 h 30. A ce moment précis, un nouvel autobus s'arrête près du kiosque. Ehud, qui inspecte les alentours, aperçoit Klement. Enfin ! Il est 20 h 5. Ehud se met à courir. Ezra le voit, rabat le capot. Ehud saute dans la voiture, allume les phares. Marchant de son pas posé, Klement tourne le coin de la rue Garibaldi.

De la première voiture, Kenet voit quelqu'un s'avancer sur le bord de la route. La nuit empêche de le reconnaître. Quelques secondes plus tard, Kenet peut murmurer triomphalement :

— C'est lui !

Il souffle à l'oreille de Gabi :

— Il a une main dans la poche. C'est peut-être un revolver.

Klement arrive à la hauteur de la voiture. Eli lui barre le chemin :

— *Momentito !*

Klement, visiblement armé, s'arrête, recule d'un pas.

Eli saute sur Klement. Tous les deux, ils roulent à terre. Klement pousse un cri effrayant, « telle une bête prise au piège ». L'agent Zev court, lui saisit les jambes. Paralysé, Klement.

Gabi se jette hors de la voiture, saisit Klement par le poignet, le

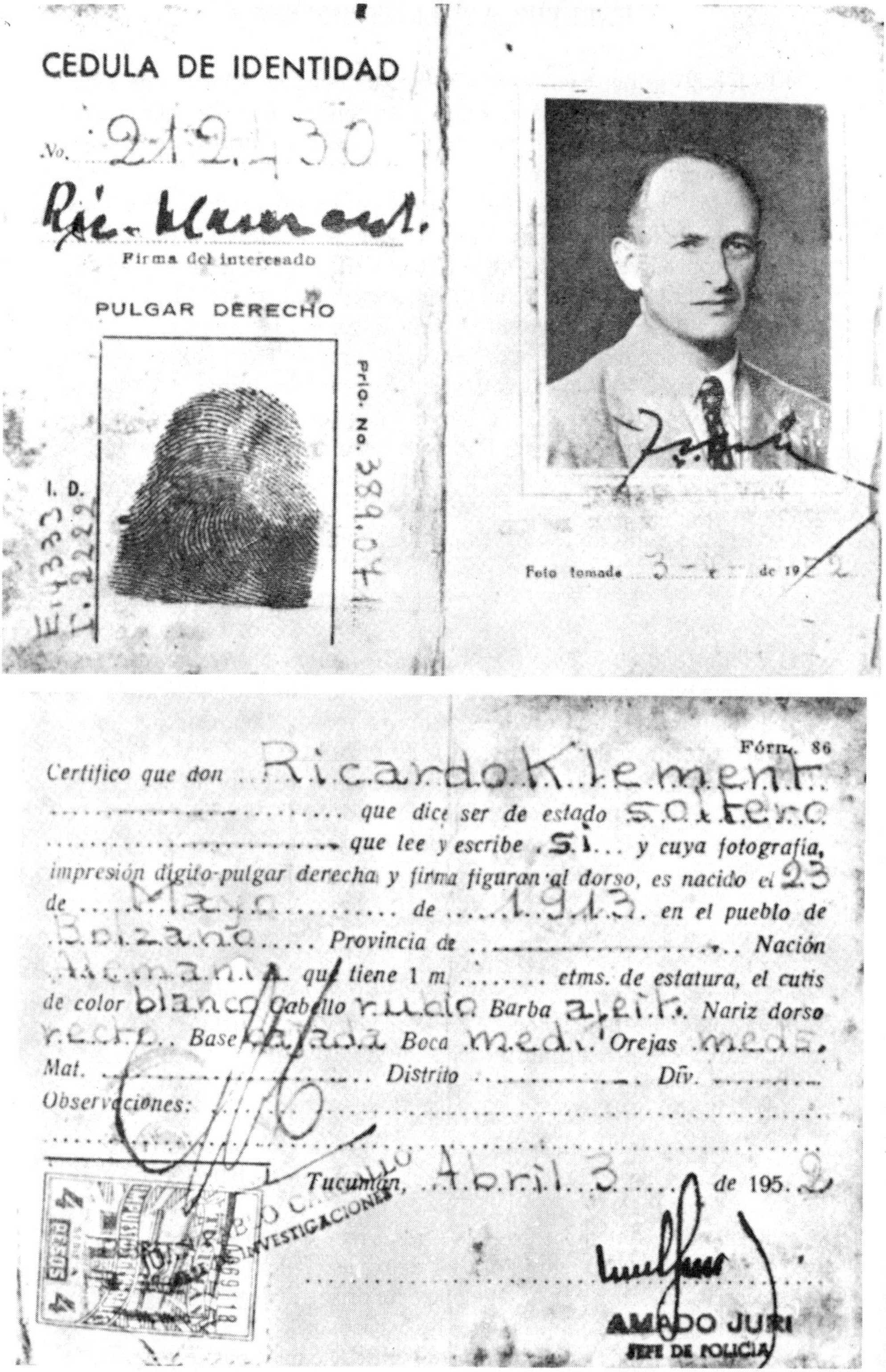

CEDULA DE IDENTIDAD

No. 212.430

Ric. Klement.

Firma del interesado

PULGAR DERECHO

I. D.

E 4333 I 2222

Prio. No. 389.074

Foto tomade 3 ... de 1952

Fórm. 86

Certifico que don Ricardo Klement

que dice ser de estado soltero

que lee y escribe Si ... *y cuya fotografía, impresión digito-pulgar derecha y firma figuran al dorso, es nacido el* 23 *de* Mayo *de* 1913 *en el pueblo de* Bolzano *Provincia de* .... *Nación* Alemania *que tiene 1 m* .... *ctms. de estatura, el cutis de color* blanco *Cabello* rubio *Barba* afeit. *Nariz dorso* recto *Base* cajada *Boca* med. *Orejas* med.

Mat. .... *Distrito* .... *Div.* ....

Observaciones: ....

Tucuman, Abril 3 de 1952

INVESTIGACIONES

AMADO JURI

JEFE DE POLICIA

La carte d'identité de Ricardo Klement — alias Eichmann — en Argentine. (Tallandier) tire, cependant qu'Eli et Zev le poussent. Quelques secondes plus tard, c'est à l'arrière de l'automobile un incroyable entassement, quatre hommes entremêlés : Gabi, Eli, Zev — et Klement. Zev lâche prise, enjambe le dossier, s'assoit à l'avant. Kenet, qui a sauté dehors, rabattu le capot, regagne son siège au volant. Il démarre. L'affaire n'a pas duré plus d'une minute.

Ehud, au volant de l'autre voiture, a — conformément au plan prévu — démarré en trombe, rejoint la voiture conduite par Kenet et l'a dépassée.

Avec des gestes précis, calculés soigneusement, Gabi et Eli ont bâillonné Klement, l'ont ligoté, lui ont placé des lunettes opaques sur les yeux, l'ont poussé au sol et recouvert d'une couverture.

20 h 55. Les deux voitures pénètrent dans le jardin de *Tira* dont les grilles ont été grandes ouvertes. La première entre dans le garage. On en extrait Eichmann que l'on porte jusqu'à la chambre préparée pour lui. On l'allonge sur un sommier métallique, on attache une de ses jambes au cadre. On lui ôte ses autres liens ainsi que son bâillon. On le déshabille, on le revêt d'un pyjama. L'homme, accablé, se laisse faire. Dans ses yeux, la panique et l'impuissance.

Kenet procède à un bref interrogatoire. Le prisonnier répond sans se faire prier. Tour de tête, taille des vêtements, pointure, tout correspond au signalement d'Eichmann.

— Et quel était votre numéro de carte de membre du parti national-socialiste ?

— 889895.

C'est le numéro d'Eichmann.

— Vos numéros de S.S. étaient-ils 45326 et 63752 ?

— Oui.

— Alors, dites-moi votre nom !

— Mon nom est Adolf Eichmann.

Quelques heures plus tard, un message partira pour Israël : *Mission accomplie.*

A *Tira,* on va surveiller Eichmann vingt-quatre heures sur vingt-quatre. Les hommes se relaient toutes les trois heures. Jamais on n'éteint la lumière électrique. Eichmann se révèle un prisonnier modèle, obéissant au doigt et à l'œil à tout ce qu'on lui dit. La terreur des premiers instants a disparu. Elle a fait place à quelque chose qui ressemble à de la résignation. Il mange de bon appétit les repas que lui porte Dina : soupe au poulet, poulet bouilli, œufs à la coque ou omelettes, purées.

Chaque fois qu'on l'interroge, Eichmann répond avec le même

empressement, visiblement sans rien chercher à cacher. Il raconte que prisonnier des Américains après la capitulation, il s'est évadé, qu'il est devenu bûcheron dans la province de Celle, en Allemagne. Ceci pendant plus de quatre ans. Alors, il a entendu parler d'organisations qui aidaient les gens comme lui à fuir l'Allemagne. Au début de 1950, il a pris contact avec l'une d'elles. On l'a fait passer en Italie. Un moine franciscain de Gênes lui a procuré un passeport de réfugié au nom de Ricardo Klement et un visa pour l'Argentine. A la mi-juillet 1950, il est arrivé à Buenos Aires. Deux ans plus tard, sa femme et ses enfants l'ont rejoint. C'est tout simple.

Le plan prévoit que l'un des agents — un bénévole nommé Rafaël — se fera admettre à l'hôpital en déclarant qu'à la suite d'un accident de voiture, il souffre d'un traumatisme crânien. Ayant réellement été accidenté l'année précédente, il pourra parfaitement décrire les symptômes d'un tel traumatisme. On le prend très au sérieux, on le garde à l'hôpital, on le met en observation. Le but de la supercherie : obtenir un certificat médical précisant que Rafaël a été soigné pour traumatisme crânien, qu'il va mieux, mais que son état nécessite des soins. C'est de ce certificat que l'on munira Eichmann au moment de le transporter dans l'avion.

Le 19 mai, comme prévu, l'avion spécial israélien atterrit à l'aéroport de Buenos Aires. Tapis rouge, fanfare, drapeaux, discours. On fixe l'heure du départ au lendemain, 20 mai 1960. A minuit.

La dernière nuit à *Tira*. Et — enfin — le 20 mai. Comme prévu, Rafaël sort de l'hôpital avec son certificat. Eichmann a fort bien dormi. On commence à planifier ses repas en fonction des anesthésiques qui vont lui être administrés.

Dans l'après-midi, Harel se transporte à l'aéroport. Il s'installe à la cantine. Il attend. Pendant ce temps, l'agent Eli maquille Eichmann. Travail à ce point réussi que Vera Liebl n'aurait pas reconnu son mari.

L'avion israélien attend sur son aire de stationnement. Dans le secret : le chef pilote, plusieurs membres de l'équipage. Pas tous.

20 heures. A *Tira,* on fait prendre un bain à Eichmann, on le rase, on met la dernière main à son maquillage. Il endosse docilement un uniforme de la compagnie israélienne. Quelques jours plus tôt, il a signé un document dans lequel il affirmait qu'il était « prêt à aller en Israël pour y passer en jugement devant un tribunal compétent ».

Le médecin s'approche pour lui faire une piqûre. Eichmann déclare que ce n'est pas utile, qu'il se tiendra tranquille. Les Israéliens sont *convaincus qu'il dit vrai.* Mais il est impossible de courir un tel risque. Quand Eichmann comprend qu'il lui faut quand même subir la piqûre, il se montre, une fois de plus, extrêmement coopératif. La piqûre produit très vite son effet.

Kenet est arrivé à *Tira* à 21 heures. On sort Eichmann de la maison. Il titube. Il faut l'aider à marcher.

Isser Harel commentera : « Son esprit de coopération pendant ces dernières heures allait si loin qu'il se mit à manifester un vif intérêt pour l'opération et même à s'inquiéter de son succès. Était-ce sa mentalité d'esclave qui prenait le dessus ? Ou était-ce l'espoir de sauver sa vie en faisant plaisir à ses ravisseurs ? »

On l'installe à l'arrière de la voiture entre le médecin et Ezra Eshet. Les trois hommes sont identiquement revêtus de l'uniforme de la compagnie israélienne.

Pendant tout le parcours, Eichmann, presque inconscient, somnole.

Quand on arrive à l'aéroport, il est profondément endormi. Comme l'a prévu le plan, la voiture se rend directement au parking, où Isser Harel rejoint ses agents. Une partie de l'équipage de l'avion attend également sur le parking. Comme prévu, le groupe s'engouffre dans trois voitures. Eichmann se trouve dans la seconde, encadré par les deux hommes qui feignent eux de dormir : des gens qui ont trop abondamment fêté l'indépendance de l'Argentine ! L'équipage suit en minibus. Il faut franchir le poste de contrôle. L'un des hommes de la voiture de tête salue joyeusement en indiquant sa nationalité :

— Israël !

La sentinelle lève la barrière. Les trois voitures passent. La sentinelle ne remarque même pas qu'à l'arrière de la seconde, il y a trois hommes qui dorment.

Après un long détour — volontaire —, la seconde voiture vient se ranger au pied de la passerelle de l'avion israélien. Les trois hommes s'extirpent de l'arrière. Eichmann passe au milieu, soutenu par les deux autres. On va le conduire directement en 1re classe, l'installer au premier rang.

Tout s'est déroulé comme prévu, à la minute prévue. Déjà, les moteurs rugissent. L'avion s'ébranle, roule sur la piste. Quand il s'arrête à l'aire où la délégation officielle doit embarquer, il est 23 h 15. A 0 h 5, il décollera. Destination : Israël.

Quelle sensation en Israël — et dans le monde — quand Ben Gourion, le 23 mai, annoncera à la tribune de la *Knesset* l'arrestation d'Eichmann et son arrivée en Israël : « Adolf Eichmann est déjà sous mandat d'arrêt en Israël et il passera sous peu en jugement conformément à la loi (punitive) de 1950 sur les nazis et les collaborateurs nazis. » Quelle émotion aussi !

Le gouvernement argentin protestera solennellement contre cette atteinte aux lois internationales. Le Conseil de sécurité sera saisi. Golda Meir plaidera la cause d'Israël tout en présentant ses excuses au gouvernement argentin. Le Conseil de sécurité estimera que ces excuses représentent une « réparation » suffisante. D'ailleurs, le gouvernement argentin ne réclamera pas Eichmann.

Décidément un prisonnier modèle, Adolf Eichmann. Discipliné, obéissant comme à Buenos Aires. Chaque fois que, dans sa prison ou au cours de sa promenade, il aperçoit un officier, il se met au garde-à-vous. Toujours excellent, son appétit. Régulièrement, il rencontre le magistrat instructeur. En sa compagnie, il étudie avec un soin scrupuleux les charges qui pèsent contre lui. Sa thèse est déjà celle qu'il soutiendra au procès. Il a obéi aux ordres. Il était un soldat, il lui appartenait d'obéir. A-t-on fait un procès aux aviateurs qui ont largué la bombe atomique sur Hiroshima ?

Ce qu'il ne comprend pas, c'est ce que tous les faits ici démontrent : lui, Eichmann, est allé au-devant de l'obéissance — et au-delà. Il a innové, inventé, exigé toujours davantage. Il n'a pas inventé la *Solution finale,* mais il l'a conduite à son aboutissement extrême. Il a transmué un ordre abstrait en une réalité en forme d'Apocalypse.

Et maintenant, le 11 avril 1961, le voilà dans sa cage de verre. Sous le regard de cinq cents journalistes, sous l'œil de caméras qui enregistreront tout le procès. Il durera jusqu'au 15 décembre, ce procès ! Cent quarante-quatre séances ! Une centaine de témoins à charge. A la barre, ce qui revit, c'est l'horreur à l'état pur. On voit un écrivain d'origine polonaise, survivant de l'enfer d'Auschwitz, s'évanouir au cours de sa déposition et s'effondrer sur le sol.

Ces dépositions, Eichmann les écoute avec attention. Jamais il ne montre d'émotion. Il prend des notes. Quelquefois, il ergote, mais toujours sur des points de détail, jamais sur l'essentiel.

Une fois pourtant — une seule fois — le 95e jour du procès, il va se lever et parler :

— Je dois admettre que je considère aujourd'hui l'extermination des juifs comme l'un des pires crimes de l'Histoire. Mais elle a eu lieu et nous devons tout faire pour qu'elle ne se reproduise pas.

Pourquoi a-t-il dit cela ? Attend-il quelque chose d'une telle déclaration ?

Quand le juge Moshé Landau va prononcer la sentence, ce verdict depuis le premier jour prévisible, c'est-à-dire la mort, Eichmann ne manifestera aucune émotion.

Il faudra cinq mois pour qu'il soit exécuté. L'avant-veille de sa mort, il reçoit des journalistes français. Ni eux ni lui ne savent qu'il n'a plus que deux jours à vivre. Eichmann redit que, seuls, ses chefs étaient responsables de la *Solution finale* — et qu'il n'a été qu'un agent d'exécution.

C'était le 29 mai 1962. Le surlendemain, Eichmann sera conduit à la potence de la prison de Ramleh. Autour de lui, la foule des magistrats et des journalistes. Une foule muette. Il les regarde bien en face :

— Messieurs, nous nous reverrons bientôt. J'ai obéi aux lois de la guerre et à mon drapeau.

La corde de chanvre. La trappe qui s'ouvre. C'en est fait d'Adolf Eichmann. Il est près de minuit.

Son cadavre sera brûlé. De la cheminée du crématoire — comme à Auschwitz — une fumée s'élèvera vers le ciel, annonçant au monde que le corps d'Adolf Eichmann, à l'image de ses millions de victimes, a été réduit en cendres.

Un prisonnier exemplaire.

(Keystone)

IV

TUER DE GAULLE AU PETIT-CLAMART

22 août 1962, 19 h 45. Par la porte qui donne sur l'avenue Marigny, une DS noire sort de l'Élysée. Elle est suivie d'une autre DS noire. Derrière, deux motards.

Un cortège ? Pas même. De l'apparat ? Aucun. Ces DS sont des voitures de série. Elles n'ont subi aucune transformation. Les moteurs sont ceux de tout le monde. Pourtant, dans la première voiture, ont pris place le général et Mme Charles de Gaulle. Le président de la République française et son épouse. Le maître tout-puissant d'un pays qui, depuis 1958, lui a remis son destin. Ce 22 août, Charles de Gaulle vient, dans l'après-midi, de présider un conseil des ministres pour lequel il est arrivé le matin de sa résidence de la Boisserie, à Colombey-les-Deux-Églises. Car il est en vacances, Charles de Gaulle. Comme tous les Français. Comme les ministres eux-mêmes. Peu enchantés d'avoir été rappelés à Paris pour un conseil dont beaucoup ont pensé — naturellement sans le dire — que la nécessité ne s'imposait pas. Le général a surtout parlé de son prochain voyage en Allemagne fédérale, où le chancelier Adenauer l'a invité. Il attend beaucoup de cette visite. Il veut en faire avec éclat le point de départ d'une nouvelle politique : il estime que de la réconciliation franco-allemande peuvent découler, pour les deux pays associés, la primauté en Europe et une direction bicéphale. Nul doute : dans l'esprit de De Gaulle, maintenant que l'affaire algérienne est classée, l'heure a sonné pour la France d'une grande politique mondiale.

Classée, l'affaire algérienne ? En ce qui concerne le général, assurément. A ses yeux, la page est tournée. L'O.A.S., exaspérée, frappe de tous côtés ? Les attentats se multiplient ? Simples péripéties auxquelles de Gaulle refuse de s'attarder. Au conseil, il a écouté sans intervenir le détail des mesures d'aide aux rapatriés d'Algérie, l'examen de six protocoles de coopération avec le nouvel État, et l'exposé de Jean Foyer, garde des Sceaux, sur les décisions à prendre pour mettre fin aux entreprises des « activistes ». Pas davantage le général n'a proféré de commentaire quand Roger Frey, ministre de l'Intérieur, a lu une note de quatre feuillets. A la page 4, un titre : *Attentat contre le chef de l'État.* Frey a expliqué que tous les rapports de police, toutes les informations recueillies aboutissaient à la même conclusion : « L'objectif de la subversion est l'attentat contre le chef de l'État, et le plus tôt possible. »

Dans l'avenue Marigny, les deux DS roulent à toute allure vers le pont Alexandre-III. Traditionnellement, au mois d'août, dans la capitale, la circulation est réduite. Un seul privilège pour la Citroën présidentielle : les limitations de vitesse ne la concernent pas. Sa destination : l'aérodrome de Villacoublay où attend le Bréguet qui doit conduire le général à Colombey. Chez lui. Là où il reprend pied, au milieu de ses arbres, face à la grande plaine qui, pendant douze années — de 1946 à 1958 — a inspiré un rêve tissé d'amertume et d'amour, de mépris et d'espoir.

Les chefs d'État, où qu'ils règnent, inspirent les curieux et attirent les badauds. On en voit à toute heure du jour, sur le trottoir de la rue du Faubourg-Saint-Honoré, devant l'Élysée. On en découvre d'autres, avenue Gabriel, face à la grille du Coq. Avenue Marigny, ils sont plus rares, car la lourde porte de bois vert bouteille s'ouvre rarement. Ce soir-là, 22 août 1962, à 19 h 45, deux personnes âgées se promènent à petits pas quand les deux DS et les motards sortent du palais pour s'engager dans l'avenue. Des gens comme il faut, tels que l'on en rencontre tant dans ce quartier. Peut-être sont-ils même assis sur un banc, ainsi que beaucoup d'autres qui reprennent souffle après une promenade aux Champs-Élysées. Si ce couple s'éloigne, après un dernier regard vers les voitures qui atteignent le pont Alexandre-III, si le vieux monsieur s'en va téléphoner dans un café voisin, qui aurait la pensée de hasarder le moindre rapprochement, de formuler le plus petit soupçon ?

On a tort. A l'instant même où le vieux monsieur achève de composer son numéro, une sonnerie retentit dans un café de l'avenue de la Libération au Petit-Clamart, le *Trianon Bar.* C'est le patron qui décroche. Une voix inconnue demande M. Perrin. Le visage du patron s'éclaire. Il s'adresse à un homme de haute taille, droit, solide, aux yeux clairs, avec un visage énergique sous des cheveux châtains coupés très court :

— Monsieur Perrin, c'est le coup de fil que vous attendiez. Passez à la cabine et décrochez.

M. Perrin a obtempéré. Dans la cabine dont il a soigneusement refermé la porte, il a décroché et s'est nommé. A l'autre bout du fil, la voix étouffée du vieux monsieur de l'avenue Marigny :

— Le représentant national a pris l'itinéraire n° 2. Il y a deux voitures. Il est en tête, dans la voiture n° 5249 HU 75. Deux motards. Bonne chance [1] !

M. Perrin sort de la cabine. Le patron du *Trianon Bar* le voit très calme. Il se contente de regarder sa montre. Quand il sort du café, la nuit tombe déjà, en cette fin d'un mois d'août qui ne connaît pas encore l'heure d'été. Il n'est pas 20 heures.

A la vérité, il n'existe pas de M. Perrin. L'homme qui vient de sortir du *Trianon Bar* n'est autre que le colonel Bastien-Thiry. Il est au Petit-Clamart pour tuer de Gaulle.

Pour les hommes de ma génération, l'affaire algérienne semble toute proche. Pour beaucoup d'entre nous, la guerre d'Algérie demeure un épisode essentiel de notre vie. Certaines de nos orientations sont nées d'elle. D'elle seule. Nous avons pris parti, violemment, pour ou contre l'Algérie française. Ce fut le temps d'inexpiables divisions, lesquelles atteignaient toutes les classes de la société, jusqu'au sein des familles. Comme au temps de l'affaire Dreyfus, des haines se soulevaient entre amis intimes, entre pères et fils, entre associés de toujours : et seule l'Algérie en était cause. Nous ne pouvons oublier que la IVe République est morte de l'Algérie. Et que, sans l'Algérie, le général de Gaulle serait demeuré à jamais dans le hautain exil qu'il s'était choisi en 1946. L'histoire de la France s'est écrite pendant une décennie à l'heure de l'Algérie. Souvenir en forme de passions qui à jamais nous a marqués.

L'étrange, c'est que les jeunes générations, aujourd'hui, non seulement ne comprennent pas l'affaire algérienne, mais l'ignorent. J'ai parlé avec des garçons et des filles de vingt ans. Leur méconnaissance de la réalité algérienne m'a stupéfié autant qu'elle m'a alarmé. Mais peut-être m'a-t-elle aussi éclairé. Ces jeunes gens ne comprennent pas que des Franais aient pu s'entre-tuer parce que les uns étaient favorables à l'indépendance de l'Algérie et d'autres non. Il est vrai que l'eau coule très vite, aujourd'hui, sous le pont de l'Histoire. Pour que nos options paraissent si incompréhensibles à des jeunes gens de vingt ans, n'était-ce pas aussi qu'elles étaient réellement déraisonnables ?

1. Pierre Démaret et Christian Plume : *Objectif de Gaulle* (1973).

Le colonel Bastien-Thiry voulait que de Gaulle mourût parce que celui-ci avait, disait-il, « bradé » l'Algérie. Le colonel Bastien-Thiry, en voulant tuer de Gaulle, estimait — lui — être parfaitement raisonnable.

C'est le 1er novembre 1954, jour de la Toussaint, qu'a éclaté, en Kabylie et dans l'Aurès, ce que l'on a appelé la « rébellion » algérienne. Révolte vite muée en guerre. Les musulmans d'Algérie, pendant plus de cent ans, n'avaient réclamé qu'une chose, devenir des citoyens français à part entière. On le leur avait refusé, malgré deux guerres mondiales au cours desquelles ils avaient versé beaucoup de sang. Le projet égalitaire de Napoléon III avait été farouchement repoussé par les grands colons. On se prend à rêver : au moment de la rébellion, les musulmans d'Algérie auraient pu être français depuis un siècle. De même, en 1936, un autre projet, dû à Léon Blum — et pourtant encore bien timide —, avait été définitivement mis à mal par les descendants de ces mêmes colons. Après la Seconde Guerre mondiale, on avait bien accordé le droit de vote aux musulmans d'Algérie, mais ils ne pouvaient s'exprimer que dans un « deuxième collège » et ne désigner, en quelque sorte, que des députés de seconde zone. Les Français de souche — 10 % de la population — élisaient autant de députés que l'ensemble des musulmans. D'ailleurs, l'habitude avait été prise tout aussitôt de truquer les élections du deuxième collège. Dans le monde entier, les empires s'effondraient. Les ex-colonies s'émancipaient. On n'avait pas voulu que les « sujets » algériens devinssent « citoyens » ? Ils se rebellèrent.

L'insurrection fit tache d'huile. Les insurgés recevaient de l'argent des pays arabes, du matériel de plusieurs pays, notamment d'Union soviétique. Il fallut engager contre eux de plus en plus d'hommes : jusqu'à 500 000. Le contingent n'y suffisant plus, on rappela des classes. Les Français d'Algérie surent bientôt que, dans la métropole, leur guerre était impopulaire. Ils surent que le gouvernement de M. Guy Mollet avait noué des conversations secrètes avec les dirigeants de la rébellion. Leur colère grandissait. Leur angoisse aussi. Ce fut le temps des complots, des multiples petits groupes d'action en Algérie, composés souvent de gens modestes, obscurs. L'inspiration de ces groupes était souvent d'extrême droite. Puisque la République voulait lâcher l'Algérie, on vomissait la République. Certains ex-vichyssois découvraient là une terre d'élection. On conspirait ouvertement. Des policiers français, envoyés en février 1957 à Alger, n'eurent qu'à se baisser pour ramasser — à la pelle — les conspirateurs. Les plus dangereux furent incarcérés. A peine les policiers

La guerre d'Algérie : la cause de tout. (Flament/Rapho)

repartis pour Paris, on les libéra. La justice militaire en avait décidé ainsi [1].

Décision révélatrice : la justice militaire était la voix de l'armée. En Algérie, l'armée était maîtresse de tout. Jamais, sans l'armée, les activistes n'auraient pu faire aboutir ce qu'il faut bien appeler le coup d'État du 13 mai 1958, lequel porta au pouvoir le général de Gaulle. Quand je dis l'armée, il faudrait plutôt parler des officiers de cette armée. Un grand nombre avaient connu l'Indochine. Ils s'y étaient bien battus. Sur l'ordre du gouvernement, ils avaient tout entrepris pour rallier les populations autochtones. Ils avaient multiplié les promesses. Les indigènes les avaient entendues. Beaucoup s'étaient ralliés à la cause française. Après quoi, quittant l'Indochine, la France avait abandonné ses amis à la vindicte du Viet-minh, et celle-ci s'était traduite par d'affreux massacres. Les officiers français d'Indochine n'avaient jamais oublié. Ils portaient en eux ce souvenir comme un remords.

1. Jacques Delarue : *L'O.A.S. contre de Gaulle* (1981). Il faut lire le témoignage passionnant du commissaire Delarue qui fut au cœur de la lutte contre l'O.A.S.

Or, ils retrouvaient en Algérie une situation qui, de jour en jour, leur rappelait davantage l'Indochine. Là aussi, on leur demandait de convaincre les populations que la France n'abandonnerait jamais ses amis. Qu'il n'y avait qu'avantages pour les musulmans à choisir la cause française et se démarquer de la rébellion. Les officiers accomplissaient le travail qui leur était demandé. Ils en imposaient souvent par un courage tranquille, certains ne craignant pas de pénétrer désarmés dans des villages notoirement acquis à la rébellion. Ce fut le cas d'un certain lieutenant Alain de Bougrenet de La Tocnaye. Il se souviendra toute sa vie de l'instituteur indigène Kelfa, dont le neveu était rebelle, et à qui, pour lui prouver sa confiance, il avait remis une mitraillette. Quand La Tocnaye fut parti, on enleva la mitraillette à Kelfa. L'instituteur francophile fut aussitôt massacré par les fellaga [1].

Vivre une seconde fois le remords d'Indochine ? Cela, les officiers français ne le voulaient pas. Dès 1956, certains d'entre eux étaient décidés au pire plutôt que de se voir contraints à une nouvelle infamie. Pour eux, il ne s'agissait de rien de moins que de leur honneur. Et nous qui, aujourd'hui, jugeons avec le recul de l'Histoire, nous pouvons le dire bien net : nous les comprenons.

En Indochine, nombre de ces officiers s'étaient trouvés confrontés aux méthodes très particulières du Viet-minh. Ils avaient découvert la doctrine de Mao Tsé Toung et appris un art nouveau de combattre : la guerre psychologique. Ils observaient avec méfiance cette IVe République qu'ils voyaient prête à tous les abandons. Certains décidèrent de prendre les devants. Eux aussi se firent comploteurs. C'est ainsi que le propriétaire de l'un des plus gros domaines algériens de la plaine du Chélif, Georges Watin — que sa claudication n'empêchait pas d'être une véritable force de la nature, un bulldozer de l'activisme —, avait cherché et trouvé très tôt le contact avec l'armée : « Dès le début de la rébellion en Algérie, je me suis mis en rapport avec l'armée et j'ai commencé d'agir », a-t-il raconté [2]. Le même Watin dira encore : « En tout cas, à cette époque-là, dans les années 1956-1957, comme quelques autres, je pensais que seul le général de Gaulle pouvait sauver ce qu'il y avait encore à sauver. » Beaucoup de militaires le pensaient aussi.

D'autant plus que certaines déclarations de l'ermite de Colombey semblaient prometteuses. En février 1957, il était venu au Sahara visiter les installations pétrolières de Hassi-Messaoud. Ce jour-là, le

1. Alain de La Tocnaye : *Comment je n'ai pas tué de Gaulle* (1969).

2. Georges Watin : *Dix fois j'ai tenté d'abattre de Gaulle* (récit à *Minute*, n° 442, 1er octobre 1970).

1er peloton de la 1re compagnie saharienne portée de la Légion lui avait présenté les armes. Au sein de ce peloton figurait Gérard Buisines, un légionnaire de trente ans, originaire de Marcq-en-Barœul (Nord). Il s'est souvenu, lui aussi : « J'ai eu l'honneur et le privilège de pouvoir écouter son allocution à l'issue du repas offert par la S.N. Repal. Le général de Gaulle a parlé des richesses que le Sahara offrait à la France, a félicité les gens de là-bas de l'ardeur avec laquelle ils exploitaient au maximum toutes ces richesses pour notre pays. »

Ce n'est pourtant pas au nom de De Gaulle que fut fomentée l'insurrection du 13 mai 1958. Non sans stupeur, la foule algéroise réunie au forum avait tout à coup entendu le général Salan, parlant au balcon du gouvernement général et achevant un discours follement acclamé, crier tout à coup : *Vive de Gaulle !* Il semble que ce cri n'ait pas été prémédité. On a affirmé que Jacques Soustelle, placé derrière Salan, aurait crié dans le dos de Salan *Vive de Gaulle !* et que le général, mû par une sorte de réflexe conditionné, n'aurait fait que répéter machinalement l'appel du gaulliste Soustelle. Si l'anecdote était véritable, il faudrait se demander à quoi peut tenir le destin des nations.

Donc, appelé par le président Coty, régulièrement désigné par une Assemblée nationale à majorité de gauche, Charles de Gaulle était revenu au pouvoir. Le légionnaire Buisines se souvient encore : « Quand le général de Gaulle est arrivé, à cette occasion, nous avons eu une prise d'armes et une journée de repos. Croyez-moi, tout le monde était heureux et fier ; et je me rappelle les affiches qui étaient apposées sur de nombreux murs en Algérie : « De Dunkerque à Tamanrasset, tous Français. » Au même titre que les 55 millions de Français, elles proclamaient également : “ Ce que l'armée a fait, elle l'a bien fait. ” Nous étions tous dans la joie, aussi bien les musulmans que les Européens [1]. »

Pour le légionnaire Buisines — fils de menuisier, menuisier lui-même avant d'entrer à la Légion — c'est à ce moment-là que le drame a commencé. Qui ne se souvient du voyage triomphal de Charles de Gaulle en Algérie ? Qui ne se souvient de cet océan humain en délire venu l'accueillir à Alger ? Qui ne se souvient de l'image cent fois montrée de De Gaulle levant vers le ciel ses bras immenses et criant dans le micro :

— Je vous ai compris !

Dans cette foule, il y avait un petit pied-noir de dix-huit ans. Il

1. *Le procès de l'attentat du Petit-Clamart,* compte rendu sténographique, tome 1er (1963).

« *Je vous ai compris !* » (Keystone)

s'appelait Pierre Magade. Il n'a jamais oublié et n'oubliera jamais : « Nous avons attendu six heures sous un soleil implacable l'apparition du général de Gaulle. De nombreuses personnes s'évanouissaient par manque d'air et à cause de la chaleur. Enfin, le général est apparu et lorsqu'il eut proclamé que l'Algérie resterait à jamais province française, nous avons hurlé d'une même voix et du plus profond de nous-mêmes notre joie d'avoir été compris. Nous voyions déjà se former un avenir serein et apaisant. Malheureusement, nous avons eu la naïveté de croire aux promesses et à la parole donnée. L'avenir allait démolir complètement nos prévisions et prouver combien étaient vaines notre confiance et notre reconnaissance [1]... »

A la même époque, un ancien combattant d'Indochine — il avait été volontaire pour sauter à Dien-Bien-Phu encerclé — se trouvait, démobilisé, au Sahara, en tant qu'électronicien. Jacques Prévost témoigne : « J'ai cru, pour l'Algérie, aux affirmations du gouvernement français, aux affirmations du général de Gaulle. J'y ai d'autant plus souscrit qu'au Sahara, en particulier, il n'y avait pas de F.L.N. et qu'il ne s'y posait même aucun problème racial. »

Le lieutenant de Bougrenet de La Tocnaye, un petit homme nerveux, coiffé en brosse, avait, le 13 mai, de son propre aveu, éprouvé — comme tant d'autres en Algérie — « une des plus grandes joies de mon existence car je n'y croyais pas à l'époque : le 14 mai au matin, j'ai appris que nous étions près enfin de voir chassée cette politique d'abandon qui nous écœurait tous. J'ai pris sur moi de former un

1. *Procès.*

comité de salut public immédiatement, et le maire en a été le président, j'ai échangé des télégrammes avec le général Massu, je me suis mis à sa disposition. Les événements du 13 mai, au même titre que l'affaire de Suez en 1956, avaient immédiatement fait reculer les fellaga ; dès le 14 mai au matin, si je peux dire, tous les villages de la montagne se sont pressés aux portes de la S.A.S. comme si les événements leur donnaient un élan... ».

Un polytechnicien, spécialiste de l'aéronautique, affecté successivement au centre d'essais en vol de Villacoublay et de Brétigny, puis à celui de Colomb-Béchar, chef de bataillon assimilé depuis 1957, devait ressentir pareillement ce qu'il considérait comme des « engagements solennels pris devant le peuple français, devant l'armée et devant les différentes communautés d'Algérie par celui qui personnifiait le nouveau pouvoir politique ». Il allait le rappeler avec force :

— Ces engagements furent pris sous forme de serments à Oran, à Mostaganem, à Bône et autres lieux de la terre algérienne. Ces serments proclamèrent que l'Algérie resterait terre française et que tous les habitants d'Algérie deviendraient des Français à part entière. Ces engagements, nul n'était obligé de les prendre ! Ces serments, nul n'était obligé de les prêter ! Mais, dès lors qu'ils étaient pris par un chef de gouvernement nouvellement investi, ils avaient valeur de programme politique ! Serments prêtés par un général en uniforme devant d'autres généraux, devant des officiers et des soldats ! C'était une question d'honneur ! Une question d'honnêteté intellectuelle et une question de simple bonne foi, de faire tout ce qui était humainement possible pour honorer ces engagements et pour tenir ces serments !

Ce commandant — bientôt lieutenant-colonel — s'appelait Jean-Marie Bastien-Thiry.

Les grands hommes posent toujours des énigmes. Charles de Gaulle en suscite donc. Nous savons par des témoignages incontestables que, dès avant 1958, il envisageait pour l'Algérie au moins une autonomie. Il l'a dit au futur Hassan II. Il l'a confié à Maurice Schumann, à Raymond Tournoux. A d'autres. Le 30 juin 1955, interrogé dans une conférence de presse sur la rébellion algérienne, il avait expressément déclaré : « Aucune autre politique que celle qui vise à substituer l'association à la domination de l'Afrique du Nord ne saurait être ni valable ni digne de la France. » Pourquoi, dans ces conditions, a-t-il semblé s'engager si profondément, en juin 1958, dans l'affirmation d'une Algérie définitivement française ? Nous possédons à cet égard de multiples exégèses.

Le mieux n'est-il pas de donner plutôt la parole au principal intéressé ? De Gaulle a longuement analysé sa position sur l'Algérie lors de son retour au pouvoir : « En premier lieu, j'excluais du domaine des possibilités toute idée d'assimilation des musulmans au peuple français. Peut-être eût-ce été concevable cent ans plus tôt, pourvu qu'on fût alors capable d'implanter en Algérie plusieurs millions de métropolitains et, réciproquement, d'installer en France autant d'Algériens immigrés ; tous les habitants de la patrie commune ayant alors effectivement les mêmes lois et les mêmes droits. Peut-être aurait-on pu encore s'y essayer au lendemain de la Première Guerre mondiale, dans l'euphorique fierté de la victoire. Peut-être, après la Seconde et dans l'esprit de la Libération, l'institution progressive d'une Algérie autonome et qui eût évolué d'elle-même vers un État rattaché à la France par des liens d'ordre fédéral, solution que contenait en germe le statut mort-né de 1947, eût-elle été réalisable. A présent, il était trop tard pour n'importe quelle forme d'assujettissement. La communauté musulmane, étant donné ses origines ethniques, sa religion, sa manière de vivre, après avoir été si longtemps traitée en inférieure, tenue à l'écart, combattue, avait une personnalité trop forte et trop douloureuse pour se laisser désormais dissoudre ou dominer, surtout à l'époque où, d'un bout à l'autre du monde, chaque peuple reprenait en main sa destinée. L'intégration n'était donc pour moi qu'une formule astucieuse et vide. Mais pouvais-je, à l'opposé, imaginer de prolonger le *statu quo ?* Non ! Car cela reviendrait à maintenir la France enlisée politiquement, financièrement et militairement dans un marécage sans fond, tandis qu'il lui fallait, au contraire, avoir les mains libres pour accomplir au-dedans d'elle-même la transformation exigée par le siècle et exercer sans hypothèque son action à l'extérieur. Ce serait, en même temps, enfermer notre armée dans l'impasse d'une vaine et interminable lutte de répression coloniale, alors que l'avenir du pays commandait qu'on la mît à l'échelle de la puissance moderne. Pour l'essentiel, j'étais donc fixé. Quoi qu'on eût pu rêver jadis ou qu'on pût regretter aujourd'hui, quoique j'eusse moi-même, assurément, espéré à d'autres époques, il n'y avait plus, à mes yeux, d'issue en dehors du droit de l'Algérie à disposer d'elle-même [1]. »

Quoi de plus frappant qu'un tel texte ? Une fois de plus, la prose gaullienne martèle l'expression d'une lucidité incomparable. Pour tout observateur non aveuglé par la passion ou les intérêts, l'Algérie française, en 1958, ne représentait plus qu'un mythe. Les pieds-noirs, qui scandaient maintenant à tout instant le mot *intégration,*

1. Charles de Gaulle : *Mémoires d'espoir ; I. Le renouveau, 1958-1962* (1970).

n'auraient pas dû se dissimuler que ce cri venait, hélas ! trop tard. Il n'était plus que celui du désespoir. Pour n'avoir, pendant plus d'un siècle, rien voulu abandonner de leurs privilèges au profit des autochtones, ils payaient le prix de leur aveuglement. Au comble du déchirement et de l'angoisse, ils ne s'en raccrochaient pas moins — et nul n'aura le cœur de mettre en doute leur sincérité — à leur bon droit. Ils rappelaient que la plupart de leurs familles vivaient là depuis plusieurs générations, d'aucunes depuis 1830, d'autres qui avaient été déportées après le coup d'État du 2 décembre 1851, d'autres encore venues d'Alsace après 1870. Ils rappelaient que les cimetières étaient peuplés de leurs ancêtres nés et morts en Algérie, mais à l'ombre du drapeau tricolore. Ils montraient les villes et les bourgs, édifiés à l'instar de ceux de la métropole : les mairies, les écoles, les bureaux de poste, voire les kiosques à musique, répliques si touchantes qu'un citoyen de Mont-de-Marsan ou d'Épernay se sentait aussitôt chez lui dès lors qu'il mettait le pied dans une sous-préfecture algérienne. Tout cela était vrai, profondément vrai. Mais pourquoi avaient-ils cru, ces Français excellents, que pour l'éternité un million d'hommes pouvaient en dominer neuf ? Et bientôt quinze, et bientôt vingt ?

L'intégration ? Quand on l'annonça, le quotidien *France-Soir* publia un gros titre en première page : *Cent vingt députés musulmans à l'Assemblée nationale.* Ce qui en une ligne — perfide — disait tout et réglait tout. Le fonds de racisme qui se décèle chez beaucoup de Français moyens interdisait de penser qu'ils accepteraient jamais de voir cent vingt députés musulmans devenir les arbitres de la politique intérieure française.

Le mieux était donc de rechercher — et si possible découvrir — une solution qui, conduisant progressivement l'Algérie vers l'indépendance, garantît et assurât le droit des Français d'Algérie à rester sur leur terre natale. C'est très exactement ce que voulait de Gaulle. Pas davantage.

Cette certitude, il l'avait en tête, le 4 juin 1958, lorsqu'il s'envola vers Alger. Voici que nous touchons au cœur du problème. Pourquoi, armé d'une pensée si parfaitement claire sur la nécessité d'une Algérie libre, de Gaulle a-t-il semblé affirmer le contraire aux Français d'Alger ? Ici, il faut lui redonner la parole : « Quand je parais au balcon du gouvernement général, un déferlement inouï de vivats soulève l'énorme foule qui est rassemblée sur la place. Alors, en quelques minutes, je lui jette les mots apparemment spontanés dans la forme, mais au fond bien calculés, dont je veux qu'elle s'enthousiasme sans qu'ils m'emportent plus loin que je n'ai résolu d'aller. Ayant crié : “ Je vous ai compris ! ” pour saisir le contact des âmes, j'évoque le mouvement de mai auquel je prête deux mobiles, nobles

Ils ont cru, dans l'intégration, à une Algérie définitivement française. (E. Lessing/Magnum)

entre tous : rénovation et fraternité. J'en prends acte et déclare qu'en conséquence la France accorde l'égalité des droits à tous les Algériens, quelle que soit leur communauté. Ainsi sont balayées, du coup, la différence des statuts civiques et la séparation des collèges électoraux, ce qui, à terme de toute façon, permettra à la majorité musulmane de se manifester comme telle. Ainsi est affirmé " qu'il faut ouvrir des voies qui étaient fermées devant beaucoup ; ... qu'il faut donner des moyens de vivre à ceux qui ne les avaient pas ; ... qu'il faut reconnaître la dignité de ceux à qui on l'a contestée ; ... qu'il faut assurer une patrie à ceux qui pouvaient douter d'en avoir une ". Au rapprochement des deux communautés, dont Alger donne ce soir l'exemple, j'appelle à participer " tous les habitants des villes, des douars, des plaines et des djebels et même ceux qui, par désespoir, ont cru devoir mener sur ce sol un combat, certes cruel et fratricide, mais dont je reconnais qu'il est courageux. Oui ! moi, de Gaulle, à ceux-là j'ouvre la porte de la réconciliation ! ". Entre-temps, je ne manque pas de décerner à l'armée, " qui accomplit ici une œuvre magnifique de compréhension et de pacification ", le témoignage public de ma confiance [1]. »

Jamais peut-être de Gaulle ne fut autant acclamé que ce jour-là. Mais l'avait-on bien compris, lui qui affirmait avoir compris les autres ? A Constantine, à Oran, à Mostaganem, il allait tenir le même langage : « Plus de discrimination entre les Algériens, quels qu'ils soient ! Ce qui veut dire que le jour viendra où la majorité d'entre eux pourra choisir le destin de tous. C'est par cette voie que l'Algérie restera, à sa façon, française et non pas en vertu d'une loi qui lui impose la contrainte. »

A la lumière de ce que pensait de Gaulle en arrivant en Algérie et de ce qu'il accomplira en la quittant, ses déclarations prennent le sens précis que le Général voulait leur donner. Mais, pour des populations qui ignorent tout de la pensée profonde et des desseins de l'homme du 18 juin, l'interprétation se révélera tout autre. Au vrai, tragiquement différente de ce qu'a voulu faire entendre le prestigieux orateur. Affreux malentendu qui fera couler tant de larmes et verser tant de sang.

On mettra quelque temps, en Algérie, à comprendre que l'on s'est mépris sur les intentions de Charles de Gaulle. Alors, la colère se lèvera, d'autant plus féroce que l'espoir aura été plus grand. De nouveau, les activistes se déchaînent. Les militaires se sentent dupés et,

---

1. Charles de Gaulle, *op. cit.*

pour une part, méditent une intervention violente. Un homme comme Georges Watin se souvient : « Je me suis vite aperçu qu'il y avait maldonne et que le Général ne voulait pas sauver l'Algérie. Je me suis alors rapproché des militaires, et c'est ainsi qu'est survenue la péripétie sanglante connue sous le nom de " semaine des barricades ", en janvier 1960. » Car cette tentative insurrectionnelle, en apparence conduite par des hommes tels qu'Ortiz — un cafetier — et Pierre Lagaillarde, a été en fait sciemment montée et orchestrée par les militaires, en particulier le colonel Gardes.

En novembre 1960, de Gaulle annonce une future République algérienne et propose un référendum. Violente réaction chez les Français d'Algérie. Le profond déchirement, chaque jour plus aigu, qui atteint l'armée, un homme le ressent avec une douleur d'autant plus vive qu'il est Algérien d'origine : il s'agit du dernier et seul maréchal de France, Alphonse Juin. Il refusera de paraître au défilé du 11 novembre 1960 et rédigera un texte qu'au dernier moment il renoncera à faire publier. Ce texte *inédit,* le voici :

« 11 novembre 1960. Malgré l'amitié cinquantenaire qui m'a lié au général de Gaulle, il est de mon devoir, en ma qualité de plus haut dignitaire de l'armée, conscient de mes responsabilités morales, et en tant qu'Algérien de déclarer qu'il m'a été humainement impossible d'assister, ce matin, aux fêtes de la Victoire marquées du souvenir de nos morts.

» Je ne peux, sans protestation, laisser abandonner nos frères algériens, fussent-ils musulmans ou chrétiens, qui, au cours des deux grandes guerres, ont tant donné pour la défense et la libération de la patrie commune.

» Concevoir que l'Algérie puisse sortir du cadre de la République, c'est mettre en péril la France, l'Europe et le monde libre. *Alphonse Juin, Maréchal de France.* »

En janvier 1961, le « gouvernement provisoire de la République algérienne » fait connaître qu'il est prêt à négocier avec la France. Cependant que se précise la réalité de ces négociations, tout à coup, au mois d'avril 1961, ceux que de Gaulle appellera un « quarteron » de généraux : Salan, Jouhaud, Challe et Zeller, tentent un putsch à Alger. Ils appellent l'armée française à rejeter l'autorité de Charles de Gaulle. Mais le *pronunciamiento* tourne court. Les troupes ne suivent pas. Challe et Zeller se rendent. Jouhaud et Salan, résolus à aller jusqu'au bout, entrent dans la clandestinité.

Charles de Gaulle, lui, en vertu de l'article 16 de la Constitution, s'est fait attribuer tous les pouvoirs. Ainsi va-t-il pouvoir négocier avec l'ex-rébellion et faire échec à ses adversaires.

Un quarteron de généraux : de d. à g. Zeller, Challe, Salan, Jouhaud. (Tallandier)

La faillite du putsch n'en comportera pas moins une conséquence de taille : au mois de mai 1961, va naître l'O.A.S. : Organisation de l'armée secrète. Le 16, dans un immeuble du Champ-de-Manœuvre, quartier populaire d'Alger, quelques hommes se réunissent en secret. Quels sont ces hommes ? D'abord ceux que le général de Gaulle nomme des « soldats perdus », tous recherchés pour atteinte à la sûreté de l'État et désertion. Voici le colonel parachutiste Yves Godard, ancien du Vercors et de l'Indochine. Sous les ordres de Massu, il a gagné, en 1957, la bataille d'Alger. Voici le général Gardy, ancien inspecteur de la Légion étrangère. Voici le capitaine Sergent, un ancien du 1er R.E.P., le lieutenant Degueldre, également du 1er R.E.P. Logiquement, le capitaine Ferrandi, aide de camp du général Salan, et Jean-Jacques Susini, l'ancien président de l'Association des étudiants d'Alger, devraient être là ; ils n'ont pas trouvé la maison. En revanche, voici le docteur Perez, pied-noir qui a joué un rôle de premier plan pendant la « semaine des barricades » [1]. Ne sont pas venus mais ont exprimé leur accord complet : le général Salan, caché dans une ferme de la Mitidja, le général Jouhaud, alors en Oranie, le colonel Gardes, « dans la nature », le colonel Argoud, parti pour Paris.

1. Claude Guillaumin : *l'Attentat du Petit-Clamart* dans *les Grandes Énigmes de la Cinquième République* (1971).

Pourquoi l'O.A.S. ? Pourquoi cette organisation secrète ? Par cette opération de la dernière chance, les fondateurs, véritables *desperados,* espèrent pouvoir combattre la politique de De Gaulle et garder française l'Algérie. Un double but : créer en Algérie et en métropole un climat d'insécurité que l'opinion finira par reprocher au chef de l'État. Aussi, se présenter comme un rempart contre le communisme. Pour l'O.A.S., c'est le communisme international qui arme la rébellion algérienne. Négociant avec cette rébellion, Charles de Gaulle doit donc être dénoncé comme un allié objectif — pis : un fourrier — du communisme.

Très vite, en Algérie, les attentats se multiplient. Malgré les barbouzes envoyées de Paris — et à qui l'on rendra coup pour coup — l'O.A.S. frappe de plus en plus fort et de plus en plus souvent. Au début de 1962, on compte à Alger jusqu'à cent plasticages par nuit. Entre gendarmes mobiles et commandos O.A.S., on se livre de véritables combats. Ce qui n'empêche nullement de Gaulle, impavide, d'annoncer, le 5 février, la création prochaine d'une Algérie indépendante :

— Pour nous, il s'agit, dans le moindre délai, de réaliser la paix et d'aider l'Algérie à prendre en main son destin, en y ménageant aussitôt la création d'un exécutif provisoire et en nous tenant prêts à reconnaître, sans nulle restriction, ce qui ne manquera pas de sortir de l'autodétermination, c'est-à-dire un État souverain et indépendant.

Certes, le général affirme que seront respectés les intérêts essentiels, notamment au Sahara, et garantis les droits de la minorité de souche européenne, sa sécurité et ses biens. Les Français d'Algérie n'en réagissent pas moins avec une sorte de fureur sacrée. Déjà, du 1er au 15 février, 507 attentats ont fait en Algérie 256 morts et 490 blessés. Après le 5 février, les violences de l'O.A.S. dépassent toute mesure. On en est maintenant aux « ratonades » : malheur à tout musulman qui se hasarde dans un quartier européen, il est aussitôt abattu. On s'en prend aussi aux Français dénoncés comme gaullistes libéraux, ou même neutres. Parallèlement, le F.L.N. frappe avec une dureté identique les musulmans soupçonnés de francophilie et les Français accusés d'appartenir à l'O.A.S. L'horreur. L'horreur à l'état pur.

C'est avec beaucoup plus de difficulté que l'O.A.S. s'est implantée en métropole. Là, l'opinion publique se révèle franchement hostile. Sous le commandement du capitaine Sergent, ce qui se met en place, ce sont de petits groupes qui manient allégrement ici et là le plastic. Et tuent.

Le 7 mars, à Évian, s'engagent les négociations entre le gouvernement français et le G.P.R.A. Elles durent onze jours. Il est clair que, de part et d'autre, on veut en finir. L'accord sera signé le 18 mars. Le 19 mars 1962 à midi, le cessez-le-feu est proclamé sur tout le territoire algérien. La guerre d'Algérie, qui dure depuis sept ans, est achevée.

Ainsi, l'O.A.S., en Algérie comme en métropole, n'est en aucune façon parvenue à contrecarrer la politique de De Gaulle. Sa colère s'en trouve décuplée. Ce que ses chefs vont tenter, maintenant, c'est de prouver que les accords d'Évian sont inapplicables. L'O.A.S. va donc déclencher sur l'Algérie une inexpiable campagne de haine meurtrière. Salan lui-même, le 18 mars, le jour de la signature des accords d'Évian, a donné « l'ordre de commencer immédiatement les opérations de harcèlement dans les villes contre les forces ennemies ». Les forces ennemies, ce sont les musulmans du F.L.N. sans doute, mais c'est aussi l'armée française... Chaque jour, désormais, on comptera plusieurs dizaines de morts. Une violence délibérée. Mais une violence portée à son extrême. Dans tous les camps. Les massacres décidés par l'O.A.S. ont aussitôt pour corollaire ceux que déchaîne le F.L.N. On marche littéralement dans le sang.

Le 25 mars, le général Jouhaud est arrêté à Oran. Traduit en métropole devant le Haut Tribunal militaire, il sera condamné à mort, puis gracié. Le 26 mars, le drame se mue en tragédie : rue d'Isly, à Alger, la troupe ouvre le feu sur les Européens. Des dizaines et des dizaines de morts, hommes, femmes, enfants. Le 20 avril, Salan est arrêté à son tour. Jugé, lui aussi, il échappe à la peine capitale. Ce qui incite le général de Gaulle, furieux, à supprimer le Tribunal militaire et à le remplacer par une Cour militaire de justice.

Les Français d'Algérie, à qui l'O.A.S. a d'abord interdit de partir, tentent maintenant, éperdument, de fuir. Il y a trop de sang répandu. Entre musulmans et Européens, s'ouvre désormais un gouffre infranchissable. C'est « la valise ou le cercueil ». Les pieds-noirs choisissent la valise. Mais dans quelles abominables conditions ! Pour la plupart, ils ont tout perdu. Ce sont de pauvres gens qui débarquent en métropole et découvrent que la mère patrie, au lieu de les plaindre, les déteste. On leur reproche d'avoir créé eux-mêmes les conditions de leur malheur et d'avoir souhaité que la guerre d'Algérie se livrât pour l'éternité. On a raison pour certains. On est injuste pour la plupart. La meilleure défense que les pieds-noirs, devenus « rapatriés », présenteront de leur cause dans les années à venir, c'est leur réinsertion dans la communauté française, accomplie avec un

Quatre musulmans abattus — entre tant d'autres — par l'OAS à Alger... (Dalmas)

courage qui forcera l'admiration et leur fera retrouver cette affection qui leur avait tant fait défaut en 1962.

En tout cas, c'en est fini de l'O.A.S. en Algérie. Salan, du fond de sa prison, a désigné son successeur : Georges Bidault, l'ancien ministre des Affaires étrangères du général de Gaulle, l'ancien président du Conseil de la IVe République, et aussi, pendant la clandestinité de la Seconde Guerre mondiale, le président du Conseil national de la Résistance [1]. Or, par une décision qui nous semble aujourd'hui bien singulière, mais qui, à l'époque, parut logique à certains, l'organisme qui va poursuivre les mêmes buts que l'O.A.S. — parallèlement à celle-ci — s'appellera lui aussi Conseil national de la Résistance. A la tête du C.N.R., on trouve, aux côtés de Georges Bidault, l'éternel colonel Argoud et Jacques Soustelle, ex-inconditionnel du gaullisme mué paradoxalement en tête de file de l'antigaullisme. Tous ces hommes ont naturellement franchi la frontière et se cachent à l'étranger.

Que veut le C.N.R. ? Naturellement, il n'est plus question de garder l'Algérie. Elle est perdue à jamais. Mais les chefs du C.N.R. estiment que l'on ne peut pardonner à celui qui avait promis que l'Algérie resterait française et qui a trahi son serment. S'ils relisaient les déclarations du chef de l'État, ils s'apercevraient en fait que ce ser-

1. M. Georges Bidault, qui a bien voulu me recevoir, m'a fait connaître qu'il n'avait jamais reçu la lettre du général Salan le désignant pour son successeur.

La tragédie de la rue d'Isly : des Français tirent sur des Français. (Dalmas)

ment n'a jamais été prononcé. Peu leur importe. Un million d'Européens ont dû fuir l'Algérie. Des milliers de soldats et de civils sont morts pour rien. Le responsable, c'est de Gaulle. Il faut donc le punir. Le régime gaulliste a sa part dans cet esprit de vengeance. Le C.N.R. veut en débarrasser la France. Pour lui substituer quoi ? Sur ce point, les communiqués — surabondants — du C.N.R. se veulent peu explicites.

Malheureusement, le régime semble solide et bien en place. Au dernier référendum demandant aux Français d'approuver les accords d'Évian, on a dénombré près de 18 millions de « oui » contre moins de 2 millions de « non ». Le C.N.R. n'en estime pas moins que l'édifice gaullien ne tient que par son chef. Celui-ci disparu, la pyramide s'effondrera comme un château de cartes. Est-ce à ce moment-là que l'on a décidé de procéder à *l'élimination physique de Charles de Gaulle ?*

On a attribué cette décision aux instances supérieures du C.N.R. Voilà qui est sans doute un peu vite conclu. L'entretien que m'a accordé M. Georges Bidault me conduit à pouvoir affirmer : 1) que le président du C.N.R. n'a *jamais* donné l'ordre de tuer le général de Gaulle ; 2) que s'il l'avait voulu — ce qui n'est pas le cas — il se fût trouvé bien incapable de se faire entendre, ceci par le défaut, au sein du C.N.R., d'une véritable hiérarchie, voire de structures élémentaires.

L'ordre n'est donc pas venu d'en haut. Mais Georges Bidault n'était pas seul. Qu'en a-t-il été de ceux qui l'entouraient ? Surtout, les organisations terroristes qui persistaient dans leur action, se réclamaient souvent du C.N.R., sans même songer à prendre contact avec sa direction. Pourquoi ? Tout simplement parce que cela faisait bien — et impressionnait les militants. Quand, à son procès, Bastien-Thiry dira avoir agi selon les ordres et au nom du C.N.R., en a-t-il été autrement ? Il déclarera avoir voulu enlever de Gaulle, afin que celui-ci fût traduit devant une Haute Cour clandestine, désignée par le C.N.R. et dont les membres étaient déjà choisis. Quand j'ai évoqué cet épisode devant le président Georges Bidault, il a souri mélancoliquement :

— Nous n'avons donné aucun ordre d'enlèvement, désigné aucune Haute Cour clandestine. Nous aurions été bien en peine de le faire...

Ce qui reste certain, c'est que des hommes, mandatés ou non, ont résolu de se livrer à ce qui ne peut pas être considéré autrement qu'une opération de vengeance : l'assassinat de Charles de Gaulle.

Ce n'est pas la première fois que l'on cherche à tuer le président de la République. Pierre Démaret et Christian Plume n'ont dénombré pas moins de trente et un attentats ou tentatives d'attentat contre lui. Une sorte de record du monde. On a voulu tuer de Gaulle en décembre 1960 sur la route de Colombey ; le 22 avril 1961 à la Comédie-Française ; le 8 septembre de la même année à Pont-sur-Seine [1]. De Gaulle échappait toujours. Cette baraka apparaît plus extraordinaire encore quand on sait que le général, avec une sorte de dédain superbe, refusait toutes les mesures de protection qui lui étaient conseillées. Après Pont-sur-Seine, il avait malgré tout fini par céder aux instances de son entourage et renoncé à se rendre à Colombey par la route. Désormais, il empruntait à Villacoublay un avion qui atterrissait à Saint-Dizier. Si on voulait l'abattre, il fallait tenter l'aventure entre Saint-Dizier et Colombey, entre Villacoublay et l'Élysée. C'est à ce dernier parti, l'été 1962, qu'allaient se résoudre des hommes acharnés une fois de plus à mettre fin à la carrière de Charles de Gaulle.

---

1. Le bruit a couru à l'époque que l'attentat de Pont-sur-Seine était « préfabriqué ». Un attentat bidon, disait-on. Depuis, les confidences des auteurs, ainsi que les documents de police, ont prouvé toute la réalité de cette tentative. Voir notamment Belvisi : *l'Attentat* (1972) et Jacques Delarue, *op. cit.*

Le lieutenant Alain de Bougrenet de La Tocnaye avait, en Algérie, salué avec enthousiasme le putsch des généraux. Après l'échec, recru d'amertume, il était entré dans la clandestinité, en liaison étroite avec les militants de l'O.A.S. Arrêté, il avait été conduit en métropole, incarcéré à la prison de la Santé d'où il s'était évadé dans des conditions plutôt rocambolesques. Dans la « planque » où il se terrait, une certitude : « Je ne suis pas sorti de prison pour aller tailler les oreilles en pointe à un Romoli [1] ou pour dépenser l'argent de l'O.A.S. (dont je n'ai d'ailleurs jamais vu la couleur) sous les lumières tamisées et coûteuses de " l'Éléphant blanc " à Madrid ou du " Show Boat " en Hollande. Il est temps de passer aux actes sérieux [2]. »

L'O.A.S. de ce temps-là surabonde en filières. Donc La Tocnaye va prendre contact avec Jean Bichon, l'un des hauts responsables de l'organisation clandestine. L'entrée en matière épargne bien des explications :

— Nous en sommes au dernier carat, dit La Tocnaye. Il faut neutraliser de Gaulle et je suis prêt à y sacrifier ma vie.

— Je le sais.

Et Jean Bichon d'expliquer que « justement un officier a été mis sur l'affaire » :

— C'est un garçon remarquable et je vais vous le faire rencontrer.

Rendez-vous est pris pour le surlendemain soir dans l'appartement d'un officier en retraite qui désormais hébergera La Tocnaye.

20 h 30. Un coup de sonnette. La Tocnaye ouvre. Tous les deux, ils sont là : Jean Bichon et celui qu'il présente comme « Didier ». En fait le lieutenant-colonel Jean-Marie Bastien-Thiry. *Récit de La Tocnaye :* « Didier vient à moi, la main tendue. Il a cet imperméable et ce chapeau de toile avec lesquels nous devions, par la suite, le voir si souvent. Ses pas sont solides, son visage calme, son sourire empreint de gravité, son ton posé. Mais derrière cette apparence tranquille, on sent tapies une passion froide et une détermination intellectuelle implacable. La fierté qui se dégage de son visage plat ne doit pas exclure chez lui l'humilité, la belle humilité devant la vérité. Cet homme doit savoir ignorer l'orgueil dans les moments les plus graves, préférer s'effacer, sacrifier tout panache à ce qu'il croit être efficace, et c'est en cela, surtout, que doit résider sa pureté. Oui, grâce à la foi intense qui éclaire ses yeux, il doit parfois se montrer d'un

1. Chemisier parisien d'origine pied-noir qui, refusant de payer la dîme réclamée par l'O.A.S., subit plusieurs plasticages et tentatives de meurtre.
2. Alain de La Tocnaye, *op. cit.*

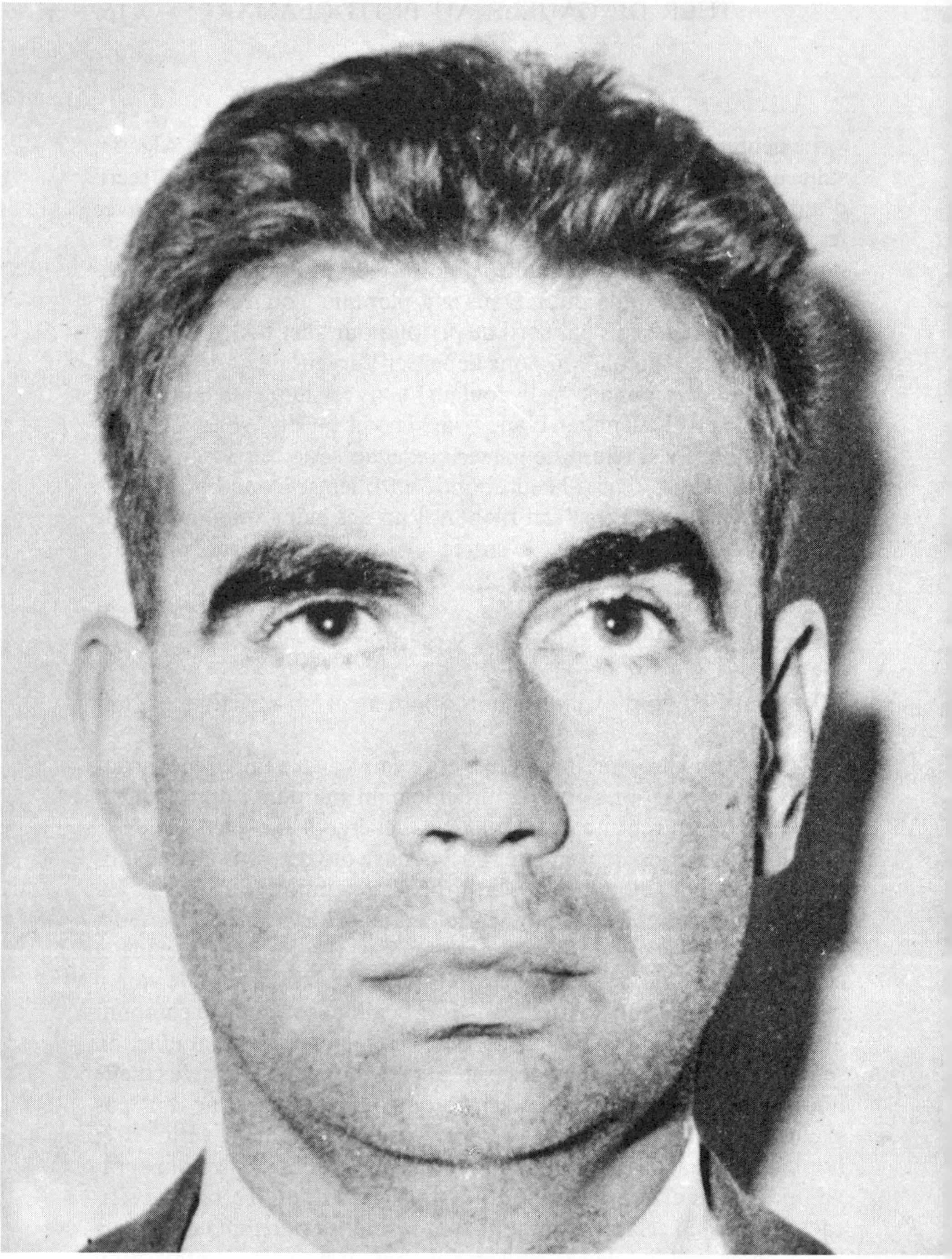

Jean-Marie Bastien-Thiry. (Agip)

désintéressement admirable ; et c'est plus un sens élevé du devoir que la fierté, chez lui, qui doit le pousser à revendiquer la responsabilité entière d'une action. Voilà vraiment une âme d'élite. »

Il a existé beaucoup de têtes brûlées dans l'O.A.S. Qu'un Belvisi, l'homme de Pont-sur-Seine, qu'un Watin se soient lancés dans la bagarre sans regarder derrière eux, nous le comprenons. Pour Bastien-Thiry, en revanche, un flot de questions nous assiège. Cet homme, tous l'admiraient pour sa pondération, son esprit scientifique, son cartésianisme. Rien ne le désignait à plonger dans une action clandestine pouvant aller jusqu'à l'exécution du chef de l'État. La plupart de ses camarades, quand ils apprendront la participation de Bastien-Thiry à un attentat contre de Gaulle, resteront sans voix. D'autres, cependant, comprendront. Le colonel Michaud : « Pendant deux ans, Bastien-Thiry a participé à la création du Centre interarmées d'engins spatiaux. C'était une tâche difficile, car il s'agissait, avec des moyens la plupart du temps fort réduits, de mettre le sommet de la technique là où il n'y avait que le désert. Il a ainsi fait partie de cette catégorie de Français qui, en une douzaine d'années, ont fait passer le Sahara français de l'ère du méhariste à l'ère de la technique. Ce travail l'a déjà profondément marqué... Tous ceux qui y ont participé à cette époque et qui ont eu l'occasion de revenir à Colomb-Béchar depuis que l'abandon a été pratiquement décidé, ont eu un serrement de cœur et un profond sentiment d'amertume... Que cette amertume, chez certains, se soit traduite en révolte, pour des âmes d'élite, je crois qu'il ne faut pas trop s'en étonner. » Réaction identique de Noël Daum, ingénieur général de l'Air : « J'ai connu Bastien-Thiry sous deux aspects différents. Tout d'abord comme homme, j'ai eu une énorme estime pour lui. C'est ce qu'il est convenu, entre camarades, d'appeler un « chic type ». Ensuite, sur le plan professionnel et sur le plan humain, j'ai toujours été très frappé, non pas seulement de voir sa grande intelligence, mais aussi par la conscience qu'il mettait à son travail, par l'ardeur, l'allant, la foi qu'il ajoutait à tout ce qu'il faisait, qui faisaient de lui un ingénieur en qui l'on pouvait avoir entièrement confiance. Il allait même jusqu'à se surmener parfois, tellement il était travailleur et convaincu de ce qu'il faisait. C'est peut-être ce qui lui a valu, il y a quatre ou cinq ans, d'avoir à s'arrêter un ou deux mois. Je ne connais rien des raisons qui font qu'il est ici aujourd'hui [1]. Je veux cependant attester que c'est certainement pour des raisons profondes. Ce n'est pas un homme superficiel. Il croyait à ce qu'il faisait et cherchait à bien faire avec courage et allant. »

1. Noël Daum déposait au procès de l'attentat du Petit-Clamart.

D'autres ont dépeint Bastien-Thiry sûr d'avoir raison quant au choix d'une arme nouvelle, défendant avec acharnement ce choix, méprisant la hiérarchie, se brouillant avec ses supérieurs. Allant jusqu'au bout. Car le colonel Bastien-Thiry, quand il est sûr de détenir la vérité, va jusqu'au bout.

Pourtant, s'il a ressenti douloureusement les événements d'Algérie, il ne s'est jamais mêlé aux combats de l'O.A.S. A son procès, il dira :

— L'O.A.S. a été vaincue par ses propres fautes et par ses excès.

Il n'approuve pas davantage les premiers attentats contre de Gaulle : pas sérieux. Et puis l'indépendance de l'Algérie devient de plus en plus certaine. Bastien-Thiry se révolte. Les Français ont remis le territoire à de Gaulle quand ils l'ont élu. Abandonner une portion de ce territoire n'est rien d'autre qu'une forfaiture. Alors, Bastien-Thiry décide d'entrer dans l'action. Comment rejoint-il les clandestins, par quel canal, de quelle façon ? C'est ce sur quoi il ne s'est guère expliqué. Il semble que ce soit Jean Bichon qui, au nom de l'état-major O.A.S., l'ait contacté et recruté. Toujours est-il qu'Armand Belvisi, rapatrié de Tunisie, désireux de participer, lui aussi, à *quelque chose de sérieux,* s'est vu présenté, en juin 1961, à un certain « Germain » dont le calme, le visage impassible, la « grande autorité », le frappent. Ce Germain lui donnera les instructions nécessaires à la mise en place d'une machine infernale qui doit éclater sur le passage du général de Gaulle, à Pont-sur-Seine. Or, Germain s'appelle en réalité Bastien-Thiry. En juin 1961, il s'est donc déjà fixé la tâche qui deviendra sa raison d'être : tuer de Gaulle.

Il semble que l'échec de Pont-sur-Seine ait profondément marqué Bastien-Thiry. Il ne paraît pas cependant avoir participé à l'incroyable série d'attentats qui sera montée au cours des mois suivants. Mais, en février 1962, quand Jean Bichon le contacte de nouveau afin d'organiser une nouvelle action contre de Gaulle, il se déclare aussitôt disponible. C'est alors que Bichon lui présente La Tocnaye — à peine évadé de prison.

Ce soir-là, chez l'officier en retraite qui abrite La Tocnaye, Bastien-Thiry — qui dès lors se fait appeler « Didier » — de sa voix calme, de son ton toujours mesuré, explique :

— Après l'échec de Pont-sur-Seine, il n'est plus question de tenter l'affaire sur la route entre Paris et Colombey.

Regrets de La Tocnaye. Pourquoi ?

— Parce qu'à présent, de Gaulle prend presque toujours, à Villacoublay, un hélicoptère ou un avion qui l'emmène jusqu'à l'aérodrome de Saint-Dizier.

— Et pour aller de Saint-Dizier à Colombey ?

— Il s'y rend en voiture.

— Pourquoi pas là, alors ?

— Parce que c'est très gardé et puis c'est trop loin. Non. J'estime que c'est à Paris qu'on a le plus de chances de réussir. Je me suis penché sur le problème du renseignement et j'ai minuté les itinéraires qu'il nous faudrait emprunter pour intercepter à temps le convoi présidentiel. C'est mathématiquement possible [1].

Alain de Bougrenet de La Tocnaye : un chouan au XXe siècle. **(Keystone)**

La Tocnaye regarde Bastien-Thiry. Il est frappé par sa parole « claire et précise ». Il dira que celle-ci « témoigne d'une rigueur logique ou plutôt d'une rigueur mathématique. C'est sa formation polytechnicienne qui doit lui faire envisager toute chose, tout problème sous cet angle. Didier est un esprit mathématique. Mais j'ai l'impression pourtant que cette intelligence mathématique qu'il a acquise a simplement mis en veilleuse, sans l'aliéner aucunement, son intelligence innée... Rien ne doit l'arrêter dans sa détermination intellectuelle. Il doit aller jusqu'au bout, lui aussi, mais dans une sorte d'état second, d'état isolé, puisqu'il néglige certaines réalités immédiates, perceptibles à l'homme d'action. Mais cette foi qu'il a doit transcender cet état second, cet état d'intellectualité et venir l'enrichir d'un esprit de sacrifice clair comme de l'eau de roche ».

1. Alain de La Tocnaye, *op. cit.*

Didier poursuit son explication. Chaque fois que le Guide — c'est le nom que par dérision donnent à de Gaulle ses adversaires — quitte l'Élysée, Bastien-Thiry est averti. Il en est de même quand le chef de l'État atterrit à Villacoublay. Le cortège se compose de deux ou trois voitures, le plus souvent escortées par deux motards. Pour aller de l'Élysée à Villacoublay — et vice versa — deux itinéraires : l'un passe par Meudon, l'autre par le Petit-Clamart. Selon la direction que choisira de Gaulle, un ou plusieurs guetteurs seront chargés d'avertir le commando d'exécution.

Restent les moyens. Se servira-t-on d'une machine infernale, comme à Pont-sur-Seine, d'une voiture piégée, d'une mine artisanale ? Nullement. Bastien-Thiry se veut formel : on usera du tir direct avec armes automatiques. Si possible, on ne tuera pas de Gaulle. On bloquera sa voiture en tirant dans les pneus. Alors on l'arrêtera, on le jettera dans une voiture, on le conduira dans un endroit sûr où se réunira une Haute Cour clandestine qui le jugera et, assurément, le condamnera à mort.

A ce point de l'exposé, La Tocnaye ouvre de grands yeux. Pour lui, de Gaulle sera toujours plus grand mort que vivant. A quoi bon par conséquent cette étape de belle allure, mais parfaitement inutile ? Pour ne pas contrister Bastien-Thiry, il ne dit rien, mais n'en pense pas moins. Il écrira : « Si jusqu'au 1er juillet 1962, j'ai admis, en effet, l'éventualité d'un enlèvement, d'une mise en arrestation, en employant l'expression de Didier, je l'ai rejetée tout net après ce 1er juillet funeste qui devait sonner la braderie honteuse et sanglante de l'Algérie française. Avant le 1er juillet 1962, cette solution d'enlèvement, de mise en accusation et de jugement, outre qu'elle était élégante et pittoresque, pouvait présenter un réel intérêt psychologique ; d'autant plus qu'ils étaient nombreux ceux qui attendaient, tel Giscard d'Estaing, inscrit jadis, comme on l'a dit à notre procès, à un réseau O.A.S. sous le chiffre 12 B, et qui étaient prêts à retourner leur veste allégrement. Mais à partir du 1er juillet, il n'y avait plus de procédés psychologiques possibles et rentables et j'étais bien décidé à faire procéder à l'exécution. »

Le 24 mars 1962, le chef de la Mission III de l'O.A.S., André Canal, dit « le Monocle », rencontre Bastien-Thiry. Avec lui, l'homme de Pont-sur-Seine, Armand Belvisi. Le Monocle se dit totalement d'accord sur la nouvelle opération que prépare Bastien-Thiry. Il ajoute, montrant le Français de Tunisie :

— Bel, ici présent, sera mon représentant dans cette affaire, il a toute ma confiance et vous pouvez lui demander tout ce dont vous aurez besoin.

Ralliement capital, recrue d'importance. Alors que les groupes

O.A.S. s'effondrent les uns après les autres sous les coups des forces de l'ordre, Mission III conserve un impact réel et, surtout, dispose encore d'un matériel important.

Quatre ou cinq jours plus tard, Bastien-Thiry, dans les jardins du Trocadéro, présente Belvisi à La Tocnaye. Le moins qu'on puisse dire est qu'aucune sympathie réciproque ne surgira de cette entrevue. Au même endroit, paraîtront ceux que Bastien-Thiry présentera comme Georges et Bernard. Georges, c'est Georges Watin. Oui, le rude gaillard surnommé « la Boiteuse ». Expulsé d'Algérie, il a gagné la France. « Et je n'ai plus pensé qu'à l'attentat contre de Gaulle. » Ce jour-là, sous un chapeau au bord rabattu qui fait songer à Porthos, il démontre qu'il fait plus qu'y penser. Il est tout énergie et dureté, image même du « fonceur ». Il s'est juré de tuer de Gaulle — et il le tuera.

L'autre survenant, présenté comme Bernard, s'appelle en réalité Serge Bernier. Lui aussi vient de Mission III. D'emblée, La Tocnaye le juge aux antipodes de Watin : « Ce qui frappe tout de suite chez lui, ce sont ses yeux d'un bleu limpide, polaire, où danse par instants une lueur implacable. Grand, mince et blond, il est nu-tête et porte un imperméable d'une blancheur irréprochable... Ce n'est que beaucoup plus tard que j'ai su qu'il avait été un héros en Corée ; comme tous les gens valeureux, Bernier était modeste et n'aimait pas raconter ses exploits. »

C'est encore Mission III qui fournira à Bastien-Thiry ses autres adjoints : trois Hongrois, l'un, Lazlo Varga, qui s'est battu contre les chars russes à Budapest ; le second, Lajos Marton, ancien pilote de *Mig ;* le troisième, Yula Sari, qui a combattu en Indochine. Jean Bichon met en outre à la disposition de Didier une équipe d'étudiants qui se multiplieront pour les tâches de guet et de repérage. Un peu plus tard surgira, dans le groupe, Louis de Condé, rencontré par Belvisi à Mission III, que les autres jugeront d'abord un peu trop mondain mais dont ils apprécieront vite le tempérament fougueux. L'un de ces gens qui se font tuer sur place avec le sourire. Paraîtra bientôt aussi Jacques Prévost, ce Prévost que nous avons aperçu en Algérie, le volontaire de Dien-Bien-Phu, l'électronicien du Sahara. Et encore Gérard Buisines, le légionnaire d'Hassi-Messaoud. Et puis, même, le jeune Pierre Magade, le pied-noir qui avait acclamé de Gaulle au forum d'Alger. Tous ces hommes n'étaient pas destinés logiquement à se rencontrer. Ils n'appartenaient pas aux mêmes mondes. Qu'y avait-il de commun entre Louis de Condé et le légionnaire Buisines, entre le grand propriétaire pied-noir Watin et le petit Magade ? Entre le combattant de Budapest Varga et le chouan La Tocnaye ? En fait, ce qui les avait réunis, c'est une volonté commune, une seule : tuer de

Gaulle. Leur dénominateur commun était l'Algérie. Sauf pour les Hongrois : ceux-là, trop perméables aux communiqués du C.N.R., voyaient en Charles de Gaulle le fourrier de ce communisme qu'ils avaient combattu dans leur propre pays.

Dans les jours qui suivront, le groupe se complétera notamment par Pascal Bertin et Jean-Pierre Naudin. Désormais, les réunions des conjurés se dérouleront à Meudon, dans l'appartement de la sœur de Pascal Bertin, Monique. A perte de vue, on discute sur les possibilités de réussite. Un moment, Bastien-Thiry envisage d'enlever de Gaulle au cours du mariage de la nièce de celui-ci, à Orléans. On va très loin dans l'étude du projet. On y renonce quand on s'aperçoit qu'il faudra tuer trop de monde. On en revient à l'idée primitive : agir sur le parcours Élysée-Villacoublay ou Villacoublay-Élysée.

On dispose de voitures et d'armes : Belvisi a rangé deux F.M., cinq P.M., ainsi que leurs munitions et des grenades, dans une cantine. Il a arrimé celle-ci sur le plancher d'une camionnette Estafette louée par ses soins. Avec une hardiesse qui ne manque pas de panache, Belvisi range chaque soir l'Estafette derrière la porte de Châtillon, face à un stade occupé, depuis les événements, par une compagnie de C.R.S. A la longue, des rapports de sympathie s'établiront entre « Bel » et les C.R.S. Et, un soir, s'engagera ce dialogue inattendu :

— Elle marche bien votre Estafette ?

— Pas mal, je vous remercie.

— C'est solide, comme voiture ?

— Oui...

— Vous savez, on la surveille.

— Oh ! merci... vous êtes trop gentils.

— Il n'y a pas de quoi. Vous pouvez dormir sans crainte, avec nous il ne peut rien lui arriver.

L'organigramme est en place. La stratégie a été déterminée. Dans le groupe, autour de Bastien-Thiry, chacun a pris conscience que le compte à rebours est entamé.

En mai 1962, par deux fois, le commando est mobilisé. Chacun se précipite à la place qui lui a été affectée. Les voitures, bourrées d'armes automatiques, de grenades et de cocktails Molotov se ruent au point choisi de l'itinéraire présidentiel. Pour rien. Chaque fois, de Gaulle emprunte un itinéraire autre que celui qui a été signalé par les guetteurs. Il est urgent de resserrer le dispositif. Ce qui est fait.

Le 28 mai, une altercation violente éclate entre Belvisi et La Tocnaye. Elle était prévisible. La Tocnaye n'admet pas que Belvisi soit seul à assumer la garde des armes. Bel répond que ce matériel lui a été

Armand Belvisi avait depuis longtemps déclaré la guerre à de Gaulle. (Agip)

confié par Mission III et qu'il doit en rendre compte. Le ton monte. On est prêt à en venir aux mains. Il faudra que Bastien-Thiry en personne prêche l'apaisement et exige une réconciliation qui ne sera que d'apparence. Le jour même, la police surprend Bel dans sa planque de la place Victor-Hugo. De 16 h 40 à 18 heures, il va soutenir un véritable siège, arrosant les cars de police du tir de sa mitraillette, hurlant qu'il dispose de deux cents kilos de plastic — ce qui est faux. Pendant ce temps, une femme membre de l'O.A.S., Anne Goix, va pouvoir brûler les archives entreposées dans l'appartement et qui pourraient compromettre tant de gens. Quand il ne reste plus un seul document, Bel ouvre la porte au commissaire Bouvier. *Exit* Belvisi.

Du coup, le commando ne dispose plus d'armes. La Tocnaye obtiendra d'un colonel de ses relations deux P.M. et huit chargeurs, cependant que Georges Watin se voit remettre, par des cousins installés dans le Sud-Ouest, des armes qu'ils ont pu mettre à l'abri. Il faudra louer de nouvelles voitures, naturellement sous des noms d'emprunt. De nouveau, on attend l'occasion. Elle se présente. Le 8 août, on apprend que le président de la République, alors à Colombey, se rendra à Paris pour présider un conseil des ministres. L'un des mystérieux observateurs de Bastien-Thiry annonce que le chef de l'État empruntera l'itinéraire n° 1 : le bois de Meudon, le pont de Sèvres, l'avenue de Versailles, le quai de Passy, l'Alma, l'Élysée. Aussitôt, rassemblement des conjurés, répartition des places dans les voitures. La Tocnaye conduit une ID-19. A côté de lui, à l'avant, Georges Watin. A l'arrière, Louis de Condé. Chacun est armé d'un P.M. Bastien-Thiry occupe seul une Fiat Neckar. Dans une Estafette Renault jaune : Varga au volant, Bernier près de lui, pourvu d'un P.M. et, à l'arrière, Bertin, Sari, Marton disposant, eux, d'un P.M.

et de deux F.M. Les trois voitures, celle de Bastien-Thiry en tête, empruntent la rue de la Convention, franchissent le pont Mirabeau pour rejoindre l'avenue de Versailles. On a décidé d'adopter la tactique du commando mobile : on roulera à allure modérée, afin de se laisser rejoindre par le cortège et ouvrir alors le feu de l'arrière de l'Estafette sur la voiture du général.

Catastrophe : arrivées au pont Mirabeau, les DS présidentielles, au lieu d'emprunter l'avenue de Versailles, s'engagent sur le quai Louis-Blériot.

Fou de rage, La Tocnaye démarre en trombe, rejoint le quai Louis-Blériot, dépasse une à une — sous les imprécations — les voitures en file, dépasse même la DS d'escorte, parvient à la hauteur de la voiture de De Gaulle. Watin et Condé baissent les vitres droite, lèvent leur P.M. A cet instant précis, une 4 CV vient s'intercaler entre les conjurés et la voiture du général. Impossible ! Le quai est littéralement encombré de voitures. Si l'on tire, on tuera sûrement vingt personnes. Probablement pas de Gaulle. Désespéré, La Tocnaye renonce.

Et il faut attendre. Encore.

Le lundi 20 août, Bastien-Thiry annonce à La Tocnaye que le *Guide* viendra une nouvelle fois à Paris : pour présider le conseil des ministres, fixé au 22 août dans l'après-midi. Il est certain que Bastien-Thiry dispose, à l'intérieur même de l'Élysée, d'un informateur toujours averti des projets du général — donc l'un de ses proches. Son identité ne sera jamais connue. Quoi qu'il en soit, le groupe devra se trouver en alerte dès le 21 août.

Mais, le 21, on attend en vain. Le général n'a pas quitté Colombey. Les conjurés se retrouvent le lendemain, mercredi 22 août, à 6 h 30, dans l'appartement d'un jeune étudiant en droit, Alexis Ducasse, rue de Vaugirard. On apprend que l'un des affidés récemment recrutés, Constantin, est malade et ne viendra pas. Il sera remplacé par Pierre Magade, le pied-noir, qui conduira la 403.

Cette fois, c'est de Saint-Dizier que le signal est donné — et bien reçu. On décide de rejoindre le cortège présidentiel dans l'avenue du Maine, à la hauteur de la rue Raymond-Losserand. Magade conduit la 403. La Tocnaye est au volant de l'ID-19, Lazlo Varga pilote l'Estafette. Bastien-Thiry, lui, se trouve dans une Simca 1000 louée. On dispose encore d'une 2 CV et d'une 404 Peugeot d'appui. Attente, fièvre, espoir. Rien. On fait chou blanc. Le cortège est passé plus tôt que prévu.

Le chef de l'État regagnera-t-il Colombey le soir même ? *That is the question.* Une fois de plus, cette fois dans l'appartement de Monique Bertin, à Meudon, les conjurés, tout au long de l'après-midi, attendent. Ils sont une dizaine. Certains lisent, d'autres jouent au bridge. L'un d'eux, à la fenêtre, devant le rideau fermé, observe la rue. La nuit tombe. Tout à coup, il voit, sur le trottoir, en bas, un homme s'arrêter et déplier un journal. C'est Bastien-Thiry. Le signal !

Dans l'instant, tous les membres du commando sont debout.

Le premier qui descend, c'est La Tocnaye, suivi de Watin et de Jacques Prévost. Une Simca 1000 stationne à quelques pas de là. La Tocnaye la rejoint. Au volant, Bastien-Thiry qui baisse la glace et annonce :

— Il doit arriver par l'avenue de la Libération, la R.N. 306. Bonne chance.

La Simca 1000 a démarré. La Tocnaye, Prévost et Georges Watin s'engouffrent dans leur ID-19. Ils démarrent. Passe à son tour une camionnette 403 dans laquelle ont pris place Magade — qui conduit —, Louis de Condé et Pascal Bertin. Et puis voici l'Estafette jaune, dans laquelle se trouvent cinq hommes : le chauffeur Lazlo Varga, Serge Bernier, Gérard Buisines, les deux Hongrois Sari et Marton.

Les quatre voitures foncent vers le Petit-Clamart.

Serge Bernier s'était battu en Corée. (Keystone)

Jacques Prévost avait sauté sur Dien-Bien-Phu. (Tallandier)

Pierre Magade le petit pied-noir d'Alger. (Tallandier)

Le cortège présidentiel roule, lui aussi, vers le Petit-Clamart. Dans la première voiture, à l'avant, le chauffeur, le maréchal des logis Marroux, quarante-huit ans, un gendarme. A côté de lui, le colonel de Boissieu, gendre du général de Gaulle et qui fait fonction d'aide de camp, « étant donné, expliquera-t-il, que lorsque je suis en permission en Haute-Marne, je considère qu'il est inutile de déplacer un aide de camp pour ces allées et venues. Le choix de l'itinéraire a été fait par moi, car il était de coutume pour ces voyages qui n'étaient pas officiels, que l'aide de camp choisisse lui-même l'itinéraire. Ainsi, il ne pouvait pas y avoir de fuite, et on ne pouvait pas dire après que c'était le fait d'avoir prévenu tel ou tel dispositif de sécurité qui faisait que quelque chose pouvait se passer. Je suis sûr que personne n'a connu cet itinéraire car je n'ai pas pris l'itinéraire que je voulais prendre. Au moment de monter dans la voiture, le général de Bonneval m'a demandé quel itinéraire je devais prendre. Je lui ai dit : " Étant donné que je suis passé ce matin par l'avenue de la Libération et la porte de Châtillon, je vais passer par Meudon. " Le général m'a dit : " Il est tard, vous êtes déjà en retard, en conséquence vous ferez ce que vous voudrez, mais l'itinéraire de Meudon est le plus lent et le plus mauvais. " En conséquence, j'ai pris le même que le matin. Je ne l'ai dit à personne, j'ai fermé la glace de la voiture et j'ai dit à Marroux : " Le même que ce matin. " Donc, personne n'a pu connaître l'itinéraire. »

Personne, sauf les guetteurs de Bastien-Thiry. Il suffisait de suivre la voiture de vue jusqu'au pont Alexandre-III. Selon qu'elle empruntait l'une ou l'autre rive, on savait qu'elle irait soit à Meudon, soit au Petit-Clamart [1].

A l'arrière de la DS présidentielle, le général était installé à gauche, Mme de Gaulle à sa droite.

A courte distance, suit la seconde voiture, chargée de l'escorte et de la sécurité. Elle est conduite par le brigadier de police Casselin, cinquante-deux ans, et occupée par le médecin militaire Degos, les commissaires de police Puissant et Djouder, des services spéciaux de protection de l'Élysée. Deux gardiens de la paix motocyclistes, les agents Herry et Ehrman, ferment la marche.

Le chauffeur Marroux tient bien en main sa voiture. C'est lui qui conduisait déjà lors de l'attentat de Pont-sur-Seine et qui, avec une remarquable présence d'esprit, avait pris sur lui de foncer à travers le

1. Détail livré par Bastien-Thiry au procès et confirmé par le commissaire Puissant.

Georges Watin devant le café du Petit-Clamart où Bastien-Thiry reçut l'annonce du départ de l'Élysée de De Gaulle. Le propriétaire avait adapté son enseigne aux exigences de l'actualité... (Paul Ribaud/Minute)

---

rideau de feu surgi soudain devant la voiture du président. Depuis la porte de Châtillon, l'allure du cortège n'est jamais descendue en dessous de 90 km-heure.

Au Petit-Clamart, sur l'avenue de la Libération, les conjurés sont en place. A la hauteur du château d'eau, Bastien-Thiry s'est posté, un journal à la main. Il doit donner le signal. Dès qu'il apercevra le cortège, il agitera son journal.

Ce qui ne manque pas d'intriguer aujourd'hui l'historien, c'est que ce plan, pourtant longuement et mûrement préparé, ne semble pas avoir tenu compte de l'heure à laquelle allait se produire l'interception. Pour les besoins de mon émission, nous avons procédé sur le terrain à une reconstitution de l'épisode. Même avenue, mêmes voitures, mêmes positions prises par chacun. A la demande d'Armand Ridel, et devant sa caméra, j'ai pris moi-même la place de Bastien-Thiry. Je puis témoigner qu'en plein jour les passagers de l'Estafette — ceux qui devaient tirer les premiers — m'apercevaient fort mal, silhouette indécise dans un lointain non moins indécis.

Je dis bien en plein jour.

Mais quand le cortège présidentiel va se présenter, il *fera nuit.* Alors ? Que signifiera le geste d'un Bastien-Thiry agitant un journal devenu invisible ?

Il ne s'en trouve pas moins, Bastien-Thiry, comme prévu, près du château d'eau. Plus loin, sur le côté gauche de l'avenue — en direction de Villacoublay — la camionnette 403 a pris position. La mission de Magade, Condé, Bertin leur a été clairement exposée : une fois la DS présidentielle passée, ils doivent, afin de stopper la voiture d'escorte et les motards, se placer en travers de l'avenue.

Plus loin encore, mais sur le côté droit, à 250 mètres environ de Bastien-Thiry, non loin d'une station d'essence Antar, l'Estafette jaune est arrêtée, l'arrière regardant Paris. Dès que le cortège sera signalé, dès que Bastien-Thiry aura agité son journal, les hommes de l'Estafette — Bernier le premier — ouvriront de face le feu sur la voiture de De Gaulle.

A une centaine de mètres de là, dans la rue du Bois, l'ID-19 de La Tocnaye, Watin et Prévost se tient en embuscade. Son rôle ? Démarrer dès les premières rafales, barrer l'avenue de la Libération, empêcher la voiture de De Gaulle de s'échapper, si elle n'a pas été stoppée par le tir de l'Estafette.

20 h 10. Le cortège présidentiel approche du rond-point du Petit-Clamart. Même vitesse : 90 à l'heure. Encore 4 km et ce sera Villacoublay.

A l'arrière de l'Estafette, Bernier observe la route. Il tente d'apercevoir Bastien-Thiry. Désespérément, il cherche le journal que celui-ci doit tenir en main. Ce journal qui doit donner le signal. Mais la nuit est totalement tombée maintenant. Et c'est à peine si Bernier croit deviner la frêle silhouette de Bastien-Thiry. Noire sur fond noir.

Dans l'Estafette, le silence. Marton, le Hongrois, jette un coup d'œil à sa montre lumineuse : 20 h 10. L'autre Hongrois, Varga, sent naître l'envie immédiate d'un besoin naturel : l'émotion ? Selon le plan, il devrait tenir en main son fusil-mitrailleur. Mais prend-on un fusil-mitrailleur pour aller satisfaire un besoin naturel ? Il ouvre la portière, se laisse glisser à terre, se met en position. A sa ceinture, un revolver.

Bastien-Thiry écarquille les yeux du côté de Paris. Pourquoi la nuit est-elle si noire ? Tout à coup, des phares, le bruit caractéristique de deux motos. Ce sont eux ! Aussitôt, Bastien-Thiry déploie son journal, l'agite dans la direction de l'Estafette.

L'Estafette d'où partirent les coups de feu.

Bernier, dont les yeux deviennent douloureux à force de vouloir percer la nuit, *ne voit rien.* Ni Bastien-Thiry ni son journal.

Varga, lui, a achevé ce pour quoi il était descendu de l'Estafette. Et soudain, à une soixantaine de mètres, les phares des deux DS, les motards qui approchent à toute allure ! Varga hurle :

— Les voilà !

La première voiture est sur lui. Il lève son revolver, tire. Le troisième Hongrois, Sari, a sauté à terre. Cependant que les autres suivent, Bernier, Buisines, Marton, pêle-mêle, hors d'eux-mêmes. Sari s'agenouille, vide le chargeur de son fusil-mitrailleur sur le cortège présidentiel que rien ne semble pouvoir arrêter. Désespérément, il continue à tirer. Mais comme le cortège est loin déjà, si loin !

La camionnette 403 qui devait couper le cortège en deux ? Elle n'a rien vu. Elle n'a pas bougé.

Au premier crépitement du fusil-mitrailleur, La Tocnaye a démarré pour barrer, comme prévu, la route aux DS. Il débouche sur l'avenue. Trop tard ! Il voit devant lui passer la DS du général. Elle roule toujours aussi vite mais elle lui paraît déséquilibrée, elle tangue. Elle rase une Panhard qui arrive en face d'elle. Malgré ses pneus crevés, elle garde sa direction. Ce qui tient du prodige et n'est dû qu'à la remarquable adresse du chauffeur Marroux. Écoutons celui-ci : « Environ 500 mètres avant d'arriver au Petit-Clamart, j'ai vu une Estafette jaune à droite de la route. Comme la porte n'était pas ouverte, j'ai cru que c'était une voiture comme une autre. Quand je suis arrivé à environ 80 mètres, la première rafale est partie, et à ce moment-là, mes yeux se sont portés sur l'Estafette, et j'ai aperçu, à droite, le canon d'une arme et aussitôt la voiture a fait une embardée et a légèrement tangué. Je me suis cramponné au volant, je sentais que la voiture partait et j'ai accéléré. Mais je ne peux pas dire s'il y a eu un intervalle, parce que la voiture faisait tellement de bruit, il m'a semblé que ça tirait en permanence... J'avais deux roues à plat... J'étais sur les jantes. »

L'extraordinaire est que Marroux non seulement n'a pas ralenti, mais a accéléré. Sur les jantes !

La Tocnaye, que l'échec entrevu rend à demi fou, a tourné dans l'avenue. Il poursuit le cortège. Watin sort à demi le corps par la portière droite, vide un chargeur en direction de la DS. On voit la glace arrière s'étoiler. Hurlements de joie de La Tocnaye et Watin. Mais la DS d'escorte rejoint et dépasse l'ID de La Tocnaye. Elle s'intercale entre les deux voitures.

Derrière, les motards talonnent l'ID. L'un d'eux tire son revolver. Watin les arrose. Les motards n'insistent pas. Watin se retourne vers la voiture d'escorte. Mais le cortège du général, comme si de rien n'était, poursuit son chemin dans la nuit.

Au loin, un barrage. C'est fini. Il faut décrocher. Sur un transistor trafiqué, Prévost écoute la police. Il confirme : l'alerte est donnée.

Les voitures des conjurés vont s'égayer dans la nuit. On se retrouvera un peu plus tard. On n'a pas tué de Gaulle — mais on est libre.

Que s'est-il passé dans la DS présidentielle ? A la première rafale, le colonel de Boissieu s'est tourné vers ses beaux-parents et leur a crié : « Baissez-vous ! » De Gaulle n'a pas bougé. La vitre arrière a éclaté : « Baissez-vous ! », a de nouveau hurlé Boissieu. Il a raconté : « Cette fois, j'ai vu qu'il s'était légèrement penché, mais pas suffisamment, et nous sommes passés après devant la deuxième voiture et à ce moment-là j'ai vu la vitre à côté du Général, qui était à gauche, percée. Alors je me suis inquiété, et j'ai demandé s'il était touché ou pas. Il m'a dit non... J'ai demandé à Marroux comment ça allait, si on pouvait continuer car, arrivés au carrefour du Petit-Clamart, ça commençait à sentir assez mauvais, étant donné que les pneus fondaient. On roulait quand même à 80, 90 et sur deux pneus crevés, et Marroux m'a dit : “ Non, ça va, je peux encore conduire. ” Et nous sommes allés jusqu'à Villacoublay. »

L'aérodrome enfin. La voiture s'arrête. Le général et Mme de Gaulle en descendent. Le chef de l'État fait le tour de la DS, se penche vers l'impact des balles, il tapote son veston pour en faire tomber les débris de glace Securit qui s'y sont accrochés et il lance à l'adresse de Boissieu :

— Cette fois, c'était tangent !

Un silence. Il ajoute, à la fois goguenard et méprisant :

— Savent pas tirer.

La DS présidentielle, pneus arrière crevés. On remarquera, parmi les impacts, celui qui se trouve à l'arrière gauche, à la hauteur de la tête de Mme de Gaulle. (Agip)

Magade sera arrêté le premier. Par hasard. Épouvanté, le jeune pied-noir dira tout. Il livrera les noms, tous les noms. Ce ne sera plus qu'un jeu d'enfant, pour la police, de retrouver les conjurés du Petit-Clamart. Bastien-Thiry, La Tocnaye, Prévost, Bertin, Buisines, Varga, Constantin, Ducasse seront incarcérés. Mais Watin, Condé, Bernier, Naudin, Marton, Sari échapperont aux recherches. Ils ne seront pas au banc des accusés quand, le 28 janvier 1963, devant la Cour militaire de Justice, s'ouvrira le procès dans une salle du Fort-Neuf de Vincennes, triste et longue pièce sans fenêtres.

A part les incidents de procédure — qui vaudront à Me Isorni une radiation de trois ans — le procès apparaîtra tout entier dominé par la personnalité de Jean-Marie Bastien-Thiry. D'évidence, il ne veut pas se défendre. Il explique. C'est pour l'Histoire qu'il parle. Les juges en uniforme, le procureur, les avocats, la foule silencieuse écoutent cet homme, irritant pour les uns, singulièrement attachant pour les autres, dire les raisons de son acte :

— La Constitution confirmant l'appartenance à la nation des départements français d'Algérie et du Sahara rendait le président de la République responsable, sous peine de haute trahison, de l'intégrité territoriale de la nation... Le but affiché semble avoir été de faire de l'Algérie un État indépendant et coopérant à la faveur de mutations historiques que l'on déclarait irréversibles et inévitables, dont l'actuel chef de l'État se voulait l'initiateur et l'artisan... Ces vues dénotent à notre avis, en même temps qu'un sens personnel démesuré, une très forte imprégnation matérialiste et marxiste.

Il parle de la « collectivité nationale française » d'Algérie, contrainte de « s'exiler dans des conditions qui furent pires que celles de la débâcle de 1940 ». Il parle de « ceux qui furent abandonnés à leurs bourreaux et à leurs égorgeurs », c'est-à-dire les musulmans francophiles : « Il s'agit d'un véritable génocide perpétré contre des musulmans qui avaient cru en la France. » Il revient sur une idée qu'il évoquera sans cesse : de Gaulle, en livrant l'Algérie, a transgressé la Constitution : « Le chef de l'État qui la transgresse se met, par ce seul fait, hors des lois de la nation ; il est coupable de forfaiture et doit être traduit en Haute Cour. »

On les verra à la barre, ces pieds-noirs meurtris, victimes expiatoires. On les entendra, ces soldats perdus. Des faits atroces seront révélés, d'horribles massacres : des harkis — musulmans ayant servi dans l'armée française — plongés vivants par les vainqueurs F.L.N. dans de grands chaudrons d'eau bouillante et voyant leurs chairs cuites se détacher avant d'expirer.

Quand on relit ces dépositions, ce que l'on en vient à ressentir, c'est une certitude amère : la France de 1962 est coupable d'avoir abandonné ses amis. La sauvegarde des harkis aurait dû passer avant toute autre préoccupation. Fût-elle de « haute politique ».

Quant aux accusés présents au procès, la Cour militaire rendra trois condamnations à mort : à l'encontre de Bastien-Thiry, de La Tocnaye, de Prévost. La Tocnaye et Prévost seront graciés. Pas Bastien-Thiry.

Plusieurs personnalités gaullistes avaient sollicité sa grâce auprès du général de Gaulle, notamment Edmond Michelet, ancien garde des Sceaux. Réponse du général de Gaulle :

— Bastien-Thiry ? Non, il est le chef.

Me Richard Dupuy a évoqué pour moi sa rencontre avec de Gaulle. Longuement il a développé les raisons qui, selon lui, militaient pour la grâce. Le chef de l'État l'a écouté avec son habituelle courtoisie. Mais en silence. Pas un mot, pas un commentaire. Quand l'avocat eut achevé, de Gaulle se borna à le reconduire à la porte de son cabinet et à prendre congé.

J'ai rappelé cette attitude à la télévision et certains gaullistes se sont sentis choqués peut-être davantage par le ton de mon récit, que par l'événement lui-même. Il est vrai que le simple exposé d'un acte de rigueur politique, même justifié par la raison d'État, et surtout s'il concerne la vie d'un homme, peut aisément glacer. Sans doute faut-il nuancer cet épisode. C'est dans ce sens que m'a écrit le vice-amiral François Flohic, ancien aide de camp du général de Gaulle, faisant état d'un témoignage qui me semble important :

« Tout porte à croire que le général, après avoir entendu les rapports des membres du Conseil supérieur de la magistrature, envisageait de gracier Bastien-Thiry si l'on en juge par la confidence de Mme de Gaulle à mon camarade aide de camp, le colonel Teissère. Cette confidence spontanée faisait suite à l'assassinat par l'O.A.S. du banquier Laffont devant son domicile à Neuilly :

« Il n'est plus possible de gracier les assassins, si toutes les personnes qui sont reçues par le général sont de ce fait en danger de mort. »

Avant le vice-amiral Flohic, une personne particulièrement concernée avait attiré mon attention sur la concomitance — pour elle révélatrice et expliquant tout — entre l'assassinat par l'O.A.S. du banquier Laffont et le refus de la grâce de Bastien-Thiry.

Il semble que le général se soit, un temps, orienté vers une autre solution : la grâce médicale. Surmené par son travail au Sahara, Bastien-Thiry avait, durant quelques semaines, été frappé par une dépression qui avait nécessité des soins appropriés. Dans un article postérieur à mon émission, dont je respecte l'inspiration et qui ne

Le procès. Bastien-Thiry lit sa déclaration.

souffre que d'un excès de passion, M. Pierre Clostermann a témoigné : « Le général de Gaulle avait gracié immédiatement les deux autres inculpés et voulait gracier Bastien-Thiry, non pour la noblesse de son geste, mais parce qu'on ne fait pas exécuter un malade mental. Tous les moyens juridiques ont été recherchés pour éviter l'exécution à défaut de recours en grâce. L'attitude d'un certain nombre de proches de Bastien-Thiry et un autre assassinat crapuleux et scandaleux par l'O.A.S. ont fait que finalement le général de Gaulle a laissé la justice suivre son cours [1]. »

J'observerai : 1) qu'il paraît exorbitant de traiter Bastien-Thiry de malade mental. La brève dépression dont il avait souffert était d'un

1. *L'Appel,* mars 1982.

type devenu, hélas ! dans notre vie moderne, extrêmement commun ; 2) que Bastien-Thiry ait refusé — et je puis confirmer que tel fut le cas — que ses défenseurs missent en avant cet incident de santé ne peut étonner ceux qui se sont penchés sur son caractère. Comment aurait-il pu devoir la vie à un moyen de défense qui eût représenté en soi la négation de toute son action ?

Les amis de Bastien-Thiry, eux, ne renonçaient pas. On mit sur pied une opération qui aurait permis de le faire évader, par le moyen d'un hélicoptère se posant dans la cour de la prison. Le jour J, Bastien-Thiry, reconnu souffrant, fut transporté au quartier médical de la maison d'arrêt. Plus de promenade, partant plus d'évasion.

Je me suis toujours demandé si Bastien-Thiry n'avait pas lui-même averti le médecin d'un état de santé ce jour-là déficient. Il n'était pas non plus dans la ligne de sa vie de jouer les évadés.

Le 11 mars 1963, à 4 heures du matin, à la prison de Fresnes, la porte de la cellule où dort Bastien-Thiry s'ouvre brusquement. Entrent le procureur général Gersthoffer, le conseiller Reboul, le docteur Petit, M. Marty, directeur de la prison, Mes Richard Dupuy, Tixier-Vignancourt et Le Coroller.

Bastien-Thiry ouvre les yeux, se dresse. Il comprend. Une question, aussitôt :

— Et mes amis ?

— Ils sont graciés, mon colonel, dit très bas Richard Dupuy.

— C'est bien. Je suis heureux pour eux.

Il se lève, s'habille. En silence. On a aménagé, dans la cellule voisine, une chapelle de fortune. Il s'y rend, sert lui-même la messe, communie d'une hostie partagée en deux. L'autre moitié, l'aumônier la réserve à Geneviève, son épouse, qui communiera à son tour quelques heures plus tard.

Ite missa est. Les avocats soulèvent un dernier argument de procédure, réclament auprès du procureur général l'ajournement de l'exécution. Bastien-Thiry semble très loin de tout cela.

— Est-ce bien utile ? l'entend-on murmurer.

Discussion. Le procureur général rejette la demande. Dans le couloir de la prison, le cortège se met en route.

L'air du petit matin. Il fait froid. Il pleut. Le fourgon cellulaire. Le fort d'Ivry.

Il est 6 h 38 quand Bastien-Thiry découvre devant lui le peloton d'exécution. Théoriquement, il devrait s'agir de soldats du contingent. Mais ces militaires, revêtus d'une tenue camouflée, semblent âgés en moyenne d'une bonne quarantaine d'années. Ils sont robustes et sûrs d'eux-mêmes [1].

Le condamné marche vers le poteau d'exécution. Il pleut toujours. Il demande à passer sa capote bleue d'aviateur. Sans galons, comme il sied à un officier dégradé. Mais, quand même, un uniforme. Il s'accote au poteau. Conformément au règlement, on lui attache les mains derrière le dos. Ces mains qui tiennent un chapelet.

6 h 40. La salve. « Quand il est tombé du poteau, a confié Me Tixier-Vignancourt, son visage était celui d'un adolescent plein de noblesse et de pureté. »

---

1. Témoignage inédit.

Un peu plus tard, le général de Gaulle confiera à un officier supérieur, compagnon de la Libération :

— Les Français ont besoin de martyrs. Il faut qu'ils les choisissent bien. J'aurais pu leur donner un de ces c... de généraux, qui jouent au ballon dans la cour de la prison de Tulle. Je leur ai donné Bastien-Thiry.

Il se taira un instant. Et il ajoutera :

— Celui-là, ils pourront en faire un martyr, s'ils le veulent, lorsque j'aurai disparu. Il le mérite [1].

1. Rapporté par Euloge Boissonnade. M. Pierre Clostermann, compagnon de la Libération, a nié la réalité de ce propos. Tout ce que l'on peut en déduire c'est que ce n'est pas à lui que le général l'a tenu.

Devant le cercueil de son père, le petit Lazlo Rajk avec sa mère Julia. (Keystone)

V

LA TRAGÉDIE DE BUDAPEST

Je n'oublierai jamais notre stupeur — puis notre émotion — quand, en ce début de 1982, dans la salle de projection, les images commencèrent à défiler sur l'écran. Le film, tiré pour la première fois depuis 1956 des archives hongroises, venait de parvenir à Paris. Ce que nous découvrions, c'était un cimetière de Budapest, celui de Kerepesi. La caméra, haut placée, cadrait un fleuve humain. Combien étaient-ils, ces hommes, ces femmes, de tout âge, de toute condition ? Ils marchaient de ce pas lent et solide qu'adoptent les foules qui savent ce qu'elles veulent.

Dans ce cimetière, le 6 octobre 1956, face au mausolée de Kossuth — le chef de l'insurrection hongroise de 1848 — une estrade. Et, devant l'estrade, quatre cercueils. C'est pour honorer ces morts-là que défilait la foule. Mais, étrangement, ceux que l'on allait porter en terre, Laszlo Rajk et ses trois compagnons, étaient morts depuis sept ans. Ils avaient été exécutés en 1949, à la pire époque de la dictature de Rakosi, le Staline hongrois.

Quel retentissement, alors, à travers le monde, n'avait-on pas donné au procès Rajk ! Ce communiste, accusé d'avoir été de tout temps un espion, un mouchard de la police de Horthy, un agent de l'impérialisme américain, un valet du révisionniste Tito, avait tout reconnu de ses crimes. Avec une remarquable bonne volonté. Même, face au procureur l'accusant, il raffinait, ajoutait des détails inédits qui l'accablaient plus encore. Comment douter de sa culpabilité ?

Dans la machine, pourtant, un grain de sable s'était glissé : « Tout sentiment, toute émotion étaient absents de sa voix, elle sonnait sourdement ; elle était sans rapport avec ce que disait Rajk ; elle était abstraite, impersonnelle. Si encore, si une seule fois, elle avait exprimé quelque chose de vivant : un brin de repentir ou de révolte ! Si une fois seulement elle avait changé de ton, en laissant passer la vibration d'une émotion, d'une passion quelconque ! Mais elle restait toujours égale. Également calme et objective [1]. »

L'homme qui écrivit ces lignes connaissait Rajk depuis l'adolescence. En écoutant cette voix à la radio — le procès fut tout entier radiodiffusé — on n'en pouvait douter : ce ton mécanique, cette monotonie dans le débit, reflétaient une leçon apprise. Une fois, le juge l'avait interrompu :

— Ici, vous avez sauté un passage.

— Je sais, j'y reviendrai tout à l'heure, avait répondu Rajk avec une docilité bouleversante.

Un observateur constata que, ses aveux achevés, Rajk s'assit et prit alors, face au tribunal, une attitude bien différente, faite d'orgueil et de mépris hautain [2].

Le grand coupable Laszlo Rajk avait été condamné à mort, pendu. Szönyi et Szalai l'avaient été avec lui — et Palffy, un militaire, fusillé. Et puis, dans sa datcha où accouraient en pleine nuit ses fidèles épouvantés, Staline était mort. Le monolithe soviétique s'était ébranlé sur ses bases. Ce fut ce qu'on appela le dégel et quelques centaines de millions d'hommes se mirent à respirer plus librement.

Et maintenant, au cimetière de Kerepesi, on allait célébrer les funérailles de Rajk et de ses compagnons solennellement réhabilités. Et, dans la salle de projection d'Antenne 2, le film imprévisiblement communiqué par la cinémathèque hongroise — avec beaucoup d'autres de 1956, non moins inédits, non moins précieux — continuait de dérouler ses images.

Là, devant les cercueils, il y avait deux cent cinquante mille hommes et femmes. Le journal du parti allait imprimer : « Un furieux vent d'automne chasse les nuages bas, une pluie froide et perçante tombe sans arrêt, mais je ne vois pas de parapluies. Ils viennent les mains nues... Ils sont des milliers, les yeux fixés sur les cercueils, sans un mot, sans un bruit ; mais les yeux brillent, les visages sont de pierre... Ce n'est pas seulement le deuil qui leur ferme la bouche devant ces cercueils, mais c'est aussi une haine passionnée... »

Une haine passionnée !

Derrière les cercueils, le vent couchait les flammes d'un immense candélabre. Au sommet de hauts mâts, les longues oriflammes claquaient comme des fouets [3].

---

1. François Fejtö : *la Tragédie hongroise* (1956).
2. *Le Monde,* 23-24 octobre 1949.
3. Vincent Savarius : *Volontaires pour l'échafaud* (1963).

Deux cent cinquante mille hommes et femmes !

Près des cercueils, des survivants du procès préfabriqué montaient une garde d'honneur. Mais tous, ouvriers en cote bleue portant à la main la gamelle de leur déjeuner ; étudiants avec leurs cartables ; soldats et civils, crêpe au bras ; tous ne quittaient pas des yeux un petit garçon, figé devant le cercueil de son père. Il tenait sa mère par la main. C'était le jeune Laszlo Rajk, âgé de huit ans. Et l'on se répétait qu'il était encore un bébé lorsque son père avait été traîné sur l'échafaud et sa mère jetée en prison.

A la tribune, les officiels se succédaient. Ils tenaient le même langage. Ils affirmaient que la doctrine léniniste l'emporterait dans le parti, que la démocratie socialiste deviendrait inébranlable dans le pays, ainsi que l'humanisme socialiste, la légalité et tout ce qu'avait souligné le XXe Congrès du parti communiste de l'Union soviétique dans ses travaux d'importance historique. Et puis ce fut une des victimes du procès de 1949, un survivant, Bela Szasz. Julia Rajk avait demandé et obtenu qu'il prît la parole. Szasz avait refusé de soumettre son discours à la censure. Et maintenant il parlait :

— Lorsque des milliers d'hommes et de femmes défilent devant ces cercueils, ce n'est pas seulement pour rendre aux victimes un dernier hommage. Leur désir passionné, leur décision irrévocable, c'est d'enterrer une époque, d'enterrer à tout jamais l'illégalité, la tyrannie, les disciplines hongroises de la violence. Tous ceux qui sont moralement morts pendant les années de honte n'oublieront pas !

Cependant que Szasz parlait, un homme, parmi les rescapés des prisons, le regardait. Il s'appelait Janos Kadar. Un vieux communiste, lui aussi. L'ami de Rajk. C'est Kadar, au nom du parti, qui avait expliqué à Rajk, dans sa prison, pourquoi il devait avouer. Rajk pendu, on avait arrêté aussi Kadar. On l'avait torturé. On lui avait arraché les ongles, on lui avait brisé les dents. Et lui aussi avait avoué.

Szasz descendait de l'estrade. Une salve crépita. Ainsi donc, il était réhabilité, Laszlo Rajk. Les autres aussi. Mais il n'était au pouvoir d'aucun gouvernant de les ressusciter. Les quatre cercueils furent portés dans leurs tombes et celles-ci, bientôt, disparurent sous les fleurs. Les anciens prisonniers, à leur tour, déposèrent une couronne. Elle portait ces mots, inscrits sur un ruban : « Nous n'oublierons pas ! » La phrase exacte qu'avait lancée Szasz, en terminant, dans le micro.

La foule défilait. Ce fut long, très long. Ces gens non plus n'oubliaient pas. Un homme sortit de la foule pour embrasser Julia Rajk. Il s'appelait Imre Nagy.

Seize jours plus tard, Budapest allait exiger le renvoi de ceux qui avaient terrorisé la Hongrie pendant trop d'années. La venue au pouvoir d'hommes dignes de la confiance des Hongrois. Le retrait des troupes soviétiques, symbole de l'oppression. La liberté enfin. La liberté !

Seize jours plus tard, Budapest allait s'insurger.

Pour comprendre l'insurrection de Budapest, il faut remonter à la capitulation de l'Allemagne en 1945. La Hongrie tout entière était contrôlée par les Russes. Ceci du droit du vainqueur. Aussi parce que les accords de Yalta avaient placé la Hongrie dans la sphère d'influence de l'Union soviétique.

Pour la première fois depuis 1919, le parti communiste avait droit de cité. Un bien petit parti, ne comptant que deux mille membres à peine. Il était animé par ceux que l'on appelait, en Hongrie, les « moscovites ». Pourquoi moscovites ? Parce que ces Hongrois-là avaient passé toute la guerre à Moscou. Leur chef de file s'appelait Matyas Rakosi, « grande tête chauve sur un corps trapu ». Ce fils d'épicier avait toujours milité dans le mouvement ouvrier. Ce qui lui avait valu huit années de captivité dans les prisons du régent Horthy. Il n'avait été échangé qu'en 1940 ; contre la remise de ce précieux militant, Moscou avait cédé à la Hongrie des drapeaux capturés en 1849 par les armées du tsar. Rakosi se voulait depuis toujours le plus inconditionnel des staliniens. Logiquement, dès l'entrée des troupes soviétiques sur la terre hongroise, c'est lui que Staline avait choisi pour prendre la tête du parti hongrois reconstitué. Il y revenait avec deux « moscovites » de première grandeur, tels que Ernö Gerö, et Mihali Farkas. Un détail : tous ces communistes hongrois avaient acquis la nationalité soviétique.

Il n'est pas sûr pourtant que Staline ait envisagé, en 1945, de soviétiser la Hongrie au même titre que la Roumanie et la Bulgarie. A peine entrée en territoire hongrois, l'armée Rouge se préoccupa surtout de démanteler l'industrie et d'expédier machines et matériel en Union soviétique. Ce qui a permis d'affirmer que l'on ne pouvait pas exclure « l'hypothèse d'un retrait soviétique » [1].

Le certain, c'est qu'en 1945 le communiste Rakosi faisait patte de velours et se montrait avant tout soucieux de suivre la règle du jeu parlementaire. On procéda donc à des élections générales qui se firent au suffrage universel secret. Les premières élections libres de Hongrie. Mais aussi les dernières. Ces élections donnèrent une majo-

1. François Fejtö : *Budapest, l'insurrection* (1981).

Rakosi, ou la tactique du salami. (Interfoto M.T.I.)

rité importante au parti des petits propriétaires : 57 % des voix, une place relativement forte à la social-démocratie et 17 % seulement des voix aux communistes. Ce qui aboutit, à l'Assemblée, à la répartition suivante : 246 sièges aux petits propriétaires ; 70 aux sociaux-démocrates ; 67 sièges aux communistes ; 23 sièges au parti national paysan.

Assurément, le parti communiste avait progressé. Mais il eût suffi d'une coalition de centre gauche — à la finlandaise — pour qu'il se trouvât totalement éliminé du pouvoir.

Pour Rakosi et ses amis, une telle éventualité ne pouvait pas même être envisagée. Leur but : éliminer peu à peu les autres partis de la vie politique hongroise au profit du leur. Si l'on se situe en dehors de tout critère moral, on doit reconnaître que la tactique adoptée fut d'une redoutable efficacité. Peu à peu, les membres du parti s'infiltrèrent partout. Contre les autres partis, tous les coups étaient permis. C'est ainsi qu'en février 1947 on procéda à l'arrestation du secrétaire général du parti des petits propriétaires, Bela Kovacs. Prétexte : complot contre la sécurité soviétique. Plus tard, il fut démontré que ce complot était imaginaire : Kovacs fut, en 1955, libéré et réhabilité. Cette tactique, Rakosi, avec un orgueil parfaitement cynique, allait, lors d'une conférence à l'école supérieure du parti, en 1952, la baptiser *tactique du salami.* Il s'agissait, jour après jour, de débiter en tranches les adversaires politiques : « Par ce combat, qui se poursuivait sans trêve, nous épuisions la vitalité de l'ennemi. » Le raisonnement se voulait d'une admirable simplicité : tout ce qui n'était pas communiste était à droite. Tout ce qui était à droite était fasciste. Après la chute de Hitler, les crimes du fascisme n'étaient plus à démontrer. Donc, tout ce qui n'était pas communiste en Hongrie devenait criminel.

En 1947, nouvelles élections. Elles furent truquées. Résultat : les communistes, avec 21,5 % des voix, devinrent le premier parti de Hongrie, devant les petits propriétaires, 15,2 %, et les sociaux-démocrates, 14,8 %. Dès lors, on jeta le masque. En 1948, c'en était fini des dernières apparences de la démocratie parlementaire. Le seul parti communiste régnait sur la Hongrie. Pour faire bonne mesure, on arrêta le cardinal Mindszenty qui s'opposait à la sécularisation des écoles administrées par l'Église. Tous les partis furent supprimés, hors le parti communiste, et l'on procéda à la nationalisation du commerce et de l'industrie. Conformément au modèle soviétique, on donna la priorité à l'industrie lourde, même si les économistes démontraient que ce n'était pas là une voie qui s'imposait en Hongrie. Pour briser définitivement toute opposition, on jeta en prison tous ceux qui pensaient mal ou qui, même, étaient soupçonnés de pouvoir penser mal. Ce fut en Hongrie une longue série de crimes judiciaires. Le gouvernement Kadar, en 1962, a procédé à une enquête approfondie, de laquelle il est apparu que le principal organisateur de ces procès et de ces crimes n'était autre qu'Ernö Gerö. Un article paru en 1980 dans la revue *Historia* de Budapest montre ce Gerö comme un homme « haineux, sadique, froid ». Autre détail : une ligne directe reliait Gerö au Kremlin.

Aux côtés de Gerö, Mihaly Farkas, un ancien typographe devenu général et qui cumulait le ministère de la Défense avec le contrôle, au Bureau politique, des affaires de l'Intérieur et de la Police politique, allait se charger d'organiser, en 1949, le procès Rajk. En ce temps, Staline voulait apporter la preuve de la trahison de Tito et du désir de celui-ci de faire éclater l'empire communiste. Il fallait donc lui découvrir des complices dans les démocraties populaires. Ces complices n'existaient pas ? Il suffisait de les inventer. A cette sinistre loterie, Slansky — et d'autres Tchécoslovaques — tirèrent le mauvais numéro. En Hongrie, Rajk — et d'autres — furent choisis.

La mort de Rajk et de ses « complices » allait marquer le début d'une effroyable chasse aux sorcières. Bientôt il ne resta plus un seul dirigeant socialiste en liberté. On frappa même dans les rangs des vieux communistes, surtout les anciens des brigades internationales d'Espagne, les résistants de la Seconde Guerre mondiale. On arrêtait,

La victime et les bourreaux : de g. à d. Rajk, Gerö, Rakosi. (Interfoto M.T.I.)

on torturait, on pendait, on fusillait. Jusqu'en 1953, plus de deux mille exécutions capitales pour faits politiques. Deux cent mille prisonniers dans les prisons ou dans les camps, soit 2 % de la population.

Le pays tout entier était quadrillé par la police politique, l'A.V.H. Les hommes de cette police, dès qu'ils se présentaient quelque part, répandaient — comme la peste de la fable — la terreur. Dans un débat diffusé par la télévision hongroise à l'automne de 1981, pour le vingt-cinquième anniversaire des événements de Budapest, les participants énumérèrent quatre causes de l'insurrection de 1956. La première était la « politique erronée » de la direction Rakosi ; la seconde, l'activité particulière du groupe Imre Nagy ; la troisième, l'intervention de groupes réactionnaires ; la quatrième, l'activité subversive de l'impérialisme occidental. Mais les participants déclarèrent formellement que, sans la première cause, les trois autres n'auraient pu aboutir. On le reconnaît donc officiellement aujourd'hui en Hongrie : l'insurrection de 1956 fut le résultat évident de la terreur impitoyable déclenchée, de 1949 à 1953, par Rakosi et ses lieutenants.

Et puis Staline mourut. Le 5 mars 1953. Son âme damnée Beria fut destitué le 9 juillet de la même année, et bientôt exécuté. On n'en était pas encore néanmoins à la déstalinisation officielle. Ce n'est qu'en février 1956, lors du XXe Congrès du parti communiste de l'Union soviétique, que Nikita Khrouchtchev, avec la violence que l'on sait, dénoncera les crimes de Staline. Mais, dès après la mort du tyran, dès 1953, les politiques du Kremlin avaient compris que les oppressions trop accablantes, les iniquités trop criantes ne pouvaient plus être tolérées. Il était urgent de desserrer les plus inacceptables des pressions. Le Politburo « conseilla » aux gouvernements des démocraties populaires — et notamment à celui de Hongrie — de réviser les procès des périodes précédentes. Il fallait libérer les condamnés encore en vie et les réhabiliter. A cette nouvelle ligne — même si elle ne lui plaisait guère — Rakosi dut bien se plier. Le Kremlin lui « conseilla » de séparer désormais le secrétariat du parti de la présidence du Conseil. Lui, Rakosi, pourrait demeurer premier secrétaire, mais on lui « conseillait » de nommer Imre Nagy Premier ministre.

Voici prononcé le nom essentiel qui va dominer l'insurrection de Budapest. Un nom qui portera les espoirs de millions de Hongrois. Un nom en forme de drapeau

Mais qui était Imre Nagy ?

Un bel homme, du type que les étrangers attribuent traditionnellement aux nobles hongrois de la Belle Époque : abondante moustache grise, regard droit et franc, voix grave et bien timbrée. En fait, ce prototype d'aristocrate était fils de paysan. Depuis son plus jeune âge, il avait opté pour la révolution, adhéré dès 1919 avec élan à la République soviétique hongroise. Son engagement s'était révélé si total qu'après l'échec, il avait dû s'expatrier. Il avait émigré en Russie. Rentré en Hongrie en 1945, il avait été le promoteur du partage des terres. Sa popularité auprès des masses paysannes datait de là [1].

Sous Rakosi, il n'était pas bon d'être populaire. Imre Nagy fut écarté du pouvoir pendant huit ans. Les Hongrois savaient, par conséquent, qu'il n'avait pris aucune part aux crimes perpétrés durant la même époque.

On salua donc avec joie sa nomination comme Premier ministre. On y voyait une conséquence directe — et l'on n'avait pas tort — de la mort de Staline. Nagy n'allait nullement décevoir les espoirs mis en lui. Il ouvrit les portes des prisons, décréta une amnistie, permit aux paysans de quitter les kolkhozes pour exploiter leurs propres terres. Le prolétariat ouvrier se plaignait des cadences infernales dont on usait dans l'industrie ; Imre Nagy fit adopter la journée de huit heures. Il redonna leur place aux intellectuels. Bref, comme l'a dit l'écrivain hongrois Tibor Meray, il inaugura « l'avènement d'une ère plus libérale pour l'esprit ».

Mais Rakosi restait premier secrétaire du parti. Il détestait Nagy et

1. Tibor Meray : *Budapest* (1966).

Imre Nagy au pouvoir : Rakosi ronge son frein. (Keystone)

sa popularité. Il enrageait de lui voir marquer des points. La victoire sonna pour Rakosi en mars 1955. Profitant du limogeage de Malenkov en U.R.S.S., il obtint le renvoi de Nagy. Cette retraite, brutalement annoncée, fut accueillie par les Hongrois comme une catastrophe nationale. Dès lors, le « Vieux » se mua en figure légendaire. Il était condamné pour opportunisme, pour déviationnisme de droite. Il était évincé du parti. Mais les Hongrois ne rêvaient que de lui. Quand il apparaissait en public, bonhomme, jovial, avec son accent savoureux, on l'acclamait. Un témoin rappelle : « L'été 1956, je l'ai rencontré à la terrasse du restaurant aménagé sur un bateau amarré en permanence près du pont Lanchid, sur le Danube. Il était arrivé à l'improviste, en compagnie de sa femme. En quelques minutes, un attroupement s'était formé sur le rivage, pour apercevoir l'ex-Premier ministre, et le contempler dans un recueillement quasi religieux. »

Cette position toute particulière d'Imre Nagy a été remarquablement décrite par le rapport de l'O.N.U. sur les événements de Budapest : « Nagy est devenu, à l'intérieur du parti, l'un des leaders des groupes antistaliniens, et l'avocat d'une politique de libéralisme. Il avait des admirateurs au-delà du cercle limité des communistes. Plusieurs témoins ont déclaré au Comité que, bien qu'Imre Nagy fût du parti, ils le considéraient comme *un bon Hongrois,* un homme honnête, compétent et courageux... »

Bref, un Cincinnatus hongrois. A travers l'histoire, l'existence des Cincinnatus peut se révéler, pour le pouvoir établi, comme un avantage. Ou le contraire. Selon le point de vue auquel on se place. Ce que l'historien doit constater, c'est que de mars 1955 à l'été de 1956, les Hongrois — certains confusément, d'autres ouvertement — ont rêvé d'une *solution Nagy.*

Nul n'a oublié le coup de tonnerre du XXe Congrès. Le petit homme chauve qui, à la tribune du Kremlin, démontait devant les délégués médusés le mécanisme de la tyrannie stalinienne, cet homme-là, Nikita Khrouchtchev, venait d'entrer dans l'Histoire. Mais si nous-mêmes, en Occident, avons découvert avec autant de stupeur cette volée de bois vert administrée au dictateur géorgien, imagine-t-on ce qu'a pu être la réaction de ces millions de gens, à l'Est, qui eux avaient vécu, dans leur âme et souvent dans leur chair, cette tyrannie ? En fait, c'étaient les verrous qui sautaient. Partout, le phénomène de libéralisation prenait une ampleur que nul n'aurait osé prévoir six mois auparavant. En mars 1956, Walter Ulbricht, premier secrétaire du parti communiste est-allemand, accusait Staline de s'être montré imprévoyant à la veille de l'agression hitlérienne de 1941. Le même mois, en Hongrie, Rakosi — prenant en toute hâte le train en marche — réhabilitait Rajk et ceux qui étaient morts avec lui. En avril, on apprenait la dissolution du Kominform, geste de bonne volonté à l'égard des Occidentaux, mais surtout à l'égard de Tito avec qui Moscou se réconciliait avec éclat, reconnaissant qu'il existait « des voies différentes vers le socialisme ». En Bulgarie, l'ancien ministre de l'Intérieur, Anton Yougov, remplaçait Tchérenkov, président du Conseil. Une commission spéciale réhabilitait Kostov, exécuté en 1949 pour *titisme.*

En juin, ce fut la première crise grave de la déstalinisation : à Poznan, en Pologne, cinquante mille travailleurs se mettaient en grève et défilaient en réclamant du pain, des élections libres et le départ des troupes soviétiques. Après vingt-quatre heures d'affrontements entre policiers et manifestants, l'armée et les tanks allaient rétablir l'ordre : plus de cinquante morts, trois cents blessés.

Comment la Hongrie serait-elle restée à l'écart de ce mouvement venu des profondeurs ?

Après Poznan, on notera des signes d'agitation parmi les travailleurs hongrois. Mais c'est au sein des intellectuels que naîtra l'élan qui, bientôt, balayera tout. Ou tentera de balayer tout...

A la fin de 1955, l'Union des jeunesses communistes avait patronné la création du Cercle Petöfi, lieu de rencontre que souhaitaient beaucoup de jeunes intellectuels. Un cercle bien dans la ligne : sur les vingt membres, dix-sept n'étaient-ils pas membres du parti ? D'abord, les réunions s'étaient déroulées fort académiquement. Puis, de séance en séance, le ton s'était élevé. On a su dans Budapest que l'on parlait quasi librement au Cercle Petöfi. Alors on y a couru. Si, le 31 mai 1956, six cents personnes assistent à un débat sur l'historiographie marxiste, deux mille sont là, le 18 juin, lors d'une bouleversante rencontre entre de vieux communistes échappés des prisons de Rakosi et la jeunesse intellectuelle. Quel frémissement quand on voit paraître à la tribune Julia Rajk, grande, brune, vêtue de noir, le visage marqué par la souffrance ! Elle était déjà communiste au temps de l'amiral Horthy. Elle jure que les prisons de ce temps-là étaient moins dures que celle où Rakosi l'a jetée :

— Quand ils sont venus m'arrêter, j'étais en train de soigner mon bébé de cinq mois. Pendant cinq ans, je n'ai pas eu de nouvelles de mon enfant. Pas un mot, pas une lettre !...

Sur l'estrade, des fonctionnaires du parti l'écoutent, effarés. Elle se tourne vers eux, leur crie :

— Vous n'avez pas tué que mon mari, vous avez tué toute dignité dans notre pays, vous avez détruit la vie politique, morale et économique de la Hongrie... Où étaient les membres du parti pendant que ces choses-là se passaient ? Comment ont-ils pu tolérer une telle dégénérescence sans se dresser contre les coupables ?

Tout entière, l'assistance se dresse, l'acclame. Le 27 juin, ce sont six mille auditeurs qui, de 7 heures du soir à 4 heures du matin, participent à un débat vibrant sur la liberté de la presse. On acclame l'écrivain communiste Tibor Déry lorsqu'il crie :

— Je suis optimiste et j'espère que nous pourrons nous débarrasser de nos dirigeants actuels !

Mais, au cours du même débat, il s'est produit une intervention imprévisible — et capitale. Le directeur de l'organe du Front populaire patriotique, le journaliste Losonszi, a réclamé la réhabilitation d'Imre Nagy. Une fois encore, la salle s'est dressée. Un cri enthousiaste a déferlé :

— Vive Imre Nagy ! Retour d'Imre Nagy au parti !

C'est donc cette nuit-là, au Cercle Petöfi, qu'Imre Nagy a fait sa rentrée politique. A son corps défendant. Preuve que son nom suscite toujours autant d'espoir. Preuve aussi, à cette date, que les opposants hongrois n'envisagent aucune alternative qui ne se situerait dans le cadre du parti.

Le lendemain, Rakosi lira avec colère le compte rendu de cette réunion en forme de provocation. Il fera condamner par le Comité central les « manifestations antiparti » du Cercle Petöfi. « L'opposition ouverte contre le parti et la démocratie populaire est organisée principalement par un certain groupe qui s'est formé autour d'Imre Nagy. » On exclura Tibor Dery du parti. Rakosi aurait voulu aller beaucoup plus loin. Moscou l'en empêcha. L'heure n'était plus à la répression.

Ou ne l'était pas encore.

Ce furent, en juillet, les visites à Budapest de Mikoyan, le diplomate, et de Souslov, le doctrinaire. Ils jugèrent très vite que Rakosi, décidément, avait fait son temps. En quelques minutes, son sort fut réglé. Rakosi se vit remplacé par Ernö Gerö, pourtant associé à lui pendant la terreur de 1949-1952. En fait, les *missi dominici* de Moscou avaient surtout paré au plus pressé. Sans doute espéraient-ils que leur manœuvre ferait illusion et que Gerö se reforgerait une virginité. De plus, Mikoyan et Souslov avaient fait entrer à la direction du parti des hommes « neufs », tels que Janos Kadar, sorti des geôles où Rakosi l'avait emprisonné en 1950, après l'avoir fait condamner, comme espion titiste, aux travaux forcés à perpétuité. Libéré après la mort de Staline, réduit à l'état de loque humaine, Janos Kadar avait été réintégré dans le parti. En juillet 1956, il devenait l'un des secrétaire du Comité central. Dans ces sortes d'histoires, là où elles se sont déroulées, il ne faut s'étonner de rien.

La nouvelle direction allait proclamer sa volonté d'accélérer la démocratisation, de faire revivre le Front populaire patriotique, d'accroître le rôle du Parlement et des syndicats, de rendre aux écrivains et aux artistes davantage de liberté.

Car les intellectuels fermentaient toujours.

Et ce furent, le 6 octobre, les funérailles solennelles de Laszlo Rajk et des autres condamnés.

Comme tout allait vite ! En Pologne, Gomulka, accusé de déviationnisme en 1949, emprisonné de 1951 à 1955, était réhabilité et réintégré dans le parti. Le premier secrétaire du Comité central, Ochab, reconnaissait que les émeutes de Poznan découlaient directement des fautes du gouvernement. En octobre, ce fut l'extraordinaire virage polonais, l'élection, le 19, d'un nouveau Politburo dont la composition devait marquer une profonde volonté de changement, voire une réforme du régime. C'était, le même jour, à Varsovie, l'arrivée impromptue de Khrouchtchev, Kaganovitch, Mikoyan, Molotov, mais aussi celle du maréchal Koniev, commandant en chef des troupes du pacte de Varsovie, escorté de plusieurs généraux. Extraordinaire, bouleversant face-à-face au palais du Belvédère. Triomphe des Polonais qui parvenaient à convaincre les Soviétiques que, tout en s'adonnant à une politique plus libérale et plus nationale, ils resteraient fidèles à l'alliance avec le grand voisin. Le lendemain 21, lors de l'élection du nouveau Bureau politique, Gomulka était désigné comme premier secrétaire.

A toute allure, à l'Est comme à l'Ouest, les rotatives tournaient, apportant à des millions de lecteurs la nouvelle du plus important *changement* survenu en Europe depuis la Seconde Guerre mondiale. Les radios ne parlaient que de cela. La radio hongroise comme les autres. De bulletin en bulletin, la radio de Budapest narrait dans tous ses détails le coup de théâtre polonais. Les Hongrois apprenaient qu'Ernö Gerö, avec plusieurs dignitaires communistes, était parti rencontrer Tito à Belgrade. Tito ! La vipère lubrique, le traître voué par Staline à toutes les exécrations. Tito rentré en grâce. Décidément, il fallait, si l'on se voulait un dirigeant communiste conséquent, savoir assouplir son échine. Mais qu'importait aux Hongrois le voyage de Gerö ! Ce qui les concernait bien davantage, c'étaient les nouvelles de Pologne. C'était la radio, toujours. Et que disait-elle, le 22 octobre 1956, la radio de Budapest ? Ceci : « L'élection de Wladislaw Gomulka au poste de premier secrétaire du parti a été saluée avec une très vive satisfaction. Bien des passages du discours de Gomulka devant le Comité central du parti unifié ont trouvé un écho profond parmi les travailleurs hongrois... Ce qui a le plus retenu l'attention, c'est le ton du discours, sa franchise et sa sincérité dans l'énumération des difficultés économiques et des problèmes politiques, et cela n'est pas un hasard. En feuilletant les journaux hongrois, on tombe souvent sur des articles analysant et critiquant la situation de notre pays. Notre opinion publique, comme notre presse, exige toute la vérité sur nos problèmes. Cette revendication est normale, car, par la faute des dirigeants écartés récemment du pouvoir, la vérité a subi bien des entorses. Ils nous ont laissé un lourd héritage de honte et de difficultés économiques. Dans le discours de Gomulka, nous voyons une tentative louable de montrer au peuple polonais, d'une façon réaliste, la situation générale... Notre conviction est que, pour une cause juste, pour la cause de la vérité socialiste, on ne peut lutter qu'avec la vérité, qu'avec des méthodes justes. »

Au vrai, les auditeurs hongrois n'en croyaient pas leurs oreilles. On osait donc parler, à la radio de Budapest, de ce « lourd héritage de honte » laissé par les « dirigeants écartés récemment du pouvoir » !

A juste titre, l'historien peut voir dans cette prise de position de la radio de Budapest le prélude immédiat aux événements qui allaient éclater quelques heures plus tard.

Le lundi 22 octobre au matin, la nouvelle parvient à Budapest que, le mardi précédent, deux cents étudiants se sont réunis à Szeged et ont résolu de créer une organisation indépendante sous le nom de Fédération hongroise des associations d'étudiants des universités et collèges. En fait, cette réunion de Szeged n'est rien d'autre que l'une de ces innombrables manifestations qui, depuis quelques jours, éclatent spontanément dans toute la Hongrie. On revendique, on réclame, on exige. Un premier résultat a été obtenu, le 19, quand on a su que le ministre de l'Éducation avait annoncé que l'on envisageait de supprimer l'étude obligatoire du russe et de préparer d'autres réformes.

A peine la résolution des étudiants de Szeged a-t-elle été connue à Budapest que les étudiants de la capitale s'émeuvent. Partout, on discute ferme. Divers groupes universitaires des facultés d'économie politique, de philosophie et de médecine décident de se réunir dans la journée.

Donc, ce lundi 22 octobre 1956, à 15 heures, au grand amphithéâtre de l'Université, quatre à cinq mille étudiants s'agglutinent. La réunion va se poursuivre tout l'après-midi, toute la soirée, durer une partie de la nuit. Très vite, on a dépassé les problèmes pratiques de la vie universitaire, thème avoué de la réunion. Passionnément, on a évoqué le problème de la Pologne. On a crié qu'il fallait rétablir la démocratie en Hongrie, cela dans l'esprit de la révolution de 1849. On a acclamé le nom d'Imre Nagy. Encore, toujours Nagy. On a réclamé l'application dans le pays de la Déclaration universelle des droits de l'homme. Et puis on s'est enhardi. L'un des chefs de la jeunesse communiste, follement acclamé, a réclamé le départ de Hongrie des troupes soviétiques :

— Tant que ces troupes resteront en Hongrie, l'évolution politique désirée ne pourra avoir lieu, le pays étant soumis à une tyrannie impérialiste !

D'autres ont demandé que la monumentale statue de Staline, « symbole de la tyrannie stalinienne et de l'oppression politique », soit ôtée le plus vite possible de la vue des Hongrois, « qu'elle offense ».

Sur cette lancée, on va voter une déclaration en seize points, véritable programme d'action immédiate et dont les principaux sont les suivants : « Évacuation des troupes soviétiques ; élection des dirigeants du parti par les militants au scrutin secret ; reconstitution du gouvernement sous la direction du camarade Imre Nagy et révocation de tous les dirigeants stalino-rakosistes ; procès publics contre Rakosi, Farkas et leurs complices ; organisation d'élections générales au scrutin universel et secret, avec la participation de plusieurs partis ; droit de grève pour les travailleurs ; révision et rajustement des traités soviéto-hongrois ; publication des rapports commerciaux avec l'étranger et du montant exact des réparations accordées aux Russes ; rajustement des salaires, avec un salaire minimum assuré ; révision des procès politiques et économiques, réhabilitation des innocents ; création d'un quotidien à grand tirage pour la nouvelle organisation estudiantine [1]. »

Après avoir demandé encore que l'on remplace sur le drapeau hongrois l'écusson « étranger au peuple » par les armoiries de Kossuth, les étudiants se sont séparés — à 2 heures du matin — en annonçant qu'ils se rendraient le lendemain devant la statue du général polonais Joseph Bem, combattant de 1848-1849 aux côtés des Hongrois contre les Autrichiens et les Russes. Un représentant de l'Union des écrivains, le poète communiste Zoltan Zelk, n'est-il pas venu annoncer que l'Union avait décidé de déposer le lendemain une couronne devant la statue de Bem, « en l'honneur de la lutte de la Pologne pour son indépendance » ? L'idée a été accueillie avec bonheur. Dans l'instant, un seul cri dans toutes les travées bondées de l'amphithéâtre :

— Nous aussi, manifestons !

En régime de démocratie populaire, c'est un mot redoutable que celui de manifestation. Des professeurs se sont levés, ont voulu conseiller la prudence. Les étudiants leur ont fermé la bouche :

— Nous voulons une manifestation silencieuse, car seules les manifestations silencieuses, paisibles et ordonnées nous permettront d'atteindre nos buts !

Rendez-vous a donc été pris pour le jour même, au début de l'après-midi.

Le 23 octobre.

1. Résumé par François Fejtö, *op. cit.*

Bulletin de la météo pour le mardi 23 octobre 1956 : belle journée ensoleillée, ciel dégagé, température supérieure à la moyenne. Ceci pour Budapest.

Il est au rendez-vous, le soleil. Il brille sur les toits de la capitale, sur ses ponts, sur ce Danube tant chanté, ici large et majestueux, qui sépare *Buda* de *Pest*. Il réjouit le cœur de ces centaines de milliers d'hommes et de femmes qui marchent le long des avenues, des rues, et qui prennent d'assaut les transports publics pour, ce matin-là comme tous les autres, se rendre à leur travail.

La manifestation des étudiants ? Le rendez-vous auprès de la statue du général Bem ? Ces hommes et ces femmes-là l'ignorent. Mais, la veille au soir, ils ont une fois de plus écouté la radio. Et, parce qu'ils ont entendu parler de la Pologne nouvelle, ces travailleurs, épuisés par des années de privations, logés pour la plupart dans d'insupportables conditions, rendus amorphes par la nécessaire prudence qui gouverne la vie quotidienne en régime totalitaire, ces travailleurs ne marchent pas vers leur lieu de travail du même pas que la veille. Ils attendent quelque chose. Quoi ? Ils ne savent pas. Mais ils attendent.

A la même heure un vieil homme s'enfonce dans les vignobles du lac Balaton. Tout en bas, l'eau étincelle entre les grappes. Le vieil homme porte sur ses épaules un panier de vendangeur. Il s'appelle Imre Nagy. Il est loin de la capitale. Il ne sait rien. Il est *totalement étranger* à ce qui va se passer ce 23 octobre.

Plus tard dans la matinée, un peu avant 10 heures, un train spécial entre en gare de Budapest. Il vient de Belgrade. A son bord, la délégation du gouvernement hongrois qui vient de rendre au président Tito une visite d'amitié. La portière du wagon Pullman s'ouvre, des hommes réjouis descendent sur le quai agrémenté du tapis rouge de rigueur. Une fanfare lance vers la verrière enfumée les accents un peu lourds d'une marche militaire. Voici Ernö Gerö, premier secrétaire du parti, Andras Hegedus, Premier ministre, Antal Apro, adjoint du Premier ministre, Istvan Kovacs, chef des organisations du parti pour Budapest. Et voici un cinquième homme, Janos Kadar, secrétaire du Comité central du parti. Oui, Janos Kadar, le rescapé.

Ces hommes-là ne savent pas encore que la Hongrie qu'ils retrouvent n'est plus la même que celle qu'ils ont quittée huit jours plus tôt. Devant la gare, des voitures attendent. Ernö Gerö monte dans la sienne, une longue limousine noire. Il ordonne au chauffeur de se rendre directement au siège du parti. Ce qu'il trouvera sur son bureau, ce sont, soigneusement ronéotypés dans la nuit, les seize points votés la veille par les étudiants. Aucun témoignage ne nous est parvenu sur la réaction de Gerö. Mais nous pouvons aisément l'imaginer. La colère a dû succéder à la stupeur. L'audace de ces intellectuels n'aura-t-elle donc jamais de bornes ? En l'occurrence, pour Gerö, il s'agit d'un véritable crime de lèse-parti. Quand on lui annonce qu'une manifestation est prévue pour l'après-midi, il réagit brutalement : il n'y aura pas de manifestation.

Alors, vers 11 heures, interrompant une émission tzigane, la radio diffuse un communiqué : *Afin de préserver l'ordre public, le ministère de l'Intérieur interdit tout rassemblement et toute manifestation publique jusqu'à nouvel ordre. Laszlo Piros, ministre de l'Intérieur.* Immense déception, parmi les organisateurs de la manifestation, quand ils entendent ce texte catégorique. Plusieurs délégations vont se succéder, à la fin de la matinée, auprès du ministre de l'Intérieur et auprès de Gerö lui-même. Le rédacteur en chef du quotidien du parti, Marton Horvath — un ancien stalinien pourtant —, vient adjurer Gerö de ne pas prendre à la légère les revendications des masses. Gerö lui crie qu'il a perdu la tête et qu'il matera, lui, Gerö, les fauteurs et les trublions.

Sombrement, Horvath pose cette question :

— Camarade Gerö, que se passera-t-il si la jeunesse universitaire décide de passer outre à l'interdiction et de poursuivre malgré tout sa manifestation muette ?

— On tirera, répond le premier secrétaire du parti.

A 2 heures de l'après-midi, près des vestiges du pont Erzsébet, un premier cortège s'ébranle : celui des étudiants. Ils sont deux mille. Ils ont fait fi de l'interdiction. Ils ne savent pas que Gerö a décidé de faire tirer sur eux. Le sauraient-ils qu'ils marcheraient quand même.

La radio diffuse toujours de la musique. A 14 h 23, le programme est interrompu pour la lecture d'un nouveau communiqué : *Laszlo Piros, ministre de l'Intérieur, lève l'interdiction relative aux rassemblements et aux manifestations sur la voie publique.* Pourquoi cette volte-face ? A la vérité, les étudiants en marchant ont, comme il advient souvent, prouvé le mouvement. De plus, les messages n'ont cessé, depuis l'annonce de l'interdiction, d'affluer sur le bureau de Gerö. Ils proviennent en majorité des cadres moyens du parti. Ceux-ci se déclarent hostiles à tout interdit, à toute répression. Et puis Gerö, au milieu de cette déstalinisation qui déferle partout, se voit dans la plus fausse des situations. S'il ordonne de tirer, ne se fera-t-il pas rappeler à l'ordre par Moscou ? Sait-il seulement ce que l'on pensera demain à Moscou ? Décidément, à l'heure qu'il est, la vie n'est pas drôle pour les vieux staliniens restés au pouvoir.

La manifestation en hommage au général Bem : les drapeaux hongrois flottent sans emblème.
(Keystone)

Donc, on ne tirera pas.

Le cortège s'avance dans les rues de la capitale. De minute en minute, il grossit, ce cortège. De tous les trottoirs, d'autres hommes, d'autres femmes rejoignent les étudiants. Un cri, un double cri :

— Égalité ! Liberté !

Et aussi :

— Vive la Pologne !

Ou encore :

— La Pologne montre le chemin !

Maintenant, cent mille personnes convergent vers la place Bem. Le plus étonnant est que, dans cette foule, on découvre des soldats. Les voir électrise les manifestants. On crie :

— L'armée avec nous !

Et encore :

— Vivent les soldats ! A bas l'A.V.H. !

L'A.V.H., l'odieuse police politique, responsable de tant de crimes. Un nouveau cri scandé par cent mille voix :

— Élections libres !

Voilà le cortège, ou plutôt les cortèges, parvenus au pied de la statue du général Bem. La foule, pour la première fois, s'en prend aux Russes :

— De l'hôte le plus aimé, ras le bol après douze années !

Ce n'est pas méchant. Les Hongrois ont toujours eu de l'humour. Disons que ce n'est pas *encore* méchant.

Et puis, tout à coup, de la foule jaillit le chant éternel : *la Marseillaise.* Tout le monde ici le connaît, l'hymne français qui, derrière les soldats de l'an II, a annoncé la liberté à l'Europe des rois. Les observateurs le rapporteront : sur les visages de ces hommes et de ces femmes qui chantent *la Marseillaise,* c'est du bonheur que l'on voit. Une collaboratrice communiste de Radio Budapest, la Britannique Dora Scarlett, notera : « Tout ce monde semblait heureux et ému ; tous étaient souriants, clamant leur accord par le cri hongrois *eljen* (vive) sans qu'on puisse entendre le moindre mot de discorde, voire un seul incident. Ni avant ni après cette journée, je n'ai vu Budapest si heureuse. » Le correspondant du *Daily Express* de Londres, Sefton Delmer, écrit de son côté : « J'ai pu voir la population de Budapest s'enflammer du feu allumé à Poznan et à Varsovie, et descendre dans les rues se rebeller ouvertement contre ses maîtres soviétiques. J'ai marché avec eux et j'ai pleuré de joie comme eux, lorsque les emblèmes russes des drapeaux ont été arrachés par une foule exaltée. Mais ce qui compte par-dessus tout, c'est le fait que cette révolte semble devoir être victorieuse. » Sefton Delmer, téléphonant le jour même son article, ne craindra pas d'affirmer : « J'ai été aujourd'hui,

23 octobre, témoin d'un des plus grands événements de l'Histoire. »

On dépose la couronne de fleurs devant la statue du général polonais. Peter Veres, président de l'Union des écrivains, prend la parole. On l'entend à peine, car on n'a pas prévu de sonorisation. Qu'importe ! On applaudit de confiance. Même un discours en volapük enivrerait cette foule heureuse. De nouveau, on crie le nom d'Imre Nagy.

Il y a trop de monde sur cette place. D'elle-même, la foule se prolonge, s'étire, se porte vers une autre place, à dix minutes de là, la place Kossuth. Elle est longue de 500 mètres, large de 200, face à l'édifice néo-gothique du Parlement édifié au siècle dernier par les Habsbourg sur la rive opposée du Danube. Par tous les ponts, la foule se porte vers cette esplanade asphaltée. D'instant en instant, elle grossit. En fait, ce sont tous les quartiers de la capitale qui marchent vers le Parlement. Vers 6 heures du soir, il semble qu'on puisse dénombrer là trois cent mille personnes. On interrogera certains des participants à cette manifestation totalement informelle. Pourquoi étaient-ils là ? « Nous avons simplement senti qu'il était impossible de rentrer sans avoir fait quelque chose de définitif. »

Cette masse colorée, disparate, frémissante, scande toujours le nom d'Imre Nagy :

— Imre Nagy au pouvoir !... Nous voulons voir Imre Nagy !

Ces gens, dans leur naïveté, imaginent qu'un homme de la dimension d'Imre Nagy vit nécessairement au Parlement. Or il n'y détient aucune fonction officielle. Depuis son éviction du gouvernement, il n'y vient jamais. Seulement, dans la journée, il est arrivé du lac Balaton. Il est chez lui, dans sa villa des environs de Budapest. Comme tous les Hongrois, il vit aux aguets. Quel est le sens de ce qui se déroule en ce moment ?

La foule ne se décide pas à quitter la place du Parlement. Des amis de Nagy se transportent chez lui, le persuadent qu'il faut donner satisfaction à ces gens, sinon ils sont bien capables de rester là toute la nuit. D'autres s'inquiètent. Une foule, cela peut se laisser aller à des réactions spontanées, instinctives. Dangereuses.

Le Vieux écoute. Enfin, il hoche la tête. Il viendra.

Au Parlement, il est accueilli par Ferenc Erdei, un politicien écrivain. On le pousse dans le bureau de l'un des vice-présidents du Conseil, Jozsef Mekis — un fidèle de Rakosi — qui l'accueille fort mal :

— Tu n'aurais pas dû venir jusqu'ici.

Un ami de Nagy qui l'a accompagné, Vasarhelyi, saisit Mekis par les épaules :

— Es-tu devenu fou ? Il faut agir, et vite. Il faut sans tarder nommer Imre Nagy président du Conseil. Tu ne comprends donc pas ce qui se prépare ? C'est la révolution !

Mekis blêmit. Un témoin rapporte : « Nous gardions le silence. Le bruit de la foule montait jusqu'à nous avec une intensité effrayante. Puis le bureau fut envahi, en une minute, par des délégations d'étudiants, de journalistes, d'écrivains, de reporters de la radio. On pouvait remarquer plusieurs personnages politiques d'obédience stalinienne, le visage torturé par la colère et la crainte. Alors, Imre Nagy, jetant un regard de mépris sur Mekis, sans nous dire un mot, se tourna vers la porte-fenêtre et, après en avoir écarté les rideaux, il se montra à l'un des balcons du premier étage du Parlement pour parler à la foule [1]. »

La nuit est tombée. C'est dans l'ombre que se profile la silhouette de Nagy. Alors se produit l'incroyable : nul ne le reconnaît ! Il faudra que l'on apporte une lampe, qu'on la brandisse auprès de son visage pour que la foule, tout à coup, découvre son idole. Et l'acclame. Plusieurs témoins ont fait état d'une impression identique : ils ont cru que cette acclamation ne s'achèverait jamais.

Nagy lève la main, fait signe qu'il veut parler. Le silence s'établit. Aucun microphone. Autrefois, Kossuth s'adressait à des foules semblables. Alors pourquoi pas moi, Nagy ?

Il commence, enflant sa voix déjà naturellement forte :

— *Camarades... !*

Pourquoi commencerait-il autrement ? Ce vieux communiste, au début d'un discours, a toujours dit : camarades. Or, ce mot-là, la foule n'en veut pas. C'est à satiété qu'on lui a donné du camarade. Rakosi n'avait que ce mot à la bouche. Plus de camarades ! Une bordée de sifflets et de protestations interrompt le Vieux :

— Nous ne sommes pas des camarades !

Lui ne comprend pas. On lui avait dit qu'on le réclamait, et maintenant on le hue. Il demande le silence, l'obtient et interroge :

— Pourquoi me huez-vous ?

Des premiers rangs, on lui répond :

— Ce n'est pas vous mais vos propos que nous avons hués !

Quel observateur ne comprendrait que ce qui a changé, déjà, c'est un ordre des choses. Il suffirait à Imre Nagy, pour que cette foule explose, de jeter de l'huile sur ce feu qui prend si bien. Au contraire, il va s'employer à l'apaiser, à la calmer :

— Je salue avec affection ceux qui sont ici présents. Toute mon estime va à la jeunesse démocratique hongroise qui, par son élan,

1. Témoignage de l'écrivain communiste Tamas Aczel, prix Staline. Cité par Tibor Meray.

veut contribuer à écarter les obstacles qui se dressent devant la démocratie socialiste. C'est par la négociation au sein du parti et la discussion des problèmes que passe le chemin qui mène au règlement des conflits. Nous voulons sauvegarder l'ordre constitutionnel et la discipline. Le gouvernement ne saurait tarder à prendre une décision.

Tous ceux qui ont parlé en public connaissent l'existence de ce courant indéfinissable qui, entre l'orateur et ses auditeurs, passe — ou ne passe pas. Et l'orateur le sent, ce courant. Comment, à ce moment précis, Imre Nagy n'aurait-il pas *su* que ce public se détachait, n'adhérait plus, n'écoutait plus ? Pourtant, il fait son travail. Il va jusqu'au bout. Pour finir, il engage ceux qui l'entendent à rentrer chez eux. Rien de moins, mais rien de plus.

Comme ils sont déçus, ces gens ! Ils attendaient tant de Nagy ! Comment pourraient-ils comprendre que ce n'est pas du jour au lendemain que l'on fait d'un communiste un libéral ? Quand Nagy parle d'une nécessaire négociation au sein du parti, il est sincère. Un vieux communiste ne peut s'exprimer autrement et, même, il ne peut penser autrement.

Et le Vieux entre en scène. (Paris-Match/Pedra Goess)

Par voie de conséquence, il est très peu applaudi. Ce qui le déconcerte. Il se tait, il hésite, il retire ses binocles. Alors, soudain, monte de la foule, non plus *la Marseillaise,* non pas *l'Internationale,* mais l'hymne national hongrois. L'hymne interdit ! L'hymne national défendu ! Ces trois cent mille hommes et femmes chantent et Nagy, bouleversé, chante avec eux :

Dieu, bénissez notre peuple hongrois...

C'est fini. La foule se cherche encore. Les uns et les autres commencent à quitter la place. La plupart rentreront chez eux. D'autres choisissent de continuer à errer dans les rues.

C'est alors que, sur la place, surgissent des hommes littéralement hors d'eux-mêmes. Ils crient que, près de la radio, les AVO tirent sur la foule. Les AVO, ce sont les A.V.H. Naguère, du temps de Rakosi, c'étaient là les initiales officielles de la police secrète. On a changé les initiales, mais, pour beaucoup de Hongrois, c'est du pareil au même. Par dérision, par contestation, en parlant des A.V.H., ils disent toujours les AVO.

Que se passe-t-il donc devant la Maison de la Radio ?

Depuis la fin de l'après-midi, une autre foule stationne autour des immeubles regroupés qui constituent la Maison de la Radio. De même, en 1848, les insurgés avaient investi une imprimerie pour obtenir, bravant la censure, des tirages du poème qui allait marquer le début de leur révolution. Au XXe siècle, l'audiovisuel l'a emporté sur la chose imprimée. Depuis quelques jours, toutes les nouvelles ont été connues par la radio. Avec une sorte de logique, on s'est donc dirigé vers la Maison de la Radio. D'autant plus, au cours de la journée, que l'on avait annoncé à plusieurs reprises, pour 20 heures, une allocution radiodiffusée du camarade Ernö Gerö. Alors, à mesure que l'heure approche, on constate comme un frémissement d'impatience dans les rangs de ceux qui sont venus.

Parmi les premiers arrivants, des étudiants s'étaient donné une mission très précise : ils voulaient faire diffuser les revendications en seize points votés la veille à l'université. Toisés d'abord par les deux policiers de l'A.V.H. postés en armes de part et d'autre de l'entrée principale, les étudiants ont pu finalement entrer dans l'immeuble et entamer une difficile négociation. A 20 heures, elle n'a pas encore abouti.

Comme prévu, la radio diffuse le discours auquel Gerö a travaillé tout l'après-midi. C'est une diatribe contre ceux qui rêveraient de remplacer la démocratie socialiste par une démocratie bourgeoise :

— L'objectif principal des ennemis de notre peuple est

aujourd'hui de saper le pouvoir de la classe ouvrière, d'ébranler la foi des gens dans leur parti..., d'essayer de dénouer les liens étroits et amicaux entre notre pays et les autres pays qui construisent le socialisme, particulièrement entre notre pays et l'Union socialiste soviétique !

Cela dure un quart d'heure. De son ton désagréable, grinçant, aigu, Gerö dénonce les calomnies proférées contre l'Union soviétique :

— Tout cela n'est que mensonge effronté, calomnie hostile sans un grain de vérité !

Gerö s'énerve, proteste que les communistes hongrois mènent « une lutte constante contre le chauvinisme, l'antisémitisme et toutes les autres tendances et opinions réactionnaires, antisociales et inhumaines ». En guise de conclusion, il proclame :

— Nous sommes des patriotes, mais nous sommes en même temps des internationalistes prolétariens !

La nuit est tombée. Il fait encore très doux dans Budapest. Par les fenêtres ouvertes, l'éloquence encolérée de Gerö tombe sur les manifestants massés autour de la Maison de la Radio. La plupart n'entendent que des bribes, mais se fâchent. Un cri, bientôt :

— Il nous a traités de racaille... A bas Gerö !...

Le mot *racaille* ne se trouve pas dans le discours. Les manifestants n'en ont retenu que le ton. Et ce ton, déjà, les insulte. Cette foule est exaspérée. On crie maintenant :

— Ouvrez la porte ! Nous voulons une radio vérité ! Hissez le drapeau hongrois ! Donnez-nous un micro [1] !

La directrice de la radio paraît sur le balcon, tente de haranguer les manifestants : « Camarades ! » On la fait taire. Le même réflexe que pour Nagy : on ne veut plus de camarades. Vers 20 h 30, on voit paraître des renforts de l'A.V.H., armés de fusils, baïonnette au canon. La fièvre monte. Le bruit court soudain qu'un membre de la délégation des étudiants a été abattu à l'intérieur de l'immeuble. C'est le mouvement irraisonné, l'impulsion irrésistible : la foule se rue sur les portes pour pénétrer dans la Maison de la Radio. Au moyen de tuyaux d'arrosage, les A.V.H. s'efforcent de la tenir à distance. Sur un chantier voisin, les manifestants découvrent des briques. Ils courent s'en emparer, reviennent, les lancent sur les AVO. Ceux-ci — escalade traditionnelle — substituent aux jets d'eau des gaz lacrymogènes.

---

1. *Budapest 1956*. La Révolution hongroise présentée par François Fejtö (Collection Archives, 1966).

Qui a tiré le premier ? Comme toujours, en ces sortes d'affaires, l'historien se trouve en présence de versions parfaitement contradictoires. Si l'on s'en rapporte aux livres blancs publiés par le gouvernement Kadar, les premiers coups de feu sont partis de la foule. Des « bandits en armes », occupant les bâtiments voisins, auraient ouvert le feu en direction des studios. « C'est alors, et alors seulement — après que de nombreux gardes eurent été tués ou blessés —, que les forces de sécurité reçurent l'ordre de tirer. Les assaillants, en possession de pistolets automatiques et de grenades à main, intensifièrent leur assaut. »

Cependant, le rapport de l'O.N.U. affirme que « des agents de l'A.V.H. sont sortis en courant par la porte principale de l'immeuble et ont commencé à tirer dans toutes les directions. Il y a eu au moins trois tués — quelques-uns disent huit — et de nombreux blessés ».

L'indiscutable, c'est que la fusillade a continué pendant une vingtaine de minutes. Les A.V.H. tirent des fenêtres de l'immeuble. Parmi les manifestants, de nouvelles victimes. La foule doit reculer. Certains s'élancent à travers la ville, brandissant les vêtements sanglants des premiers morts. Atterrés, bouleversés, des groupes vont grossir le cortège. C'est alors que des messagers sont allés porter la nouvelle du massacre aux manifestants qui, après avoir entendu Nagy, se dispersaient devant le Parlement. Aussitôt, ceux-ci se sont dirigés vers la Maison de la Radio. Du coup, le « siège » s'est trouvé renforcé.

Un nouveau renfort — inattendu — va rallier les assiégeants : des jeunes gens libérés de la mission impérieuse qu'ils s'étaient fixée : abattre la statue de Staline.

Ôter de la vue des habitants de Budapest ce monument surtout remarquable par ses dimensions gigantesques, c'était là — on doit s'en souvenir — l'une des revendications affirmées la nuit précédente par les étudiants réunis à l'université.

Au nord-est de la capitale s'étend le bois de Budapest ; non point, comme à Paris le bois de Boulogne, à l'écart de la ville, mais comme à Londres Hyde Park, englobé dans la ville. Là, sur un socle de quinze mètres, s'élève — colossale provocation de bronze — la statue de Joseph Staline. Dans la soirée, les premiers groupes d'étudiants se sont massés autour du monument. Tous, ils sont mus par le même désir : faire choir la statue.

On avait cru la chose facile. On s'est trompé. On noue un câble autour des jambes du colosse de bronze, on l'attache à un camion de dix tonnes. Le chauffeur tente de démarrer. Le camion patine sur place. Staline résiste. On ne se décourage pas, on attache le câble autour de l'énorme cou de la statue, le camion tente une nouvelle fois de démarrer. En vain. Le monstrueux Staline reste solidement campé sur ses jambes.

A 22 heures, les étudiants sont cinq mille. Beaucoup de jeunes ouvriers les ont rejoints. Ils sont déçus, furieux, ils enragent. C'est un ouvrier qui, surgissant sur un side-car et brandissant un appareil à souder fixé sur une bouteille d'oxygène, apporte la solution du problème. On l'acclame. De jeunes ouvriers montent sur la statue. La flamme de l'appareil à souder creuse rapidement une ouverture dans le métal des genoux. Le câble est toujours fixé autour du cou. Le chauffeur du camion met le contact, les étudiants et les ouvriers retiennent leur souffle. Le camion démarre, roule, le câble se tend. Cette fois, la statue vacille et tout à coup s'écroule sur le ciment de la place, dans un épouvantable fracas.

Un immense cri de joie s'est levé vers le ciel. Sur le socle, il n'y a plus que les bottes de bronze et l'inscription : « Au grand Staline, le peuple hongrois reconnaissant. »

Les cinq mille étudiants et ouvriers libérés par la chute de l'idole ont presque tous rejoint la Maison de la Radio.

Le siège continue. Les renforts successifs d'A.V.H. n'y suffisent plus ; à 22 heures, on a envoyé en renfort un détachement de soldats de l'armée régulière.

Rapport de l'O.N.U. : « La foule l'a arrêté. Un vieil ouvrier a sauté sur un camion et a récité un poème célèbre : " Ne tire pas, mon fils, car moi aussi je serai dans la foule. " Les soldats ont hésité un instant, ont regardé leur officier, puis ont sauté des camions et se sont joints aux manifestants. »

Nouveau renfort destiné à la défense de la Maison de la Radio : voici trois chars de l'armée hongroise. Deux officiers, surgissant de leur tourelle, crient qu'ils ne tireront pas sur la foule !

Des camions paraissent, chargés d'ouvriers. Ayant appris que des combats avaient éclaté, ils se sont emparés de ces camions et, à toute allure, se sont dirigés vers le centre de Budapest. En route, de soldats ou de policiers rencontrés en chemin, ils ont reçu des armes. D'autres se sont fait ouvrir les armureries de casernes.

Toute la nuit, autour de la Maison de la Radio, on va se battre. Au petit jour, enfin, les manifestants se rendent maîtres de l'immeuble. Au moins d'une partie de l'immeuble. Car, pendant les jours qui suivront, on se battra encore sporadiquement autour de la Maison. En définitive, les insurgés s'en empareront, faisant prisonniers les agents de l'A.V.H. qui l'auront défendue.

Au cours de la même nuit, tard dans la soirée du mardi 23 octobre, d'autres manifestants se sont rendus aux bureaux du journal du parti, le *Szabad Nep,* et ont réclamé la publication des seize points élaborés par les étudiants du Cercle Petöfi. Là aussi, l'immeuble du journal est protégé par un détachement de l'A.V.H. Là aussi, l'A.V.H. tire sur la foule. La nuit s'avançant, les manifestants — qui ont pu se procurer des armes — parviennent à occuper le bâtiment tout entier.

Dans les heures qui suivent, les manifestants pénètrent par effraction dans les librairies qui vendent des livres russes. Ils font des montagnes de ces livres qu'ils transforment en feux de joie. Les observateurs se déclarent formels : aucun pillage n'a eu lieu au cours de cette nuit. En revanche, les premiers morts sont tombés. Les premières des dix mille victimes de l'insurrection de Budapest.

Ces morts, on les pleure. Mais la vue des cadavres n'en a que davantage fortifié la conviction des habitants de Budapest : la révolution est en marche.

Chers auditeurs, voici maintenant une information spéciale. Convoqué par le Politburo, le Comité central vient de se réunir pour discuter de la situation actuelle et des mesures qu'il convient de prendre.

A 22 h 22, tel est le communiqué que la radio de Budapest vient de diffuser.

Étrange, cette réunion du Comité central. Dramatique. Après son discours de la place du Parlement, Imre Nagy a été convoqué au siège du Comité central du parti. Il n'y a guère que cent mètres entre le Parlement et ce siège. Le Vieux les a parcourus à pied, accompagné de son gendre, un pasteur protestant, et de plusieurs amis.

Gerö attend en compagnie d'Andras Hegedus, le Premier ministre. Plutôt frais, l'accueil :

— Voilà donc ce que tu as réussi ! s'exclame Gerö.

Avec un calme parfait, Nagy rappelle qu'il rentre de vacances. Si Gerö le veut, il peut repartir sur-le-champ.

Gerö bondit :

— C'est toi qui as préparé ce plat, tu n'as plus qu'à cuire dans ton jus !

Avec le même calme, le Vieux rappelle qu'il a à plusieurs reprises mis en garde le parti et le gouvernement, les conjurant de ne pas jouer avec le feu. Furieux, Hegedus intervient, crie que ce feu a été allumé par lui, Imre Nagy.

— Vous avez mené et vous menez encore aujourd'hui, rétorque Nagy, une politique nulle, bâclée, de demi-mesures, d'affronts inutiles.

Pour toute réponse, Gerö hurle que, par dépit, pour n'avoir pas obtenu satisfaction de la part du Comité central, Nagy a organisé une émeute fasciste :

— Je la réprimerai dans le sang, ton émeute !

Avec quelque timidité, Hegedus observe que le Comité central a commencé de siéger et qu'il faut tout de même que le camarade Gerö et lui-même assistent à la session.

Imre Nagy va-t-il être prié d'assister à cette séance sans précédent ? Non. Sèchement, on l'invite à attendre dans l'antichambre.

De la réunion du Comité, que savons-nous ? Les informations qui ont filtré montrent que la discussion fut dure, pénible. Au début, Gerö ne veut à aucun prix que l'on fasse appel à Imre Nagy, mais les plus raisonnables des membres soulignent qu'il faut, à l'instar des Polonais, lâcher du lest. Elle se révèle incontestable, la popularité d'Imre Nagy ; ne faut-il pas en tenir compte ? De temps en temps, des informations proviennent de l'extérieur qui mettent à rude épreuve la fidélité des amis de Gerö : le nombre des manifestants ne grossit-il pas d'heure en heure ?

Enfin, une majorité se dégage pour réintégrer Imre Nagy dans les rangs du Comité central. Et lui attribuer les fonctions de Premier ministre !

La porte s'ouvre. On vient annoncer la nouvelle à Imre Nagy. Le Vieux demeure grave, très grave. Il n'acceptera que si l'on procède à des changements profonds parmi les hautes instances du parti. Il exige que plusieurs fidèles de Rakosi quittent le bureau politique.

La porte se referme. Nouvelle — et interminable — discussion. Pendant ce temps, on se bat toujours autour de la Maison de la Radio. On meurt devant le siège du quotidien du parti.

De nouveau, la porte ouverte : on vient dire à Nagy que satisfaction lui est donnée. Mais il apprend en même temps que l'on a décidé de faire appel aux troupes soviétiques pour rétablir l'ordre. Que l'on a proclamé le couvre-feu et la loi martiale. Et que Gerö reste chef du secrétariat du parti.

Le pouvoir à Imre Nagy ? Certes. Mais ce qui lui est offert ne ressemble-t-il pas à un cadeau empoisonné ?

Deux heures du matin. Il y a toujours beaucoup de monde dans les rues de Budapest, des gens tout à la joie de se croire libres. Tout à coup, au loin, un sourd grondement. L'étonnement, la stupeur, l'angoisse, les cous qui se tendent, les regards qui s'écarquillent. Nul ne peut se méprendre, ce sont bien des chars. Mais quels chars ?

La réponse vient vite. De la nuit, ils surgissent, les chars. Et ils sont russes.

A la maison des écrivains, cette nuit-là, quarante poètes, romanciers, essayistes sont rassemblés. Le téléphone vient de sonner : l'incroyable nouvelle, l'arrivée des chars russes. Debout devant une cheminée, Laszlo Benjamin, poète célèbre — il a reçu deux fois le prix national Kossuth décerné par le parti — se met à écrire un poème. Qui dit tout :

Nous avons tout perdu... tout l'avenir...
[tout espoir... alors...
Qu'elle arrive, pour écraser mon cœur,
La mort montée sur autochenilles...

C'en est fait. Au-delà des vitres, grandit le fracas des chars écrasant l'asphalte. Laszlo Benjamin abandonne son poème, passe sur le balcon avec un chauffeur de l'Union. En bas, dans la rue, les servants soviétiques d'un char l'ont aperçu. Rapidement, le canon de la tourelle se lève, se braque sur le balcon : deux courtes rafales. Benjamin et son compagnon — saufs — se glissent à l'intérieur : cela vaut mieux ! Ils entendent d'autres rafales. Les Russes tirent sur tout ce qu'ils voient, sur tout ce qui bouge. C'est donc cela, rétablir l'ordre socialiste ?

Quand la capitale s'éveillera, elle saura que les Russes sont là. Ainsi, l'on n'aura été libres que quelques heures ? Logiquement, le peuple hongrois, accoutumé à l'infaillible omnipotence des Soviétiques, devrait baisser la tête. Il ne le fait pas. Il ne le fera pas. C'est cela, la tragédie de Budapest 1956.

Mardi 24 octobre. Fini, le soleil. Il pleut. Il semble que le ciel se soit mis en harmonie avec les cœurs. Les magasins restent fermés : impossible d'acheter du pain, de l'épicerie, de la viande. Pas de tramway. Personne à l'usine, personne au bureau. Les trains ne partent pas. L'électricité et le téléphone fonctionnent, mais on constate que le gaz est réduit.

Les missi dominici *du Kremlin : Mikoyan et Souslov.* (Keystone)

La grève. La grève générale.

Dans la journée, on écoute la radio : Nagy à midi, Kadar à 20 h 45.

Qu'a déclaré Imre Nagy ?

Il a voulu prêcher encore la conciliation. Les citoyens de Budapest « qui — afin d'éviter de nouvelles effusions de sang — déposeront les armes et cesseront le combat à 14 heures ne seront pas poursuivis ». Mais il a affirmé avec force qu'il réaliserait « dès que possible le plan de démocratisation de notre pays, dans les différents secteurs du parti, de l'État, de la vie politique et économique ».

Dans la journée, des communiqués contradictoires se succèdent. On annonce que la plupart des contre-révolutionnaires ont déposé leurs armes. Mais, le soir, on signale que l'on se bat encore.

Et voilà que, dans la nuit du 24 au 25 — surgissant comme des diables rouges de leur boîte — paraissent de nouveau à Budapest Mikoyan et Souslov. Ils sont furieux, ces inséparables. Ils prennent à partie Gerö :

— En déformant la situation, en semant la panique à Moscou, vous avez provoqué une intervention soviétique inopportune. A cause de nos chars, le parti hongrois est déjà en pleine liquéfaction. Il faut vous en aller !

Et Gerö, docilement, s'en va. Pour le remplacer, Mikoyan et Souslov choisissent Janos Kadar qui devient premier secrétaire du parti communiste. Quant à la nomination de Nagy comme Premier ministre, elle est confirmée.

Ce n'est qu'à ce moment que les deux envoyés du Kremlin semblent avoir mesuré leur erreur de juillet. Ils comprennent qu'ils n'auraient jamais dû alors remplacer Rakosi par Gerö. Le cheval borgne par le cheval aveugle. Le succès de l'opération polonaise est né du fait que Gomulka était vraiment un homme neuf, sans nulle compromission qui pût lui être reprochée. Si Moscou avait mis aussitôt au pouvoir, pour remplacer Rakosi, le tandem Nagy-Kadar, il n'y aurait probablement pas eu d'insurrection à Budapest.

Néanmoins, quand ils prennent congé, Mikoyan et Souslov sont confiants. Ils pensent que Nagy et Kadar sauront séparer, chez les rebelles, le bon grain de l'ivraie. Ils ont reconnu qu'il y avait des causes légitimes au mécontentement. Si des contre-révolutionnaires veulent profiter de la situation, il faudra les éliminer. Quant aux simples égarés, il sera nécessaire de les récupérer.

Voilà reparti le duo moscovite. Rassuré. Mikoyan et Souslov pensent toujours que l'agitation à Budapest n'est le fait que de petits groupes sans consistance. Ils se trompent. Il ne s'agit nullement d'agitation, mais de révolution. Il ne s'agit pas de petits groupes, mais de tout un peuple.

Jeudi 25 octobre. Nagy parle à Radio-Budapest. Les auditeurs, très émus, constatent que son ton a beaucoup changé :

— En tant que président du Conseil des ministres, j'annonce que notre gouvernement ouvre, entre la République populaire hongroise et l'U.R.S.S., des négociations concernant, entre autres choses, le retrait des forces stationnées en Hongrie... Je suis convaincu que les relations hungaro-soviétiques, édifiées sur cette base, apporteront des fondations solides à une amitié sincère et véritable entre nos peuples.

Malgré tout, le Vieux, quelle que soit sa bonne volonté, son immense bonne volonté, se découvre en décalage avec l'insurrection. Ce que pense le peuple hongrois, ce qu'il veut, il l'exprime par un tract partout répandu : « Nous voulons un gouvernement national où seront représentés les leaders de la jeunesse insurrectionnelle ! Nous voulons la résiliation du pacte de Varsovie et, bien sûr, le retrait immédiat et pacifique des troupes soviétiques de notre territoire national ! »

De ce retrait, certes, Nagy vient de parler. Mais de là à répudier le pacte de Varsovie, il y a un pas immense que Nagy se refusera d'abord à franchir. Il sait à quel point les Soviétiques accordent priorité à leur système de défense. Dans ce climat singulier et inédit du « dégel », Nagy sent que l'on peut obtenir beaucoup des Soviétiques. Mais assurément rien qui puisse paraître, à leurs yeux, compromettre la défense.

A cette heure-là, il existe — c'est évident — un malentendu entre les Hongrois moralement insurgés et Imre Nagy, le communiste de toujours. Dans ces conditions, où va-t-on ? Vers la catastrophe ? Or, quelques heures plus tard, un étrange silence descend sur Budapest. Les chars soviétiques ont cessé de tirer. Que s'est-il passé ? On l'a su plus tard : c'est par la séduction que Khrouchtchev a décidé de venir à bout de la révolution hongroise. Alors, partout dans la ville, les Russes se mettent à parler avec les insurgés. Partout d'incroyables dialogues s'engagent. Comme celui-ci :

Un insurgé : « Nos ennemis, ce sont les A.V.H. de la clique Rakosi et Gerö. Ils ont déjà tiré sur nous et sur vous. Pourquoi les soutenir ? »

Un Soviétique : « Vous avez raison, il faut vous défendre. On va même vous aider ! »

Ceux qui ont vécu cela s'en souviendront toute leur vie : la fraternisation entre les habitants de Budapest et les occupants soviétiques. On voit se former le plus inattendu des cortèges : les chars russes remplis d'insurgés avec armes et drapeaux nationaux, escortés par une foule béate et pacifique, se dirigent vers la place du Parlement. Que veulent ces gens ? Obtenir le limogeage de Gerö. Or c'est chose faite.

Place du Parlement, voici Soviétiques et Hongrois coude à coude, détendus, heureux. On plaisante, on fraternise.

Soudain, du haut des toits du palais officiel, les hommes de l'A.V.H. ouvrent le feu. Ce qui se passe sous leurs yeux va au-delà de ce que peuvent tolérer ces policiers staliniens. C'est la tuerie du désespoir. Fous furieux, les Russes ripostent. Ils ne savent plus où donner de la tête, ils tirent dans tous les sens, au hasard.

Résultat : six cents morts.

Ce qui vient de se passer là est grave. Les insurgés se disent qu'ils sont tombés dans un piège. Mais les Russes se le disent aussi. Une heure avant, ils fraternisaient. Maintenant, de part et d'autre, on compte les morts.

Le « ras-le-bol » de tout un peuple. (Magnum/Éric Lessing) ▶

LENIN

C'est le soir de ce même jour que la révolution va commencer à s'étendre à la province. A Debreczen, la troisième ville du pays, un comité socialiste révolutionnaire désarme l'A.V.H. et s'empare du pouvoir. A Gyor, le grand centre industriel, dix mille personnes manifestent en faveur de la libération des prisonniers politiques. Ailleurs, on forme des conseils révolutionnaires. Les villages annoncent la dissolution des kolkhozes. Les paysans prennent le chemin de Budapest, conduisant vers la capitale des camions pleins de vivres. « Jamais, depuis onze ans, dira Tibor Meray, Budapest n'a été aussi bien approvisionnée en vivres que durant ces journées. »

Voilà peut-être le fait nouveau essentiel de la révolution hongroise de 1956 : ces conseils révolutionnaires qui, à partir du 24 octobre, se créent partout en Hongrie, dans les villages, les villes, les cantons. On voit des régions entières passer sous leur autorité. Souvent, pour assurer leur pouvoir, ils ont dû livrer des combats acharnés à l'A.V.H. Ils portent des noms divers, ces conseils : conseil révolutionnaire, conseil national révolutionnaire, comité révolutionnaire, conseil d'ouvriers et soldats, conseil révolutionnaire de travailleurs, comité national révolutionnaire, conseil national, comité national, conseil socialiste de la révolution. Souvent, les conseils se sont saisis du pouvoir administratif. Surtout, ils ont commencé à envoyer au gouvernement l'exposé de leurs revendications. Cela se résume presque toujours de la même manière : on demande la cessation immédiate des hostilités, l'évacuation du territoire hongrois par les troupes soviétiques et des élections libres. L'inspiration de ces conseils ? On a pu la définir comme « un amalgame d'inspiration socialiste, libérale, démocratique, nationale ». Les conseils et comités déclarent hautement qu'ils veulent rendre aux travailleurs la responsabilité de leur travail, et réconcilier le socialisme avec la liberté. La première liberté que l'on exige, c'est la liberté de la presse.

Un rêve ?

Si c'en est un, ils sont de plus en plus nombreux à le nourrir. Un exemple : les chefs de l'armée envoient le colonel Maléter combattre un des principaux centres de résistance de la capitale, situé passage Corvin, en face de la caserne Kilian. Maléter est un communiste de stricte obédience. Ses chefs ont en lui une totale confiance.

Quand il va découvrir que les insurgés ne sont pas des « bandits » ni des « contre-révolutionnaires » ; quand il va constater que des insurgés s'attaquent avec une extraordinaire témérité aux chars russes, sur lesquels pleuvent les cocktails Molotov ; quand il va voir une douzaine de véhicules blindés soviétiques écraser sous leurs obus un quartier tout entier, il va s'énerver, appeler le ministre de la Défense au téléphone, lui demander de faire cesser le feu soviétique. Le ministre répond qu'il n'a pas qualité pour diriger les opérations militaires soviétiques. Réaction immédiate de Maléter :

— Dans ce cas, je fais ouvrir le feu sur le premier char soviétique qui se hasarde dans mon secteur !

Une heure plus tard, il se ralliera aux insurgés. Il deviendra le chef militaire de l'insurrection. La caserne Kilian, sous son impulsion, deviendra le plus formidable des bastions de la révolution.

Ce même jour, les premiers correspondants de presse arrivent à Budapest. Ils y viendront par dizaines, par centaines, journalistes et photographes. Dès lors, le monde entier va vivre à l'heure de Budapest. L'un de ces journalistes, après plusieurs essais infructueux, parvient jusqu'à la caserne Kilian : « Des dizaines de chars criblés de balles, des maisons démolies et de nombreux cadavres jalonnent les alentours de l'Alcazar de Budapest. Derrière les murs épais sont rassemblés soldats, étudiants, jeunes ouvriers, tous des gars remarquables. Je rencontre un officier de stature impressionnante, le commandant de ces 1 200 hommes. Il se présente : " Colonel Acs. " Ce qu'il me dit alors, en pleine bataille, il devait le répéter plus tard, devenu héros célèbre : car ce " colonel Acs " était, en fait, le légendaire Pal Maléter. " Pour nous, il n'y a que deux solutions. Ou bien nous vaincrons, ou bien nous tomberons. Il n'y a pas de troisième possibilité. Nous avons confiance en Imre Nagy, mais nous ne livrerons nos armes qu'aux troupes régulières hongroises et nous nous mettrons aussitôt à la disposition du nouveau gouvernement, si celui-ci est vraiment un gouvernement hongrois ". »

Le soir du vendredi 26 octobre, on apprend que la révolution s'étend toujours davantage dans le pays. La nuit venue, les combats se poursuivent dans Budapest.

Le lendemain, samedi 27 octobre, la radio annonce la formation d'un nouveau gouvernement. Pour la première fois, depuis bien des années, des non-communistes y entrent, tel Bela Kovacs, l'ancien secrétaire général du parti des petits propriétaires — qui a subi dix ans de bagne en Sibérie —, trois autres membres du parti des petits propriétaires et un sans parti.

Curieusement, cependant que l'on se bat cruellement dans certains quartiers, dans d'autres on fraternise avec les Soviétiques. On tente de les convaincre que cette insurrection n'est pas contre-révolutionnaire. Des fils du peuple auront-ils le cœur de continuer à tirer sur d'autres fils du peuple ? Nombre de soldats russes paraissent ébranlés.

C'est également ce jour-là que Radio-Europe Libre va entrer dans la danse. Cette radio financée par les Américains, émettant de Munich, est aux mains d'émigrés dont la plupart sont des hommes d'ancien régime. Pendant tous les jours qui suivront, ils verseront de l'huile sur le feu, tenteront de fanatiser les insurgés, écartant toute modération, toute éventualité de transaction. C'est ainsi que, le 27 octobre, Radio-Europe Libre déclare tranquillement qu'en ce qui concerne le retrait des troupes soviétiques, « la première condition est l'évacuation immédiate de la Hongrie par les troupes russes *arborant le drapeau blanc...* ».

Le lendemain, 28 octobre, grand événement. La radio de Budapest diffuse un communiqué capital : « Pour éviter de nouvelles effusions de sang et assurer le retour à la paix, le gouvernement de la République populaire ordonne un cessez-le-feu général et immédiat. Il enjoint aux forces armées de ne tirer que si elles sont attaquées. » A 18 heures, Nagy s'adresse de nouveau au peuple hongrois, fait état d'un accord signé avec les Soviétiques, selon lequel leurs troupes procéderaient à leur retrait définitif dès que les nouvelles forces de sécurité hongroises seraient en place. On l'entend dire avec force :

— Le gouvernement se refuse à considérer le formidable élan populaire comme une contre-révolution !

Bien sûr, il ajoute que des éléments contre-révolutionnaires se sont mêlés au mouvement :

— Mais c'est aussi un fait que, dans ce mouvement, s'est développé un grand élan démocratique et national qui embrasa et unifia notre peuple tout entier.

Quant aux différents conseils révolutionnaires et comités, il les reconnaît. Il va plus loin : il déclare qu'ils seront intégrés dans l'administration de l'État.

Tous les commentateurs ont estimé que ce discours, dans l'histoire de la participation de Nagy au mouvement de 1956, marquait un tournant essentiel. Peu à peu, le vieux lutteur se dégage du carcan doctrinaire qui a guidé sa vie depuis tant d'années. On dirait que pour la première fois, enfin, il perçoit le grand courant, à la fois socialiste et libéral, qui secoue le peuple hongrois. Il n'y a pas encore de sa part identification totale avec ce courant mais il a accompli un grand pas vers lui.

Au reste, quand il parle d'éléments contre-révolutionnaires, il a raison. Comme dans tout mouvement de ce genre, des « éléments incontrôlés » se sont mêlés à l'action. La lie du peuple est sortie des bas-fonds. D'anciens horthistes mal repentis rêvent d'une restauration du pouvoir fasciste. On s'est mis à procéder à la chasse aux A.V.H. Ceux-ci s'étaient conduits souvent avec une sauvagerie inouïe. Comme a dit un témoin, on leur rend la monnaie de leur pièce. On ne se contente pas de les arrêter, souvent on les assassine froidement, on les pend aux réverbères, aux balcons, sans autre

La chasse aux AVOS : la haine et la mort. (Magnum/Éric Lessing)

forme de procès. Mais la chasse aux A.V.H. va se doubler trop souvent d'une chasse aux communistes. Des groupes sans mandat passent les immeubles au peigne fin, se font désigner les étages où demeurent les communistes. Bonne façon souvent d'assouvir des vengeances personnelles. De simples militants, dénués de toute responsabilité, payent de leur vie leur appartenance au parti. De nouveau, l'antisémitisme — éternel péché de l'Europe centrale — montre le bout de l'oreille.

Aucun mouvement révolutionnaire n'est totalement pur. Pas plus l'insurrection hongroise de 1956 que d'autres.

Le 29 octobre, nouvelle apparition à Budapest des inséparables, Mikoyan et Souslov. Ils apportent à Imre Nagy et à Janos Kadar une déclaration du gouvernement soviétique, lequel exprime « sa conviction que les pays socialistes ne permettront pas aux forces réactionnaires de l'étranger et de l'intérieur d'ébranler les bases du régime de démocratie populaire... et qu'ils renforceront leur unité fraternelle et l'aide fraternelle des pays socialistes afin de consolider la grande cause de la paix et du socialisme ». Il était difficile au Kremlin de s'exprimer autrement mais, d'autre part, on reconnaît de nouveau que des erreurs ont été commises par l'U.R.S.S. en violation du principe de l'égalité en droit des États socialistes. On condamne ces violations et ces erreurs. On se dit prêt à engager des négociations avec le gouvernement hongrois concernant la présence des troupes soviétiques sur le territoire de la Hongrie. On est prêt aussi à ouvrir une négociation avec toutes les puissances signataires du pacte de Varsovie.

En somme, une déclaration conciliatrice. En apparence, tout est pour le mieux dans le meilleur des mondes. En apparence seulement. Parce que, avant même que Mikoyan et Souslov aient quitté Budapest, Imre Nagy s'est décidé à franchir le Rubicon.

Ce qu'il a constaté, c'est le gigantesque essor — désormais une explosion véritable — des comités et des conseils dans toute la Hongrie. Ce qui s'exprime partout, c'est la volonté d'une nouvelle démocratie. Il n'est plus possible de feindre de l'ignorer. Au reste, Imre Nagy se veut fidèle à lui-même. Il sent que, s'il veut préserver une influence communiste dans le pays, il ne peut plus se contenter de suivre le mouvement, il doit en prendre la tête. Alors, le 30 octobre, à midi, il prononce à la radio un nouveau discours — et quel discours !

— Pour permettre une complète démocratisation, le cabinet a aboli le système du parti unique et décidé que nous devons revenir à un système de gouvernement fondé sur une coopération démocratique des partis de la coalition tels qu'ils existaient en 1945.

Il annonce la formation d'un cabinet restreint, avec trois ministres communistes, deux petits propriétaires, un national paysan, un social-démocrate.

Attention ! il n'est pas question d'un retour au capitalisme. Aucune des revendications exprimées par les conseils et comités ne demande que l'on dénationalise l'industrie et les moyens de production. Le secrétaire du parti des petits propriétaires, Bela Kovacs lui-même, déclare, le 31 octobre :

— Personne ne peut songer à revenir au monde des comtes, des banquiers, des capitalistes. Ce monde a disparu à jamais !

Et Pal Maléter, aux journalistes étrangers :

— Nous voulons une Hongrie socialiste, là-dessus on ne discute pas. Nous ne rendrons ni les terres, ni les banques, ni les usines à leurs anciens propriétaires.

Ce que veulent les insurgés ? Radio-Budapest l'exprime clairement le 30 octobre : « Une Hongrie libre, indépendante, démocratique et socialiste. »

Imre Nagy n'a pas menti. Les troupes soviétiques ont commencé à évacuer Budapest dans la soirée du 28 octobre. Cependant, le 30, les combats continuent ici et là dans la capitale. Après une pressante intervention auprès du commandement soviétique, le ministre de la Défense annonce que les troupes russes auront totalement quitté la ville le 31 octobre à l'aube.

Mais le 30, un grave incident s'est produit : un important groupe d'insurgés attaque l'un des sièges du parti. On envoie trois chars pour le dégager. Les militaires passent aux insurgés. Les assiégés — parmi lesquels le secrétaire du parti pour le Grand Budapest, Imre Mezö — acceptent de se rendre. A peine Mezö et ses collaborateurs sont-ils sortis de l'immeuble qu'ils sont massacrés sauvagement par la foule.

Parmi les communistes de Budapest, cet assassinat va produire une impression profonde. Va-t-on vers une Saint-Barthélemy des communistes ? Certains se sont demandé si le revirement de Janos Kadar, jusque-là combattant ouvertement auprès de Nagy en faveur de l'insurrection, n'est pas né du meurtre de Mezö.

Le 30 encore, des éléments de l'armée sont allés délivrer le cardinal Mindszenty de la prison de Febopeteny où il était captif depuis sa condamnation en 1949. On ne peut que se réjouir de la libération d'un condamné politique. Mais l'intransigeance du cardinal est connue. Son étroitesse d'esprit aussi. De quel poids va-t-il peser dans la nouvelle politique hongroise ?

Des mains nues contre les chars russes. (Paris-Match/Pedrazzini)

Ses nouvelles prises de position, il est exclu que Nagy les ait prises sans en avoir averti Mikoyan et Souslov. Certes, les Soviétiques ont, avec Gomulka, accepté un compromis, ce compromis que l'on appelle déjà « à la polonaise ». Ils se sont même réconciliés avec Tito. Mais entendre Nagy annoncer qu'il abandonne le système du parti unique, voilà quí, pour eux, est bien difficile à avaler. Toute l'histoire de la Russie soviétique n'est-elle pas fondée sur l'existence d'un parti unique ? Pourtant, à leurs yeux, le pire n'est pas là. Quand Nagy a exprimé son désir de voir la Hongrie déclarer sa neutralité — ce qui signifie une dénonciation du pacte de Varsovie — Mikoyan et Souslov n'ont pu que se raidir. Cela, ils ne peuvent l'accepter. Au soir du 31 octobre, Nagy d'une part, Mikoyan et Souslov d'autre part, sont donc arrivés au bord de la rupture. Mais le

duo espère encore que ses appels à la raison auront convaincu Nagy. Sans en être sûr. C'est donc dans cet état d'esprit que les deux hommes vont quitter Budapest. Un journaliste hongrois les voit sortir du bureau de Kadar, en apparence détendus : « Le visage de Souslov est éclairé par le sourire qu'on lui connaît grâce aux photos. Mikoyan n'est pas aussi sévère que nous nous l'imaginions. Des fils d'argent traversent en grand nombre sa chevelure et sa moustache. Les deux hommes portent un pardessus d'hiver bleu foncé [1]. »

Les inséparables descendent l'escalier du palais. Un char soviétique les attend devant la porte. Ils y prennent place. Plusieurs autres blindés entourent le char. La caravane s'ébranle en direction de l'aéroport.

---

1. Témoignage publié par le journal *Iqazqaq* (la Vérité), cité par Tibor Meray.

Ce fut cette nuit-là, dès après l'arrivée de Mikoyan et Souslov à Moscou, que fut prise au Kremlin la décision d'écraser définitivement la « contre-révolution » hongroise.

Par la force.

Liberté ! Liberté ! Le mot est sur toutes les bouches, dans tous les cœurs. On a acclamé le cardinal Mindszenty quand il est arrivé à Budapest. Comment en aurait-il pu être autrement ? Le prélat a déclaré que l'Église catholique respecterait les institutions politiques et les conquêtes sociales du peuple hongrois. Mais aussitôt Radio-Europe Libre a proclamé que c'était derrière le cardinal que devaient désormais se ranger les insurgés. Le cardinal — dont il est bien évident qu'il n'a rien oublié. Quel jeu décidément la radio américaine de Munich joue-t-elle ?

L'espoir ne va durer qu'un jour. Un jour. Khrouchtchev a dit *niet*. Déjà, l'U.R.S.S. prépare l'opération finale. Dès le 1er novembre au matin, on reçoit dans la capitale d'étranges — et alarmants — appels téléphoniques. D'abord, les Hongrois ne comprennent pas. On leur avait parlé du retrait des forces soviétiques. On croyait la chose faite et, au contraire, ce sont de nouvelles forces soviétiques qui — leur crie-t-on de partout — franchissent la frontière. D'heure en heure, les avertissements se multiplient. On voit sur toutes les routes des blindés russes qui roulent à toute allure vers des points dont il est clair qu'ils ont été soigneusement choisis. Les chars prennent position autour des gares, des ponts, des aérodromes, des carrefours stratégiques. Qu'est-ce que cela veut dire ?

Voici donc, à l'aube du 1er novembre, Imre Nagy face à lui-même. Comment fuirait-il l'évidence ? La tragédie hongroise devient la tragédie d'Imre Nagy. Dans son bureau, le Vieux médite. Bientôt les blindés russes fouleront de nouveau le pavé du Budapest. C'en sera fini de la tentative d'un socialisme libéral. C'en sera fini de l'espoir d'un peuple entier.

Alors, attendre ? Baisser les bras ? Accepter l'inéluctable ? Dix jours plus tôt, le Vieux s'y serait peut-être résigné. Mais, depuis, il y a eu la chaleur des contacts, l'immense compréhension échangée entre un peuple et un homme, la confiance et l'amour populaire qui maintenant déferlent sans restriction vers lui. Alors le Vieux décide de faire face.

Au matin du 1er novembre, il fait savoir qu'il ajoute à ses fonctions de Premier ministre celles de ministre des Affaires étrangères. Et il frappe le coup décisif. Il proclame la neutralité de la Hongrie.

En fait, il espère prendre les Soviétiques de vitesse. Aucune loi écrite n'indique que la Hongrie est — de droit et de devoir — un satellite de l'U.R.S.S. Tout État libre doit pouvoir définir lui-même sa politique. Imre Nagy agit comme le chef d'un État libre. Il place l'U.R.S.S. devant un choix : ne pas intervenir et laisser s'établir en Hongrie un régime qui n'a pas son approbation ; intervenir et démontrer que la liberté de la Hongrie n'est qu'une fiction.

Tel est le jeu d'Imre Nagy. Un gros jeu. Mais il s'est résolu à tenter l'impossible, à affronter l'irréparable. Il *sait* que les Hongrois l'approuveront. Le lien qui l'attache à eux est devenu quasi charnel. Et puis il y a le contexte international. Alors que l'on commence à parler de détente, de coexistence pacifique, alors que Moscou multiplie les sourires à l'adresse de l'Occident, Khrouchtchev va-t-il oser signifier sans vergogne au monde entier que décidément, depuis Staline, rien n'a changé ?

Au fait, les États-Unis n'ont pas toléré l'invasion par les communistes de la Corée du Sud. Ils leur ont barré la route. Ils ont gagné. Imre Nagy va-t-il jusqu'à envisager que la liberté hongroise vaut une guerre mondiale ? Qui pourrait le croire ? Mais qui voudrait totalement le nier ?

En tout cas, le risque est pris. Il est immense, mais il est pris. Et les Hongrois pleurent quand ils entendent Imre Nagy, à la radio, de sa voix profonde de brave homme, avec son accent de paysan, les appeler encore à l'espoir :

— Peuple de Hongrie ! Le gouvernement national hongrois, conscient de sa profonde responsabilité envers le peuple de Hongrie et son histoire, et donnant l'expression à la volonté individuelle des millions de Hongrois, proclame la neutralité de la République populaire de Hongrie. Le peuple hongrois désire consolider et développer ultérieurement les résultats de sa révolution nationale sans adhérer à aucun bloc de puissances. Le rêve centenaire du peuple hongrois est en train de devenir réalité. Le combat révolutionnaire livré par le peuple hongrois et ses héros a fini par acheminer la cause de la liberté et de l'indépendance vers la victoire.

Des millions de Hongrois, bouleversés, tendent l'oreille vers le récepteur de radio, vers ce poste où parle le Vieux. Et il continue. Et il achève :

— Nous pouvons dire que notre peuple est plus uni dans cette décision qu'il ne l'a peut-être jamais été auparavant dans son histoire. Millions de travailleurs hongrois : protégez et renforcez — par votre détermination révolutionnaire, votre travail plein d'abnégation et par la consolidation de l'ordre — notre pays, la Hongrie libre, indépendante, démocratique *et neutre !*

Et neutre. Tout est là. Mais Moscou ne veut — à aucun prix — de la neutralité de la Hongrie. Les dirigeants soviétiques entreprennent, en toute hâte, un tour de l'Europe de l'Est. Il s'agit d'expliquer l'intervention engagée — et de convaincre. Le 1er novembre, Khrouchtchev et Malenkov rencontrent Gomulka. Le Polonais n'éprouve — comme tous ses compatriotes — que de la sympathie pour la cause hongroise. Mais quand on dit à ce vieux militant que la Hongrie s'oriente tout droit vers la restauration d'une démocratie parlementaire, il se cabre. Impossible. Et il accepte. Comme acceptent Dej et Novolny que Khrouchtchev et Malenkov viennent visiter à Bucarest. Vraiment, ils sont infatigables, Khrouchtchev et Malenkov, puisqu'ils s'envolent aussitôt pour Sofia où ils parlent avec Liu Shao-Chi. Oui, le Chinois. Car la Chine — point encore brouillée avec l'U.R.S.S. — verse de l'huile sur le feu. Abandonner la Hongrie à ses errements serait un crime. Un crime ! Mais les propos de Khrouchtchev et de Malenkov rassurent Liu Shao-Chi. Le 2 novembre, voici Khrouchtchev et Malenkov à Brioni, où les attend Tito. Il est de fort mauvaise humeur, Tito. Il juge — et dit avec force — que, dans toute cette affaire, les Soviétiques se sont conduits comme des enfants. Jamais ils n'auraient dû intervenir le 23 octobre. Jamais ! Aux yeux du Yougoslave, Imre Nagy est un autre lui-même. Il ne peut qu'applaudir à sa volonté d'indépendance. Mais si maintenant les Hongrois veulent basculer vers un régime parlementaire, Tito ne veut, pas plus que les Soviétiques, l'accepter. Un indépendant, Tito — mais en ce qui concerne la doctrine, un roc. Donc, même du côté de Tito, les Soviétiques reçoivent une approbation. Seulement, Tito demande que l'on ne retombe pas dans les erreurs rakosistes, que la nouvelle Hongrie bénéficie d'un statut « positif », dans l'esprit du XXe Congrès, et que l'on fasse appel aux conseils ouvriers et aux comités révolutionnaires surgis spontanément au cours des derniers jours.

Le 3 novembre au matin, Khrouchtchev et Malenkov quittent Brioni. Rassurés. Nul, dans le monde communiste ne les condamnera. Pas même Tito.

Dans la matinée du 1er novembre, Nagy a convoqué l'ambassadeur d'Union soviétique, Andropov. Il l'interroge : pourquoi de nouvelles unités soviétiques sont-elles acheminées en Hongrie ? Il s'agit là d'une violation caractérisée du traité de Varsovie. Le gouvernement hongrois ne peut que protester solennellement. L'ambassadeur prend acte de cette protestation. Il déclare qu'il va informer son gouvernement et qu'il fera connaître sa réponse dès que celle-ci lui sera parvenue.

Un peu plus tard, Nagy adresse un télégramme au président du Présidium du Soviet suprême de l'U.R.S.S. Il demande l'ouverture de négociations immédiates sur la question du retrait des troupes soviétiques de Hongrie. Que soit d'urgence désignée une délégation et que soient fixés pour les négociations un lieu et une date.

Midi. Andropov appelle Nagy au téléphone. Rassurant, Andropov. Les nouvelles unités russes qui ont franchi la frontière ne l'ont fait que pour relever celles qui ont participé aux combats et pour protéger les civils russes de Hongrie. Quant à la négociation, le gouvernement soviétique se déclare parfaitement d'accord : que deux délégations soient rapidement constituées, l'une qui examinera les questions politiques, l'autre qui se penchera sur les problèmes techniques de l'évacuation.

Dans l'après-midi, Nagy, averti de toutes parts que l'arrivée des nouvelles forces soviétiques se mue en invasion, appelle Andropov. Puisqu'il en est ainsi, le gouvernement hongrois s'adressera à l'O.N.U. Plainte est en effet adressée aussitôt au secrétaire général des Nations unies, Hammarskjöld. Et, dès à présent, la Hongrie dénonce le pacte de Varsovie. Avec effet immédiat.

17 heures. Andropov, convoqué au Parlement, se voit remettre par Nagy, en présence du Conseil des ministres, une déclaration de la neutralité hongroise.

Neutralité et indépendance : les deux mots fulgurants feront le lendemain la *une* de tous les journaux hongrois. Mais cette indépendance et cette neutralité ne vivront que deux jours.

Deux jours.

Quand Nagy a reçu l'ambassadeur Andropov au Parlement, parmi les ministres qui l'entouraient, on a remarqué particulièrement l'attitude de Janos Kadar. Visiblement, il approuvait avec force tous les propos du Vieux. Même, à un moment, Kadar s'est approché du diplomate soviétique. Il l'a mis en garde contre toute tentative soviétique. On l'a entendu l'avertir — non sans véhémence — que si les chars soviétiques entraient dans Budapest, il descendrait, lui, Kadar, dans la rue et se battrait à mains nues s'il le fallait.

Le même 1er novembre, Kadar a glorifié l'insurrection. Il a rappelé que « les écrivains, journalistes et étudiants communistes, les jeunes du Cercle Petöfi, appuyés par les milliers d'ouvriers et de paysans, ainsi que les anciens militants injustement emprisonnés, ont combattu en première ligne contre le despotisme rakosiste et le gangstérisme politique ».

Or, le soir du 1er novembre, Kadar — en compagnie d'un autre vieux communiste, Münnich — disparaît. Le 2 novembre, en un lieu qui n'est pas précisé, les deux hommes forment un gouvernement, destiné à faire pièce à celui d'Imre Nagy !

On a beaucoup épilogué sur ce « retournement ». Est-ce parce que Kadar a compris que finalement la force brutale triompherait qu'il a choisi, par tactique, de se rallier au prévisible vainqueur ? Est-ce parce qu'il a constaté — lui, vieux et inébranlable révolutionnaire — que, de plus en plus, à mesure que se développait l'insurrection hongroise, c'étaient les forces anticommunistes qui prenaient le pas sur toutes les autres ?

N'importe. Ce ralliement vient à point nommé. D'autant plus que Kadar lance un appel solennel aux « frères soviétiques », les invitant à voler au secours du socialisme menacé en Hongrie par la réaction et l'impérialisme !

Et Janos Kadar réapparaît. (Keystone)

Dès lors, tout ira vite, très vite. A l'aube du dimanche 4 novembre, Budapest entendra de nouveau rouler, sur l'asphalte de la capitale, les chenilles des chars soviétiques.

Les Hongrois se battront — encore. Six jours. Jusqu'au 7, on s'est battu dans Budapest. Ce n'est que le 10 novembre, dans les faubourgs ouvriers, que s'achèvera la lutte du pot de terre contre le pot de fer.

Adieu au socialisme hongrois à visage humain ?

Le 4 novembre, Imre Nagy a demandé asile à l'ambassade de Yougoslavie. On l'y a reçu, avec sa famille et plusieurs de ses fidèles.

Kadar a regagné Budapest, a pris possession de l'autorité gouvernementale. Mais que faire de Nagy ? Kadar négocie avec Tito, lequel tient, à tout prix, à garantir la sécurité d'Imre Nagy. Le 21 novembre, Kadar écrit au gouvernement yougoslave : « Nous prenons note qu'au reçu de la présente lettre, l'asile accordé au groupe prendra fin et que les membres du groupe quitteront l'ambassade yougoslave et rentreront librement chez eux. » Nagy se considère comme suffisamment garanti. Il accepte, avec les siens, de quitter l'ambassade yougoslave. Un car attend devant la porte. Nagy, sa famille, ses amis, y montent. Deux employés de l'ambassade les accompagnent.

Un peu plus loin, le car est arrêté par un détachement soviétique. On chasse les employés yougoslaves. Les Soviétiques montent dans le car. C'en est fait de la liberté d'Imre Nagy.

Emmené en Roumanie, il y passera en captivité dix-neuf mois. Après quoi, il sera reconduit en Hongrie, jugé et exécuté avec trois de ses compagnons. Il ne semble pas que la décision de faire mourir Nagy ait été prise à Budapest.

Rien qui suscite davantage l'amertume que les morts inutiles. Les Hongrois n'ont jamais oublié le Vieux. Ils en parlent encore avec tendresse. Janos Kadar, en couvrant de son autorité absolue la pendaison d'un Nagy réduit à l'impuissance, a-t-il voulu en user comme Danton qui jetait délibérément à l'Europe une tête de roi ? A-t-il voulu signifier à une opposition peut-être larvée qu'il lui était bien inutile de songer à de possibles lendemains ?

Sans doute non. Janos Kadar déteste les provocations.

Dix mille morts dans les rues de Budapest… (Magnum/Éric Lessing)

Ce qu'il faut reconnaître — en toute honnêteté — c'est que la Hongrie n'est jamais redevenue ce qu'elle avait été au temps de la terreur, au temps de Rakosi. La réhabilitation de Rajk avait annoncé la révolution d'octobre 1956. Si celle-ci n'a pas atteint ses buts — il s'en faut, hélas ! de beaucoup — il faut être sûr qu'elle n'a pas été complètement inutile.

Le stalinisme est bien mort en Hongrie. On n'y a plus jamais revu la terreur. Ceux qui ont voyagé dans ce pays au long des années — c'est mon cas — ont pu y constater un climat tout particulier. Il n'est plus question de démocratie parlementaire, bien sûr, mais les Hongrois ont réappris à user d'une remarquable liberté de langage. L'air que l'on respire à Budapest ne ressemble que de très loin à l'atmosphère accablante qui reste de règle dans d'autres démocraties dites populaires. La Hongrie d'aujourd'hui ne fait pas de bruit, ne veut pas d'éclats. Elle se garde d'oublier sa situation géographique. Mais elle œuvre de son mieux pour procurer aux Hongrois ce bonheur dont Saint-Just disait qu'il était une idée neuve en Europe.

Comment ne pas songer au rédacteur en chef de la *Gazette littéraire,* à Budapest, l'écrivain hongrois Miklos Molnar, témoin et acteur de la révolution de 1956 et qui, en exil en Suisse, a intitulé le livre qu'il lui a consacré : *Victoire d'une défaite* [1] ?

Soyons-en assurés : les morts de 1956, les dix mille morts de Budapest ne sont pas tombés pour rien.

1. Miklos Molnar : *Victoire d'une défaite. Budapest 1956* (1968).

VI

LA SCIENCE ET LE SUAIRE

C'est en 1978 que tout se décida. Cette année-là, les autorités dont le Linceul de Turin dépend annoncèrent une exposition publique de ce qui se présente comme la relique la plus précieuse de l'histoire du monde. Du moins si l'on est chrétien — du moins si l'on est croyant.

Pourquoi 1978 ? Quatre siècles plus tôt, en 1578, le Linceul avait été pour la première fois porté à Turin. Il y est demeuré depuis, à l'exception des années de la Seconde Guerre mondiale, durant lesquelles il fut caché dans un couvent des environs de Naples.

Pendant quarante-trois jours, du 27 août au 8 octobre 1978, plus de trois millions de personnes — trois millions ! — se sont approchées du Saint Suaire. D'autres foules, au Moyen Âge, étaient venues vénérer ce qu'elles croyaient être le Linceul du Christ. Jamais sans doute tant de gens à la fois. Preuve que notre époque dite matérialiste peut ressentir plus de ferveur pour l'inexplicable, quand il touche à la foi, que pour les seuls acquis de la raison.

L'événement le plus important de cette exposition — *ostensione,* disent les Italiens — se situe pourtant ailleurs. Pour la première fois, cette pièce d'étoffe de 1 m 10 de large sur 4 m 36 de long fut soumise à ces expertises scientifiques que tant de bons esprits souhaitaient depuis si longtemps voir accepter. Certes, en 1973, un premier examen avait été autorisé, et l'on avait opéré un certain nombre de prélèvements. Les résultats livrés au public, fragmentaires et contradictoires, n'en rendaient que plus évidente la nécessité d'une expertise approfondie, organisée dans des conditions de rigueur absolue et confiée à des scientifiques d'une compétence indiscutable. La plupart des experts choisis appartenaient à une association récemment créée aux États-Unis, le S.T.U.R.P. (*Shroud of Turin Research Project*).

En tout, trente-trois chercheurs américains, parmi lesquels des membres du *Lockheed Corp,* de *l'U.S. Air Force Weapons Lab.*, du *Brooks Institute*, de *l'University of Colorado*, du *Los Alamos National Scientific Laboratory,* du *Nuclear Technology Corp,* de *l'U.S. Air Force Academy.* Des chercheurs d'autres origines, notamment italiens, ainsi que des observateurs de différents pays — un Français entre autres — furent associés à ces recherches.

L'examen commença le 8 octobre à 22 heures et se poursuivit pendant cinq jours. Jamais on n'avait examiné une relique aussi complètement et avec de tels moyens. Ceux qui se trouvaient là étaient des princes de la science et savaient avec quelle anxiété leur verdict serait attendu. Il aura fallu trois ans à ces experts pour livrer au public le résultat de leurs travaux. C'est chose faite. Le moment est donc venu de nous poser la question dont tout peut découler : le Linceul conservé à Turin est-il ou non celui du Christ ?

C'est dans la cathédrale Saint-Jean-Baptiste de Turin que le Linceul est conservé. *Il duomo*, comme on dit là-bas. L'édifice date du XVe siècle et, de tout temps, sa beauté a frappé les visiteurs. A la fin du XVIIe siècle, on a accolé à la cathédrale une chapelle, non moins belle, due à l'architecte Guarino Guarini. A noter qu'elle fait partie du Palais Royal, avec lequel elle communique [1]. Deux coupoles surmontent, l'une le chœur de la cathédrale, l'autre la chapelle. Faut-il voir un symbole dans le fait que celle de la chapelle apparaît comme la plus imposante ? Elle s'élève jusqu'à 64 mètres. D'ailleurs, la cathédrale et la chapelle ne se situent pas sur le même niveau. Il faut, pour passer de l'une à l'autre, gravir les marches de marbre de l'un des deux escaliers monumentaux. On débouche alors au plein d'une architecture en marbre noir dont le centre est un autel à deux tables. Nous y sommes. Là, sur l'autel, voici deux grilles. Trois clés ferment la grille extérieure, dont l'une est conservée par l'archevêque de Turin et les deux autres par des représentants de l'État italien, à qui appartient la chapelle. Entre les deux grilles, un coffre de bois recouvert extérieurement d'argent, intérieurement d'amiante. Dans ce coffre, soigneusement enroulé autour d'un cylindre de bois tapissé de velours rouge, se trouve le Linceul.

En 1978, pour l'ostension, on l'a naturellement retiré de son reliquaire, descendu dans le chœur de la cathédrale. On l'a déroulé et tendu à l'intérieur d'un long cadre rectangulaire. Comme nous vivons au temps du terrorisme et que les fous sont partout, il a fallu

1. Joseph Perrin : *Ecce homo ou le Saint Suaire de Turin* (1981).

prendre d'exceptionnelles précautions de sécurité. Face au public, le Linceul fut protégé par un cristal spécialement traité. Les autres côtés de la châsse étaient en acier trempé. A l'intérieur, circulaient des gaz inertes, assurant une conservation optimale et fournis par un générateur d'azote.

On avait volontairement tamisé toutes les sources d'éclairage à l'intérieur de la cathédrale. C'est donc dans une sorte de pénombre que trois millions de visiteurs se sont approchés du Suaire qui, lui, par la présence du gaz, apparaissait luminescent.

Qu'ont-ils vu ?

Une longue, très longue pièce de tissu. Beaucoup plus longue que large. Cette longueur de 4 m 36 représente plus de deux fois la taille d'un homme de haute stature. Sur cette étoffe, c'est précisément l'empreinte d'un homme que l'on distingue. Une empreinte extrêmement sommaire. Ce que nous pourrions appeler : l'invitation à une empreinte. Plus on s'approche, et plus l'image se brouille. Il faut s'éloigner. Alors s'impose la forme du corps vu de face prolongée par la forme d'un corps vu de dos — les deux têtes opposées, tête-bêche. Empreinte extrêmement légère, de teinte jaunâtre, à peine plus soutenue que le ton du tissu même. Mais, ici et là, d'autres taches parsèment ces empreintes : des taches rouges carmin. De tout temps, on a cru y voir du sang. Le sang du Christ ?

Cette question, il n'est pas un seul d'entre les trois millions de visiteurs de 1978 qui ne se la soit posée. Ceci jusqu'au 8 octobre, jour où fut déclarée close l'ostension.

Ce soir-là, le Linceul fut ôté de la cathédrale et transporté — avec des précautions infinies — jusque dans l'une des salles du Palais Royal voisin.

Quel contraste ! Un salon Renaissance tendu de rouge, des boiseries crème soulignées d'or, un parquet précieux, un lustre surchargé : le décor traditionnel qu'ont connu tous ceux qui ont voyagé en Italie et admiré ses palais. Là, on a dressé une table spécialement construite qui va permettre, sans risque, de maintenir le Suaire tendu. Cette table d'aluminium, on l'a recouverte d'une pellicule magnétique conçue et fabriquée par la *Nuclear Technology Incorporated.* Elle présente cette particularité — en l'occurrence combien utile — de pouvoir tourner sur un axe, et ceci sur 360°. Ainsi pourra-t-on photographier le tissu soit horizontalement, soit verticalement. Ainsi pourra-t-on user de toutes les positions pour procéder aux examens radiologiques.

Il est 22 heures. Les savants sont introduits dans la pièce. En grande majorité, ils sont américains et appartiennent au S.T.U.R.P. Ils se réclament de presque toutes les confessions monothéistes : bap-

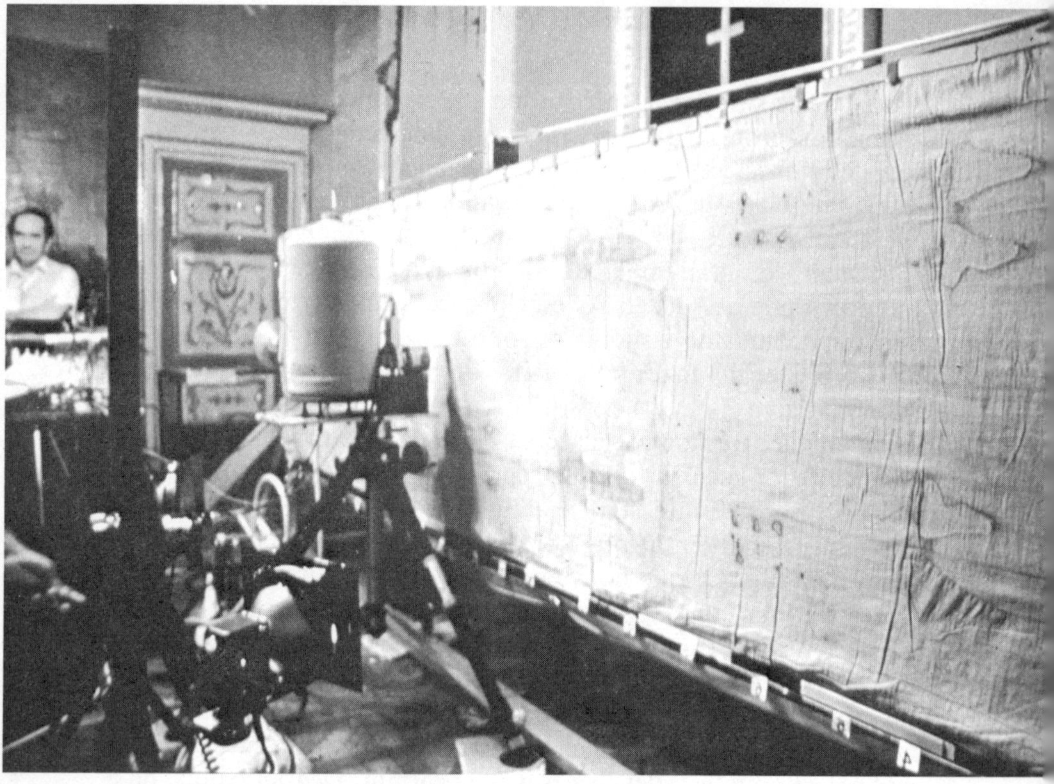

Cent vingt heures d'examens dans un salon Renaissance du Palais royal de Turin. (Vernon Miller/Brooks institute)

tistes, luthériens, mormons, épiscopaliens, juifs, catholiques romains. Il y a même parmi eux des agnostiques. Leur équipement est parvenu à Turin seulement quatre heures auparavant. La douane n'a bien voulu libérer les soixante-douze caisses qu'après une intervention du cardinal Ballestrero : celui-ci a dû laisser 40 millions de lires en caution. En tout, six tonnes de matériel, en partie emprunté à la N.A.S.A. Comme l'a souligné l'abbé René Laurentin, « l'opération était organisée comme l'exploration de la Lune et de Neptune ».

Pendant les cent vingt heures à venir, le groupe de savants travaillera sans relâche, protégé par un considérable détachement de gardes armés, appartenant à cinq polices différentes : un membre des brigades rouges ne venait-il pas d'être appréhendé à l'intérieur du palais [1] ?

Les spécialistes de chaque technique refuseront de se préoccuper du temps qui coule, absorbant sans y penser les mets qu'on leur apporte de temps à autre et ne dormant dans les pièces voisines que lorsqu'ils ne tiennent plus debout.

---

1. *Harpers,* novembre 1981; *Shreds of evidence.*

Ce qui les a frappés, avant toute chose, c'est l'extraordinaire état de conservation de l'étoffe. Aussi la remarquable finesse de cette pièce de tissu, sa souplesse et, quand on l'effleure, sa douceur. Les savants présents — tous — étaient familiers des photographies prises précédemment, des agrandissements qui permettaient de lire la texture de l'étoffe, les détails du tissage en arêtes. A l'œil nu, rien ne se voit de semblable. Ce qui reste, c'est la plus fine et la plus douce des étoffes du monde.

Comme on l'imagine bien, le programme des interventions a été soigneusement préparé. Le premier spécialiste qui opère n'appartient pas au S.T.U.R.P. C'est un expert de Zurich, Max Frei. Parmi les présents, il est un des rares privilégiés qui ait pu déjà, en 1973, procéder à de premières expériences. Il applique sur le Linceul des bandes adhésives, une vingtaine. Le but de cet examen ? Prélever sur le drap les pollens qu'il peut contenir. Max Frei en a déjà trouvé de nombreux en 1973.

Un Italien, le docteur Baima-Bollone, lui succède. Donnons-lui la parole : « Au moyen d'aiguilles, de pincettes et de ciseaux, je prélevai une dizaine de micro-échantillons de fil (2 cm maximum) en des points divers, présélectionnés avec soin (tissu lisse, tache de sang, empreintes...). De tels prélèvements furent exécutés entre autres pour être soumis à l'analyse au microscope électronique et à l'activité neutronique [1].»

Le professeur Gonnella intervient à son tour. Il a pour tâche de faire sauter les coutures que l'on doit aux clarisses de Chambéry en 1534. Il opère dans le silence. Visiblement, chacun se veut conscient de la gravité du moment.

Et puis s'avancent les Américains du S.T.U.R.P. D'abord, un groupe de photographes du *Jet Propulsion Laboratory* de Pasadena et du *Brooks Institute of Photography* de Santa Barbara, sous la direction de Donald Devan et de Donald Lynn. Il s'agit de prendre des photos — 80 en tout — qui seront soumises aux analyses par calculateur. Ensuite Bill Mottern, du *Sandia Laboratory,* va radiographier le drap dans ses plus petits détails : 60 passages de films aux rayons X. Il s'agit de « mettre en évidence la présence et la densité des matériaux de nombres atomiques différents se trouvant éventuellement dans l'étoffe ». Joseph Acetta dirige un autre groupe qui va procéder à l'examen du drap aux rayons infrarouges. Roger et Marty Gilbert étudient alors sous éclairage ultraviolet, le spectre de la lumière émané par fluorescence, ceci « afin d'obtenir des informations sur la structure superficielle des fibres de l'étoffe ».

1. *Sindon,* année XXI, n° 28, décembre 1979.

Ray Rogers, des laboratoires de Los Alamos, va prélever, lui, des échantillons de poussière et de molécules superficielles. Comme Max Frei, il procède à l'aide de rubans adhésifs. Son but : obtenir l'analyse biologique et chimique des microtraces repérables sur le tissu. Voici Samuel Pellicori, du *Brooks Institute,* qui procède à toute une série de microphotographies. Voici Roger Morris, lui aussi des laboratoires de Los Alamos, qui relève le spectre des rayons X émis en plusieurs points du Linceul. Il s'agit de l'analyse permettant d'identifier les éléments chimiques et leurs pourcentages respectifs [1]. Voici Barrie Schworstz et Vern Miller qui prennent d'autres photos encore : plusieurs centaines.

Les journalistes américains ont conté cela avec ces détails originaux dont ils ont le secret. Il nous montrent par exemple les radiologues, après chaque prise, courant développer leurs films dans les toilettes des dames. Ce qui, on voudra bien le reconnaître, apparaît d'une importance toute relative quant au problème qui nous occupe.

Cinq jours. Cela dure cinq jours. Et nous voici parvenus au samedi 14 octobre. Le Dr. Giovanni Riggi, de l'Institut polytechnique de Turin, retourne une dernière fois le Linceul pour être sûr, à la suite des prélèvements, qu'aucun débris, aucune parcelle ne demeure sur l'étoffe. Il est 14 heures. Tout est fini. On recouvre le tissu de sa soie rouge, on le roule de nouveau autour de son cylindre de velours. Solennellement, on va le replacer dans son reliquaire. Et celui-ci retrouvera, dans la chapelle, sa place séculaire.

Les savants vont pouvoir se mettre au travail. Les membres du S.T.U.R.P. vont repartir pour les États-Unis. A partir des prélèvements effectués, des examens opérés, les machines les plus évoluées vont être mises à contribution, les ordinateurs les plus fiables vont être interrogés. Les savants savent bien que, depuis le Moyen Âge — époque à laquelle apparaît historiquement le Linceul — une accusation a été formulée souvent avec force : ce prétendu Suaire du Christ n'est rien d'autre qu'un faux. Un faux, au XXe siècle, cela se décèle. Sur le chemin du retour, les savants américains ne doutent guère qu'ils pourront répondre sur ce point précis. Mais parviendront-ils à dire qu'il s'agit vraiment du Linceul de Jésus ? D'ailleurs, que savons-nous de ce Linceul ? Qu'est-ce donc qui nous autorise à affirmer qu'il a été conservé ?

1. Ces travaux ont été remarquablement résumés par Joseph Perrin, *op. cit.*

Il est hors de doute que le Christ fut enseveli. Les évangélistes sont, sans détour, affirmatifs. Matthieu et Luc écrivent : « Ayant pris le corps il [Joseph d'Arimathie] l'enveloppa d'un linceul. » Matthieu précise : « un linceul propre ». Marc nous affirme qu'en sortant de chez Pilate, Joseph alla en ville acheter un linceul.

Jean ajoute que l'on s'est servi, pour l'ensevelissement d'« un mélange de myrrhe et d'aloès pesant environ cent livres » (trente-deux kilos à peu près).

Mais, à l'heure de l'ensevelissement, le vendredi, le jour est tombé et, par voie de conséquence, le sabbat a commencé. Les saintes femmes doivent renoncer à procéder à la dernière toilette de Jésus. On sait combien étaient sévères les prescriptions juives du repos chaque samedi. « Et, le jour du sabbat, dit Luc, elles restèrent au repos, selon le précepte. Mais le premier jour de la semaine, de grand matin, elles vinrent au sépulcre, portant les aromates qu'elles avaient préparés. »

Marc, de son côté, écrit : « Et, quand le sabbat fut passé, Marie-Madeleine et Marie de Jacques et Salomé achetèrent des parfums pour venir pratiquer sur lui les onctions. »

Donc, le dimanche matin, de fort bonne heure, les saintes femmes, apportant les aromates, arrivent au sépulcre. Elles le trouvent ouvert et vide. On connaît trop leurs réactions — exprimées dans l'Évangile avec tant de réalisme — pour qu'elles soient redites ici.

Elles courent annoncer aux apôtres la stupéfiante nouvelle. Ceux-ci se moquent d'elles. « Ces femmes délirent », disent-ils. Madeleine supplie. Elles s'adresse surtout à Pierre et à Jean. Elle parvient à les convaincre. Ils partent rapidement pour le tombeau. « Cependant, dit Luc, Pierre se lève et court au sépulcre ; ayant avancé la tête, il ne voit que les linges. »

Jean dit : « Simon Pierre arrive donc aussi à sa suite et il entre dans le sépulcre et il voit les linges posés à terre et le suaire qui avait été sur la tête de Jésus, non pas posé avec des linges, mais roulé séparément dans un endroit. Alors donc l'autre disciple (Jean) entra aussi, lui qui était venu le premier au tombeau, et il vit et il crut. »

Un fait apparaît par conséquent comme bien certain : la présence au tombeau des linges et du linceul qui avaient servi à envelopper le corps de Jésus. On peut s'étonner que deux mots soient utilisés : les *linges* et le *linceul* ou *suaire*. En fait, les juifs enveloppaient les cadavres dans un linceul qu'ils tenaient fermé à la hauteur de la tête et des pieds en utilisant des *bandelettes*. Ces bandelettes constituaient ces

Les saintes femmes au tombeau : elles le trouvent vide. (Giraudon)

linges dont il est question dans le récit évangélique. Les remarquables travaux auxquels s'est livré en Italie Mgr Giulio Ricci, ses expériences avec des corps humains et une pièce d'étoffe offrant les mêmes proportions que celles du Linceul de Turin, en apportent la confirmation [1].

« Il vit et il crut », dit Jean à propos de lui-même. A cet instant précis s'est confirmée en lui la croyance en la divinité de Jésus.

Quelle importance, de là, prenait pour les apôtres cette relique insigne qu'était le Suaire — l'unique souvenir palpable de Jésus — avec ses traces de sang et de sueur, du sang et de la sueur du Christ !

1. Mgr Giulio Ricci : *Chemin de croix selon le Saint Suaire* (1972).

Comment imaginer qu'ils n'aient pas conservé précieusement cette relique ? Comment les premiers chrétiens ne l'auraient-ils pas gardée jalousement, tel le plus éloquent des témoignages de la Passion de Jésus ?

Il est certain — et les adversaires du Saint Suaire l'ont rappelé — que les juifs considéraient comme impur tout ce qui touche à la mort. Malgré cette répugnance, il est inimaginable que les apôtres aient détruit le Linceul.

Alors, qu'en ont-ils fait ?

Evoquons les premiers âges du christianisme ; rencontrons ces disciples persécutés, harcelés, martyrisés. Seule leur foi les soutient. Quelques-uns d'entre eux connaissent l'existence du Linceul de Jésus. Ils se gardent d'en rien dire. Ils cachent avec soin la relique : quelle tragédie si elle tombait entre les mains des persécuteurs !

Le paradoxe, c'est qu'ils dissimulent aussi le Linceul aux autres chrétiens. Montrer cette pièce c'est évoquer le supplice de la crucifixion ; or les Anciens éprouvaient une particulière aversion pour ce supplice, considéré comme infamant. C'était, entre autres, celui des esclaves. Dans les premiers âges de l'Église, la Croix se dissimule sous d'émouvants symboles. « Les apôtres, écrit M. Antoine Legrand, l'un des meilleurs spécialistes français du Linceul de Turin, prêchaient bien aux gentils, païens d'hier, un Dieu crucifié, mais pendant de longs siècles, nul n'osera le représenter sur son gibet. » Les rares images de Jésus le représentent imberbe. Il faut attendre les Ve et VIe siècles pour voir apparaître les premières effigies de Jésus crucifié — effigies rien moins que réalistes, d'ailleurs. Ce n'est qu'aux VIIe et VIIIe siècles qu'elles commencent à se répandre un peu.

Précisément, au VIIe siècle, nous découvrons le premier texte relatif au Suaire. En 631, saint Braulion, évêque de Saragosse, parle dans une lettre *de sudario quo corpus Domini est involutum* — du Suaire dont le corps du Seigneur fut enveloppé. Il ajoute : « L'Écriture ne dit pas qu'on l'a conservé, mais on ne peut appeler superstitieux ceux qui croient à l'authenticité de ce Suaire. »

Un autre texte confirme qu'à cette époque l'existence du Linceul était connue — et que la relique se trouvait alors en Palestine. L'évêque Arculphe voyage, vers 640, à Jérusalem. Il y voit et baise « le Suaire du Seigneur qui, dans le sépulcre, avait été placé sur sa tête ». Ce suaire, précise Arculphe, est une longue pièce de toile qui mesure, à vue d'œil, environ huit pieds de long [1].

---

1. Huit pieds représentaient à peu près la moitié de la longueur du Linceul de Turin. S'il s'agit de celui-ci, Arculphe a dû le voir plié en deux.

Au début du VIIIe siècle, la présence à Jérusalem de la relique est encore affirmée par Bède le Vénérable — qui, au vrai, ne se présente que comme l'écho d'Arculphe — et par saint Jean Damascène.

Par la suite, le Suaire se retrouvera à Constantinople. Quand, dans quelles circonstances ? Nous n'en savons rien. A moins que nous n'admettions les récentes conclusions d'un écrivain britannique, licencié d'histoire de l'Université d'Oxford, Ian Wilson. Depuis des années, Ian Wilson étudie le problème du Saint Suaire et il est président de la *British Society for Turin Shroud.* Que nous dit-il ?

Depuis des temps très anciens on découvre l'existence d'un linge appelé le Mandylion. Qu'était-ce que le Mandylion ? Une pièce de tissu à peu près carrée, sur laquelle se serait vu le visage du Christ. Des textes quelque peu légendaires exposent que, dès les premiers siècles de notre ère, ce linge aurait été envoyé de Jérusalem à Abgar, roi d'Edesse.

Aujourd'hui, Edesse, devenue Urfa, est un centre commercial du sud-est de la Turquie. Urfa n'offre guère de points communs avec la métropole fameuse que fut Edesse avant sa prise, au XIIe siècle, par les Turcs musulmans. Chaque année, des milliers de pèlerins venaient prier à Edesse, où l'on comptait trois cents églises et monastères. Pourquoi cette rare renommée ? Parce que la tradition affirmait la conversion miraculeuse au christianisme, aux premiers siècles de notre ère, du roi du pays Abgar. D'aprè plusieurs récits — dont des chroniques très anciennes découvertes au siècle dernier dans un monastère de Basse-Égypte —, l'un des disciples de Jésus, Thaddée, aurait apporté à Edesse une image appelée Mandylion. Selon un texte du IVe siècle, ce Mandylion était un portrait peint de Jésus, « en couleurs bien choisies ». Or Abgar était atteint de la lèpre. En recevant l'image des mains de Thaddée, il fut guéri. En reconnaissance, il autorisa Thaddée à fonder à Edesse une communauté chrétienne.

Pour Ian Wilson, le Mandylion n'était autre que ce que nous avons appelé le Saint Suaire. S'il ne montrait que le visage, c'était parce que l'étoffe était pliée sur plusieurs épaisseurs, de façon à ne laisser apparaître — probablement dans un cadre — que la face.

Après quoi, Abgar mourut. Ses successeurs retournèrent au paganisme. Les chrétiens ne se sentaient plus en sécurité. C'est l'un d'eux, sans doute, qui creusa une niche dans la maçonnerie d'une porte de la ville, celle de l'Ouest, et y enfouit le Mandylion. Alors, on n'en parla plus. Il entra dans le silence des siècles. On ne le revit qu'en 544. Cette année-là, dit un historien syrien du temps, les habitants d'Edesse utilisèrent le Mandylion comme un talisman protecteur pour repousser une attaque du roi de Perse : « Ils apportèrent l'image divine qui n'est pas faite de main d'homme et que le Christ notre Dieu envoya au roi Abgar quand ce dernier voulut le voir. » Si l'on reparle du Mandylion, c'est évidemment qu'on l'a retrouvé, ceci entre 520 et 544. Ian Wilson pense que cette redécouverte se fit lors des travaux de fortification ordonnés par l'empereur byzantin Justinien. On édifia de nouveaux murs, on répara les portes, notamment celle de l'Ouest. Probablement dut-on mettre la main sur la niche — et son trésor. Le Mandylion sera gardé à Edesse pendant plus de quatre siècles après sa découverte et c'est alors qu'il attira d'immenses foules de pèlerins [1]. Ce n'est qu'en 944 que l'empereur de Byzance, Romain 1er, récupéra par la force le Mandylion et le fit transférer, le 15 août de la même année, à Constantinople où il séjournera jusqu'en 1204.

Que faut-il penser de l'hypothèse — ingénieuse — de Ian Wilson ? Ce qui est certain, c'est que plusieurs générations ont vu, admiré — et reproduit — ce Mandylion. Ce qui a frappé Ian Wilson, c'est que le visage que l'on voit sur le Suaire de Turin évoque celui que l'on découvrait sur le Mandylion et dont nous possédons tant de descriptions. Ce qui l'a frappé plus encore, c'est l'identité absolue entre ces images. Alors, un jour, tout à coup, la lumière s'est faite en lui. Le Mandylion et le Suaire de Turin n'étaient autres qu'une même relique ! Au fond, ce qui intéressait tous ces gens, c'était le visage du Christ. Pour eux, le reste du corps — d'autant plus que les traces, et nous y reviendrons, sont fort peu visibles — n'offraient qu'un intérêt relatif. Ian Wilson allait même réussir une expérience avec une réplique du Suaire d'égales dimensions : il est très facile, en repliant le reste du tissu sur plusieurs épaisseurs, d'isoler la face.

C'est ainsi qu'à travers les siècles on aurait vénéré cette image du Christ sans savoir que, derrière elle, se trouvait le Linceul, porteur, lui, d'une image non moins bouleversante, celle du corps entier de Jésus.

Sur le tissu, le visage apparaissait trouble, confus, si l'on en croit l'effet produit, en 944, sur les deux fils de l'empereur. Ce qui est très exactement le cas pour l'image du Linceul de Turin.

Les remarquables travaux de Paul Vignon permettent d'administrer une preuve : l'image traditionnelle du Christ — longs cheveux, barbe, moustache — apparaît dans l'iconographie chrétienne exactement à l'époque où l'on exhibe à Constantinople le Saint Suaire. Paul Vignon a comparé l'image du visage qui se voit sur le Saint Suaire avec les différents portraits — notamment les icônes — connus depuis cette époque [2]. Impossible de douter.

---

1. Ian Wilson : *le Suaire de Turin* (1978).
2. Paul Vignon : *le Linceul du Christ* (1902) ; *le Saint Suaire de Turin* (1939).

L'image traditionnelle du Christ apparaît en Orient au moment où le linceul est porté à Constantinople. Ici, le Christ de la coupole à Daphni. (Roger Viollet)

Si le Mandylion n'était autre que la partie apparente du Saint Suaire, les conclusions seraient les mêmes. Malheureusement, le Mandylion, comme le Suaire, disparaît en 1204 de Constantinople. Ce qui ne nous avance guère.

L'hypothèse de Ian Wilson ne tient pas compte — c'est là son principal défaut — des témoignages de saint Braulion, de l'évêque Arculphe, de saint Jean Damascène qui — eux — ont vu le Suaire à Jérusalem. Ceci aux VIIe et VIIIe siècles. Faut-il alors penser qu'il ne s'agissait que d'une réplique demeurée dans la ville sainte, cependant que l'original était à Edesse ? Faut-il penser plutôt que, vers le VIIIe siècle, le Linceul aurait été directement transporté à Constantinople ? En l'état actuel des recherches, il nous est impossible de se prononcer. Ce qui reste indiscutable, c'est que le Linceul se trouve à Constantinople, en 1204, lors de la IVe croisade.

Un chevalier picard, Robert de Clari, qui a pris part à la prise de Constantinople en 1204, nous apporte là-dessus un témoignage particulièrement précieux. Dans le récit naïf, mais parfaitement sincère, qu'il a laissé de son voyage, il décrit minutieusement toutes les richesses aperçues par lui dans les palais et les « rikes kapeles » — les riches églises — de la ville. Il y considère notamment deux morceaux de la vraie Croix, le fer de la lance qui a percé le flanc du Christ, deux clous, la couronne d'épines, etc. En bref, le bric-à-brac des fausses reliques. Mais c'est en la basilique Sainte-Marie-des-Blachernes qu'il trouve le Saint Linceul. « Et parmi ces autres, il y eut un monastère qu'on appelait Madame Sainte Marie de Blachernes, où était le Linceul où Notre Seigneur fut enveloppé ; lequel chaque vendredi se dressait tout droit, si bien qu'on y pouvait voir la figure de Notre Seigneur et la marque de ses cinq plaies. Et ne sut jamais ni Grec ni Français ce que ce Linceul devint quand la ville eut été prise. »

Remarquons-le : Robert de Clari, avec les autres croisés, peut voir en 1204 le Linceul *déplié.* « On y pouvait voir la figure de Notre Seigneur et la marque de ses cinq plaies. » Il ne s'agit donc pas du Mandylion.

On sent toute la désolation éprouvée par Clari quand il écrit que l'on ignore ce qu'il advint du Linceul. La relique a donc été volée. A la faveur du pillage, des combats de rue, du sac de la ville, le Linceul a disparu — emporté comme « prise de guerre » par quelque chevalier particulièrement avisé.

Un érudit italien, le P. Solaro, a cherché à expliquer cette disparition : « Les croisés, dit-il, s'ils mirent à sac la ville de Constantinople, respectèrent la chapelle des Blachernes. » Fait certain, confirmé par le comte Riant dans ses *exuviae* : « Un évêque de Troyes, Garnier de Trainel, qui faisait partie de l'expédition, fut chargé de conserver dans son habitation toutes les reliques que la chapelle impériale renfermait. » Il en disposa à sa convenance et sans avoir aucun compte à rendre à ses sujets : c'est encore ce qu'affirme le comte Riant : « L'évêque fit parvenir en Europe un grand nombre d'objets précieux : on connaît la liste de ces objets ; le Suaire n'y figure pas. » Ici commence l'hypothèse du P. Solaro : « L'évêque Garnier aura conservé le Suaire par-devers lui ; peut-être était-il dans l'intention de le rapporter lui-même en Occident. Or l'évêque mourut à Constantinople dans l'année même de 1205. A ce moment peut-être le Suaire devint-il, de façon illégitime, la propriété d'un de ses officiers. On connaît les noms de ces derniers : c'étaient des seigneurs champenois ; l'un d'eux était apparenté avec un ascendant du comte de Charny. C'est ainsi que le Suaire aurait passé dans la famille de ce dernier. »

De fait, c'est un comte Geoffroy de Charny qui allait déposer, en l'an 1353, dans le collégiale de Lirey, diocèse de Troyes, fondé par lui, un Linceul dont il affirmait qu'il était celui du Christ.

Une autre explication a été formulée, beaucoup plus vraisemblable. En 1208 — trois ans seulement après le sac de Constantinople — un Linceul correspondant parfaitement à la description de Robert de Clari fait son apparition à Besançon : l'évêque de cette ville le reçoit des mains de Ponce de La Roche, seigneur franc-comtois et père d'Othon de La Roche. Coïncidence troublante, cet Othon de

C'est au cours de la IVe Croisade que le linceul disparaît. (B.N.)

La Roche a été l'un des principaux chefs de l'armée bourguignonne au cours de la croisade de 1204. Il est plus que probable qu'il a lui-même rapporté le Linceul de Constantinople.

On vénérera le Linceul dans la Cathédrale Saint-Etienne de Besançon jusqu'en 1349. A cette date, un incendie ravage la cathédrale. Le Linceul disparaît une fois de plus ! Aurait-il été volé à la faveur de l'incendie ? Remis ou vendu à ce Geoffroy de Charny, lequel — on l'a vu — l'a déposé dans la collégiale de Lirey, quatre ans plus tard ?

Le docteur Barbet — éminent spécialiste dont nous allons reparler — estime que « le séjour à Besançon reste très probable [1] ». Geoffroy de Charny aurait reçu le Linceul du roi Philippe VI, qui l'aurait tenu du voleur ; on suppose que ce dernier était un Vergy.

Par la suite, on montrera de nouveau à Besançon un Linceul, mais ce sera une toile peinte. La préoccupation de l'artiste — Paul Vignon l'a démontré — aura été d'imiter les traces portées par le Suaire de Lirey. Le destin de cette copie sera malheureux : en 1794, la Convention ordonnera que l'on en fasse de la charpie.

Dès lors le destin de la relique ne présente aucune obscurité. Pendant un peu moins d'un siècle, des foules nombreuses viennent vénérer le Linceul à Lirey. Cependant, les évêques — d'abord Henri de Poitiers, ensuite Pierre d'Arcy — en viennent à s'émouvoir de cet empressement : les fidèles ne désertent-ils pas les reliques de Troyes ? Pierre d'Arcy, homme d'autorité, veut interdire les ostensions. Les Charny en appellent à Clément VII. Ce pape, renvoyant les plaignants dos à dos, autorise les ostensions, à la condition que l'on déclarera aux pèlerins qu'il s'agit d'une toile peinte. Précisons que les « aveux » du faussaire, dont a fait état Pierre d'Arcy, n'ont jamais pu être produits.

Ce que l'on reprochait surtout au Suaire, c'est de ne point posséder cette « carte d'identité » des reliques appelées « authentiques ». On le fit bien sentir à Marguerite de Charny, quand elle porta le Linceul à Chimay, en Belgique. En désespoir de cause, elle l'offrit, en 1452, à Anne de Lusignan, femme du duc de Savoie. On transfère le Linceul à Chambéry. Il devient ce qu'il est toujours — la propriété de cette Maison de Savoie qui, jusqu'en 1945, régnera en Italie. Pour lui, on édifie une chapelle à Chambéry. En 1532, un incendie y éclate. Le Suaire, enfermé dans un coffre d'argent, manque brûler entièrement. Une goutte de métal fondu consume un coin du drap plié, y perçant, également espacées, deux séries de trous : on les observe aisément sur les photographies. L'eau jetée pour éteindre l'incendie a laissé sur la relique de larges cernes symétriques. Le Suaire sera pieusement réparé par les clarisses de Chambéry. Réparation accompagnée de la rédaction, par les religieuses, d'un procès-verbal détaillé.

Après un certain nombre de pérégrinations, le Linceul arrive en 1578 à Turin. Charles Borromée l'y vénère. Il s'y trouve toujours — rarement montré. Les dernières ostensions sont de 1814, 1815, 1822, 1842, 1868, 1898, 1931, 1933, 1973 (ostension télévisée), 1978.

En vérité, il serait difficile de se fonder sur cette histoire si pleine de péripéties pour établir de façon formelle l'identité du Saint Suaire.

---

1. Dr Pierre Barbet : *la Passion de N.S. Jésus-Christ selon le chirurgien* (1950).

Ce sont surtout ces inconnues qui permettent aux adversaires de l'authenticité de formuler leurs arguments. Leur thèse est aisée à résumer : le Suaire de Turin manque par trop de bases historiques. Sans nul doute, il s'agit d'un faux, fabriqué probablement vers le XIIe siècle, peut-être dans de réelles intentions apologiques. Les formes qui apparaissent sur le Suaire ne sont pas loin de ressembler à ces silhouettes rigides, sommaires, sans préoccupation de perspective, que connaissent bien tous les familiers de l'iconographie médiévale. Quant aux taches dites sanguines, elles se rapportent bien à ce que l'on sait de la mort du Crucifié. Tout y est : plaies des mains et des pieds, traces de la flagellation, coup de lance au côté, jusqu'à la couronne d'épines. Mais, justement, une telle accumulation, a-t-on souvent répété, est « trop belle pour être vraie ».

Depuis l'apparition en France, à Lirey, de ce Suaire, deux camps se sont opposés, parfois avec violence : les tenants du faux, ceux de l'authenticité. Tantôt, après l'affirmation papale que le Linceul n'est qu'une toile peinte, le faux l'emporte. Tantôt, quand le Linceul passe en Savoie, où il acquiert des protecteurs puissants, l'authenticité triomphe. Jusqu'au XVIIe siècle, des foules immenses se déplacent, à Chambéry d'abord, à Turin ensuite, pour adorer le Linceul de Notre-Seigneur.

Mais, peu à peu, le doute va dominer. Au XIXe siècle, temps du rationalisme, on a établi le caractère apocryphe de la plupart des reliques célèbres conservées dans le monde. Le doute n'a pas épargné le Suaire. Un contemporain de l'ostension de 1898 notait non sans mélancolie : « L'importance traditionnelle du Saint Suaire de Turin était allée s'affaiblissant... L'oubli tombait sur lui ; la rareté même des ostensions ressemblait à une suprême précaution destinée à conserver, à l'abri des polémiques, un objet qu'on renonçait à imposer à l'intention distraite ou hostile des sociétés modernes... »

Du 25 mai au 2 juillet 1898, on n'en exposa pas moins publiquement — une fois de plus — le Suaire. A la cathédrale Saint-Jean-Baptiste de Turin, les fidèles purent l'apercevoir, placé dans un cadre doré, dressé au-dessus d'un autel de marbre blanc.

Parmi les visiteurs, on put voir un jour un photographe — le chevalier Pia — s'avancer, poser son gros appareil en bois face au Suaire, installer là deux globes électriques, les allumer, et se mettre à opérer. Ce à quoi l'on allait assister, c'est à une première, une grande. On allait photographier le Linceul de Turin.

À Turin, dans la chapelle accolée à la cathédrale, le linceul est conservé entre ces grilles. ▶
(Fratelli Dutto)

L'homme de la première photo : le chevalier Pia.

Sous l'éclairage de la lumière électrique, Pia et ceux qui l'entouraient distinguaient mieux les traces. Des témoins diront qu'il s'agissait de « taches brunâtres, indécises, s'évanouissant peu à peu dans le fond jaunâtre de la toile ». Plus nettes apparaissaient les taches rouges.

Le chevalier Pia regagna son laboratoire. Comment n'aurait-il pas été impatient ? Il ne perdit pas un instant pour développer ses plaques. Dans le bain révélateur, les images négatives apparaissaient peu à peu. Bientôt, Pia put examiner les plaques. Lui-même a souvent rappelé l'extraordinaire instant qu'il vécut alors : il s'apercevait que les images imprimées sur les plaques n'offraient plus rien de commun avec les taches portées par le Suaire. Les traces confuses du Linceul, reproduites sur les plaques en négatif, révélaient soudainement un corps, un visage surtout — un visage bouleversant où, dans la paix de la mort, se mêlaient une profonde douleur et une immense majesté.

Il fallut un long moment au chevalier Pia pour comprendre. Enfin, la vérité lui apparut. Les empreintes que l'on avait observées, depuis des siècles, étaient elles-mêmes des images *négatives*. D'où leur imprécision, leur manque de netteté. Par voie de conséquence, ce que Pia tenait entre ses mains, c'était le *négatif d'un négatif*. Donc, une image positive. Cette face admirable, nul avant l'invention de la photographie, nul avant le chevalier Pia ne l'avait considérée ainsi. Pour le photographe turinois, une conclusion s'imposait qui, plus tard, fut exprimée en ces termes : « Véritable plaque sensible, le Saint Linceul avait enregistré en négatif le corps du Christ au sépulcre. »

Cette fois, les différentes parties du corps apparaissent parfaitement accusées : tête, épaules, thorax, ventre, bras, cuisses, jambes. Ce relief puissamment évocateur résulte des empreintes brunâtres inversées. Sur celles-ci se superposent d'autres traces plus claires, notamment aux poignets, aux pieds, au côté, autour de la tête ; ce sont celles qui sont rouges à la vision directe. On y lit sans difficulté le souvenir sanglant de la crucifixion.

Sur l'étoffe, on aperçoit encore des taches symétriques. Elles masquent, de part et d'autre du drap, toute la partie supérieure des bras. Ces taches correspondent aux zones carbonisées lors de l'incendie de Chambéry. Les taches — claires à la vision directe, noires en négatif — sont les pièces d'étoffe blanche, avec lesquelles les clarisses ont réparé l'étoffe.

La publication des photographies du chevalier Pia allait faire sensation. On admira, on s'étonna. Mais on discuta, on douta. Certains prétendirent que les clichés étaient truqués. La grande presse s'en mêla, ouvrant ses colonnes aux tenants des deux thèses. Entre les arguments que s'assenaient les spécialistes, le public perdait pied. De toute évidence, il fallait, dans des conditions de garantie totale, recommencer l'opération. Au cours de l'ostension de 1931, le chevalier Enrié fut chargé officiellement de prendre de nouvelles photographies.

Je ne sais rien de plus extraordinaire que ces clichés. Je ne sais rien non plus d'aussi émouvant. Enrié a exécuté douze photographies, dont neuf du Linceul descendu de son cadre et exposé à nu à un éclairage de seize mille bougies. Trois reproduisent l'ensemble de la toile, la plus grande étant de 12 × 47, sur plaque de 40 × 50. Les autres épreuves sont des photographies de détail : deux faces, l'une aux deux tiers de l'original, l'autre en grandeur naturelle ; une face avec le haut du buste, aux deux tiers, sur 40 × 50, un dos sur 40 × 50. Enrié a procédé à un agrandissement direct (sept fois) de la plaie de la main, ce qui a permis par la suite d'étudier le tissu dans ses moindres détails. Un dernier cliché recueillera l'image de l'ensemble de l'ostension.

Toutes ces opérations se sont déroulées sous des contrôles très stricts ; les clichés n'ont reçu aucune retouche — le fait ayant été certifié, devant notaire, par une commission d'experts.

Certes, on n'en était pas aux examens d'octobre 1978, à la mobilisation générale de presque toutes les sciences connues. Mais, par rapport aux si fragiles connaissances que l'on détenait alors relativement au Saint Suaire, un pas immense venait d'être franchi. Jusque-là, on tâtonnait, on tentait des explications, on hasardait des hypothèses. Sur les agrandissements d'Enrié, ce qu'on allait pouvoir pratiquer — déjà — c'est un réel travail scientifique.

Sans les photographies de 1931, le docteur Barbet, par exemple, n'aurait pas pu entreprendre ses travaux. Car, au moment où il n'est plus question que du matériel de la N.A.S.A. et des chercheurs du S.T.U.R.P., il faut, je crois, revenir au docteur Barbet, l'homme qui a formulé, quant au Linceul, les premières véritables constatations d'ordre scientifique. L'homme qui a montré que les images du Linceul coïncidaient avec les acquis — et des acquis parfois insoupçonnés — de l'anatomie et de la médecine.

Le docteur Barbet est décédé en 1961. J'ai eu le privilège de le rencontrer en 1950. Aujourd'hui, je n'ai rien oublié de cet homme solide, au regard droit, au parler net — l'un de ces hommes de qui l'apparence fait dire qu'ils ont « les pieds sur terre ». Je l'entends encore affirmer :

— J'ai commencé mes expériences sur le Linceul pour voir si ces empreintes correspondaient à la réalité anatomique et physiologique. J'ai entrepris cette étude en toute indépendance d'esprit, aussi prêt à déclarer le Linceul une supercherie absurde qu'à en reconnaître la véracité.

Ce qui a frappé le docteur Barbet, d'abord, c'est le fait que les images du Suaire n'acquièrent leur totale réalité que traduites en négatif par la photographie. Comment un faussaire du XIIe ou XIIIe siècle aurait-il pu concevoir la notion même du négatif ? Comment aurait-il conçu son faux en imaginant, sept siècles à l'avance, qu'il ne prendrait sa valeur qu'après l'invention de ce qui serait un jour la photographie ?

Quant à l'observation attentive des différentes parties du tissu et des traces qui s'y trouvent portées, le docteur Barbet constate — et cette constatation est pour lui « bouleversante » — qu'elle confirme en tous points ce que l'Évangile nous a dit de la Passion de Jésus.

On y découvre, en effet, toutes les traces sanglantes du supplice — ou plutôt des supplices infligés au Christ. Ces traces dépassent la centaine. Il est rigoureusement impossible, dit le docteur Barbet — et c'est le chirurgien qui parle — que ces traces aient été imitées par peinture ou par teinture.

On avait fait grand bruit, à la veille de la Seconde Guerre mondiale, d'une expérience d'un membre de la Société nationale des Beaux-Arts, Clément. Celui-ci avait passé sur les deux faces d'un buste du peintre Géricault, auquel il avait ajouté de la barbe et de la moustache, un enduit de teinture d'aloès. Pendant que l'enduit demeurait frais, il avait très largement appuyé sur les deux faces de la statue une pièce de tissu. Le tissu avait absorbé le colorant. Le résultat, publié en photographies dans la *Nouvelle Revue théologique,* était, déclaraient les adversaires du Linceul, impressionnant par sa ressemblance avec le Suaire de Turin. A propos de cette expérience, le docteur Barbet s'écrie :

— Il n'y a là qu'un décalque grossier ! Le prétendu négatif a un clair-obscur sans finesse, sans dégradé, nullement comparable techniquement à la face du Linceul. On s'étonne de voir de doctes personnes (peut-être trop doctes pour avoir le sens de la plaisanterie) considérer comme une expérience scientifique ce qui n'est après tout qu'une amusante charge d'atelier !

Ayant rejeté les objections des adversaires, se penchant sur les clichés d'Enrié, le docteur Barbet s'est mis à étudier la crucifixion. Telle que nous l'enseigne l'Écriture. Telle qu'elle peut apparaître sur le Linceul.

Suivons-le sur le chemin du Calvaire. Sur le chemin du Golgotha.

— Je suis innocent du sang de ce juste ; cela vous regarde.

La voix du procurateur a retenti sur la foule des juifs. Il s'est lavé les mains. Physiquement. Moralement.

Déjà, après que Caïphe l'eut interrogé, les prêtres l'ont livré à la tourbe des valets qui ont couvert sa tête d'un voile et, avec de gros rires, l'ont battu, en lui disant de prophétiser qui l'avait frappé. Maintenant, il va être abandonné à ceux qui veulent le faire mourir. On sait qu'il va être crucifié. Pourtant, Pilate, le tenant pour un juste, a cru le soustraire au sanhédrin en le faisant flageller. « Alors Pilate fit saisir Jésus et le fit flageller. » Le procurateur a cru que ces prêtres se contenteraient de cette punition cruelle. Mais il ne faut pas oublier que, légalement, la flagellation est le préambule obligatoire de toute mise à mort. Les textes sont formels : la flagellation est appliquée au lieu du tribunal. Le condamné, dépouillé de ses vêtements, la subit attaché à une colonne ou à un mur. L'instrument du supplice ? Le *flagellum,* fouet à manche court, à quoi sont attachées des lanières longues et épaisses. Pour que les coups soient rendus plus douloureux encore, qu'ils déchirent mieux la peau et la chair, on attache aux extrémités de ces lanières des balles de plomb ou des osselets de mouton.

Et flagellavit. Les coups s'abattent sur Jésus de Nazareth, sur ce corps nu que les bras attachés tirent vers le haut. En droit hébraïque, les coups sont limités à quarante. Pour être certain de ne pas enfreindre la loi, on se borne à trente-neuf [1]. Le droit romain, lui, moins formaliste, ne prévoit d'autre limitation que le souci de conserver vivant le condamné. Vivant pour le bourreau. Il arrive néanmoins, dit Horace, que le supplicié soit « déchiré par les fouets à en dégoûter le bourreau ».

Ces coups, le docteur Barbet les retrouve sur le Suaire, ou du moins leur trace :

— Toutes les images sanguines coïncident, sans exception, et d'une façon étonnamment précise, avec la réalité anatomique. C'est un ensemble serré, disons même une unanimité de véracité qui constitue une présomption de vérité équivalant à une certitude.

Patiemment, longuement, il désigne, *sur la face,* des excoriations, des hématomes, des plaies contuses : traces des coups reçus après l'audition par Caïphe. Le nez est déformé par une fracture du cartilage : ce pourrait être le résultat d'un coup de bâton.

Sur tout le corps, des épaules au bas des jambes, les traces évidentes de la flagellation. Toutes les plaies présentent la même forme, « celle d'une petite haltère de 3 cm ». Les deux cercles représentent les balles de plomb ou les osselets. La tige intermédiaire est la trace de la lanière.

Mais — découverte affreuse — les traces portées par le Linceul sont au nombre d'environ cent vingt. Il ne s'agit donc pas en l'occurrence d'une flagellation juive, mais d'une flagellation romaine — non limitée.

A Bruxelles, au musée du Cinquantenaire, on trouve des *phalères* romaines, ces balles métalliques jumelées que l'on attachait aux extrémités des lanières. Lorsque, entre les deux guerres, des fouilles permirent, à Jérusalem, de mettre au jour une cour dallée que l'on identifia comme le Lithostrotos, lieu où Pilate avait fait flageller Jésus, M. Antoine Legrand écrivit à la Mère Godeleine de Sion, initiatrice des fouilles, pour savoir si l'on n'avait pas retrouvé, dans les interstices des dalles, des boules métalliques. M. Legrand présumait que des osselets se seraient probablement désagrégés au cours des siècles. Le 11 janvier 1935, la Mère Godeleine de Sion lui répondit. « Quelle ne fut pas ma surprise, nous dit Antoine Legrand,

1. Flavius Josèphe indique que l'on n'administrait en réalité que treize coups et non trente-neuf, les fouets possédant chacun trois lanières.

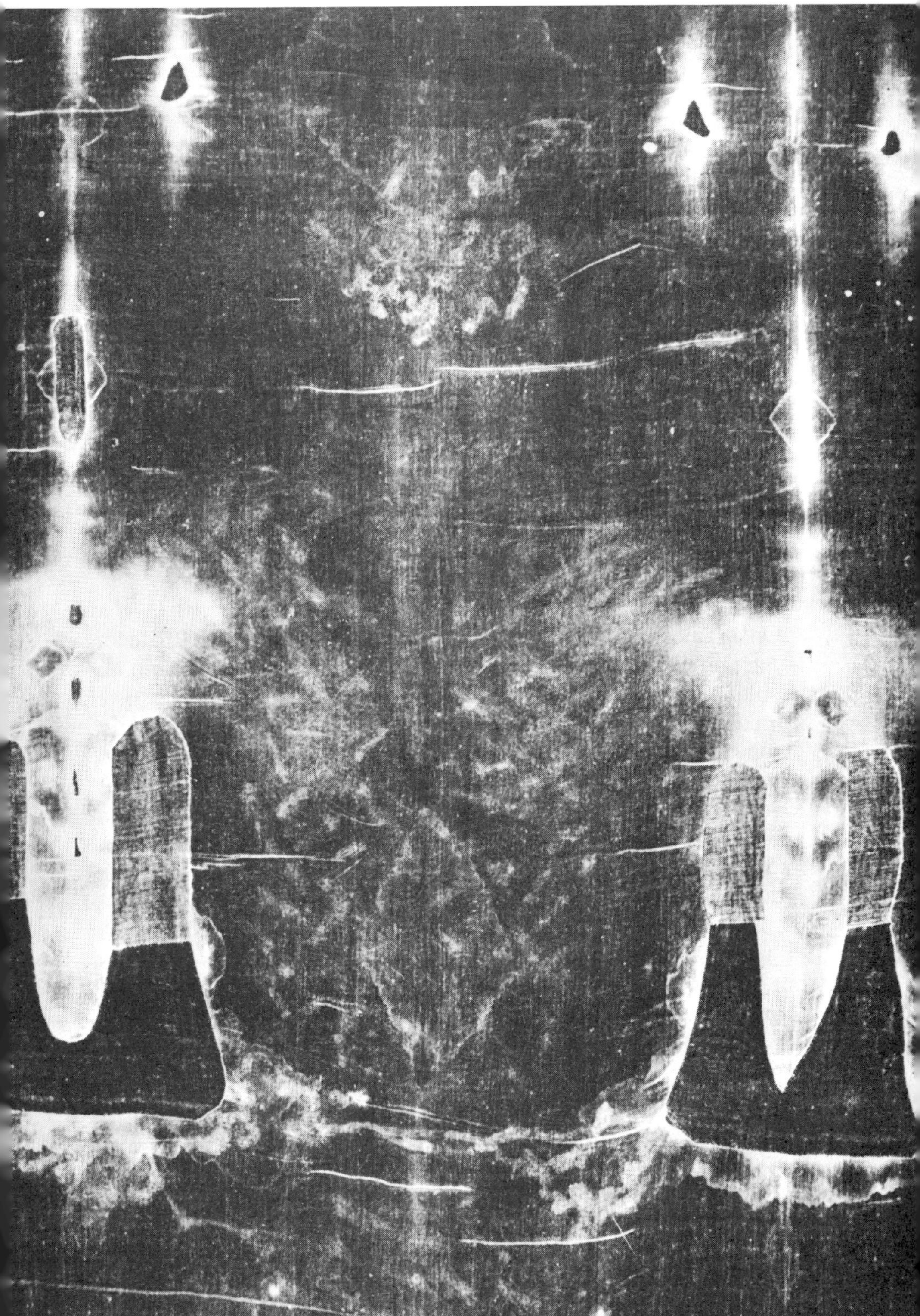

Sur le dos, les traces de la flagellation. (Fratelli Dutto)

d'apprendre que l'on n'avait trouvé aucun élément métallique pouvant correspondre à ce que j'attendais ; en revanche, des osselets de mouton avaient été découverts entre les dalles. Leurs dimensions correspondent exactement aux blessures enregistrées par le Linceul et lorsque, plus tard, j'ai eu en main lesdits osselets (que l'on pensait destinés au jeu de ce nom) j'ai constaté que l'un d'eux avait été manifestement perforé. Pour armer un fouet [1] ? »

Les coups. La tourbe qui cruellement s'amuse. Voilà donc le roi des juifs ! A un roi, ne faut-il pas une couronne ? Un fagot de branches épineuses fera l'affaire. On le lui applique sur la tête, maintenu par des joncs tordus. Nouvelles souffrances. Nouveau sang répandu.

Le docteur Barbet constate, sur l'image postérieure du crâne du Linceul, des coulées de sang. En avant, des coulées « plus discrètes, mais plus lisibles » : quatre ou cinq qui descendent vers les yeux. Traces évidentes de la couronne d'épines.

On a ramené Jésus à Pilate. Chancelant, livide, sanglant. Pilate l'a montré au peuple. Cet homme n'a-t-il point assez souffert ? Non. Le peuple veut la mort de Jésus de Nazareth. Donc, que le supplice suive son cours, son déroulement codifié par la loi — et l'usage. Il faut savoir que le monde romain vit à l'ombre de la croix. C'est le supplice des déserteurs, des voleurs, des rebelles, des esclaves. Dans Plaute, un esclave déclare philosophiquement : « Mon père, mon grand-père, mon bisaïeul, mon trisaïeul ont ainsi fini leur carrière. » La répression de la révolte de Spartacus a jalonné de six mille croix la route de Capoue à Rome. Lors de la prise de Jérusalem, les Romains, dit Josèphe, crucifieront jusqu'à cinq cents juifs par jour. Au cours de fouilles récentes menées à Jérusalem, les archéologues israéliens ont retrouvé le squelette de l'un de ces crucifiés. Nous connaissons même son nom : Jehohanan. Un clou — un clou unique — perçait encore les deux pieds.

A Jésus de Nazareth, on a rendu ses vêtements. Une tunique qui, vite, se teintera de sang. La croix l'attend. La croix que — légalement — il doit porter. Combien de grands peintres ont évoqué ce portement de la croix ! En quasi-totalité, ils se sont trompés. Ils ont montré le Christ portant sur l'épaule la croix tout entière. Nous savons que tel n'était jamais le cas. Une telle croix aurait pesé si lourd qu'un homme seul n'aurait pu la porter. Au vrai, ce n'est que l'une des bar-

1. Antoine Legrand : *le Linceul de Turin* (1980).

res de la croix que doit traîner avec lui le condamné : la barre — *patibulum* — qui, tout à l'heure, sera horizontale. La partie verticale — *stipes* — reste, elle, toujours plantée en terre au lieu habituel du supplice. Sur les pentes de l'Esquilin, à Rome, on voyait « une forêt de *stipes* à demeure ».

Cette poutre, ce *patibulum,* il est d'usage que le condamné la porte, tantôt sur la nuque, tantôt sur l'épaule. Ici encore, le Linceul révèle, sur l'épaule droite, une zone d'excoriations longue de 9 cm et large de 10.

Ira-t-il jusqu'au bout, Jésus de Nazareth ? Cinquante kilos sur ce corps qui n'est que plaies sanglantes. Cinquante kilos sur ces pieds nus dans lesquels s'incrustent les cailloux du sol.

Pour rejoindre le lieu du supplice, il faut parcourir à peu près six cents mètres. Par trois fois, Jésus de Nazareth tombe. Il faudra réquisitionner un passant pour l'aider à porter sa poutre, pour l'aider à gravir la pente du Golgotha.

Sur le Linceul, on lit distinctement la trace de plaies sur le devant des genoux, surtout le genou droit.

Là, sous le ciel gris, le *stipes,* droit et solide, se dessine. Il n'est pas très haut. On a tenu compte d'une nécessité évidente : les bourreaux doivent déposer le *patibulum* sur le *stipes* qui, donc, ne saurait dépasser un peu plus de deux mètres.

Brutalement, le condamné a été dénudé. De ses plaies dont le sang se coagulait, on a arraché la tunique. La souffrance.

Le voici allongé sur le sol, au pied du *stipes,* les épaules couchées sur le *patibulum.* Vite, avec des gestes précis, on lui allonge un bras, on pose sa main à plat sur le bois, la paume à l'extérieur. Un clou — un long clou carré et pointu. Un coup de marteau. Une douleur — atroce, fulgurante. D'autres coups. La main est fichée dans le bois.

L'autre bras, l'autre main, une douleur identique.

Sur le Linceul se voit distinctement la trace des enclouements des membres supérieurs. Mais les plaies ne se trouvent pas dans la paume des mains — comme le veulent la tradition et pratiquement toute la peinture, toute la statuaire — mais dans les poignets. Cette « erreur » du Linceul a fourni d'ailleurs à ses adversaires l'un de leurs arguments les plus souvent réitérés. Ici encore intervient le docteur Barbet. Il n'a pas hésité à crucifier des cadavres. Ces macabres expériences lui ont démontré que la paume des mains présente une grande fragilité. Chaque fois que le docteur Barbet a voulu fixer sur une croix un cadavre par la paume des mains, celle-ci s'est déchirée. Il n'en a pas été de même lorsqu'il a enfoncé son clou dans le poignet. C'est *dans le poignet* que l'on plantait le clou des crucifiés, plus précisément dans le carpe. Regardons le Linceul, comme l'a fait le docteur Barbet : c'est exactement à cet endroit qu'apparaissent les plaies.

Il y a mieux : l'une des particularités les plus singulières du Linceul, c'est de présenter des *mains sans pouce* — sans pouce visible. Ce fait a frappé les anciens copistes du Suaire — ils ont été nombreux — qui, naïvement, la plupart du temps, ont ajouté sur leurs dessins les pouces manquants ! Devant ce problème, le docteur Barbet est longuement demeuré perplexe. Un jour, cherchant sur un membre fraîchement coupé l'endroit le plus favorable à la crucifixion, il enfonce un clou dans le carpe. A l'instant où la pointe traverse les parties molles antérieures — la paume se trouvant au-dessus — le pouce se fléchit brusquement et vient s'opposer dans la paume. Ce

La trace des clous dans les poignets et les mains sans pouce.

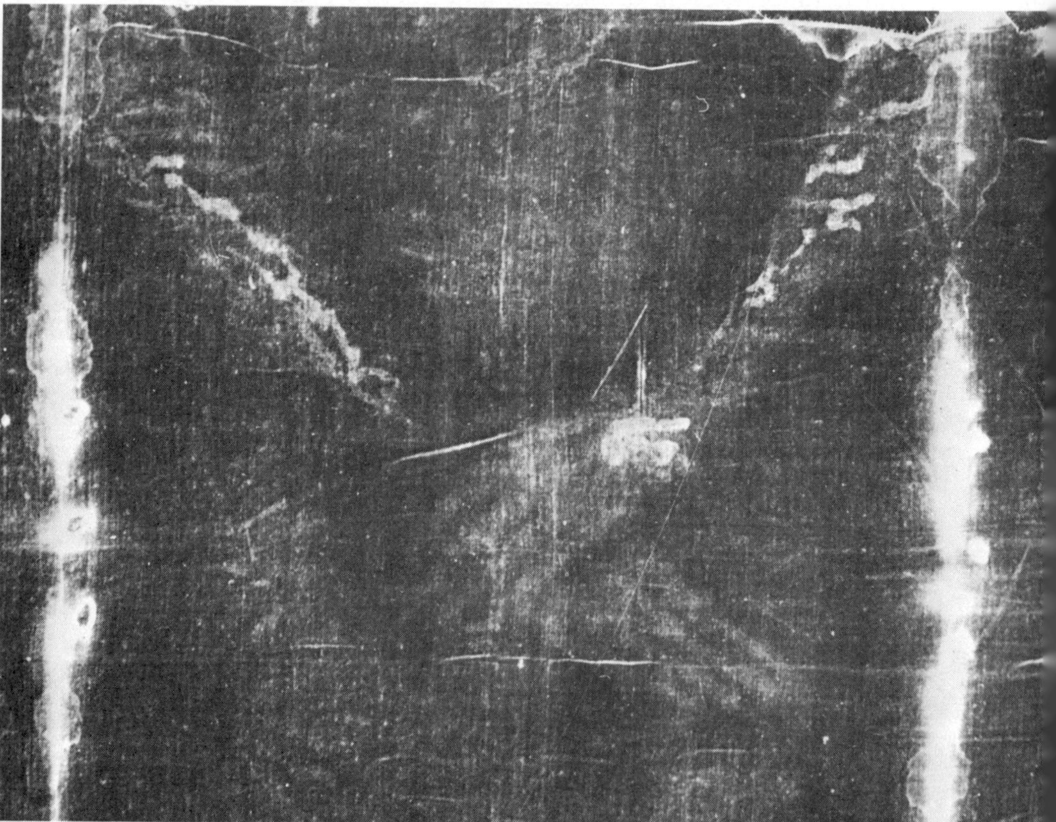

mouvement réflexe s'est produit lors de chacune des expériences que le docteur Barbet a effectuées par la suite.

Ce qui permet à ce dernier de s'exclamer de nouveau :

— Non seulement le Linceul montre les plaies à l'endroit des carpes, mais il présente aussi des pouces invisibles, donc opposés. Un faussaire aurait-il imaginé cela ?

Lorsque l'on enfonce un clou dans le carpe, le nerf médian est gravement lésé. Atroce, la douleur. Et pourtant, il faut à Jésus se dresser. Il lui faut s'aider lui-même, tandis que les bourreaux hissent le *patibulum* le long du *stipes* — enfin, dans un effort brutal, le soulèvent et le fixent.

Le corps, dans le vide, n'est soutenu que par les clous plantés sans les poignets. La règle est d'enclouer les pieds. Nul support. On les ramène bien à plat, le pied droit sur le bois, le pied gauche sur le droit. Un seul clou suffit pour les deux pieds.

Sur le Linceul, les plaies des pieds, avec leur longue traînée débordant l'empreinte, montrent que le sang a continué à s'écouler vers les talons lors du transport du corps en position horizontale.

Les bourreaux ont achevé leur office. Le supplice commence.

Très longtemps, et jusqu'à ces dernières années, on a ignoré les causes qui entraînaient la mort des crucifiés. Certains expliquaient la mort par un arrêt du cœur, d'autres par la perte de sang, d'autres par insolation, d'autres par la faim et la soif.

En fait, la mort des crucifiés était due à l'asphyxie, comme l'ont démontré les affreuses expériences auxquelles se sont livrés les nazis à Dachau.

Un homme pendu par les mains sent ses avant-bras, puis ses bras, puis son tronc, atteints par une contracture qui aboutit à la tétanie. Les grands muscles qui produisent l'inspiration sont envahis. Comme ils se révèlent plus puissants que les aspirateurs, les poumons se gorgent d'air qu'ils ne peuvent rejeter.

Le supplice consistait donc pour le supplicié en cette affreuse alternative : pour reprendre haleine il se haussait sur le clou dont ses pieds étaient percés. La douleur ressentie aux pieds devenant trop violente, il laissait de nouveau ses mains supporter le poids de son corps jusqu'au moment où l'asphyxie le contraignait à se hausser de nouveau.

La mort intervenait au moment où, trop faible, il devenait impossible au crucifié de prendre appui sur la plaie de ses pieds. Si la mort tardait, les soldats qui veillaient autour de la croix rompaient les jambes du supplicié, lui ôtant ainsi tout point d'appui. Le crucifié cessait très rapidement de vivre.

Depuis trois heures, Jesus de Nazareth halète. Plusieurs fois, il a parlé. Ses disciples présents au pied du *stipes* ont pieusement recueilli ses paroles. C'en est fait. Pour la dernière fois, il a tiré sur ses poignets saignants. « Mon père, mon père, pourquoi m'avez-vous abandonné ? » Une bouffée d'air, de cet air si douloureusement acquis. Il crie : « Tout est consommé. » De nouveau un grand cri. Le corps, comme disloqué, est retombé.

Un peu plus tard — peut-être à la demande des prêtres que tourmentent des bruits de possible résurrection — un soldat, d'un coup de lance percera le côté droit du cadavre. Un flot de sang noir jaillira, mêlé d'un liquide plus clair, celui du péricarde.

Jésus de Nazareth est mort.

Sur le Linceul, on découvre, parfaitement distincte, la plaie du cœur, avec trace au côté droit.

Certes, des travaux déjà effectués, il se dégageait des présomptions d'authenticité qui paraissaient sérieuses. La controverse continuait cependant. La couleur rouge carmin des taches dites sanguines suscitait des réactions hostiles. Le professeur Piédelièvre, interrogé par moi, en 1957, fut formel : *en aucun cas, le sang vieilli ne serait resté rose ni carmin, il y a là une impossibilité physique.* Le professeur Piédelièvre me précisait qu'en vieillissant, le sang ne cesse de s'assombrir. Je le vois encore, brandissant devant moi un morceau d'étoffe datant d'une cinquantaine d'années :

— Regardez, s'écriait-il, ce sang-là est même devenu verdâtre !

J'avoue avoir été singulièrement ému par l'observation du célèbre médecin légiste. Mes amis Stellio Lorenzi et André Castelot, présents à l'entretien, ne l'étaient pas moins.

Nul doute : on ne pourrait se prononcer que lorsque l'on aurait procédé, sur le Suaire, à ces expériences scientifiques que l'on réclamait depuis tant d'années. Le drame, c'est que ceux dont dépendait le Linceul — la famille royale d'Italie, l'évêque de Turin — considéraient comme sacrilège la seule éventualité que l'on pût toucher à la relique. A toutes les demandes, on opposait d'obstinés refus. A ce point, après la Seconde Guerre mondiale, qu'un pape fut amené à dire qu'il faudrait secouer une bonne fois ces gens de Turin ! Peu à peu, sous les coups de boutoir non seulement des fidèles, mais des historiens et des journalistes, la résistance se mit à faiblir. Un prêtre d'origine italienne vivant aux États-Unis, le P. Peter Rinaldi, se

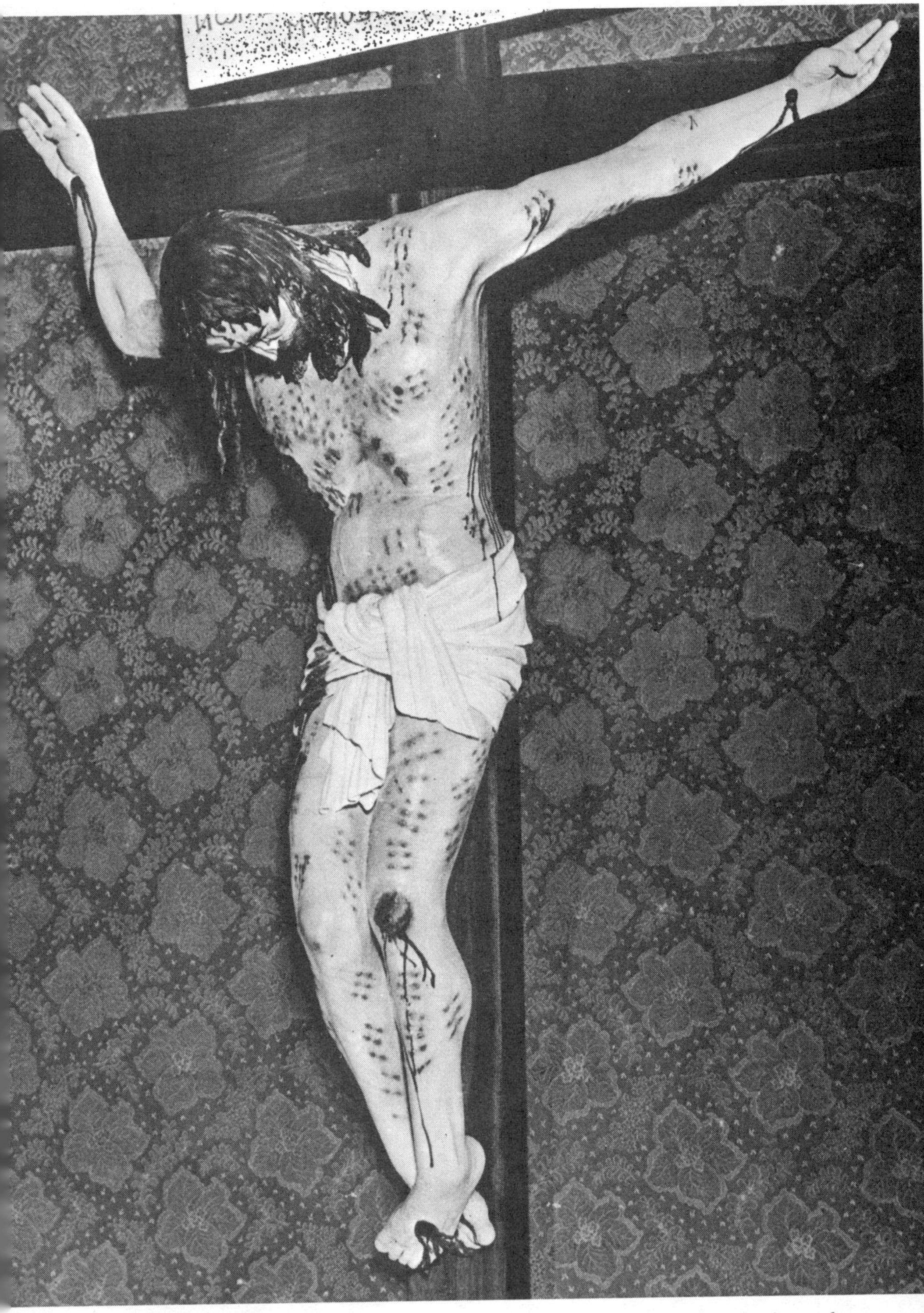

Ce Christ en croix, dû à Mgr Ricci, reflète très exactement les données que l'on peut lire sur le linceul. (Mgr Ricci)

Cette image naïve explique clairement comment le linceul fut placé sur le corps de Jésus.
(Alinari/Giraudon)

montra plus pressant que d'autres. Il déclarait que « si le Suaire était authentique, l'Église catholique ne pouvait continuer à cacher un objet d'une aussi formidable importance. Il fallait courir le risque de déterminer une fois pour toutes son authenticité [1] ».

La quasi-totalité des articles parus en ce temps-là se terminaient par une conclusion identique : à quand les expertises sur le Suaire de Turin ? En 1969, enfin, le cardinal Pellegrino, archevêque de Turin, nomma une commission ayant pour mission de formuler des propositions en vue d'une future étude scientifique. Au sein de cette commission, on choisit cinq experts. Il faut bien dire que rien de concret ne sortit de cette première inspection, si ce n'est la constatation que le Suaire se trouvait dans un excellent état de conservation.

En 1973, on assista à une autre grande première. Le cardinal Pellegrino et le roi Umberto d'Italie — en exil — acceptèrent que le Linceul fût télévisé. A cette occasion, certains savants se virent autorisés à prélever quelques échantillons du Suaire et à procéder à des analyses.

Des recherches de 1973 — qui semblent avoir péché par un certain manque d'organisation — il faut retenir avant tout deux conclusions importantes : celle formulée par le professeur Gilbert Raes, de l'Institut de Technologie textile de Gand, et celle que l'on doit à Max Frei, criminologue suisse.

Le professeur Raes, étudiant l'étoffe même du Linceul, a confirmé ce que l'on pressentait déjà depuis plusieurs années, c'est-à-dire que le tissage et la texture même de la toile étaient identiques à ceux que l'on utilisait au temps de Jésus : n'avait-on pas trouvé des serges analogues à Palmyre, à Doura Europos, à Pompéi, ailleurs ? L'étoffe du Linceul est un sergé en chevron en arêtes de poisson ; sa confection a nécessité un métier à quatre pédales. Nous savons que ce genre de métier existait dans l'Antiquité. Mais nous savons aussi que l'origine de ce mode de tissage se découvre en Syrie. L'archéologue Maurice Pillet, qui procéda aux premières fouilles à Doura Europos, examinant les photos du Linceul, a déclaré : « Cette étoffe n'a pas été tissée à Jérusalem, elle a certainement été faite dans la région de Sidon. » Je rappellerai que Sidon n'est située qu'à une centaine de kilomètres de Jérusalem et que les échanges commerciaux, il y a deux mille ans, étaient abondants dans cette région.

Mais ce que le professeur Raes a découvert se révèle beaucoup plus remarquable : en examinant des fils prélevés sur le Linceul, il a décelé

1. Kenneth E. Stevenson et Gary R. Habermas : *la Vérité sur le Suaire de Turin* (1981). Les auteurs ont appartenu à la commission du S.T.U.R.P. et on leur doit les commentaires les plus complets des conclusions de l'expertise de 1978.

des traces de coton parmi les fibres de lin. Ce qui lui permet d'affirmer que le Linceul a été tissé sur un métier qui servait aussi pour du coton. Et ce qui, du coup, permet de localiser avec certitude le lieu de fabrication du Suaire : le coton ne poussait pas en Europe mais se trouvait en abondance au Moyen-Orient.

Passons aux investigations de Max Frei. Le criminologue helvétique a donc pu prélever des échantillons sur le Suaire. Au cours de plusieurs mois, il a trié les différentes spores recueillies. Il en a identifié provenant de 49 plantes différentes. Après examen au microscope, il a acquis la preuve que plusieurs parmi ces plantes poussaient en Europe. Rien de plus logique puisque le Suaire a souvent été exposé en plein air, en France et en Italie. Mais d'autres spores provenaient de plantes qui ne croissent que dans le sud de la Turquie. Souvenons-nous que le Linceul est certainement passé par Constantinople et — si l'on s'en réfère à l'hypothèse de Ian Wilson — par Edesse. Restaient des spores que Max Frei ne parvenait pas, malgré tous ses efforts et ses vastes connaissances, à identifier. Afin d'en avoir le cœur net, il prit l'avion pour Jérusalem. Avec une patience qu'il faut admirer, il chercha parmi les plantes qui poussaient autour de la ville. Il découvrit enfin celles à qui appartenaient les spores inconnues, *et qui ne poussent qu'en Palestine.*

La preuve était fournie que le Linceul avait bien séjourné dans la région de Jérusalem.

On ne peut nier qu'un grand pas venait d'être accompli. Mais la curiosité ne faisait que croître quant au Linceul. Des savants d'un grand renom affirmaient qu'il restait « un immense effort scientifique sérieux à accomplir ». Aux États-Unis, en 1977, un groupe se forma qui conçut le Projet de recherches sur le Suaire de Turin (S.T.U.R.P.). Ses membres étudièrent les photos d'Enrié et les observations de la commission italienne de 1973. Avant même d'obtenir l'autorisation de venir travailler à Turin, lors de l'ostension annoncée pour 1978, ils aboutirent à des conclusions d'importance.

La découverte la plus lourde de conséquences, on la doit à John Jackson et Eric Jumper, deux officiers de *l'U.S. Air Force* qui, en tant que physiciens, travaillaient au laboratoire des armes de l'armée de l'Air à Albuquerque (Nouveau-Mexique).

Ils utilisèrent un analyseur VP-8, instrument scientifique dont on se sert pour la photographie astronomique.

Partant d'une photographie du Saint Suaire, ils obtinrent une

---

Le linceul dans sa totalité. À g. tel qu'on le voit à la vision directe, à d. en négatif. ▶
(Giovanni Battista Judica/Cordiglia)

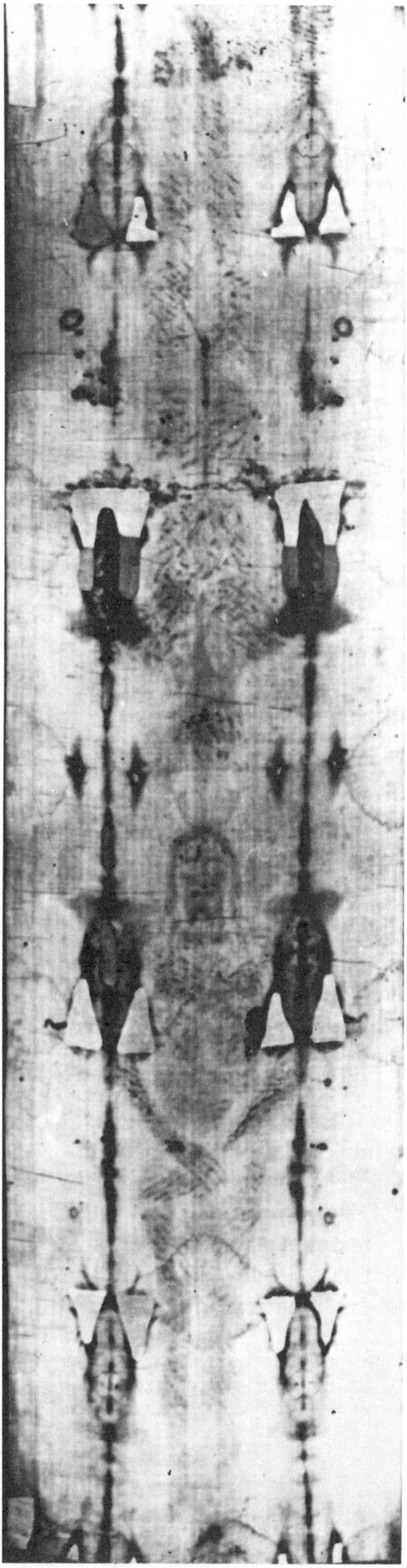
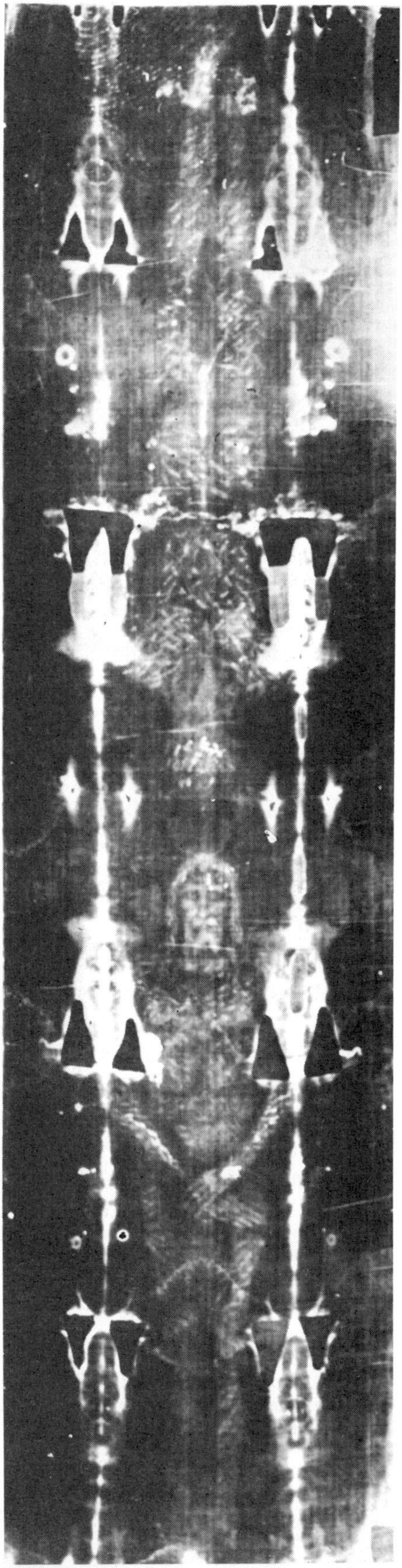

image *tridimensionnelle.* Ce qui démontrait que l'empreinte laissée sur le Linceul provenait réellement d'un objet à trois dimensions, tel que le serait nécessairement un corps. Il devenait de ce fait « extrêmement improbable » qu'elle fût peinte.

D'autres experts du groupe, Jean-J. Lorre et Donald J. Lynn, analysèrent de leur côté l'image du Linceul grâce à l'ordinateur qu'ils avaient utilisé pour examiner les images de la planète Mars, transmises en 1976 par la sonde *Viking.* Ils ne détectèrent aucune « directionnalité » de l'image. Un faussaire aurait nécessairement peint l'empreinte selon des traits de pinceau allant dans un certain sens. Plus on allait, et plus l'éventualité d'un faux devait être éliminée.

En septembre 1977, huit membres du groupe se rendirent à Turin et proposèrent aux autorités italiennes une série d'examens « non destructeurs », à quoi ils ajoutèrent une proposition supplémentaire, concernant une datation par le carbone 14 ; on sait que ce dernier procédé nécessite la destruction d'une partie non négligeable de l'objet que l'on veut dater [1].

Le S.T.U.R.P. déclara qu'il se disposait à répondre à trois questions majeures :

1° Existe-t-il du sang sur le Suaire ?

2° De quoi l'image du Suaire se compose-t-elle ?

3° Comment l'image s'est-elle formée ?

Les travaux préalables, notamment sur la tridimensionnalité, convainquirent les autorités propriétaires qui autorisèrent les expériences, mais refusèrent le carbone 14.

Ainsi en arriva-t-on à la réunion historique d'octobre 1978. Je l'ai dit : il a fallu attendre trois ans pour que les résultats des travaux accomplis alors fussent divulgués. Trois années marquées par des incidents, souvent regrettables, parfois déplaisants. Les membres du S.T.U.R.P. s'étaient engagés à ne formuler aucune communication séparément. Plusieurs manquèrent à leur parole. Ce qui, dans un domaine comme celui du Linceul, apparaît d'autant plus critiquable.

Walter McCrone, directeur du *McCrone Research Institute in Chicago,* causa même une manière de scandale quand il déclara, le 11 septembre 1980, au cours d'une réunion de la *British Society for the Turin Shroud* : « Je crois que le Linceul est un faux, mais je ne peux pas le prouver. » Assertion qui fut abondamment reproduite à travers le monde. McCrone, membre du S.T.U.R.P. jusqu'à ce qu'il en démissionnât en 1980, est l'homme qui a démontré, en 1974, que la

1. C'était encore le cas en 1978. A cette époque, il eût fallut découper — et brûler — un carré de 30 cm de côté. Ce ne l'est plus. Il suffirait de prélever un fragment du Linceul de la taille d'un timbre-poste. Une décision positive semble déjà avoir été prise par les responsables.

célèbre carte du Vinland tracée, jurait-on, par les Vikings lors d'un séjour en Amérique du Nord à l'époque précolombienne, contenait de l'anastase, matière dont on n'a usé qu'à partir de 1917. Pour McCrone, la possibilité que le Linceul fût un faux était démontrée par la présence d'oxyde de fer — substance rouge — sur certains échantillons prélevés. Comme cet oxyde de fer se découvrait en petite quantité, McCrone concluait que l'artiste, qu'il définissait comme « extrêmement bien informé et bien habile », avait usé d'une solution très diluée de *pigment rouge.* Sur cette lancée, il rappelait que ces sortes de pigments, en peinture, sont toujours mêlés à d'autres matières, telles que l'huile ou la cire. Verdict de McCrone : « La décoloration des fibres du Linceul a pu être causée par le jaunissement de la substance mélangée à la peinture. »

Au vrai, ses conclusions — qui auraient dû être discutées d'abord à l'intérieur du groupe — paraissent avoir été formulées bien hâtivement. McCrone n'a travaillé que sur certaines fibres et ne semble pas s'être préoccupé de savoir si ses propres observations cadraient avec le résultat des autres expérimentations. Les membres du S.T.U.R.P. se sont montrés fort sévères à l'égard des affirmations de leur ex-collègue, auquel ils ne dénient pas cependant d'exceptionnelles qualités. Ray Rogers ne l'a-t-il pas salué comme « le meilleur microscopiste du monde » ? Mais l'ensemble des expériences contredit totalement l'hypothèse de McCrone. Heller et Adler n'ont découvert aucune trace d'un mélange qu'un artiste médiéval aurait pu employer. Les examens aux rayons X, à l'infrarouge et à la lumière visible ont démontré qu'il ne se trouvait pas, dans le Linceul, assez d'oxyde de fer — *et de loin* — pour que l'on pût envisager même un rehaussement de l'image.

En outre — et voilà qui porte un coup décisif aux assertions de McCrone —, « l'oxyde de fer de taille inférieure au micron — Fe 2-03 — n'est connu que depuis deux cents ans, rendant son utilisation impossible au Moyen Âge [1] ».

Pour mettre fin à la polémique, un membre de l'équipe, non sans une aigreur compréhensible, s'est demandé s'il ne fallait pas remettre en question l'expertise de McCrone quant à la carte du Vinland... Après quoi, le groupe en arriva enfin à la publication de ses propres conclusions. Ceci à New London, du 8 au 12 octobre 1981.

Touchions-nous enfin au but ?

1. E. J. Jumper et R.N. Rogers : *Summary Oberview of Research.*

Reprenons les questions auxquelles le S.T.U.R.P. se proposait de répondre. La première et la plus importante, on s'en souvient, était celle-ci : existe-t-il du sang sur le Suaire ?

Lorsqu'ils arrivèrent à Turin en 1978, les savants n'étaient pas convaincus que les taches fussent bien du sang. La commission italienne de 1973 avait cherché ce sang et ne l'avait pas trouvé. Il faut savoir que les globules contiennent un peroxyde qui colore en bleu la benzidine, autrement incolore. Ce peroxyde persiste pendant des siècles. Et la réaction chimique se révèle extrêmement sensible. Or les échantillons du Suaire prélevés en 1973 n'en avaient déclenché aucune. Les professeurs Frache, de Modène, et Filogamo, de Turin, avaient pu conclure : « Cette absence de réaction constitue une indication très forte, confirmée par des examens plus spécifiques qui ont donné le même résultat négatif. »

L'équipe de 1978 espérait pouvoir confirmer ou contredire de façon définitive la présence du sang. Dans leur laboratoire du *New*

Au centre, de g. à d., Éric Jumper et John Jackson. (Vernon Miller/Brooks institute)

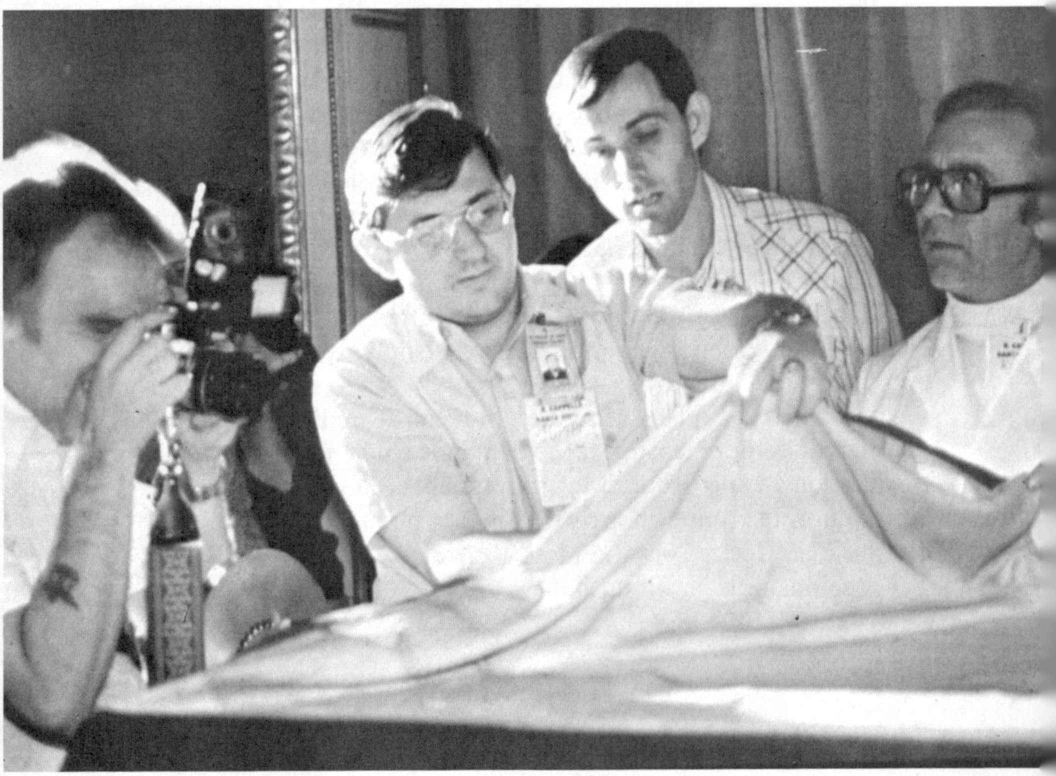

England Institute, John Heller et Alan Adler examinèrent plusieurs échantillons de fibres tachées de « sang ». Ils procédèrent à une analyse spectrale au microscope. Le résultat fut concluant : l'hémoglobine était un composant de la couleur obtenue. Éliminant le fer des échantillons, ils cherchèrent à isoler la porphyrine, composante du sang qui, à la lumière ultraviolette, devient d'un rouge fluorescent. Réaction encore positive : c'était bien de la porphyrine. Donc, les chances augmentaient fortement que les taches fussent bien du sang.

Les photos aux ultraviolets, prises par Vernon Miller et Samuel Pellicori, permirent de constater, autour des blessures au flanc, du clou dans le poignet et de la tache du pied droit, une légère bordure fluorescente. On put en conclure que cette marge fluorescente était probablement du sérum sanguin, ce que Miller et Pellicori démontrèrent en laboratoire.

D'autres analyses permirent de détecter, dans les parties ensanglantées — et là seulement — des protéines, un composant du sang. L'examen de la fluorescence aux rayons X permit de conclure qu'un autre composant du sang, le fer, était contenu dans les taches.

Le S.T.U.R.P. conclut donc que les parties qui apparaissaient rouges sur le Linceul contenaient du sang véritable. Lors de la divulgation des conclusions du groupe, l'un des membres martelait :

— C'est bien du sang ! (*It's blood, B,L,O,O,D.)*

Cet expert n'était point chrétien, mais juif. Tant il est vrai, comme l'a souligné l'abbé Laurentin, que « la conclusion est indépendante de toute foi [1] ».

Deuxième et troisième questions : de quoi l'image du Suaire se compose-t-elle ? Comment s'est-elle formée ? Dans le passé, on avait beaucoup épilogué à ce sujet. Paul Vignon avait présenté une explication : un linge imprégné d'aloès, comme l'était le Linceul de Jésus, se comporte à la façon d'une plaque photographique quand il est soumis à l'action de l'ammoniaque. Le corps d'un homme qui a beaucoup souffert dégage de l'urée et l'urée contient du carbonate d'ammoniaque. Le Suaire serait donc un véritable cliché du corps de Jésus.

Malheureusement, toutes les tentatives pour réaliser une telle réaction en laboratoire ont échoué. D'autre part, on tend à penser aujourd'hui que la myrrhe et l'aloès — souvenons-nous : 32 kilos ! — n'étaient pas destinés à être enfermés dans le Linceul mais à être brûlés dans un coin de la grotte pour en purifier l'atmosphère.

1. René Laurentin : *L'homme du Linceul de Turin est-il le Christ ? (Historia,* janvier 1982).

Une autre hypothèse avait été formulée. Le Français Jean Volckringer pensait pouvoir rapprocher les empreintes du Suaire de celles que l'on trouve dans les herbiers ; les plantes y laissent des traces qui ne cessent de s'affirmer avec les années, alors même que ces plantes ont disparu elles-mêmes.

Antoine Legrand, enfin, avait procédé à des expériences personnelles. Donnons-lui la parole : « Sur une étoffe tissée en Palestine en 1934 sous les yeux de mon regretté ami Georges Porché, étoffe blanchie non chimiquement mais par des procédés artisanaux, séculaires, j'ai, en juin 1938, appliqué un peu de ma sueur. Pendant des semaines, puis des mois, enfin plus de deux ans, rien ne distinguait l'endroit où la sueur avait été déposée du reste de l'étoffe. Ce n'est qu'en 1941, soit trois ans après cette expérience, que j'ai constaté un brunissement de même coloration et de même intensité que l'empreinte du Sindon, là où il y avait eu de la sueur. » Antoine Legrand ajoute : « L'empreinte obtenue naturellement est indélébile et résiste lors des lavages à l'action des détergents les plus modernes. Il cite plusieurs cas confirmatifs, dont Mgr Barnes, le professeur Bulst et Jean Volckringer se sont faits l'écho.

Les experts du S.T.U.R.P. examinèrent d'abord l'hypothèse selon laquelle l'image pouvait être une peinture. Grâce aux prélèvements effectués, on put constater que le Suaire avait recelé au cours des siècles des corps étrangers : fragments d'insectes, pollen, cire, laine, soie rouge, fibres synthétiques modernes. Mais on ne décela aucune présence de teinture. Celle-ci, ainsi que les colorants et pigments, réfléchissent la lumière d'une manière caractéristique. Par un examen aux ultraviolets, selon deux méthodes et avec deux instruments différents, on prouva qu'il n'en existait aucune trace sur le Suaire. Se souvenant de l'incendie de 1532, Ray Rogers, préalablement aux expertises, avait fait observer que la chaleur et l'eau auraient endommagé l'image si celle-ci avait été peinte. L'examen lui donna raison. On constata qu'« il n'y avait aucune différence de densité de couleur entre les parties de l'image proches des brûlures et les plus éloignées. L'eau n'avait pas non plus altéré l'image. On ne put découvrir aucune marque de pinceau, ni traces de direction, deux conclusions qui avaient déjà été émises sur la base des photos [1] ».

Le groupe examina l'hypothèse selon laquelle le Suaire aurait été modifié par des produits chimiques. Telle fut l'explication retenue par Pellicori et qu'il tenta de réaliser en laboratoire. Mais Pellicori reconnut lui-même que la tridimension était un obstacle majeur à son hypothèse.

1. Kenneth E. Stevenson et Gary R. Habermas, *op. cit.*

On se pencha sur la théorie de la « vaporographie », celle de Paul Vignon. On l'écarta, car elle se trouvait infirmée par la plupart des observations recueillies.

On en vint à une hypothèse très neuve : celle d'une brûlure. Le jaunissement des empreintes ressemblait à celui que l'on découvrirait sur une étoffe exposée un bref instant au feu et retirée vivement avant qu'elle ne brûle. Et il est de fait qu'au premier stade de la brûlure, la cellulose jaunit. Mais on ne put reproduire en laboratoire un tel « roussi » qui fût acceptable.

Alors ? Comment l'image s'est-elle formée ? Il faut le reconnaître : là-dessus les savants ne se sont pas mis d'accord. Il ne sont sûrs que d'une chose — mais ils en sont vraiment sûrs : il ne s'agit ni d'une peinture ni d'une teinture.

Faisons le point : on ne sait comment s'est formée l'image ; on est assuré que l'hypothèse du faux doit être définitivement écartée ; les taches rouches — malgré leur couleur inattendue — contiennent bien du sang.

Nous savons également en toute certitude, par les pollens, que le Linceul a séjourné en Palestine, en Turquie et en Europe occidentale. Nous savons, par la présence de fibres de coton, qu'il a été tissé au Proche-Orient.

C'est beaucoup.

La forme des taches — empreintes du corps et coulées de sang — confirme les données les plus récentes de l'anatomie moderne. On ne discerne aucune erreur, aucun contresens. Rappelons-nous : les clous dans les poignets ; les pouces opposés.

Les savants ont livré leurs conclusions. Mais celles-ci ont leurs limites. N'est-ce pas à l'historien maintenant de se prononcer ? Il ne se dérobera pas. Toutes les données recueillies semblent confirmer, sans qu'il soit possible de douter encore, que le Linceul de Turin a contenu le corps d'un crucifié. Et ce crucifié l'a été à une époque très ancienne.

Mais ce crucifié peut-il être le Christ ?

Rappelons qu'à celui-ci on a percé le côté d'un coup de lance : fait exceptionnel et que l'Évangile présente comme tel. Rappelons que Jésus a été couronné d'épines — et ici l'exception se mue en épisode quasi unique. *Le Linceul de Turin contient les traces de ce coup de lance et de ce couronnement.*

Les membres du S.T.U.R.P. ont encore une fois interrogé les ordinateurs. Quelle chance y a-t-il que le Linceul de Turin ait contenu un autre homme que Jésus de Nazareth ? L'ordinateur a répondu : une

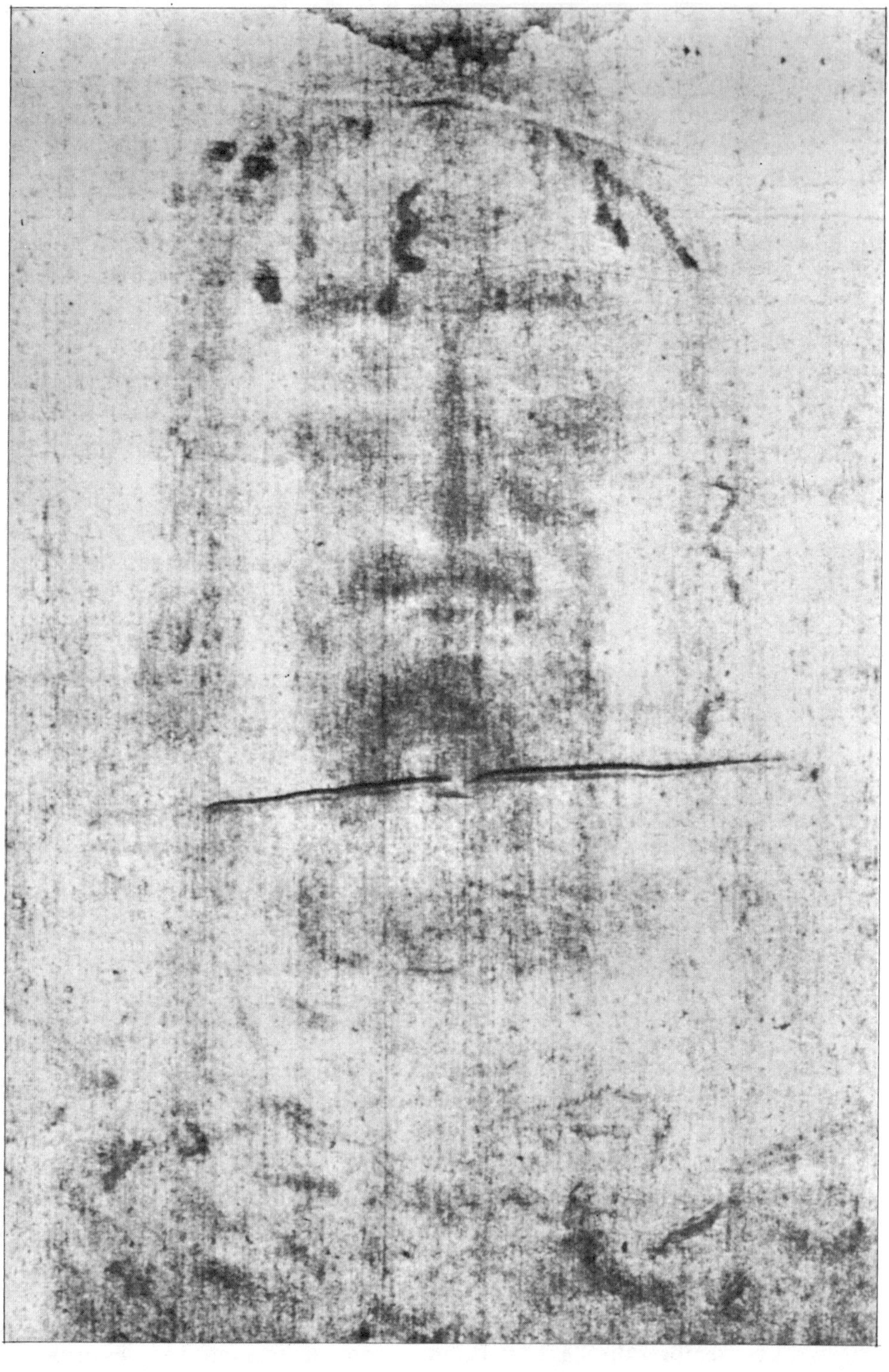

chance sur 82 millions. Un autre est allé plus loin : une chance sur 10 puissance 26 (26 zéros). De quoi, en vérité, donner le vertige !

Demeure la constatation essentielle, devant quoi le savant comme l'historien se doivent de rester muets. Comment ce cadavre a-t-il quitté le Suaire ? Comment a-t-il pu sortir de son linceul en laissant intactes et aussi nettes les traces de son sang et de sa sueur ? Nul n'aurait pu parvenir à l'en retirer sans détacher de la toile une partie de ces images, sans effriter une partie du sang qui s'y est desséché.

Ici, les images sont nettes. Les taches sont intactes.

VII

UN ESPION NOMMÉ CICÉRON

Un coffre-fort largement ouvert. Un valet de chambre guettant les bruits de la nuit, extrayant des casiers d'acier un mince dossier, en retirant les documents marqués du signe : *most secret,* les exposant à la lumière d'une lampe *flood* et les photographiant un à un avec un Leica ; telle est l'image mélodramatique qui à nos yeux résume l'affaire Cicéron.

Ce tableau romanesque n'est pas totalement faux. Mais il doit tout au cinématographe. Un film américain célèbre, dû au metteur en scène Mankiewikz, *The Five Fingers,* projeté en France sous le titre *l'Affaire Cicéron,* a imprimé dans notre mémoire des images qu'il nous est bien difficile d'effacer — même si nous sommes sûrs qu'elles n'apportent de la réalité qu'un reflet déformant. Ce valet de chambre, incarné par James Mason, devenu espion pour l'amour d'une comtesse polonaise incarnée par Danièle Darrieux, nous a émus durablement. On oublie moins facilement les bons films que les mauvais. Et l'œuvre de Mankiewikz appartient au nombre des meilleurs films d'espionnage.

L'histoire de « Cicéron » n'avait pas besoin de ces sortes d'ingrédients. Elle se suffit à elle-même. Je m'en voudrais néanmoins de ne point reconnaître que c'est le film qui, comme à tant d'autres, m'a révélé l'affaire et m'a conduit à la lecture des souvenirs de l'Autrichien Ludwig Moyzisch, correspondant privilégié de « Cicéron ». Sans le film, je n'aurais pas, en 1955, entrepris de retrouver le plus

---

◀ *Elyesa Bazna, dit « Cicéron ».* (Coll. part.)

célèbre espion de la Seconde Guerre mondiale. Je ne l'aurais pas découvert, rencontré, interrogé [1].

Ce qui ne veut pas dire que j'ai alors percé tous les secrets de l'affaire Cicéron. Certains subsistent — et ils sont de taille. Est-il possible aujourd'hui de tenter de les résoudre ?

Deux hommes se sont souvenus toute leur vie de la nuit du 26 octobre 1943 : « Cicéron », bien sûr, mais aussi Ludwig Moyzisch. En 1943, ce dernier était, à l'ambassade d'Allemagne en Turquie, attaché commercial et, en tant que tel, collaborateur direct de l'ambassadeur Franz von Papen. Mais, à cette activité, il en ajoutait une autre qu'il a soigneusement tue dans son livre de souvenirs : il appartenait au S.D., le service de renseignements S.S. de Kaltenbrunner et de Schellenberg.

L'automne, cette année-là, fut très beau à Ankara. Après la canicule de l'été — il avait été encore plus chaud que d'habitude — les diplomates présents en Turquie jouissaient d'autant plus d'un soleil apaisé, de la légèreté de l'air et de cet incroyable ciel bleu qui dominait la pleine d'Anatolie. On ressentait, dans cette capitale neutre, une impression de paix immense : paradoxe d'autant plus difficile à soutenir qu'à quelques centaines de kilomètres de là le monde traversait l'une des plus gigantesques tueries de tous les temps. Pour tout observateur conscient, la guerre avait atteint un tournant décisif depuis que les Alliés avaient débarqué dans une Italie qui, depuis, avait renversé ses alliances. Les Soviétiques, après avoir bloqué l'avance allemande à Stalingrad, repoussaient maintenant devant eux l'envahisseur nazi. Les grandes villes d'Allemagne étaient chaque nuit écrasées sous les bombes. Qui pouvait croire encore à une possible victoire de Hitler ? Qui ? Hitler, justement.

Le ministre des Affaires étrangères du IIIe Reich, Joachim von Ribbentrop, nourrissait une autre illusion. Il estimait immorale l'alliance entre la capitaliste Amérique et la communiste Russie. Immorale et contre nature. Il était sûr — absolument sûr — qu'au premier jour cette alliance volerait en éclats. Alors sonnerait l'heure de la diplomatie allemande. Le moment viendrait de s'allier à l'un des camps contre l'autre. Lequel ? M. de Ribbentrop n'était pas fixé. Pour lui comme pour beaucoup d'autres nazis, seule l'occasion faisait le larron.

---

1. On retrouvera, dans ce chapitre, certains éléments du récit que j'ai publié à l'époque. Mais prolongés et actualisés grâce aux informations recueillies depuis et dont certaines sont très récentes.

En attendant, M. de Ribbentrop avançait ses pions. Franz von Papen en était un. Depuis quelque temps, les dirigeants de l'Allemagne nazie regardaient beaucoup du côté de la Turquie. Les Alliés aussi. En 1943, le pays d'Ataturk restait neutre. Il suffisait de considérer la carte pour s'expliquer les espoirs que pouvait soulever cette neutralité, si difficile fût-elle à tenir pour le gouvernement turc. Que la Turquie basculât dans un camp ou dans un autre, le sens du conflit s'en trouverait modifié. Pour l'Allemagne, aussi bien que pour les Alliés, le sol turc pouvait devenir le tremplin d'une offensive aux incalculables conséquences : les Dardanelles conservaient leur exceptionnelle importance stratégique. D'où la nomination à Ankara du premier diplomate du Reich, le solide et perspicace Franz von Papen. Un détail qu'il n'est pas inutile de souligner : Ribbentrop lui avait adjoint, en qualité de premier secrétaire, son propre beau-frère, Albert Jenke.

Or, le 26 octobre 1943 au soir, Moyzisch était rentré chez lui fatigué. Il n'habitait pas à l'ambassade, mais un petit appartement semblable à des centaines d'autres dans cette capitale préfabriquée surgie du désert par décret d'Ataturk. Frau Moyzisch le décida à s'aller coucher tôt. Il dormait déjà quand le téléphone sonna. Comme chacun sait, rien n'est plus désagréable qu'un réveil au cours du premier sommeil. Donc, Moyzisch décrocha en maugréant. La femme du premier secrétaire de l'ambassade d'Allemagne, Frau Jenke, était au bout du fil. Pas question de se fâcher. D'autant plus que Frau Jenke semblait avoir quelque chose d'important à transmettre :

— Voudriez-vous, je vous prie, venir immédiatement chez nous ? Mon mari désire vous voir [1].

Malgré le respect dû à l'épouse d'un supérieur, Moyzisch ne put qu'émettre une réponse manifestant fort peu d'empressement. Du coup, la voix de Frau Jenke se fit catégorique :

— C'est urgent. Venez immédiatement, je vous en prie.

Elle raccrocha. Il était 10 heures et demie. Quelques minutes plus tard — ayant roulé dans des rues désertes — Moyzisch arrivait à l'ambassade. Qu'on n'imagine pas l'un de ces énormes bâtiments modernes qui regroupent aujourd'hui les services diplomatiques d'un pays. Pour lors, l'ambassade allemande présentait aux regards un aspect quelque peu bucolique. Imaginez une série de pavillons, d'un style évidemment germanique, épars dans un jardin. Les Turcs, manifestant un sens évident de l'image, appelaient d'ailleurs cela *Alman Koy :* le village allemand.

C'est l'une de ces petites maisons que les Jenke habitaient. La

1. L.C. Moyzisch : *l'Affaire Cicéron,* traduit par Suzanne Belly (1950).

À Ankara, on appelait l'ambassade d'Allemagne le « village allemand ». (Coll. part.)

femme du premier secrétaire ouvrit elle-même la porte à Moyzisch. Elle s'excusa de l'avoir dérangé dans son sommeil. Elle ajouta :

— Mon mari est allé se coucher, mais il aimerait vous voir demain à la première heure.

Du doigt, elle montra la porte du salon.

— Il y a là un étrange personnage. Il possède quelque chose qu'il désire nous vendre. Voulez-vous lui parler et voir de quoi il s'agit et quand vous partirez, n'oubliez pas, je vous en prie, de fermer la porte d'entrée. J'ai envoyé les domestiques se coucher.

Elle s'en fut. Interloqué, Moyzisch se trouvait seul dans le hall. Qu'est-ce que tout cela voulait dire ? De quel *étrange personnage* pouvait-il s'agir ? Il poussa la porte du salon. Dans la pièce plongée dans une pénombre percée seulement par deux lampes de table, un inconnu était assis. Voyant entrer Moyzisch, il se redressa. Brusquement. C'était un homme d'une quarantaine d'années, trapu, massif, avec d'épais cheveux noirs, brossés en arrière du front — un front très haut — le menton carré, le nez petit et sans forme.

— Qui êtes-vous ? demanda-t-il en français, d'une voix où perçait l'anxiété.

Moyzisch se présenta dans la même langue. Il désigna un siège à l'inconnu. Mais l'homme se dirigea rapidement vers la porte, l'ouvrit : personne. C'est alors seulement que, rassuré, il revint s'asseoir devant Moyzisch. « Il paraissait vraiment, à ce moment, a plus tard raconté Moyzisch, un *étrange personnage.* »

Enfin, il parla. Son français manquait de richesse, mais restait à peu près correct :

— J'ai une offre à vous faire, une proposition si vous préférez, une proposition pour les Allemands. Mais avant que je vous dise de quoi il s'agit, je vous demande votre parole, que vous acceptiez ou non, que vous n'en parlerez jamais à qui que ce soit, excepté à votre chef. Toute indiscrétion de votre part rendrait votre vie aussi vulnérable que la mienne. Je m'en chargerai moi-même, même si c'est la dernière chose que je puisse faire.

L'homme craignait-il de n'être pas compris ? De l'une de ses mains il serra sa propre gorge. Provocant, il lança encore :

— Me donnez-vous votre parole ?

— Évidemment, je vous la donne. Si je ne savais pas ce que c'est que de garder un secret, je ne serais pas ici maintenant. Veuillez être assez bon pour me dire ce que vous désirez.

Moyzisch porta un regard vers son bracelet-montre. L'homme parut vexé.

— Vous aurez tout votre temps à me consacrer, dit-il, quand vous saurez pourquoi je suis ici.

Il hésita. Puis :

— Je peux vous remettre des papiers extrêmement secrets, les plus secrets qui existent.

Il se tut un instant, comme pour mieux persifler :

— Ils viennent tout droit de l'ambassade d'Angleterre.

Il ricana :

— Cela vous intéresse, n'est-ce pas ?

Moyzisch ne cilla pas. Son impression était loin d'être bonne. Il a dit lui-même qu'il était convaincu d'avoir « affaire à un escroc de petite envergure qui désirait gagner facilement quelque argent ». D'évidence, il lui fallait être prudent. Mais l'inconnu semblait deviner toutes les pensées de l'attaché allemand. Il dit, très vite :

— Mais je veux en tirer de l'argent, beaucoup d'argent. Mon travail, vous comprenez, est dangereux, et si je suis pris...

De nouveau, il eut ce geste déplaisant de serrer la gorge de sa main. Sa voix se fit plus dure pour préciser :

— Je désire 20 000 livres, des livres sterling anglaises.

20 000 livres, en 1943, était une somme considérable. Une véritable fortune. Bien des Turcs travaillaient leur vie durant sans en gagner la moitié. Moyzisch eut un haut-le-corps :

— C'est de la folie. C'est tout à fait hors de question. Nous ne disposons pas ici d'une telle somme. Certainement pas en livres sterling. Il faudrait que ce soit quelque chose d'extraordinairement important pour atteindre ce prix. De plus, il faudrait tout d'abord que je voie ces documents que vous possédez. Les avez-vous sur vous ?

La seule réponse que récolta Moyzisch fut un sourire goguenard. Dans l'instant, il se demanda s'il n'avait pas affaire à un fou. L'inconnu — décidément perspicace — répondit sur-le-champ à cette pensée :

— Je ne suis pas fou. J'ai passé des années à préparer ce jour. J'ai étudié tous les détails. Maintenant, le moment est venu d'agir. Je vais vous dire mes conditions. Si vous êtes d'accord, très bien. Sinon...

Du pouce gauche, il indiqua une direction que Moyzisch ne connaissait que trop bien : l'ambassade des Soviets.

— Sinon, j'irai voir de ce côté-ci s'ils aimeraient posséder mes documents.

Encore un moment de silence. Après quoi il ajouta « en sifflant ses mots » :

— Vous comprenez, je hais les Anglais.

Du coup, l'impression défavorable de Moyzisch se modifia un peu. Il offrit une cigarette à l'inconnu qui la prit, tira quelques bouffées, la rejeta, se leva, alla de nouveau à la porte qu'il ouvrit et referma, revint, se planta avec une sorte d'effronterie face à Moyzisch.

— Vous aimeriez savoir qui je suis, n'est-ce pas ? Mon nom n'a aucune importance et n'a rien à voir dans l'affaire. Peut-être vous dirai-je ce que je fais, mais écoutez-moi d'abord. Je vous donne trois jours pour examiner ma proposition. Il vous faudra voir votre chef, et il devra probablement se mettre en rapport avec Berlin. Le 30 octobre, à 3 heures de l'après-midi, je vous téléphonerai à votre bureau et vous demanderai si vous avez reçu une lettre pour moi. Je m'appellerai Pierre. Si vous dites non, vous ne me reverrez jamais. Si vous dites oui, cela signifiera que vous avez accepté mon offre. Dans ce cas, je reviendrai vous voir à 10 heures du soir, le même jour. Pas ici cependant. Nous conviendrons d'un autre lieu de rendez-vous. Vous recevrez alors deux bobines de films, contenant des photographies de documents secrets britanniques. Vous me remettrez la somme de 20 000 livres en billets de banque. Vous risquerez 20 000 livres mais j'aurai risqué ma vie. Si vous êtes satisfait de ma première livraison, vous pourrez en avoir d'autres. Pour chaque bobine suivante, je vous demanderai 15 000 livres. D'accord ?

D'instant en instant, la perplexité de Moyzisch augmentait. Un tel prix, aussi exorbitant, ôtait à l'affaire toute chance d'aboutir. D'autant plus qu'il fallait acheter les documents sans les avoir vus ! *Souvenirs de Moyzisch :* « Je notai mentalement d'insister sur ce risque excessif dans le mémorandum que j'aurais à établir à propos de toute cette affaire. J'étais certain que l'offre serait repoussée. »

On convint cependant que l'homme téléphonerait au bureau de Moyzisch, à 15 heures, le 30 octobre. On décida que, si la proposition était acceptée, on se retrouverait près du hangar à outils qui s'élevait dans le fond du jardin de l'ambassade.

Après quoi, Moyzisch reconduisit l'homme jusqu'à la porte de la demeure. Sur le seuil, l'inconnu saisit soudain le bras de l'Allemand et murmura :

— Vous voudriez savoir qui je suis ?

Tout dans l'expression de Moyzisch démontrait qu'il le voulait. En acteur sûr à l'avance de l'effet produit, l'homme jeta :

— Je suis le valet de chambre de l'ambassadeur d'Angleterre.

Sans attendre la réaction de son interlocuteur, à grands pas il s'enfonça dans la nuit.

Au ministre des Affaires étrangères du Reich. Personnel. Hautement confidentiel.

Nous avons offre d'un employé de l'ambassade d'Angleterre se prétendant valet de chambre de l'ambassadeur d'Angleterre de nous procurer photographies de documents originaux très secrets. Pour première remise 30 octobre 20 000 livres sterling en billets de banque demandées. 15 000 livres pour tout rouleau de pellicule supplémentaire. Veuillez nous informer si l'offre peut être acceptée. Si oui, somme demandée doit être envoyée par courrier spécial et arriver ici avant 30 octobre. Valet en question a été employé il y a quelques années par premier secrétaire. N'avons ici aucun autre renseignement. Papen.

Donc, imprévisiblement, l'affaire suivait son cours. Si improbable que pût être une réponse favorable, Franz von Papen avait considéré comme de son devoir de faire rapport à son ministre. Il avait mis en route la machine diplomatique.

Dans son télégramme, une phrase n'aura pas manqué d'attirer notre attention. Celle-ci : « Valet en question a été employé il y a quelques années par premier secrétaire. » De fait, le lendemain

Ludwig Moyzisch négocia le premier avec le valet de chambre de l'ambassadeur britannique. (Tallandier)

Franz von Papen trouva le pseudonyme de Cicéron : parce que ses photos étaient si éloquentes... (Roger Viollet)

matin, Jenke avait confié à Moyzisch qu'il connaissait le personnage en question. Telle était la raison évidente pour laquelle l'inconnu avait souhaité rencontrer Jenke et personne d'autre :

— Il y a six ou sept ans, avant que je fasse partie des services diplomatiques, il a travaillé quelque temps chez nous. Je ne l'avais plus revu. Je ne peux me rappeler son nom, mais j'ai reconnu son visage, quand il est arrivé hier soir.

Pourquoi Jenke, la veille au soir, n'avait-il pas voulu poursuivre l'entretien ? En fait, quand il avait compris ce que voulait l'homme, il avait coupé court :

— Dans ma situation, lorsque je m'engage dans ces sortes d'histoires, il me faut être prudent. Tout cela demande à être traité avec un doigté particulier ; exactement le genre d'affaires pour jeunes attachés compétents.

Rien ne se produisit le 27 ni le 28. Le 29 était la fête nationale turque. Franz von Papen, en grande tenue, s'en fut présenter ses félicitations au président de la République. Comme il regagnait l'ambassade allemande, on lui remit un message qui venait à l'instant d'être décodé :

A l'ambassadeur von Papen — personnel.
Hautement confidentiel.
Acceptez offre valet britannique en prenant toutes précautions. Courrier spécial arrivera Ankara 30 octobre avant midi. Attendons rapport immédiatement après remise des documents. Ribbentrop.

Contre toute attente, la réponse de ce ministre qui avait dit un jour : « L'Histoire me tiendra pour plus grand que Bismarck », cette réponse était positive !

Dès lors, il ne restait plus à Moyzisch qu'à attendre. Le « valet britannique » allait-il livrer réellement les renseignements capitaux qu'il annonçait ?

Le 30 octobre, à 15 heures — à 15 heures exactement —, le téléphone du bureau de Moyzisch sonna. L'attaché allemand sentit son cœur — il l'a lui-même avoué — « s'arrêter de battre ». Il saisit l'appareil. Au bout du fil, une voix « faible et lointaine ».

— Ici, Pierre. *Bonjour, monsieur.* Avez-vous reçu mes lettres ?

— Oui.

— Je vous retrouverai ce soir. *Au revoir.*

Moyzisch informa aussitôt l'ambassadeur. Von Papen lui prodigua des conseils de prudence :

— Vous avez mes instructions pour aller de l'avant, naturellement. Mais vous devez vous rendre compte que si la moindre chose va de travers et risque de nous amener un scandale, je crains fort de ne pouvoir vous couvrir, et en fait je devrai probablement vous désavouer et vous laisser supporter personnellement la responsabilité de ce que vous aurez fait. Je vous demande de faire particulièrement attention et de ne parler à personne de tout ceci *à personne.*

Von Papen sortit alors de son tiroir une énorme liasse de billets de banque, qu'il poussa du côté de Moyzisch. Ainsi, Ribbentrop avait tenu sa promesse. Les livres sterling étaient arrivées en temps voulu. Il s'agissait uniquement de coupures de 10, 20 et 50 livres. Moyzisch s'étonna que Berlin n'ait pas envoyé de plus gros billets. Une telle masse était difficile à transporter. Ce qui le surprenait aussi, c'était la fraîcheur des billets de banque. Quelques-uns seulement s'étaient déjà trouvé en circulation. « Je me sentais vaguement défiant », dira-t-il. L'ambassadeur, de son côté, aboutissait à la même constatation :

— Ils semblent bien neufs, tous ces billets.

Moyzisch commença à compter. Il y avait là 20 000 livres sterling. Sur le bureau de von Papen s'étalait un journal, *la République*. Moyzisch en déchira une page dont il enveloppa les billets.

Le bureau de Moyzisch ne se trouvait pas dans le bâtiment principal de l'ambassade, mais dans l'un des pavillons du parc de l'*Alman Koy*. Il s'y rendit et aussitôt enferma l'argent dans le coffre-fort.

Au cours de l'après-midi, Moyzisch fit appeler un photographe professionnel qui, à l'occasion, travaillait pour l'ambassade. Il était notamment spécialiste des codes. Moyzisch se remémorait une phrase de l'ambassadeur — *on n'est trahi que par les siens* — mais il savait l'homme parfaitement digne de confiance. Moyzisch ne se fiait pas à ses propres qualités de photographe amateur. Si *Pierre* apportait vraiment un rouleau de pellicule, il faudrait le développer immédiatement. On disposait, dans la cave de l'ambassade, d'une chambre noire. Un peu avant 22 heures, le photographe vint s'y installer et prépara tout pour un développement.

Il était 22 heures moins 2 minutes quand Moyzisch arriva près du hangar à outils, à l'extrémité du jardin de l'ambassade. La nuit était froide, presque opaque. Aux oreilles de l'Allemand, aucun bruit ne parvenait.

Une minute plus tard, Moyzisch vit quelqu'un s'approcher de lui. Impossible de rien distinguer dans l'obscurité. Mais il entendit une voix très basse :

— C'est moi, Pierre. *Tout va bien ?*

L'homme — masse uniformément vêtue de noir — surgit de la nuit. Moyzisch lui demanda de le suivre et le conduisit directement dans son bureau. *Pierre,* en pleine lumière, apparut très à l'aise, de meilleure humeur que la première fois. Ses premiers mots :

— Avez-vous l'argent ?

Moyzisch fit oui de la tête. Alors, *Pierre* plongea la main dans une poche de son pardessus, sortit deux rouleaux de pellicules, les tendit à l'Allemand sur sa main ouverte. Moyzisch fit le geste de les prendre. *Pierre,* brusquement, retira sa main :

— L'argent d'abord.

Moyzisch tourna le dos à l'inconnu et ouvrit son coffre. Il en sortit le paquet de billets, le posa sur la table, se mit en devoir de compter les livres sterling à haute voix. L'homme compta avec lui. Quand cela fut achevé, l'homme remit les pellicules à Moyzisch et fit mine de vouloir ramasser le paquet. Mais Moyzisch se fâcha. Il rafla les billets. Tout de même, il n'allait pas jusqu'au bout dire *amen* à ce personnage dont il ne savait rien ! *Pierre,* surpris, attendait.

— Pas encore, dit Moyzisch. Vous aurez bientôt l'argent, aussitôt que je saurai à quoi ressemblent ces films. Vous allez attendre ici environ un quart d'heure pendant que je les développe. Tout est prêt. Vous avez vu et compté l'argent vous-même. Si vous refusez, je vous rends vos pellicules, immédiatement. D'accord ?

— Vous êtes très méfiant. Vous devriez avoir plus de confiance en moi. Mais d'accord. J'attendrai ici.

Moyzisch quitta le bureau et, sans hésitation, donna un tour de clé. Cette fois, c'était l'homme qui était en position d'infériorité, comme pris au piège. En toute hâte, l'attaché allemand gagna le laboratoire où patientait le photographe. Le révélateur était prêt, porté à la température voulue. Bientôt, la première pellicule fut prête. Puis la seconde. Le photographe alluma. Moyzisch disposa le premier film à la lumière et, armé d'une loupe, découvrit des pages dactylographiées. En tête, cette inscription : *Most secret. From Foreign Office to British Embassy, Angora.* En dessous, une date très récente. Cela suffisait à Moyzisch. L'inconnu n'avait pas menti. Il n'avait plus qu'à rejoindre *Pierre.* Ce qu'il fit. Dans son bureau, il le trouva assis à la même place, aussi calme, aussi décontracté. Il regarda l'Allemand d'un air goguenard. Un mot, un seul :

— Alors ?

Pour toute réponse, Moyzisch ouvrit le coffre, saisit le paquet de livres sterling et le lui tendit. Il fit également glisser vers lui un reçu de 20 000 livres. Reçu que *Pierre* écarta « d'un geste arrogant ». A aucun moment, il n'avait quitté son pardessus noir ni ôté son chapeau de feutre de même couleur. Il fit glisser le paquet à l'intérieur du pardessus, tira son chapeau sur ses yeux.

— Au revoir, *monsieur,* dit-il. Demain, à la même heure.

Moyzisch, plus tard, évoqua ce moment singulier, instant précis d'une métamorphose qui se produisait sous ses yeux : « Je revois, comme s'il se tenait encore devant moi, la silhouette voûtée de cet homme et son étrange visage ; image de l'ambition longtemps refrénée et maintenant sur le point d'être réalisée ; visage d'un esclave qui a rêvé longtemps du pouvoir et qui le saisit enfin. Une heure plus tôt, c'était un simple domestique qui avait pénétré dans mon bureau ; maintenant c'était un homme riche qui en sortait. J'entends encore le ton étrangement ironique et triomphant qu'il eut en me quittant, tout en serrant le précieux paquet sous son pardessus :

» *A demain, Monsieur. A la même heure*[1]. »

1. L.C. Moyzisch, *op. cit.*

Pierre avait disparu de nouveau dans cette nuit pour laquelle il semblait fait. En toute hâte, Moyzisch s'était rué de nouveau dans la chambre noire de l'ambassade. Avec l'aide du photographe, il procéda aux premiers agrandissements. Quand il se sentit suffisamment sûr de lui, il congédia le technicien et acheva seul le travail. C'était plus sûr. Il était presque 4 heures du matin quand il eut terminé. Devant lui, glacés, secs, cinquante-deux agrandissements. Il ne se sentait nullement fatigué. Mais à la vue des trésors qui s'étalaient sous ses yeux, il éprouvait comme une ivresse de stupeur et d'enthousiasme. Là, sur la table, reposaient « les secrets les plus soigneusement gardés de l'ennemi, à la fois politiques et militaires et d'une valeur incalculable ».

Aucun doute possible quant à l'authenticité des documents. « Nous avions entre les mains, a-t-il écrit, le genre de papiers dont rêve toute sa vie un agent des services secrets, en pensant qu'il ne parviendra jamais à s'en emparer. Je pouvais me rendre compte, du premier coup d'œil, que le service rendu au IIIe Reich par le valet de chambre était d'une importance inconcevable. Le prix demandé n'avait pas été exorbitant. »

L'un des documents ne représentait pas moins que le mémorandum du matériel de guerre livré par les Américains aux Soviétiques :

189 000 téléphones de campagne,
670 000 milles de câbles,
45 000 tonnes de fil de fer barbelé,
10 500 tonnes de cuir,
4 millions de paires de bottes,
4 100 avions,
2 000 chars blindés,
150 000 mitraillettes, etc.

Liste interminable. En la lisant, comment ne pas se rendre compte de l'effort colossal que les Alliés accomplissaient pour renforcer leur potentiel militaire ? Si les Américains livraient aux Russes un matériel si colossal, était-ce que l'Alliance, comme le prévoyait M. de Ribbentrop, allait demain voler en éclats [1] ?

Aucun de ces documents ne datait de plus d'une semaine. La plupart n'étaient vieux que de quelques jours. Toujours, il s'agissait de messages échangés entre le Foreign Office et l'ambassade britannique d'Ankara. Chaque pièce portait, en haut et à gauche : *secret* et

1. Elyesa Bazna : *Signé Cicéron.* Adaptation de Hans Nogly, traduite de l'allemand par Paul Roche (1962).

hautement confidentiel. De nombreux rapports concernaient des questions militaires de la plus haute importance. D'autres apportaient sur la situation politique internationale des révélations de premier ordre. A mesure que Moyzisch les lisait, l'angoisse montait en lui. Il connaissait les positions de M. de Ribbentrop. Il ne les connaissait que trop bien. Les documents fournis par le « valet britannique » prouvaient à l'évidence que l'occupant provisoire de la Wilhelmstrasse se trompait du tout au tout. Les photographies qui s'amoncelaient, là, sous ses yeux, « montraient clairement la détermination des Alliés, en même temps que leur pouvoir de détruire le IIIe Reich. Et cela dans un avenir relativement proche... Penché audessus de mon bureau, au cours des heures et de cette nuit sans sommeil, des faits et des chiffres apparaissaient devant mes yeux. Cela n'était pas de la propagande. Le sombre avenir qui s'étendait devant nous était déjà inscrit dans ces documents. La puissance des Alliés était telle qu'il aurait fallu un miracle pour que l'Allemagne gagnât la guerre ».

Comment expliquer que les secrets les plus jalousement gardés de la dernière guerre se fussent trouvés dans le coffre de l'ambassadeur britannique à Ankara ? L'explication est simple : l'ambassadeur sir Hugh Knatchbull-Hugessen occupait un poste de premier plan, dans une ville dont nous avons montré déjà qu'elle était au centre des intrigues internationales. Dans cette perspective un plan avait été mis au point depuis plusieurs mois, le plan Jael, qui tendait à duper l'ennemi quant aux véritables projets des Alliés. Dans ce cadre se situait l'audacieuse opération que l'on avait baptisée *Chair à pâté.* On avait immergé au large des côtes espagnoles le cadavre d'un faux major Martin, muni de documents de premier ordre qui indiquaient que les Alliés n'avaient pas l'intention d'attaquer la Sicile mais la Grèce. Hitler et le haut commandement allemand étaient tombés dans le panneau [1]. Depuis quelque temps, le plan Jael se préoccupait avant tout de la Turquie. Cette Turquie neutre devenue l'épicentre de la guerre secrète contre le IIIe Reich.

Jamais, à Ankara ou à Istanbul, les intrigues — diplomatiques et autres — ne s'étaient situées à un tel niveau. Un spécialiste de l'espionnage, Anthony Cave Brown, nous a admirablement dépeint ce singulier climat : « Britanniques, Allemands, Américains, Russes, représentants d'une foule de nations jouaient des coudes, s'espionnaient, se débusquaient, se récupéraient, s'achetaient, se trompaient les uns les autres, chez *Serge*, au *Pahia*, au *Restaurant de la Gare*,

1. Voir *Alain Decaux raconte,* tome 3 (1980).

chez *Papa Karpic's*, tant et si bien qu'on avait fini par surnommer le boulevard Ataturk, long de cinq kilomètres et bordé d'acacias, " la course des rats ". Chacun recherchait des alliances, des pactes, et tous, amis ou ennemis, se traitaient sans ménagement, souvent sans remords, dans le seul intérêt de leur cause [1]. »

Au point où en était arrivée la guerre, l'Angleterre, dans le cadre du plan Jael, avait résolu de jouer en Turquie le grand jeu. Il s'agissait, dans l'attente du second front, de contraindre les Allemands à laisser le plus de forces possible dans les Balkans. C'est ce qu'indiquait très clairement la préface du plan Jael : « Si nous arrivions à persuader l'ennemi que des troupes considérables et une flotte de débarquement se rassemblent en Méditerranée de l'Est, nous parviendrions à fixer des forces allemandes dans les Balkans. Nos chances de succès augmenteraient si la Turquie rejoignait le camp allié, mais même si elle refusait, nous pourrions encore amener l'ennemi à craindre les conséquences de notre infiltration continue. »

C'est donc à Ankara que se jouait le plus subtil des scénarios, celui de Jael. Par voie de conséquence, l'acteur n° 1 en était devenu l'ambassadeur extraordinaire et plénipotentiaire de Sa Majesté britannique, sir Hugh Montgomery Knatchbull-Hugessen, chevalier et commandeur de l'Ordre très distingué de Saint-Michel et Saint George. Cet ancien d'Eton et de Balliol avait représenté son pays en Chine, auprès des pays baltes et à Téhéran. Il caressait volontiers les arts, jouait du piano et ne détestait pas écrire. On lui devait une étude sur les Knatchbull de Mersham Hatch et, pour lors, il composait un mémoire auquel il songeait à donner ce titre : *Diplomate dans la paix et dans la guerre*. Il jouissait de l'entière confiance de son vieil ami Anthony Eden. De même que ce n'est nullement par hasard que Ribbentrop avait envoyé Franz von Papen à Ankara, le choix d'Anthony Eden découlait des mêmes raisons. Dans le cadre de la mission qui lui avait été confiée, il apparaissait parfaitement logique que l'ambassadeur britannique à Ankara fût informé de la plupart des décisions primordiales concernant la politique alliée et, en particulier, de toutes les grandes conférences de 1943.

Conférence de Moscou, conférence de Téhéran, second front, des rapports détaillés sur tout cela allaient donc rejoindre le coffre-fort de sir Hugh Knatchbull-Hugessen et — par voie de conséquence —, celui de Moyzisch, durant plusieurs mois ! On comprend que, le lendemain matin, lorsqu'il montra sa moisson de la nuit à son chef, l'ambassadeur von Papen se soit écrié :

— Fantastique ! Incroyable !

1. Anthony Cave Brown : *la Guerre secrète,* tome I (1981).

C'est à ce moment précis que le mystérieux « fournisseur » reçut le nom qui le rendrait plus tard célèbre. Examinant les documents avec un enthousiasme qui croissait de minute en minute, l'ambassadeur s'était attardé sur un texte qui livrait des détails précis relativement à l'infiltration progressive du personnel de la Royal Air Force en Turquie. Les chiffres étaient considérables.

— Cela ne paraît pas fameux, avait dit von Papen. Berlin ne sera pas enchanté.

Même réaction appuyée quant aux chiffres énormes de l'équipement fourni récemment aux Soviets. Même réaction à la lecture d'un message décrivant l'état des relations entre Londres, Washington et Moscou. Maintenant, von Papen rêvait. Au bout d'un long moment, Moyzisch se permit d'intervenir et de lui demander ce qu'il pensait de la provenance de ces documents.

— Si ces documents sont authentiques, répondit von Papen, et je n'ai aucune raison d'en douter, leur valeur est inestimable. Mais nous ne devons pas oublier que tout ceci n'est peut-être qu'un piège extrêmement habile. C'est toujours une grave erreur que de sous-estimer les Anglais. La prochaine remise de papiers nous aidera à nous faire une idée à ce sujet. A propos, quand devez-vous le revoir ?

— Ce soir à 10 heures.

— Cet homme doit faire des heures supplémentaires. Espérons qu'il n'est pas imprudent.

Pensivement, il prit en main les films originaux. Puis une réflexion parut lui traverser l'esprit :

— L'enfant doit être baptisé. Pour les besoins de notre correspondance, nous devons lui donner un nom de code. Comment appellerons-nous ce valet ? Y avez-vous pensé ?

— Pas encore, monsieur. Que diriez-vous de Pierre ? C'est ainsi qu'il se nomme lui-même au téléphone. Je suis certain que ce n'est pas là son véritable nom.

— Ça ne va pas, mon garçon. Manque d'imagination. Il nous faut lui donner un nom de code que même lui ignorera. Dites-moi, puisque ces documents sont si éloquents, appelons-le Cicéron !

Cicéron — puisque tel était désormais son nom — fournissait régulièrement les rouleaux de photographies qu'attendait Moyzisch. Pour chacun d'eux, comme il avait été prévu, il encaissait quinze mille livres sterling. Pas la moindre déception : les renseignements nouveaux se révélaient aussi considérables que les premiers. Par exemple, les Allemands connurent quelques jours plus tard tous les secrets de la conférence de Téhéran qui avait réuni Staline, Churchill,

Roosevelt, et au cours de laquelle la décision d'ouvrir un second front en 1944 avait été prise. Pendant qu'elle se déroulait, cette conférence au sommet — la plus importante sans doute de la guerre — tous les diplomates de Berlin eussent donné dix ans de leur vie pour savoir ce qui était en train de se décider. Et tout à coup, comme par miracle, un petit valet, que l'on avait baptisé Cicéron faute de connaître son nom authentique, ouvrait toutes grandes les portes sur ces secrets que l'on croyait inviolables.

Alors, les ennuis commencèrent. Ils vinrent de Berlin qui, pourtant, aurait dû se contenter de pavoiser. A la Wilhelmstrasse, on ne parvenait pas à se faire une opinion précise quant à Cicéron et aux informations qu'il fournissait. Les documents étaient-ils authentiques ? S'agissait-il de faux — ou encore de provocation ? C'est ce que nul, à Berlin, ne parvenait à trancher. Alors, on interrogeait Moyzisch. Presque chaque jour, il recevait une liste interminable de questions concernant Cicéron. On exigeait des réponses immédiates, détaillées, irréfutables. Au moins, que Moyzisch découvre la véritable identité de Cicéron ! Ce serait un premier pas.

Bientôt, ce ne fut plus seulement la Wilhelmstrasse, mais le S.D., en la personne de son chef, Kaltenbrunner, qui intervint. D'autres organismes s'en mêlèrent. Moyzisch dut faire face à des demandes provenant d'une demi-douzaine de services !

Tout cela se greffait sur son travail — réel — d'attaché commercial et — caché — d'agent secret. Tout cela s'ajoutait à ses entrevues régulières avec Cicéron. Il en vint au point de passer une partie de ses nuits à rédiger des rapports à l'intention de ceux qui le questionnaient avec tant d'insistance. Un jour, rendu furieux par une nouvelle liste de questions, plus sottes les unes que les autres, il câbla le message que voici :

Impossible jusqu'à présent découvrir véritable nom. Pourrai seulement établir identité, etc., de façon certaine en m'adressant directement à ambassade britannique. Si cela désirez, veuillez envoyer instructions écrites à cet effet.

« A partir de ce moment, dit Moyzisch, on m'épargna toute nouvelle demande de renseignements sur la véritable identité de Cicéron. »

Le second soir comme le premier, Cicéron s'était rendu au bureau de Moyzisch. Il lui avait annoncé qu'il téléphonerait chaque fois qu'il aurait quelque chose de nouveau :

— Mais je ne reviendrai plus à votre bureau. C'est trop risqué. Nous nous rencontrerons dans une rue sombre de la vieille ville. Vous avez une voiture, je suppose ?

Moyzisch en avait une.

— Nous ferions mieux de convenir dès ce soir d'un lieu de rendez-vous. Quelque part où vous n'aurez pas à vous arrêter. Vous n'aurez qu'à conduire très lentement et mettre vos phares en veilleuse. Quand vous arriverez à l'endroit voulu, ouvrez la portière et je sauterai à l'intérieur de la voiture. S'il y a quelqu'un en vue, ignorez-moi, tournez autour du pâté de maisons, et prenez-moi quand tout danger sera écarté. Vous feriez mieux de me reconduire en ville, maintenant, et nous conviendrons d'un endroit.

Ce soir-là, Moyzisch était allé chercher, non pas sa propre voiture — une Mercedes —, en réparation, mais une Opel que lui prêtait un ami. Cicéron y était monté avec lui. Il l'avait guidé jusque dans une rue sombre du vieux quartier d'Ankara. Il lui avait demandé de s'arrêter devant un terrain vague, entre deux maisons.

— Ce sera notre lieu de rendez-vous, à présent.

Il en fut comme l'avait souhaité Cicéron. Régulièrement, la voiture de Moyzisch roulait, tous feux éteints, jusqu'au vieux quartier. Un homme attendait dans l'ombre. Un signal d'une lampe de poche montrait à Moyzisch qu'il s'agissait bien du « valet britannique ». L'Allemand s'arrêtait. Cicéron se glissait dans la voiture. Presque aussitôt l'échange s'opérait : un rouleau contre 15 000 livres.

Un soir, obsédé par les recommandations de Berlin, Moyzisch tenta d'entreprendre Cicéron sur son identité. Les deux hommes roulaient à travers Ankara plongée dans la nuit. Moyzisch conduisait. Cicéron était assis sur le siège arrière. Il dit lentement :

— Mon nom ne vous regarde pas, ni vous ni Berlin. Je ne vous le dirai certainement pas. Il y a une chose pourtant que vous pouvez dire à Berlin : je ne suis ni Turc ni Albanais.

Après un silence, Moyzisch reprit :

— Vous m'avez dit un jour que vous haïssiez les Anglais. Pouvez-vous me dire pourquoi ? Vous ont-ils maltraité ? Ou bien y a-t-il une autre raison ?

Cicéron ne répondit pas aussitôt. Puis, d'une voix sourde :

— Mon père a été tué par un Anglais, dit-il.

Un autre soir que, par exception, Cicéron était venu rejoindre Moyzisch chez lui et qu'il paraissait plus détendu qu'à l'accoutumée, il parla à Moyzisch de sa « jolie voix ». Le whisky aidant, il insista pour chanter quelque air d'un opéra italien. Moyzisch lui trouva une voix « agréable et légère ».

Ce fut tout. Pour les services allemands, autant que pour les lecteurs de Moyzisch, l'espion Cicéron demeura mystérieux. Il conserva l'aspect impalpable de ces personnages dont Marcel Carné a peuplé ses films, qui surgissent de la nuit et replongent dans la nuit, sans que personne sache d'où ils viennent ni où ils vont.

Pour obtenir une réponse aux questions posées par Berlin sur l'identité de Cicéron, il a fallu attendre douze ans — exactement. Quand Moyzisch publia l'*Affaire Cicéron* en 1950, il l'ignorait toujours. Et puis, au mois d'août 1955, parti pour la Turquie afin de retrouver un homme disparu depuis la Seconde Guerre mondiale, je me suis trouvé tout à coup en face de lui. Et il m'a dit :

— Je m'appelle Elyesa Bazna.

Le jour vint où Moyzisch apprit qu'il était convoqué d'urgence à Berlin. Un avion spécial le conduisit dans la capitale allemande. Quelques heures plus tard, on l'introduisait auprès du général S.S. Kaltenbrunner, brute puissante au visage marqué de cicatrices de coups d'épée. A peine assis, l'attaché d'ambassade comprit pourquoi on lui avait fait l'honneur d'un avion spécial : Kaltenbrunner avait voulu le voir avant Ribbentrop. En fait, le ministre des Affaires étrangères et le chef du Service secret se haïssaient. Une affaire comme celle de Cicéron suscitait entre les deux hommes une rivalité suraiguë. Ce n'était pas là une pure question d'amour-propre : Kaltenbrunner croyait à Cicéron et Ribbentrop, qui exigeait que l'« opération » dépendît pour tout de ses services, ne croyait pas à l'authenticité des documents !

— Ribbentrop est fermement convaincu, dit Kaltenbrunner à Moyzisch, que les Anglais eux-mêmes vous ont envoyé ce valet de chambre et que tout cela n'est qu'un piège. En attendant, des informations d'une incroyable importance moisissent dans son bureau et ne servent absolument à rien. Nous ne pouvons nous payer ce luxe. J'ai l'intention d'en parler personnellement au Führer et de m'arranger pour que cette opération soit dirigée par mes services. C'est pourquoi, à l'avenir, c'est de moi que vous recevrez vos instructions, et d'aucune autre personne.

Ribbentrop reçut Moyzisch peu après. Le ministre des Affaires étrangères du Reich avait vieilli. Il se tenait toujours très droit. Il accueillit l'attaché d'ambassade debout, derrière son bureau, « les bras croisés à la façon de Napoléon ». Il fixa dans ses yeux les siens, froids et d'un bleu métallique. Il dit :

— Ainsi, vous avez rencontré Cicéron. Ce que je veux savoir, c'est si les documents sont authentiques.

— Comme je l'ai déjà mentionné dans mes rapports, monsieur, répondit Moyzisch, mon opinion personnelle est que...

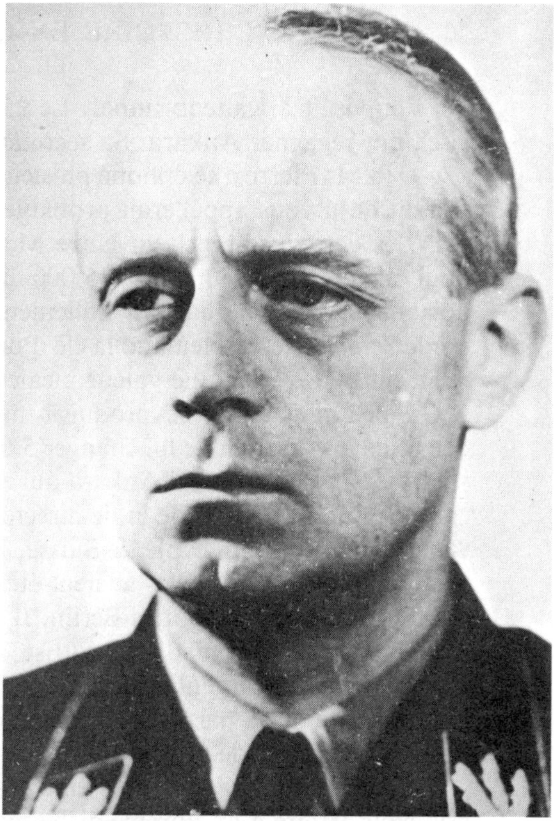

Joachim von Ribbentrop se croyait le nouveau Bismarck. (Tallandier)

Ribbentrop l'interrompit sèchement. Il n'avait que faire des opinions personnelles, « que ce soient les vôtres ou celles de n'importe qui ». Martelant ces mots, il ajouta :

— Pouvez-vous me remettre des preuves ? Ou dois-je envoyer quelqu'un d'autre à Ankara ?

Moyzisch le vit prendre les photos des documents Cicéron, puis les écarter d'un geste nerveux. Il les repoussa jusqu'à l'extrémité de son bureau. De façon « presque imperceptible », il murmura :

— Trop beau pour être vrai.

Il dit alors :

— Vous resterez à Berlin jusqu'à nouvel ordre.

Moyzisch savait ce que signifiait un tel ordre. Il avait déplu. On le conservait « au frais », comme disaient les diplomates du Reich auxquels de telles mésaventures advenaient trop fréquemment.

La politique hitlérienne fut avant tout celle des occasions perdues. Cicéron livrait à l'Allemagne des informations qui, bien utilisées, auraient pu lui fournir une chance de se sauver. Non seulement ces documents étaient méprisés par « le nouveau Bismarck », mais en empêchant Moyzisch de regagner Ankara, on se privait de renseignements inédits — peut-être d'importance essentielle. Qu'importe ! L'important pour Ribbentrop était la misérable guerre d'influence qui l'opposait à Kaltenbrunner. Le 25 novembre, seulement, Moyzisch put regagner Ankara. Sa secrétaire l'accueillit :

— Un M. Pierre a téléphoné plusieurs fois pendant votre absence. Il a dit qu'il vous appellerait probablement encore aujourd'hui.

Et les entrevues reprirent entre Moyzisch et Cicéron. Toujours, pour chaque rouleau reçu, 15 000 livres sterling. La valeur des documents remis ne baissait nullement. C'est ainsi que fut connue par le Service secret allemand la clé d'un code britannique, renseignement qui se révéla d'une valeur incalculable.

Un peu plus tard, se produisit un singulier incident. Cicéron demanda à Moyzisch de lui changer 5 000 livres en dollars. Moyzisch s'adressa à une banque d'Ankara qui effectua l'opération sans difficulté. A quelque temps de là, le directeur affolé appela Moyzisch : il venait de recevoir un câble de Suisse. Les livres sterling étaient arrivées en Angleterre où elles avaient été reconnues fausses !

Moyzisch fit un rapport à Berlin. Il reçut une réponse furibonde : « C'était faire preuve d'une sottise sans nom que de douter de l'authenticité de l'argent envoyé par la Wilhelmstrasse, et c'était une impertinence de sa part de faire une telle supposition... »

Est-il nécessaire de préciser que Cicéron ignora tout de l'incident ?

Les mois passant, Cicéron s'était transfiguré. Réellement, on eût cru avoir affaire à un homme différent. Il portait des costumes bien coupés, taillés dans de riches draperies anglaises. Il arborait des bijoux ; il les aimait beaucoup. Il fit changer par Moyzisch 2 000 livres en diamants. Aucune inquiétude dans son allure ni dans ses propos.

Pourtant, dans le courant de janvier, on s'aperçut du côté anglais que des fuites s'étaient produites à Ankara. Des agents vinrent de Londres qui posèrent partout, à l'ambassade britannique, des dispositifs d'alarme.

Un homme plus sage que Cicéron se serait arrêté. Moyzisch lui avait remis une fortune qui pouvait lui permettre de vivre dans le luxe « pour le restant de ses jours ».

Cicéron ne s'arrêta pas.

Hiver 1943-1944. Printemps 1944. Deux mots nouveaux apparaissaient dans les documents : *opération Overlord.* Tous les documents Cicéron l'annonçaient, l'opération Overlord était proche. De quoi s'agissait-il ?

Certainement d'une chose de grande importance, « de nature plutôt militaire que politique ». Berlin s'inquiéta. Moyzisch passa des nuits sur les documents. Enfin, en comparant plusieurs textes qui se recoupaient, il comprit : l'opération Overlord n'était autre que le nom de code du débarquement allié en Europe !

Aussitôt Moyzisch prévient Berlin. On est au mois de mars 1944. Trois mois avant le débarquement, un hasard fantastique en révèle l'époque et le nom de code aux Allemands.

Une réponse laconique revient de Berlin : *Possible, mais difficilement probable.*

Le dernier renseignement fourni par Cicéron — et le plus gigantesque — avait été accueilli avec le même mépris que tous les autres.

Le 6 avril 1944, la secrétaire de Moyzisch, une certaine Cornelia Kapp, disparaissait. Elle ignorait les détails de l'affaire Cicéron, mais en connaissait l'essentiel. Cornelia Kapp — une Allemande — était passée aux Américains. Et Cicéron, à l'ambassade de Grande-Bretagne, l'apprit.

Pour lui, c'était la fin d'une incroyable aventure. Un danger immédiat, mortel. Il courut chez Moyzisch :

— Votre secrétaire est chez les Américains ! s'exclama-t-il.

Il demanda fébrilement :

— Que sait-elle à mon sujet ?

— Elle connaît votre nom de code... peut-être davantage...

Moyzisch l'observait. Il était livide. Dans ses yeux, la peur. Il dit :

— Je dois partir maintenant.

« Une anxiété profonde bouleversait son visage, dira Moyzisch. Je remarquai qu'il se rongeait de nouveau les ongles... Il avait reçu de moi d'énormes sommes d'argent. Il m'avait parfois menti. Maintenant, c'était un homme accablé, sans aucun ressort. La peur se lisait dans ses yeux sombres.

» — Au revoir, monsieur, dit-il. Au revoir.

» Pour la première fois, je lui tendis la main. Il la serra mollement, puis il sortit rapidement de la maison et s'évanouit dans l'obscurité. Je ne le revis plus jamais. »

L'affaire Cicéron était terminée. Le principal acteur avait disparu. Qu'était-il devenu ? Les lecteurs de Moyzisch demeurèrent persuadés qu'il n'avait pu échapper à la mort. Quand il s'est résolu à publier ses souvenirs sur l'affaire, l'ancien attaché commercial allemand écrivit textuellement ceci : « Puisque je suis le seul — à part Cicéron lui-même, s'il est encore en vie, *ce qui semble absolument improbable* — à connaître tous les détails de cette aventure, je puis aussi bien les relater, aussi objectivement que possible. »

Quand bien même il eût pu échapper à la vengeance de l'Intelligence Service, aurait-il pu profiter, en toute tranquillité, de l'énorme fortune gagnée en quelques mois ? D'octobre 1943 à avril 1944, Moyzisch ne lui avait pas remis moins de 300 000 livres sterling.

Il arrivait à Moyzisch de penser à cet argent dont il avait été le dispensateur lucide. La guerre achevée, il connut la vérité : presque tous les billets remis par lui à Cicéron étaient faux. Seul le premier envoi était composé de billets authentiques. Le reste avait été fabriqué par les faussaires de Kaltenbrunner.

C'est à la fin de 1940 que l'on avait résolu, en Allemagne nazie, de fabriquer de fausses livres anglaises. Il avait fallu des mois pour parvenir à ce qu'il faut bien reconnaître comme une véritable perfection. On était parvenu à obtenir un papier qui, même examiné au microscope, ne se différenciait plus en rien de celui des billets anglais [1]. Plus tard, l'un des promoteurs du plan, Naujocks, parlera du 1er mars 1941 comme du plus beau jour de cette incroyable aventure :

— Oui, dira-t-il, ce jour-là, j'ai osé, pour la première fois, soumettre « mes » billets à l'expertise d'une banque étrangère. J'envoyai l'un de mes hommes en Suisse. Il s'agissait d'un intermédiaire honorablement connu là-bas... d'autant plus qu'il possédait un compte courant particulièrement confortable. Il porta lui-même à sa banque une liasse de livres sterling sorties en droite ligne de mes ateliers. En même temps — et là vous reconnaîtrez que j'avais joué la difficulté — il présenta à la direction une lettre apocryphe de la Banque d'État allemande, exprimant des doutes sérieux sur l'authenticité des banknotes. Les Suisses furent extrêmement flattés de voir notre institut national d'émission faire autant confiance à leurs experts. Ils se mirent au travail. L'examen dura trois jours. On utilisa les méthodes les plus modernes, les plus perfectionnées. Après quoi, ce fut la réponse : il n'y avait pas le moindre doute, les billets étaient authentiques ! On alla plus loin encore : on contrôla auprès de la Banque d'Angleterre les numéros des séries, les dates d'émission et les signatures. Londres confirma que *les banknotes portant les indications mentionnées étaient bien en circulation.* Quand je vous dis que c'était le plus beau jour de ma vie !

Le plus beau jour de la vie de Naujocks avait abouti, entre autres, à ces livres sterling distribuées à travers l'Europe pour des tâches souvent peu avouables. Parmi celles-ci, le salaire d'un « valet britannique » d'Ankara. Ainsi, c'est pour du vent que Cicéron avait si souvent et si complètement risqué sa vie !

---

1. Voir Alain Decaux : *les Faussaires de Hitler* dans *Nouveaux Dossiers secrets* (chez le même éditeur).

Depuis 1950, de temps à autre, les journaux rappelaient Cicéron à l'attention du public. On annonçait sa réapparition soudaine en Amérique, en Europe, en Asie... D'évidence, ces informations fantaisistes ne devaient connaître aucun lendemain.

Les Américains ne perdirent pas l'occasion de mettre à l'écran une affaire aussi remplie de suspense. Cicéron, trahi par sa maîtresse, se retrouvait en Amérique du Sud, sablant le whisky devant la baie de Rio. Tout cela était, bien entendu, purement imaginaire.

Un jour cependant — c'était en décembre 1954 — un quotidien de Belgrade publia une information dont le fond parut plus sérieux. Cicéron, affirmait-on, était vivant à Istanbul. Une dépêche d'agence reprit la nouvelle.

Voici venu l'instant où je ne puis éviter de me mettre en scène. La suite de l'histoire n'aura de sens que si le lecteur connaît ma propre aventure.

L'été de 1954, j'avais découvert la Yougoslavie et j'y avais noué de précieuses amitiés. Je savais, si j'y retournais, être reçu — et aidé. J'avais admiré le film de Mankiewikz, lu avec passion le livre de Moyzisch. Depuis, l'affaire Cicéron littéralement m'obsédait. Ce que Moyzisch nous rapportait, c'était sa propre et seule vision de l'affaire. Un homme dont il ne savait rien lui fournissait de fabuleuses informations. Après quoi, cet homme-là repartait vers l'inconnu. Rien d'autre et rien de plus. Ainsi, puisque Cicéron était mort — je me ralliais aux certitudes de Moyzisch — nous ne connaîtrions jamais l'autre aspect de l'affaire. Nous ne saurions jamais qui était Cicéron, pourquoi et comment il avait opéré, ce qu'il était devenu après son ultime entrevue avec Moyzisch.

Je suis ainsi fait que les énigmes historiques suscitent toujours en moi une sorte de sainte colère. J'enrage de ne pouvoir connaître la vérité. Plusieurs fois dans ma vie j'ai tenté, sur ces mystères, de lever un coin du voile. Il m'est arrivé d'y parvenir. Pour l'affaire Cicéron, je désespérais.

Et soudain, cette dépêche de Belgrade... Cicéron vivant ! Cela ne valait-il pas la peine d'y aller voir de près ?

Je me suis décidé. Ayant informé *le Figaro* du voyage que j'entreprenais, on me fit savoir, fort courtoisement, que *si je retrouvais Cicéron* on publierait volontiers mon récit. Encore fallait-il le retrouver !

Un nom. Une adresse. Pour les obtenir, pour retrouver Cicéron, j'ai traversé l'Allemagne, l'Autriche, la Yougoslavie, la Grèce. Un coup de dés s'étalant sur sept mille kilomètres et cinq pays. Dès le départ de Paris, une question lancinante : allais-je découvrir à Belgrade les renseignements que laissait prévoir une dépêche de sept lignes ? Un nom ? Une adresse ?

Première et décevante réalité : l'information était fausse. Le journaliste yougoslave mentionné n'avait jamais retrouvé Cicéron à Istanbul. Bien mieux : jamais il n'avait franchi les frontières de la Yougoslavie. Après cela, fiez-vous aux dépêches d'agence !

Un nom. Une adresse. Ce fut Zuko Dzumur qui me les livra.

Cher Zuko, que je vous ai de reconnaissance ! Au journal *Politika,* on m'avait montré vos dessins, merveilleux de drôlerie et d'esprit. On m'avait dit de vous :

— Il est le premier caricaturiste de Yougoslavie.

Dans le petit salon aux volets clos de votre appartement de Belgrade, en m'offrant le premier café turc du voyage — j'en ai bu quelques autres par la suite ! — vous m'avez dit :

— C'est vrai. Cicéron est vivant. Je l'ai vu moi-même à Istanbul.

Tout était venu d'un indicateur de police complaisant. Un ami de Zuko. Istanbul est la ville des cafés et des confidences. Autour d'une tasse ou d'un verre alternent les longs silences et les échanges d'intimité. Un haut-parleur hurle l'éternelle mélopée turque. Elle nappe la pièce d'un bain de sons discordants, propices — paradoxalement — à l'isolement.

L'incroyable aspect romanesque de l'affaire Cicéron séduisait Zuko. Comme moi, il avait vu le film, il avait lu le livre. Avec la même passion. Il en parla à son ami. Celui-ci hocha la tête :

— D'après vous, qu'est devenu Cicéron ?

— Il est mort... Comment pourrait-il être encore en vie ?

— Vous vous trompez. Il est vivant. Et il habite Istanbul.

Zuko — trente-cinq ans, Serbe, musulman, brun, mince et pince-sans-rire — ouvrit de grands yeux. Puis il se récria : l'adresse ! Il lui fallait l'adresse ! Parfois, l'extraordinaire arrive : cette adresse, il l'obtint.

Un bureau d'architecte dans le quartier d'Agopyan. Une entrée qui donnait sur l'une de ces rues grouillantes, où les banques surabondent et que les portefaix pliés sous une charge de soixante à quatre-vingts kilos traversent allégrement sous le nez des chauffeurs de *dolmuche*[1]. Un long couloir obscur conduisait à la loge du concierge, personnage moustachu et peu loquace. Il apprit à Zuko que le titulaire du bureau était un sieur Istapan, architecte arménien.

1. Taxis d'Istanbul dont l'originalité est de suivre un parcours déterminé, comme un autobus, et de s'arrêter quand on leur fait signe.

Déçu, Zuko eut l'idée tout à coup de demander si ce M. Istapan avait un associé. Un associé ? Ah oui ! M. Istapan avait un associé. Son nom ? Bazna. Elyesa Bazna. Il était là, justement.

Zuko grimpa jusqu'au premier étage. A gauche, une porte à laquelle il frappa. On fut un long moment sans répondre. Il frappa encore. Une voix cria : « Entrez ! » Ce qu'il fit. Un homme était assis devant une haute table à dessin : la cinquantaine, le regard perçant, le front dégarni, les cheveux épais et noirs, brossés en arrière. Trait pour trait, la description tracée par Moyzisch. L'accueil fut sans aménité.

— Qui êtes-vous ? Que voulez-vous ?

Zuko, tout sourire, expliqua qu'il travaillait pour un journal yougoslave. Il serait très heureux si M. Bazna voulait bien lui conter quelques-unes de ses aventures.

— Quelles aventures ?

La réponse avait jailli, brutale.

— Les aventures de Cicéron...

— Cicéron ?

Une stupéfaction immense se lisait sur le visage de Bazna. Il répéta :

— Qui est Cicéron ?

Patiemment, Zuko rappela les principaux épisodes de « l'affaire ». Son interlocuteur l'écoutait avec intérêt. Rien de plus.

— Maintenant, je me souviens, dit-il. J'ai lu tout ça dans les journaux.

— Mais *vous êtes* Cicéron !

— Moi ?

Zuko se dit que si Bazna était réellement Cicéron, il se conduisait en prodigieux comédien. Il insista. Sans colère, mais fermement, Bazna continua de nier. Alors seulement, Zuko aperçut au fond de la pièce une large draperie. Dessinées par les plis de l'étoffe, il vit distinctement deux formes humaines. On les écoutait. Bazna hocha la tête :

— Peut-être que je ressemble au vrai Cicéron, dit-il.

Rêveusement, son regard fixait un coin du mur, derrière Zuko. Quand Bazna se leva, forçant Zuko à en faire autant, celui-ci se retourna. Il aperçut accrochée au mur par quatre punaises une photographie découpée dans un magazine, celle de James Mason dans le principal rôle du film *The Five Fingers,* le rôle de Cicéron. Zuko n'aurait pu souhaiter preuve plus originale de l'identité de Bazna. Preuve psychologique, certes. Souvent, ce sont les meilleures.

Zuko ne vit plus jamais Elyesa Bazna. Deux fois encore, il tenta de le rencontrer. On lui jura que M. Bazna était absent. Quelques jours après sa dernière tentative, deux policiers sonnèrent à sa porte. Le gouvernement turc donnait à M. Zuko Dzumur, journaliste yougoslave, vingt-quatre heures pour quitter le territoire de la République.

— Nous avons protesté avec force, m'a dit le consul général de Yougoslavie à Istanbul. Toutes nos démarches ont été inutiles. Dzumur a dû quitter la Turquie.

— Connaissez-vous Elyesa Bazna ?

J'ai posé cette question à tous les échos d'Istanbul. Nouveau Diogène, je cherchais un homme. L'adresse livrée par Zuko n'était pas un produit de son imagination ; mais M. Istapan n'habitait plus là. M. Bazna, pas davantage. Leurs nouvelles adresses ? Le concierge moustachu et peu loquace les ignorait totalement. En l'affirmant, il paraissait à ce point accablé sous le poids d'un sort immérité que mon interprète et moi étions partis sans insister.

Alors a commencé l'irritante recherche. Pistes suivies pendant deux jours qui conduisaient à un cul-de-sac. Interminables palabres avec des hommes que l'on m'avait dit « au courant » — et qui ne l'étaient pas le moins du monde. Par mes soins, Istanbul était semée de messages destinés à Elyesa Bazna. Plusieurs fois, des interlocuteurs au visage plein de réserve s'étaient offerts à les faire parvenir.

— J'ai un ami...

Ces Turcs avaient toujours un ami qui, à les en croire, pourrait joindre Bazna. Hélas, mes messages demeuraient sans réponse.

Un jour — enfin — une adresse précise. Combien précise ! « Taksim Talimhane, Abdjhah Hamid Caddesi, Biren Appartementi ». J'y cours. Premier obstacle : la porte de l'immeuble est close. Nul concierge à l'horizon. A la vérité — les commerçants voisins me l'ont vite précisé — la loge du portier se trouve au septième étage. J'ai dit que c'était là un comble, mais il paraît que ma constatation était intraduisible en turc. A une telle altitude, pour peu qu'Ismaïl — c'était le nom du portier — sommeille, il n'entend pas sonner. Or sommeiller s'est révélé l'une de ses occupations favorites, quoique inavouée. Les locataires des Biren Appartementi se sont résignés depuis longtemps. Ils se passent de l'office d'Ismaïl. Chacun possède une clé de l'immeuble. Ce n'est malheureusement pas mon cas. Vais-je m'en retourner ? A ce moment précis — celui du découragement — un épicier me vient en aide : il m'informe qu'Ismaïl dispose du téléphone. Pourquoi ne l'appellerais-je pas ? Certains locataires en usent lorsqu'ils ont oublié leur clé. J'ai suivi ce conseil pertinent. Avec mon confrère turc Topuz, nous sommes allés téléphoner à

Ismaïl[1]. Quelques minutes plus tard, l'excellent concierge est venu m'ouvrir cette porte qu'il garde de si haut.

M. Elyesa Bazna ? Il ne demeure plus là. Et Ismaïl, bien sûr, ignore son nouveau domicile. C'est l'échec — encore. Ismaïl m'observe avec étonnement. Sans enthousiasme, j'entreprends de l'interroger. Quand M. Bazna a-t-il pris possession de cet appartement ? Ismaïl répond sans se faire prier — et sans se figurer qu'il me fournit une date essentielle.

— M. Bazna ? C'est en 1943 qu'il a installé ici sa famille.

Faut-il que je rappelle que c'est en 1943 que commença « l'affaire » ? Peut-être Ismaïl va-t-il me livrer la chronologie qui me manque, la transition indispensable entre Bazna et Cicéron.

— Quelle était la profession de M. Bazna en 1943 ?

— Il travaillait à l'ambassade d'Angleterre.

— Qu'y faisait-il ?

— Valet de chambre de l'ambassadeur.

Ismaïl, cher Ismaïl ! Merci ! Grâce à vous, tout se confirme. Tout s'éclaire.

— Il habitait donc Ankara ?

— Oui, mais il venait de temps en temps à Istanbul.

— Dépensait-il beaucoup d'argent ?

— Au début, non. Puis il a beaucoup changé. Il venait plus souvent. Il avait de beaux costumes. Et bientôt, on l'a vu arriver en voiture.

— Une voiture à lui ?

— Oui. Une Mercedes décapotable.

Jamais interrogatoire ne m'a procuré autant de satisfaction !

— En 1944, est-il venu voir sa famille régulièrement ?

— Non. Au milieu de l'année, il a disparu.

— Quand est-il revenu ?

— Bien des mois après.

— Où était-il durant tout ce temps ?

— Je ne sais pas.

---

1. Comment exprimer ma reconnaissance à Hifzy Topuz ? Cet excellent journaliste turc — devenu depuis représentant de son pays à l'UNESCO — à qui j'avais été recommandé par un confrère parisien, s'est passionné pour mon enquête comme s'il s'agissait de l'une de celles qu'il menait pour son propre compte. Il m'a accompagné partout, se révélant le plus précieux des guides. Qu'il sache, après tant d'années, que je n'ai rien oublié. Comment oublierais-je également la présence et la collaboration si efficace de ma consœur Yanie Claudon qui participait à notre « expédition » pour en tourner le film ? Comment oublierais-je la constante et si affectueuse attention prêtée à nos investigations par mes amis France et Robert Pourchet ?

— Et vous ne connaissez pas son adresse actuelle.?

— Non.

Je puis quitter Ismaïl. Je n'ai pas perdu l'heure que je viens de passer avec lui. Mes derniers doutes m'ont abandonné. Elyesa Bazna est bien Cicéron. Il me reste pourtant à recueillir une confirmation. Celle que peuvent me donner ceux que « l'affaire » concerne au premier chef : les Allemands.

Ce fut une entrevue mémorable. Le consulat d'Allemagne sommeillait à l'abri de ses murs de bois ocre et vert. Il suffit d'un coup de sonnette, d'un nom chuchoté à l'oreille d'un secrétaire pour qu'un vent de tempête se mît à souffler à travers les bureaux paisibles. L'événement se déroula à Istanbul, exactement le 18 mai 1951.

A sa table de travail, face aux fenêtres de son bureau, le consul général, Dr. Kurt von Kamphövener — grand, sec, une verte soixantaine — terminait l'examen d'un dossier. De temps en temps, son regard se portait vers l'un des plus éblouissants spectacles du monde : le Bosphore. Une eau dorée, un ciel léger. Mille embarcations de toutes formes, de toutes tailles, de toutes couleurs. La barque de pêcheur à proue byzantine et le steamer en partance pour Venise ou Marseille. Au loin, inondé de soleil, Istanbul — « changeante comme une femme » — et les minarets blancs de ses quatre cent soixante mosquées.

L'Allemagne fédérale venait de reprendre sa représentation diplomatique. Le Dr. Kurt von Kamphövener avait reçu du gouvernement de Bonn la mission malaisée de réorganiser le consulat général d'Istanbul. Au reste, choix excellent. Ce Rhénan autoritaire et circonspect connaissait bien les Turcs : il était né, près de soixante-dix ans plus tôt à Istanbul — on disait en ce temps-là Constantinople. Abdul Hamid régnait, le fameux sultan rouge. Quant au père de Kurt, le général von Kamphövener, il servait alors en Turquie comme « organisateur » de l'armée ottomane.

A Istanbul, on avait vu, avec curiosité, réapparaître ces diplomates dont les prédécesseurs directs avaient terminé leur mission dans des camps d'internement. L'immeuble du consulat général, près de la place du Taksim, à côté du Park Hôtel — un célèbre palace de la ville — était fermé depuis 1945. Il se révélait inhabitable. Il avait fallu aux Allemands louer une villa sur la rive asiatique du Bosphore : un *yali* ottoman typique aux murs de bois.

Cette matinée déjà chaude de l'été 1951, un secrétaire pénétra dans le cabinet du consul, lui tendit une carte de visite :

— Il insiste pour vous parler personnellement, dit-il.

Istanbul en 1955 : chercher un espion dans une botte de foin. (Keystone)

Le consul s'empara de la carte. Je l'ai revue, cette carte, quatre ans plus tard, pièce capitale d'un dossier captivant. Étroite et longue, elle portait, imprimée en caractères italiques, un nom et un prénom inconnus : *Elyesa Bazna.*

Le Dr. von Kamphövener fit un effort de mémoire. Décidément, le nom ne lui disait rien. Que le secrétaire reçoive donc ce Bazna ! Quelques instants plus tard, le secrétaire réapparaissait :

— Il ne veut rien entendre. Il ne dira ses raisons qu'à vous.

Le consul balaya l'air d'une main irritée.

— Alors, qu'il s'en aille.

Nouvelle sortie du secrétaire. Nouvelle entrée. Cette fois, le jeune diplomate semblait hors de lui.

— Monsieur le consul général...

— Eh bien ?

— Cet homme..., cet homme, c'est Cicéron !

Ainsi, sept ans après que Ludwig Moyzisch l'eut vu, blanc de peur, disparaître vers un sort ignoré, Cicéron resurgissait brusquement dans la lumière. En même temps, il révélait ce qu'il avait toujours tenu caché : son nom véritable.

Le Dr. von Kamphövener resta abasourdi. Certes, la survie de l'espion ne le surprenait pas. Plusieurs rapports confidentiels faisaient état de la présence de Cicéron à Istanbul. Ce qu'il comprenait mal, c'était son incroyable démarche. D'évidence, la République fédérale ne pouvait entretenir aucun rapport avec un agent ex-nazi. Mais il était tentant de savoir pourquoi l'espion sollicitait cette invraisemblable audience.

Le secrétaire fut chargé de le lui demander.

La réponse qu'il rapporta fut stupéfiante : Elyesa Bazna rappelait qu'il avait fidèlement servi l'Allemagne durant la guerre. Certes, ses services avaient été rémunérés. Il avait touché 300 000 livres sterling. Mais après la guerre, ces livres, soigneusement mises de côté, s'étaient révélées irrémédiablement fausses ! M. le Consul général jugeait-il cela juste ? Tout service ne mérite-t-il pas salaire ? Oh ! il ne réclamait pas 300 000 livres. Seulement une compensation normale. D'ailleurs, il était prêt à reprendre du service : il disposait de renseignements importants, qu'il était disposé à communiquer aux autorités allemandes.

Le Dr. von Kamphövener n'hésita pas. Il refusa l'offre outrecuidante. Le secrétaire fut dépêché une fois de plus auprès de Cicéron : que celui-ci sache qu'il s'était trompé d'adresse. Ce qui concernait les

Services secrets de la Seconde Guerre mondiale regardait uniquement le procès de Nuremberg. Noblement, le consul avait ajouté :

— L'Allemagne d'aujourd'hui n'est pas l'Allemagne du IIIe Reich.

Cicéron dut s'en retourner par le petit vapeur qui assure le service de la côte d'Asie. Sa première résurrection ne lui avait servi de rien.

Cependant, elle avait permis au dossier « Cicéron », conservé au consulat général d'Allemagne à Istanbul de s'enrichir d'une pièce bien intéressante : la carte de visite d'Elyesa Bazna. L'incognito que Cicéron s'était appliqué avec un soin de mythomane à tisser autour de sa véritable personnalité était définitivement levé.

Le dossier qui m'avait été obligeamment ouvert me convainquait — une fois de plus — que pour retrouver Cicéron, il fallait découvrir Bazna. Hélas ! Bazna demeurait introuvable.

Des jours encore de recherches infructueuses. Nul doute, l'heure approchait d'un retour rendu obligatoire par la baisse fâcheuse de mes réserves en devises turques. Impossible, à l'époque, de faire virer de l'argent d'un pays à l'autre. On vivait sous le régime de changes enfermés dans de véritables murailles de Chine. De jour en jour, le moral baissait.

Le sauveur fut Hifzi Topuz. Il m'appelait de son journal *Akzam :* « J'ai du nouveau pour vous, venez. »

Dans le bureau de Topuz, un garçon de quarante ans, maigre, tourmenté : Burhan Arpad. Il s'exprimait en mauvais allemand. Je parle moi-même fort mal l'allemand. Donc nous nous sommes compris :

— Topuz m'annonce que vous cherchez à joindre Bazna. Je puis vous fournir un renseignement intéressant : Bazna a une fille. Elle travaille à la Banque d'État.

La Banque d'État d'Istanbul est une lourde bâtisse, en pierre de taille, édifiée dans ce style écrasant et standard dont les financiers des cinq continents paraissent raffoler. Je tairai le nom de l'homme aimable qui m'a reçu. Ma question n'a pas semblé le surprendre outre mesure :

— Une certaine Mlle Bazna fait-elle partie de votre personnel ?

La réponse a jailli, courtoise et ironique :

— Voulez-vous dire la fille de Cicéron ?

Quatre mots qui m'entrebâillaient les portes du ciel : « la fille de Cicéron » ! D'ailleurs, poursuivait l'homme aimable, il n'existait pas de Mlle Bazna. Celle-ci, mariée, se nommait maintenant Ayten Jenen. Désirais-je son adresse ? Ma réaction, affirmative et véhémente, l'a fait sourire. Sur une page arrachée à son agenda, il a écrit : « Istanbul, Aksaray Caddesi, Girisken Palas 30/3. » Si cette personne travaillait au siège central ? Certainement.

— Descendez au service des changes. Vous pourrez l'y rencontrer immédiatement. Bonne chance, monsieur.

Le service des changes. Je pousse la porte vitrée. Le chef de service tend vers moi des manches de lustrine interrogatives.

— Mme Ayten Jenen ?

Il prend un air joyeux pour m'annoncer :

— Elle est en vacances, monsieur.

Les portes du ciel se referment-elles déjà ? Au moins, mon portefeuille contient-il un renseignement palpable et inespéré : l'adresse de la fille de Bazna. Un taxi passe :

— Aksaray Caddesi !

Aksaray est un quartier. C'est aussi une rue. Comme à Paris, l'avenue des Ternes appartient au quartier des Ternes. Le taxi s'engouffre sur le pont Ataturk, file le long du boulevard du même nom. Voici Aksaray. Des avenues à angle droit, des immeubles modernes. Une rue calme, poussiéreuse, Aksaray Caddesi. Une maison grise, sans beauté, style 1930 : le *Girisken Palas.* Pas de concierge. Sur un tableau, un bouton de sonnette pour chaque locataire ; devant chaque bouton, un nom découpé dans une carte de visite. Je m'applique à déchiffrer ces lettres à demi effacées par le soleil et la poussière : Ayten Jenen ? Aucune inscription qui ressemble — de près ou de loin — à ce patronyme. Tout à coup je sursaute : ai-je bien lu ? Ce serait trop beau ? Mais non, je ne rêve pas : voici le nom d'Elyesa Bazna ! C'est chez Cicéron que je suis. Cicéron habite ici, au premier étage de ce Girisken Palas où j'ambitionnais seulement de découvrir sa fille !

Un escalier aux marches de ciment. Une cage sonore où les pas résonnent comme dans une chambre d'écho. J'ai sonné. La porte s'est entrouverte. Une très jeune femme a paru, mince, brune, au fin visage, avec de beaux yeux verts étonnés.

— Êtes-vous Mme Ayten Jenen ?

— Oui.

— Je désire rencontrer votre père.

— Il est absent.

Elle parle un excellent français, mais, visiblement, elle s'inquiète. Pourtant, elle m'a fait entrer, asseoir devant cette table de salle à manger où Cicéron, sans doute, prend ses repas de famille. Un petit garçon de douze ans nous a rejoints, qui rit de toutes ses dents :

— Mon frère, m'a-t-elle expliqué doucement.

Timide, Ayten Jenen ? Non. Réservée. Elle n'a même pas cherché à savoir pour quelle raison je désirais rencontrer son père. Simplement, elle s'est enquise :

— Où habitez-vous ?

— Au Park Hôtel.

— Mon père ira vous voir entre 8 heures et demie et 9 heures et demie ce soir. Ou bien il vous téléphonera.

Le Park Hôtel portait l'orgueil d'être le premier hôtel d'Istanbul. Puis M. Conrad Hilton est venu : il a vaincu. Son palace, cubique et grandiose, a relégué le Park Hôtel à la seconde place. Rang suffisamment apprécié du président du Conseil, M. Menderes, pour qu'il y réserve — en 1955 — un appartement à l'année.

Dans le hall aux piliers de marbre, ce n'est pas le président que j'attends. Si je scrute les visages de chaque nouvel arrivant, c'est dans l'espoir de reconnaître Cicéron — Cicéron « l'insaisissable ». Déjà, il est 9 heures. Le portier me rejoint : on me demande au téléphone. Cabine 2.

— Allô ! monsieur Alain ?

— Alain Decaux, oui.

— Ici, c'est M. Elyesa.

A ceux que cette familiarité soudaine déconcerterait, je préciserai que l'on s'interpelle en Turquie plus aisément par le prénom que par le nom de famille. Les noms de famille sont une acquisition récente, purement impérative, due à Kemal Ataturk. D'où l'apparente intimité qui, dès l'abord, s'établit entre Cicéron et moi.

Ainsi, il est au bout du fil. Lui. Cicéron. Une voix sonore. Un français rocailleux qui bute sur certaines consonnes, roule les « r » :

— Vous voulez me voir, monsieur Alain ?

Si je désire le voir ! Peut-il déjeuner avec moi le lendemain ? Au Park ? Au Hilton ? Mes finances iront bien jusque-là.

— Je ne tiens pas à me montrer dans des endroits publics. Venez me voir... demain après-midi... 2 heures et demie. Vous savez, l'adresse où vous êtes venu aujourd'hui. Au revoir, monsieur Alain.

Comment n'aurais-je pas été exact, le lendemain, à 14 h 30, au Girisken Palas ? De nouveau, la porte du premier étage s'est ouverte devant moi. Un grand garçon de vingt à vingt-deux ans, aux cheveux courts taillés en brosse, m'a fait signe de le suivre. Dans le petit salon qui s'ouvre sur la droite, là, assis dans un fauteuil, Elyesa Bazna m'attend.

Dehors, le vent chaud d'Istanbul soulève une poussière dorée. Closes, les quatre fenêtres de la pièce ne laissent pénétrer qu'une rumeur

L'auteur à la porte de l'immeuble où habitait Cicéron en 1955. (Coll. part.)

vague. Le silence qui pèse n'est ponctué que par le crissement des pneus des Pontiac ou des Chevrolet, virant à 70 kilomètres/heure, au coin de la rue Aksaray.

Le cadre ? Un petit appartement meublé à l'européenne, un étroit salon, donnant sur la rue par quatre fenêtres en bow-window. Des fauteuils très « arts décoratifs ». Sur une sorte de stèle, une poupée vêtue de laine rose. Accrochés aux murs, des sous-verres représentant des scènes d'opéra, des photographies d'enfants, celle aussi d'un homme en habit, torse bombé, moustache noire, regard fier et gants beurre frais : mon interlocuteur.

Je me suis présenté. J'ai dit que j'étais écrivain, journaliste, passionné par l'affaire Cicéron. De ma poche, j'ai sorti une lettre signée Pierre Amiot, jeune et brillant codirecteur des éditions Amiot-Dumont. Je m'étais ouvert à lui de mon projet. L'idée l'avait fasciné :

— Et si tu lui demandais ses *Mémoires ?*

J'avais donc emporté une lettre de Pierre Amiot. Une lettre adressée à une ombre. Faute de mieux, elle commençait ainsi : « Cher monsieur Cicéron. »

Il a pris la lettre, l'a lue avec une attention extrême, l'a reposée, m'a regardé bien en face. En silence.

Alors, moi, je lui ai posé la question qui était sur mes lèvres depuis des semaines :

— Monsieur Bazna, êtes-vous Cicéron ?

Le silence. Aujourd'hui encore, quand j'y songe, il me semble qu'il a duré un siècle. Soudain, sans que rien sur son visage immobile l'ait laissé prévoir, il a souri. Il a dit :

— Oui, je suis Cicéron.

Enfin, il a parlé. Il l'a fait à voix presque basse. Il continue de sourire. Cette seconde me paye de tout : l'Europe traversée, l'épuisante recherche à travers une ville inconnue, l'échec entrevu. J'oublie tout parce qu'un quinquagénaire souriant vient de m'avouer :

— Oui, je suis Cicéron.

Pendant une semaine, presque chaque jour, nous nous sommes revus. Tantôt seuls, lui et moi. Tantôt à trois, avec Yanie Claudon, pour les yeux bleus de laquelle Elyesa Bazna semblait marquer un intérêt réel.

— C'est un brave homme, m'avait affirmé Ismaïl, son ancien concierge.

Je crois qu'Elyesa Bazna méritait, dans sa vie privée, ce jugement favorable et lapidaire. Il régnait, rue Aksaray, entre le poste de radio monumental vieux de vingt ans, les meubles de pitchpin, la poupée vêtue de laine rose et les napperons de dentelle, un climat familial paisible. Bazna jouait le rôle d'un patriarche encore jeune, gouvernant sagement sa femme, sa fille, son gendre et ses trois fils. Au vrai, ce cercle familial n'était qu'apparence. La vraie vie de Bazna était ailleurs, comme je l'ai su plus tard.

— Je suis né en Yougoslavie.

La première confidence de Cicéron. Je l'ai recueillie dans un taxi — une De Soto jaune aux ailes cabossées — qui fonçait, à une allure redoutable, au cœur des embouteillages d'Istanbul. Assis à côté de moi, un personnage trapu, souriant, vêtu d'alpaga lustré, un panama soigneusement posé sur ses genoux : Elyesa Bazna. Pour lui, les gants devaient représenter le comble de l'ascension sociale. Il ne s'en séparait jamais. Il était pressé, ce jour-là. Malgré cela, moins circonspect qu'à l'accoutumée, plus détendu. Dans ce taxi, il parla de sa jeunesse, de ses voyages. Jour après jour, les grandes lignes de sa vie cahotique se précisaient. Elles complétaient les éléments de mon enquête préalable.

— Je suis né en Yougoslavie.

De fait, c'est à Pristina qu'il est né, le 18 juillet 1904. Son père, Hafiz Jasar, était professeur de religion musulmane. La famille avait quitté Pristina pour Salonique, puis pour Istanbul.

Il existe sur les rives du Bosphore une tradition curieuse. Le personnel domestique des ambassades, des légations, des consulats se recrute presque exclusivement parmi des Yougoslaves et des émigrés albanais. Ils forment une véritable caste ancillaire. Même, ils ont un nom : les *kawass*.

— J'étais très jeune quand je vins en Turquie...

Le petit Elyesa rejoignait-il un parent *kawass ?* Il me l'a laissé entendre... quoique l'on ne trouve rien de semblable dans les *Mémoires* qu'il a publiés plus tard [1]. S'il faut croire ses confidences tardives, on l'aurait même fait entrer à l'école militaire Fatih, fréquentée par les jeunes gens de bonne famille. « Mais j'étais déjà la brebis galeuse. On fit comprendre à mon père qu'il valait mieux me retirer de cette école. » Il ajoute que son frère a étudié en Allemagne, que trois de ses cousins sont devenus inspecteurs dans l'administration des Finances et que le maire d'Ankara (1961) était un de ses parents. En tout cas, Istanbul se révéla pour Elyesa le tremplin d'une longue envolée. Il quitta le Bosphore sur un bateau blanc, à la façon de ces Grecs d'autrefois voguant à la conquête du monde. Pour lui, comme pour

1. *Signé Cicéron,* recueillis par Hans Nogly.

Face à face avec Cicéron. (Keystone)

eux, le monde se réduisait à la Méditerranée. Tout enfant, il apprit à connaître les ports grecs, italiens, français. Son contrat expiré, il regagna Istanbul. De cela non plus, il ne parle pas dans ses souvenirs. Pourquoi ?

Tout changea lorsque, après la Première Guerre mondiale, la Turquie, ayant choisi le mauvais camp, fut occupée par ses vainqueurs. Il fallait vivre. Elyesa s'engagea comme travailleur auxiliaire dans une unité de transport française. Là, il apprit à conduire les automobiles. Ce qui lui plut.

— Cet attachement m'a marqué pour la vie.

Quand il envoya dans un ravin l'un des camions français, on le congédia. Il fut engagé, comme chauffeur, par un capitaine anglais. Souvent, il passait devant une maison près de laquelle l'occupant, un officier français, déposait sa moto. Cette grosse machine — on ne disait pas encore gros cube — fascinait le jeune homme qu'il était. Ah ! rouler sur cette moto ! Le moment vint où il n'y tint plus. Il l'emprunta. Malheureusement, il ne savait pas conduire les motocyclettes. Il eut le malheur de réduire celle-là à l'état de ferraille. On le jette en prison, car il s'agit d'un matériel militaire. Il s'échappe, est repris, s'évade de nouveau. Dans son dossier, on note : « Attention ! Bazna est un jeune criminel dangereux et rusé... » Fatalement, il retombe entre les mains de la police. Le tribunal militaire français le condamnera à trois ans de pénitencier. On le transfère à Marseille pour qu'il aille accomplir sa peine.

— C'est là, raconte Bazna avec un petit sourire, que j'ai acquis cette connaissance du français qui me valut un jour les félicitations de sir Hugh.

Sa peine achevée, il travaille quelque temps en France, à Marseille, à la succursale des usines Berliet. Il y apprend la serrurerie des poids lourds automobiles. Mais la Turquie lui manque. Il s'est fait quelques économies, de quoi payer son retour en bateau. Le revoilà à Istanbul. Juste à temps pour accomplir son service militaire — comme chauffeur de l'inspecteur du 1er groupe d'armée, Ala Saït pacha. Il en nourrit un juste orgueil.

Années peu brillantes. On le vit à la porte des hôtels ou près des cabarets de nuit proposer aux étrangers un « change avantageux ». Du moins, l'un de ses camarades, le chauffeur Kosta, le raconte-t-il.

Dans l'exercice de ce métier guère reluisant, Elyesa se fit des relations. Notamment, les chauffeurs du corps diplomatique, personnages galonnés, importants, affalés huit heures par jour sur les coussins épais des « limousines » de leurs maîtres. Elyesa comparait leur destin au sien, leur uniforme rutilant à son complet élimé. Il rêvait à leurs fins de mois assurées, sinon confortables. Or presque tous étaient yougoslaves : les *kawass*. Pourquoi pas lui ? Son rêve, de jour en jour, prenait corps. Il s'enquit d'un poste libre. Aucun ne l'était. Il ne se découragea pas, continua de proposer aux étrangers des livres turques « au meilleur compte », tout en surveillant de près le seul « mouvement diplomatique » qui l'intéressait : celui des chauffeurs d'ambassade. Un matin, grande nouvelle : le chauffeur de la légation de Yougoslavie vient d'abandonner son poste. Une heure plus tard, Elyesa se présente au portier, lui parle serbe, se fait admettre dans la place, recevoir par le ministre plénipotentiaire, Miroslav Yankovitch. Miracle, on l'engage !

Cet événement mémorable se déroulait en 1932. Entre-temps, Elyesa s'était marié.

— Aimais-je ma femme ? Je n'en sais rien. Je suis musulman, j'ai été élevé selon les vieilles traditions, telles qu'elles sont respectées encore aujourd'hui loin des villes, dans les campagnes d'Anatolie. Elles commandent à la femme de travailler et de mettre au monde une multitude d'enfants. Ma femme m'était indifférente, mais j'aimais les enfants qu'elle m'avait donnés.

Il n'était pas malheureux. Il chantait à tout instant. Il avait toujours aimé chanter. Ses amis disaient que seules deux choses intéressaient Elyesa : l'argent et le *bel canto*.

Un jour qu'il lavait une voiture en lançant vers le ciel l'air de *Pail-*

lasse, la fenêtre du ministre Yankovitch s'ouvrit. Surpris, le diplomate prêtait l'oreille.

— Je ne savais pas que notre chauffeur chantait si bien, dit-il. Il devrait tenter sa chance sur les planches d'un théâtre.

Le théâtre : c'était l'ambition secrète de la vie d'Elyesa. Posséder beaucoup d'argent, monter sur les planches. Deux rêves qui s'associaient tout en se complétant. On le vit, le soir, après son travail, hanter les cabarets d'Istanbul. Il figura dans quelques spectacles, sans grand succès personnel. Mais il fréquentait *les artistes.* Cela le remplissait d'orgueil.

Pendant sept ans, il demeura chauffeur chez l'ambassadeur yougoslave.

— Je faisais mon travail, je cultivais ma voix, je photographiais mes enfants. Ma seule ambition était de devenir un grand chanteur.

La légation fut élevée au rang d'ambassade, transférée à Ankara, dans un palais à peine achevé. Elyesa parut se plaire dans cette capitale artificielle où, grâce à Ataturk, il y avait aussi des boîtes de nuit. Des mois passèrent. L'ambition d'Elyesa était toujours de devenir un grand chanteur.

Il affirme avoir quitté son poste quand il estima se trouver en mesure d'affronter le public. Son premier concert, il le donna à l'Union française à Istanbul. Ce fut un échec.

— Mes compatriotes n'ont pas de goût pour les mélodies des grands maîtres européens...

Aucun imprésario ne lui fit de proposition. Il fallait vivre. Il redevint *kawass,* cette fois chez le colonel Clas, attaché militaire de l'ambassade des États-Unis. Puis il servit chez le conseiller d'ambassade Jenke, le beau-frère de Ribbentrop. Je me souviens d'avoir demandé à Cicéron :

— Comment ! Vous avez servi chez les Allemands ?

Il a eu l'un de ses petits sourires :

— Mais oui. Je suis passé de l'ambassade d'Allemagne à l'ambassade d'Angleterre.

— Et les Anglais n'en ont rien su ?

— Apparemment rien.

— Mais Moyzisch, dans son récit, dit qu'il n'a jamais su votre nom. Les Jenke ne pouvaient l'ignorer ?

— Le 26 octobre 1943, avant de voir Moyzisch, j'avais eu un entretien avec M. et Mme Jenke. Ils ne tenaient pas à ce que je donne ma véritable identité à Moyzisch. Et, à ce qu'il paraît, ils ne lui ont jamais rien dit de mes précédentes fonctions. Je fus son serviteur particulier pendant l'année 1942, et jusqu'au début de 1943. Je ne me gênais pas pour lire les lettres de mes patrons, aussi bien leur correspondance privée que les papiers de service. Tous les *kawass* agissent de la sorte. Quand on a commencé à mettre son nez dans les affaires des autres, on ne peut plus s'en passer. Je photographiai même quelques lettres pour m'amuser, pour montrer à ma femme toute la liberté d'action dont je disposais dans le ménage Jenke malgré la guerre et la hantise de l'espionnage.

Un jour, Elyesa s'aperçut qu'on était entré dans sa chambre et qu'on avait fouillé dans sa malle. Le lendemain, le conseiller Jenke lui annonçait qu'il devait se passer de ses services [1].

Il était urgent de trouver une autre place. Il aimait se rendre dans le hall de l'Ankara Palas, un hôtel chic. Il s'installait dans un profond fauteuil, commandait du café, des liqueurs, ceci en lisant les journaux étrangers. On le respectait. Cet homme qui n'avait rien aimait à se sentir considéré. En lui sommeillait toujours ce vieux rêve qui amusait tant ses camarades de l'ambassade yougoslave : *un jour, je serai très riche.*

La première fois qu'il avait dit cela, ils l'avaient questionné : est-ce donc qu'il avait un oncle à héritage ? Il avait secoué la tête, répété seulement :

— Un jour je serai très riche.

Cette affirmation les avait frappés à tel point qu'en 1955 ils s'en souvenaient encore.

Longtemps, Bazna avait cru que ce serait par le chant qu'il gagnerait de l'argent. Le *bel canto* l'avait déçu. Pour s'enrichir, il lui faudrait donc découvrir d'autres méthodes. Mais lesquelles ? Dans le hall de l'Ankara Palas, il feuilletait distraitement un journal. A la page des petites annonces, son regard se porta tout à coup sur trois lignes ainsi rédigées : *L'ambassade britannique cherche un chauffeur pour son premier secrétaire.*

Vite, il cocha l'annonce. En quittant l'hôtel, il se sentait très excité. C'était peut-être cela, la solution.

L'annonce portait une adresse, une demeure située sur la colline de Cancaya. Un domestique le fit entrer dans un salon. Mr. Douglas Busk le rejoignit aussitôt. Brève conversation. Consultation des certificats. Bazna avait soigneusement ôté de la liasse celui de Jenke. Quelques questions :

1. Il existe une contradiction sérieuse entre la version Jenke qui affirmait à Moyzisch que Cicéron avait travaillé pour lui plusieurs années auparavant et celle de Bazna, qui prétend avoir été employé par le beau-frère de Ribbentrop en 1942-1943. Si Jenke a délibérément trompé Moyzisch, pour quelle raison ?

— Où avez-vous appris à parler si bien le français ? Comment vous appelez-vous ? Savez-vous lire et écrire ?

Tout à coup :

— Je t'appellerai Elyesa.

Donc il était engagé.

— Ton service consistera non seulement à conduire la voiture et à t'en occuper, mais à servir à la maison.

Mr. Busk ajouta négligemment que le salaire du nouveau domestique serait de cent livres turques.

— C'était, dira Bazna, le salaire le plus misérable que l'on m'eût jamais offert.

Il remercia.

Naturellement, le *kawass* Bazna fit chez Busk ce qu'il avait accoutumé de faire chez Jenke. Il lut les documents qu'il découvrait dans la maison. Busk ne semble pas avoir considéré l'ordre comme une nécessité. C'est ainsi que Bazna put lire une note de Churchill contenant ce passage : « Il nous faut nous appliquer obstinément et sans relâche à convaincre la Turquie qu'elle doit entrer en guerre au printemps. » Un flot d'armes et d'équipements militaires devait être déversé en Turquie : « Des spécialistes devront être amenés qui apprendront aux Turcs à se servir de ce matériel et à l'entretenir. »

Ainsi, la guerre était à la porte. Bazna n'aimait pas la guerre. Il dira plus tard qu'il a, à ce moment-là, conçu l'idée d'une entreprise qui éloignerait la guerre de la Turquie. Lorsqu'il vint à Paris, en janvier 1963, je l'invitai à dîner chez moi. J'avais convié quelques amis, écrivains et journalistes. Il développa la même thèse — mal. En fait, je connaissais son raisonnement :

— Si je révélais aux Allemands les intentions de la Grande-Bretagne, avait-il pensé, ceux-là pourraient les contrecarrer sans avoir à se livrer à un coup de force trois jours seulement avant l'agression anglaise contre la Turquie. Et en voyant les projets des Britanniques réduits à néant par les Allemands, la Turquie réfléchirait à deux fois avant de rallier le camp militaire des Alliés. Donc, mon action rendrait un service inestimable à la neutralité de mon pays.

A ma table, il s'embrouilla, s'écria avec force qu'il avait sauvé la Turquie... et le monde. Autour de nous s'élevaient beaucoup de scepticisme et d'ironie. Il le comprit, se fâcha.

Au vrai, tout cela n'a-t-il pas été réinventé après coup ? Il est probable qu'il ne pensait à aucune de ces belles raisons, l'été de 1943, quand il servait chez Mr. Busk. Simplement, le poste de confiance qu'il exerçait à l'ambassade de Grande-Bretagne lui semblait lourd d'agréables promesses.

— *Un jour, je serai très riche.*

Bazna avait très vite compris que, s'il voulait parvenir à ses fins, c'était auprès de l'ambassadeur lui-même qu'il lui fallait être placé. Quand il apprit que sir Hugh Knatchbull-Hugessen cherchait un valet de chambre, il se proposa, fut agréé. Il découvrit un gentleman raffiné, au visage étroit, au front haut et blanc, avec une moustache grise taillée avec soin. Il sut bientôt que cet homme jouait du piano, écrivait et même peignait avec quelque talent. Un artiste. Tant mieux :

— La méfiance n'est pas le fort des natures de ce genre.

La résidence de l'ambassadeur était située, juste à côté de l'ambassade, sur la colline de Cancaya. C'était une vaste demeure, un coin d'Angleterre transposé face à la plaine anatolienne. Très vite, Bazna sut que sir Hugh préférait travailler dans son bureau de la résidence, plutôt qu'à l'ambassade, trop solennelle.

Le bureau de sir Hugh s'ouvrait au premier étage, juste au-dessus

L'ambassadeur Sir Hugh Knatchbull Hagessen.

Dans la place : l'ambassade de Grande-Bretagne. (Coll. part.)

de la cuisine. Mais c'était au rez-de-chaussée, à côté de la cuisine justement, que l'on trouvait les chambres des domestiques. Parmi elles, bien sûr, celle de Bazna, meublée seulement d'un lit, d'une armoire, d'une table, d'une chaise.

Au second étage, on trouvait la chambre à coucher de l'ambassadeur, celle de son épouse, celle de leur fille, les salles de bains.

— Je constatai qu'il me fallait un peu moins d'une minute pour aller de la salle de bains de sir Hugh à sa chambre à coucher ; pas tout à fait trois minutes, pour descendre sans trop de hâte, de la salle de bains au bureau, à l'étage au-dessous ; de là à ma propre chambre, environ deux minutes.

Chaque matin, à 7 h 30, le nouveau *kawass* devait réveiller l'ambassadeur en lui apportant un jus d'orange. Toujours, sur la table de nuit, il découvrait un coffret massif recouvert de cuir noir, « ressemblant à une petite valise ». Pendant que sir Hugh buvait son jus d'orange, Bazna allait faire couler le bain. L'ambassadeur se levait, indiquait à son valet le costume qu'il porterait ce jour-là. Bazna allait le retirer de l'armoire, vérifiait les boutons, donnait un coup de fer s'il le fallait. Quand l'ambassadeur sortait de la salle de bains, rasé et peigné, Bazna l'aidait à s'habiller. Alors, sir Hugh le chargeait de porter la cassette noire dans le bureau et de la remettre à sa secrétaire.

D'emblée, c'est cette cassette qui retint l'attention d'Elyesa. Il s'était vite rendu compte que les papiers les plus importants de l'ambassade étaient portés chaque jour à la résidence. On les rangeait dans des cassettes, comme c'est la tradition dans la diplomatie britannique. De même, à la cour de Londres, les documents à signer sont présentés au roi — ou à la reine — dans des coffrets de cuir. Ceux de l'ambassadeur se trouvaient dans plusieurs cassettes rouges et dans une cassette noire, lesquelles étaient posées pendant le jour sur la table de travail de sir Hugh. La nuit, les cassettes rouges étaient rangées dans un coffre-fort. Quant à la cassette noire, l'ambassadeur l'emportait chaque soir dans sa chambre. Sujet à des insomnies, il y rangeait les documents qu'il se réservait d'étudier pendant la nuit. Cette cassette était fermée à clé. Le matin, quand l'ambassadeur passait dans sa salle de bains, il emportait la clé avec lui.

Donc, impossible pour Bazna d'avoir accès à cette cassette. Pourtant, il pensait que, pour que son rêve prît corps, l'essentiel, c'était de pouvoir disposer un instant de la clé. Alors, il attendit. Ce musulman était fataliste. Il se dit que, sûrement, un jour, sir Hugh, en gagnant sa salle de bains, oublierait la clé. En prévision, il eut désormais toujours sur lui une boulette de cire.

Il avait raison. Un matin, l'ambassadeur oublia la clé sur la serrure.

Écoutons Elyesa Bazna :

— Son Excellence se prélassait dans son bain. J'étais en train de préparer son complet gris dans la chambre à coucher. Je vis les clés sur la table de nuit : la clé du coffre, la clé des cassettes rouges et celle de la cassette noire. Je pris les empreintes.

» Un peu de cire était restée collée à l'une des clés. Je saisis un mouchoir de l'armoire de sir Hugh, nettoyai la clé et replaçai le trousseau sur la table de nuit. Il entra dans la chambre à ce moment-là. Il était drapé dans son peignoir de bain. Il arriva si brusquement que je n'eus pas le temps d'avoir peur. J'examinai le mouchoir avec une moue, me tournai vers Son Excellence et lui dis :

» — Ce mouchoir n'est pas net, sir, je le mets au sale.

» Il approuva de la tête, mais je suis sûr qu'il ne m'avait pas écouté. Il regardait autour de lui et, soudain, vit les clés dont il se saisit avec soulagement. Il les mit dans la poche de son peignoir de bain et s'en alla sans rien dire. Quelques instants plus tard, je l'entendis se gargariser. J'avais les mains et le front moites... »

Plus tard, Cicéron dira à Moyzisch :

— Je me suis préparé pendant des années, j'ai pensé aux moindres détails...

Pendant des années, sans doute non. Mais sûrement pendant des semaines. Il était sûr d'avoir accès un jour à l'une des cassettes, plus probablement la cassette noire. Longuement, il avait médité sur ce qu'il accomplirait alors. Voler les documents pour les vendre à l'un des belligérants ? Folie. On s'en apercevrait tout de suite, on ouvrirait une enquête qui, immanquablement, conduirait à lui. La solution était autre. Il fallait s'emparer pour quelques instants de ces papiers, les emporter et les *photographier*. Idée simple qui nous paraît évidente. Encore fallait-il y parvenir. L'œuf de Colomb aussi était simple.

Dès qu'il eut compris cela, Bazna se prépara. Il faisait de la photographie depuis le temps de l'ambassade yougoslave, entre les deux guerres. Il possédait un Leica. Mais il savait aussi qu'un problème difficile se posait. De nos jours, il existe des pellicules ultrasensibles qui permettent de faire des photographies pratiquement sans matériel. Il n'en était pas de même en 1943. Mais un matériel, cela se voit. Bazna en était sûr, sa chambre à l'ambassade faisait l'objet de perquisitions fréquentes, ainsi que celle d'ailleurs des autres domestiques. Il lui fallait donc aménager un matériel transformable qui, en aucun cas, n'attirât les soupçons.

— J'achetai une ampoule de 100 watts que je plaçai à la lampe de chevet. J'achetai aussi quatre tiges et un anneau métallique. Je pouvais fixer mon appareil photographique à cet anneau, auquel s'adaptaient d'autre part les quatre tiges, de façon à former un pied, sous lequel je disposais ce que je voulais photographier. Les pièces de cet équipement de fortune avaient l'avantage de passer inaperçues. Ce qui n'aurait pas été le cas d'un appareil spécial. Deux des tiges devinrent supports de cravates dans l'armoire ; aux deux autres, fixées au mur à côté du lavabo, je suspendis ma serviette et mon gant de toilette. L'anneau métallique entoura mon cendrier et ses rainures servaient tout naturellement à poser la cigarette allumée.

Il était prêt. Il décida de passer à l'action.

La nuit. La résidence qui dort. Au rez-de-chaussée, près de la cuisine, à l'étage des domestiques, une porte qui s'ouvre. Doucement. Très doucement. Il ne faut pas que les autres entendent. Un homme qui se glisse dans l'escalier : Elyesa Bazna. Deux étages. Le long couloir. La porte de la chambre de l'ambassadeur. Une main qui se pose sur la poignée, qui la tourne avec d'infinies précautions. Aucun bruit. La porte qui s'ouvre. L'homme qui se glisse dans la chambre plongée dans l'obscurité. Venant du lit, on n'entend que la respiration régulière de sir Hugh endormi. A pas feutrés, l'homme qui traverse la pièce s'approche de la table de nuit, tire de sa poche la clé préparée, l'introduit dans la serrure de la cassette noire, l'ouvre, en tire les papiers qui s'y trouvent.

Il a refermé la cassette. De nouveau, il a traversé la pièce. L'ambassadeur dort toujours. Bazna a refermé la porte. Il redescend les deux étages, se glisse dans sa chambre, ferme la porte derrière lui. A clé. De l'armoire, il retire les deux tiges qui supportent ses cravates. Il dévisse les deux autres qu'il a fixées à côté du lavabo. Il ôte du cendrier l'anneau métallique qui l'entoure. Grâce à ce cercle de métal, il unit les quatre tiges et obtient ainsi un pied de fortune. Il pose le Leica sur ce pied. La lampe de 100 watts de la table de chevet se mue en une violente source de lumière. Il glisse les documents, un à un, sous l'appareil. Il déclenche le contact. Vingt-six fois, le bruit caractéristique se fera entendre. Si les documents sont plus de vingt-six, il utilisera un nouveau rouleau de pellicule. La première fois, justement, il en utilise deux. C'est fini. Il reprend les documents, quitte sa chambre, parcourt de nouveau le chemin accompli un quart d'heure ou une demi-heure plus tôt, pénètre encore une fois dans la chambre de l'ambassadeur, guette l'épaisseur de son sommeil, glisse jusqu'à la table de nuit, ouvre la cassette, y repose les documents,

Ce passant dans une rue d'Istanbul n'est autre que Cicéron. (Coll. part.)

ferme à clé le coffre de cuir noir. Un ultime regard vers le diplomate qui dort. Plus léger que l'air, il se dirige vers la porte, sort. Dans sa chambre, il rangera le matériel accusateur. Bientôt, il n'y aura plus là qu'un modeste Leica, appareil de famille. A la lampe de chevet, une ampoule comme les autres. Dans l'armoire, deux tiges pour cravates. Au lavabo, deux tiges pour serviettes. Autour du cendrier, un cercle métallique. Quel limier de l'Intelligence Service décèlerait là quoi que ce soit d'anormal ?

Certes, il n'est pas question d'applaudir. Même si l'on observe que Bazna, ressortissant d'un pays neutre, n'est pas impliqué dans la guerre, il faut se souvenir que c'est son maître qu'il trahit. Gardons par conséquent notre admiration pour des causes plus nobles. Néanmoins, du simple point de vue de l'exploit sportif, nous restons libres d'apprécier à sa valeur l'extraordinaire « culot » dont Bazna a fait preuve. Encore, s'il ne s'agissait que d'une seule fois ! Mais il a réitéré son « exploit » une vingtaine de fois. Comme le dit la locution populaire, il fallait le faire.

Une question avant d'en poser d'autres : quand Bazna affirmait avoir travaillé seul, disait-il la vérité ? Un jour, Moyzisch aperçut sur l'une des photographies apportées par Cicéron l'image de deux doigts — un index et un pouce. A cet index était passée une chevalière. Moyzisch reconnut celle que portait habituellement Cicéron. Si donc il tenait le document à photographier d'une main, il lui était matériellement impossible d'opérer avec l'autre main.

Les services de Kaltenbrunner expédièrent à Ankara un expert-photographe. Il étudia longuement le problème. Ses conclusions furent catégoriques :

— Votre homme est un photographe de génie. Mais il n'existe pas l'ombre la plus légère du moindre doute : cet homme ne travaille pas seul.

L'expert ne se trompait pas. Plus tard, Elyesa Bazna a reconnu qu'il disposait d'un complice. Il a affirmé que ce complice était une femme. Sa propre maîtresse. Une femme de chambre de l'ambassade, du nom de Mara.

Mais, en formulant ce demi-aveu, exprimait-il la vérité ?

La suite ? C'est l'entrevue du 26 octobre 1943 avec Moyzisch. Ses rencontres régulières avec l'attaché allemand. Les sommes énormes encaissées par lui. En fausses livres sterling.

A la fin de 1943, Elyesa Bazna loue un appartement à Istanbul, près de la place de Taksim. Un israélite l'occupait. Elyesa lui verse 5 000 livres turques de reprise. Un peu plus tard, il loue un second appartement dans une rue voisine et verse cette fois 12 000 livres. Quelques semaines après, on le voit dans une Mercedes. A ses amis qui s'étonnent de cette aisance soudaine, il explique négligemment :

— J'ai gagné à la loterie...

Et puis, au matin du 10 avril 1944, Bazna, comme chaque jour, aide sir Hugh à s'habiller. L'ambassadeur britannique est de bonne humeur.

— Vous avez de la chance d'être attaché à mon service, dit-il à son valet.

Avec un petit rire, il ajoute :

— Si vous étiez chez mon collègue Franz von Papen, vous ne ririez pas en ce moment.

Heureusement, Bazna se trouve derrière son maître et celui-ci ne voit pas la crispation de son visage. Le valet se contente de donner au veston un léger coup de brosse. Mais sir Hugh est lancé :

— Quatre membres du consulat allemand à Istanbul ont déserté récemment. Il s'agit de deux officiers de l'Abwehr, avec leurs épouses.

Bazna sent que l'ambassadeur attend un commentaire. Il murmure :

— Les rats abandonnent le navire qui prend l'eau, Excellence.

— Et mon collègue von Papen, poursuit sir Hugh, a maintenant une nouvelle défection à déplorer, dans son ambassade même.

Cicéron retient son souffle. Sir Hugh ajoute :

— Une jeune Allemande a déserté. Elle est passée chez les Américains. Il s'agit, paraît-il, de la secrétaire de l'attaché commercial, un certain Moyzisch.

Ce qui coule dans le dos de Bazna, c'est une sueur glacée. Il se rend délibérément à l'armoire, en retire une pochette qu'il examine soigneusement avant de la tendre à son maître. Sir Hugh la place dans la poche extérieure de son veston, jette un coup d'œil au miroir, adresse à son valet un petit signe amical et descend prendre son petit déjeuner.

Dès qu'il a entendu la porte claquer, Bazna s'est effondré dans un fauteuil. Il tremble. La secrétaire de Moyzisch !

Alors il va courir à l'ambassade d'Allemagne.

Et pour la première fois, Moyzisch qui, pendant tout l'hiver, s'y est refusé, serrera la main de cet homme qu'il sent condamné.

— Je dois partir maintenant.

Puis :

— Au revoir, monsieur.

Pendant des mois et des mois, nul n'entendit parler d'Elyesa Bazna. La guerre s'achevait dans un flamboyant déluge de fer et de sang. La paix, lentement, reprenait possession du monde. A Istanbul, la femme et les enfants de Bazna poursuivaient une vie discrète dans leur appartement de Taksim. La fille aînée avait été admise au pensionnat « sélect » de Notre-Dame-de-Sion.

Un jour, le concierge Ismaïl vit stopper devant son immeuble une étincelante voiture. Il eut la surprise d'en voir descendre, très élégant, très souriant, son locataire : Elyesa Bazna. Plus rien du petit valet d'autrefois. Plus rien du *kawass* craintif. M. Bazna avait fait peau neuve. M. Bazna s'était mué en un businessman solide. M. Bazna :

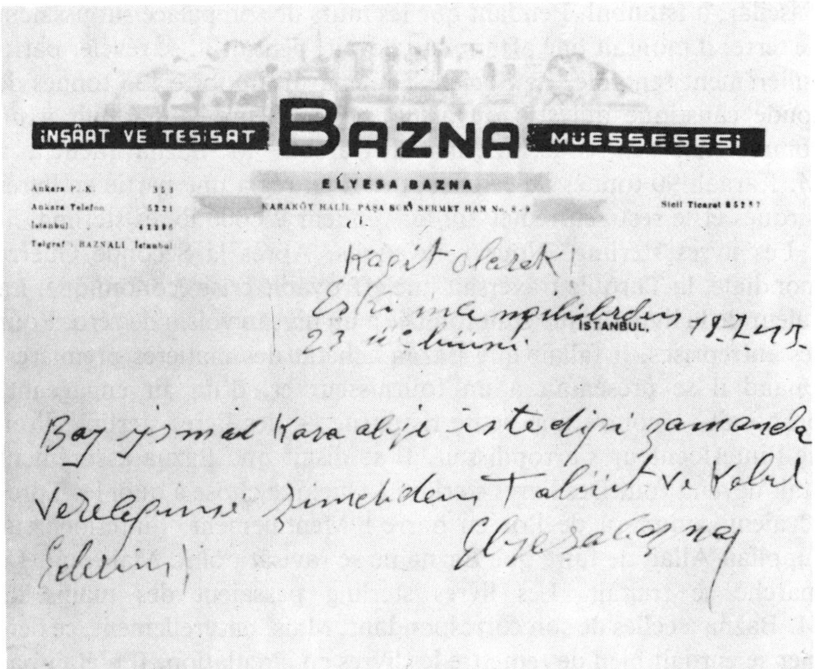
İNŞÂAT VE TESİSAT BAZNA MÜESSESESİ

ELYESA BAZNA

KARAKÖY HALİL PAŞA BOR SERMET HAN No. 8-9

Ankara P. K. 353
Ankara Telefon 5221
İstanbul 42295
Telgraf : BAZNALI İstanbul

Sicil Ticaret 85257

ISTANBUL,

Un autographe de Bazna sur le plus révélateur des papiers à lettres. (Coll. part.)

ce nom désormais s'identifiait à la puissante firme Bazna. Il n'était que de voir son papier à lettres. Le nom Bazna s'étalait sur un horizon de *Metropolis,* avec gratte-ciel innombrables et innombrables cheminées. M. Bazna, c'était, avant tout, le riche entrepreneur qui avait construit l'un des bureaux de poste d'Istanbul et s'apprêtait à doter Brousse — la station thermale de bon ton — de l'un des plus confortables hôtels de Turquie. Déjà, on creusait les fondations. Déjà on avait baptisé l'hôtel : le *Celik Palas* — le « Palace d'Acier ».

« Un jour, je serai très riche » : le petit *kawass* de Pristina avait tenu sa promesse. Il était très riche, il se sentait puissant. Et, par voie de conséquence, il se sentait heureux. Après ses amours ancillaires de l'ambassade, il avait franchi un degré : une liaison avec une jeune fille de dix-sept ans, docile à souhait. Une chanteuse grecque lui avait succédé, du nom d'Aïka. Elle lui coûtait cher. Il aimait cela.

La firme Bazna s'occupait aussi d'achat et de revente d'automobiles. C'était entre Ankara et Istanbul un mouvement incessant. M. Bazna lui-même disposait de deux voitures : décapotable et conduite intérieure.

M. Bazna ne se limitait pas à ces activités. Il avait placé d'importants capitaux dans l'affaire de brocante de M. Niyazi Acar, rue de Tascilar, à Istanbul. Pendant que les murs de son palace surgissaient de terre, il montait une affaire qui devait, pensait-il, se révéler particulièrement rentable. La Société Tamis avait importé 135 tonnes de soude caustique qui se trouvaient, pour l'heure, appartenir à un commerçant en tissus, M. Ismaïl Karaali. M. Bazna racheta à M. Karaali 90 tonnes de cette soude. Il en régla une partie en livres turques et le reste en remettant au vendeur 23 000 livres sterling.

Les livres sterling. Nous y revenons. Après la Seconde Guerre mondiale, la Turquie traversait une effroyable crise économique. La valeur de la livre turque était tombée à un niveau voisin de zéro. Pour ses entreprises, il fallait que Bazna achetât des matières premières. Quand il se présentait à un fournisseur et, d'un air engageant, proposait — contre une petite ristourne — des livres sterling, l'œil de l'interlocuteur s'arrondissait. Il se disait que Bazna assurément était devenu fou. Des livres sterling ! Quelque chose à quoi les Turcs rêvaient comme à de l'or en barre ! Mentalement, l'interlocuteur suppliait Allah de faire que Bazna ne se ravisât point. Mais non. Le marché se traitait. Les livres sterling passaient des mains de M. Bazna à celles de son correspondant. Mais, naturellement, ce dernier se gardait bien de remettre les livres en circulation. Il n'était pas fou, lui. Il conservait ce bien précieux ainsi qu'un viatique.

Après la guerre, les Alliés, pénétrant en Allemagne, avaient découvert la florissante entreprise des fausses livres sterling. D'infortunés déportés avaient travaillé pendant des années dans le cadre du camp d'Oranienburg. Des millions de livres sterling étaient sorties des machines ultra-modernes mises à leur disposition. Les Allemands ont de l'ordre, c'est une qualité que nul ne leur conteste. Dans de grands registres, on découvrit les numéros des fausses livres imprimées. Lesquels numéros furent aussitôt communiqués aux banques du monde entier. Désormais, chaque fois qu'une des livres signalées était présentée dans l'une de ces banques, elle était aussitôt retirée de la circulation. Au grand dam des propriétaires qui, souvent, se voulaient de bonne foi.

La chance de Bazna, c'est que, précisément, les livres sterling qu'il avait remises en paiement à ses fournisseurs ne furent pas, elles, présentées aux banques. Ce qui comporta pour résultat que son entreprise put poursuivre son activité pendant dix-huit mois. D'ailleurs, chacun pouvait constater que ses affaires étaient florissantes. Bientôt, elles se suffiraient à elles-mêmes. Les livres sterling ? On n'en parlerait plus que pour mémoire.

Cela dura dix-huit mois.

Alors, ce fut le drame.

Karaali — vous savez bien, l'homme à la soude caustique — dut, lui, se débarrasser d'une partie de ses livres sterling. Il les remit en paiement à un autre commerçant, Avadis, pour régler une facture. Un ami de celui-ci du nom de Burhan, qui devait se rendre en Suisse pour un voyage d'affaires, acheta les livres sterling d'Avadis. Confiant, il partit pour la Suisse. Arrivé à Lausanne, il présenta ses billets anglais au guichet d'une banque. On le pria d'attendre pour vérification. Le directeur de la banque reçut lui-même Burhan et lui fit connaître que les numéros des billets avaient été vérifiés et qu'ils se trouvaient sur une liste que la Banque d'Angleterre avait diffusée :

— Tous ces billets sont des contrefaçons. Vous allez être reconduit immédiatement à la frontière.

A son retour en Turquie, Burhan fut arrêté, interrogé. Il déclara que les coupures lui avaient été remises par Avadis. On arrêta Avadis. C'est ainsi que fut connu le nom d'Ismaïl Karaali et, par ce dernier, que l'on remonta à la firme « Bazna et Acar ».

Bazna ignorait tout. Il se trouvait à Brousse, pour surveiller les travaux du Celik Palas qui s'achevaient.

On l'appela au téléphone. Au bout du fil, la voix affolée de Niyazi Acar. La police était là. Bazna ne comprenait toujours pas. De plus en plus excité, Niyazi Acar criait dans l'appareil :

— Avez-vous effectué des paiements en livres sterling à Ismaïl Karaali ? L'avez-vous fait ?

— Mais oui, bien entendu. Je ne comprends pas.

— Ces billets étaient faux !

Bazna n'avait plus besoin d'autre explication. Il raccrocha. Il n'éprouvait pas le plus petit doute : sa grande aventure était achevée.

Ce fut une faillite retentissante. La firme Bazna avait vécu. Aussi les rêves d'Elyesa. Une cascade de procès s'engagea, lesquels se terminèrent seulement en juillet 1955. Karaali, acquitté, se retourna contre Bazna. Condamné par la 2e chambre du tribunal civil de première instance d'Istanbul (chambre correctionnelle), Elyesa fit appel.

Le Celik Palas — « Palace d'acier » — construit par Bazna à Brousse... avec des fausses livres sterling. (Coll. part.)

La condamnation définitive intervint le 25 juillet. Le tribunal, que présidait le frère du *vali* — préfet — d'Istanbul, condamna Bazna à 12 000 livres turques de dommages et intérêts. Certains pensèrent qu'il s'en tirait à bon compte. Ils ignoraient que déjà, les créanciers de Bazna avaient saisi tout ce qui lui appartenait. Il n'avait plus rien. Il était insolvable.

Quand je l'ai retrouvé en 1955, Elyesa Bazna était redevenu un homme pauvre. Sa nouvelle compagne — elle avait vingt ans de moins que lui — lui avait donné quatre enfants. Il en avait eu quatre aussi de sa première femme. Il finit par divorcer, par épouser sa compagne. Comme il l'a dit lui-même :

— Un aventurier père de huit enfants ! Un espion père de famille nombreuse qui passait pour être le plus dangereux de la Seconde Guerre mondiale ! Je n'aime pas à me regarder dans le miroir. Je n'ai plus aucune raison d'être vaniteux.

A Bazna, il ne restait rien d'autre que sa voix. Cette voix qu'avaient admirée deux ambassadeurs. Bazna donna des leçons de chant. Il tâcha de se reconvertir dans le commerce des voitures d'occasion. Mais, dès qu'il touchait quelque argent, les créanciers accouraient pour prélever leur dîme.

Ses illusions ne voulaient pas mourir. Et si l'on reconnaissait enfin son talent ? Il emprunta un habit, loua une salle de cinéma et annonça une « soirée de chant Elyesa Bazna ».

Le lendemain, on put lire dans un des journaux d'Istanbul : « Il avait été annoncé depuis quelques jours qu'un homme du nom d'Elyesa Bazna allait donner un concert. Hier au soir, le baryton Bazna a chanté des airs de Haendel, Giordani, Verdi, Mascagni, Grieg et Bizet. Il a terminé son récital sur la chanson *O Sole mio*.

» La plupart des airs ont été très applaudis, quoiqu'il n'y eût qu'une centaine d'auditeurs. La soirée s'est terminée sur un incident tragi-comique. Dans la salle se trouvait un marchand d'Istanbul à qui le chanteur devait de l'argent. Il était accompagné d'un huissier. A la fin du récital, ce dernier saisit la recette de la soirée. »

Ce fut à cette époque-là qu'il se rendit au consulat d'Allemagne pour tenter la plus naïve des démarches. Il ne s'en tint pas là. Ne comprenant pas le sens de la rebuffade essuyée sur l'ordre du consul, il écrivit une longue lettre « à Son Excellence le Dr. Konrad Adenauer, Chancelier fédéral, Bonn, Allemagne ». La lettre commençait ainsi : « Excellence, le soussigné Elyesa Bazna se permet de vous exposer ci-après son cas et de solliciter la haute intervention de Votre Excellence afin que le tort considérable qui lui a été fait soit réparé, en partie au moins.

» J'étais au service de l'ambassade allemande à Ankara et, par pure sympathie pour le Reich allemand, dans l'intention de lui apporter mon aide, je suis entré au service de l'ambassade britannique à Ankara pendant la guerre. Les services éminents qu'il m'a été donné de rendre à l'Allemagne par la suite, en risquant ma vie, ma liberté, mon honneur, m'ont été payés avec de fausses livres sterling... »

C'était une très grande injustice. Après la guerre, lui, M. Bazna, s'était entièrement ruiné pour rembourser ceux à qui auparavant il avait remis des livres anglaises. Il priait le chancelier Adenauer de bien vouloir l'indemniser. Il ne réclamait pas 300 000 livres. Il se contenterait de 2 100 000 marks. Il se permettait d'ailleurs de suggérer au chancelier un mode de paiement facile et peu coûteux. Une somme de 12 000 000 de marks se trouvait bloquée en Suisse. Si Son Excellence le Chancelier en facilitait le transfert en Turquie, la commission qu'il toucherait, lui, M. Bazna, l'indemniserait « d'une manière modeste » de ses pertes. Il terminait en écrivant : « Veuillez accepter mes meilleurs respects profonds. Votre respectueux Elyesa Bazna. »

Le chancelier ne répondit pas — mais le ministère des Affaires étrangères du gouvernement de Bonn. Par une lettre du 9 août 1954, on informait poliment M. Elyesa Bazna que la question soulevée par lui se trouvait à l'étude. Le 15 octobre, nouvelle lettre. Le ministère des Affaires étrangères exprimait assez sèchement ses regrets : la technique de la banque et la législation des changes s'opposaient à ce que satisfaction lui fût donnée.

Elyesa ne se découragea pas. Il fit une nouvelle offre : que la République fédérale veuille bien faciliter l'importation en Turquie de 5 000 tonnes de fer, en blocs de 12 mètres de longueur et 6,8 millimètres d'épaisseur. Le bénéfice de l'affaire constituerait son dédommagement. Réponse, le 25 novembre 1954 : on remarquait qu'en Allemagne fédérale le commerce d'exportation était administré par des établissements spéciaux, non habilités à effectuer l'opération proposée par M. Bazna. « De ce point de vue... »

Les relations de Cicéron avec l'Allemagne n'en sont pas restées là. Depuis, un journaliste allemand a recueilli ses souvenirs et les a publiés, quelque peu enjolivés. Cette publication l'a fait voyager. Il a connu l'Allemagne, l'Italie, l'Autriche, la France.

Quand je l'ai revu, en 1963, il habitait Munich, afin de surveiller le « rendement » de ses *Mémoires*. Stellio Lorenzi, André Castelot et moi l'avions invité à venir raconter son aventure dans le cadre de *la Caméra explore le temps*. Pendant plusieurs jours, il devint à Paris une manière de vedette. Les journalistes se pressaient dans le hall de son hôtel. R.T.L. le fit chanter devant son micro. Un quotidien crut devoir le photographier à l'Arc de Triomphe, devant la flamme de l'Inconnu, « montrant à notre photographe l'une des dernières fausses livres sterling en sa possession ». Bien sûr, ledit photographe avait fait le flou sur le billet que brandissait Bazna. Mais ce flou ayant été mal réussi, on distinguait parfaitement qu'il s'agissait d'un billet de cent francs français !

Je le conduisis moi-même au studio de la R.T.F. où il devait tourner. Le moment venu, Stellio Lorenzi le pria de passer devant les caméras. Il se rebiffa : il n'avait pas été payé. Je lui expliquai que le papier vert qu'il avait signé quelques instants plus tôt avait valeur de contrat et que sans doute la R.T.F. payait mal, mais qu'elle payait. Il ne voulut rien savoir. Il voulait être réglé sur-le-champ. Je lui ai proposé un chèque. Il refusa. Il n'avait pas confiance. Il fallut attendre l'arrivée d'un comptable porteur de vingt billets de cent francs. Il les examina un à un, avec beaucoup d'attention.

Alors seulement, il accepta de se rendre devant les caméras. [1]

Restent *les questions* que pose toujours l'affaire Cicéron.

La première — celle qui résume tout : Cicéron a-t-il vraiment travaillé de sa propre initiative et pour son propre compte !

La « solitude » de Cicéron éveilla, dès que fut connue l'affaire, un scepticisme définitif chez deux Britanniques particulièrement concernés : le général sir Colin Gubbins, du S.O.E., et sir John Lomax, ex-agent secret, spécialiste de la guerre économique en Turquie, lequel avait connu dans tous ses détails les entours de sir Hugh Knatchbull-Hugessen. Sir John déclara qu'un de ses propres agents, un Turc proche du président Ismet Inonu, « avait averti qu'un espion nommé Cicéron travaillait à l'ambassade britannique, et fournissait à von Papen les papiers les plus secrets de sir Hugh ». Malheureusement, cet avertissement ne fut connu que dans les jours précédant la démission de Bazna et après que plusieurs autres, provenant de sources différentes, eurent déjà présenté Cicéron comme un espion. De ces avertissements, nul n'avait tenu compte. Gubbins et Lomax en concluaient que Bazna « se trouvait réellement sous contrôle britannique peu de temps après avoir commencé à photographier les documents [2] ».

Un autre témoignage qu'il faut se garder de négliger est celui de Cornélia Kapp, la secrétaire de Moyzisch. Celle-ci — Allemande, rappelons-le — connut, après avoir déserté la cause de son pays, beaucoup de vicissitudes. Elle avait agi par amour, semble-t-il, pour un agent américain, membre de l'O.S.S. *(Office of Strategic Service),* qu'elle avait connu à Sofia, son précédent poste. Le journaliste Hans Nogly a retrouvé la trace de Cornélia Kapp et recueilli d'elle d'intéressantes confidences. Mon ami André Brissaud a pu également interroger l'ex-secrétaire de Moyzisch [3].

---

1. Certaines associations de résistants ayant protesté contre la présence à Paris d'un « espion nazi », cette émission ne fut jamais programmée. Ce qui fait que l'interview de Bazna ne fut diffusée qu'en mai 1982 dans le cadre de *l'Histoire en question.*

2. Anthony Cave Brown, *op. cit.*

3. André Brissaud : *les Agents de Lucifer* (1975).

Or Cornélia Kapp s'est montrée formelle. Elle appartenait elle-même à l'O.S.S. et avait reçu pour mission de découvrir qui était le mystérieux « Cicéron ». Elle avait copié les documents de Berlin indiquant clairement que Cicéron résidait dans l'ambassade britannique elle-même. Elle en avait, à plusieurs reprises, remis les copies aux Américains. Ceux-ci savaient donc depuis un certain temps qu'un homme connu sous le nom de Cicéron espionnait au profit des Allemands. Pouvons-nous imaginer que les Américains, connaissant l'existence de Cicéron, n'en aient pas averti leurs alliés britanniques ? D'autre part, en février 1944, le Dr. Erich Vermehren, fonctionnaire de l'Abwehr à Istanbul, était lui aussi passé chez les Anglais. Or il appartenait à l'Orchestre Rouge et avait eu des contacts avec l'espion désigné sous le sobriquet de Tricycle. Ce dernier devait d'ailleurs reconnaître qu'il avait été prévenu de l'existence de Cicéron pendant les dernières semaines de 1943 et qu'il en avait averti immédiatement les Britanniques.

L'information la plus troublante à cet égard n'en a pas moins été fournie par l'Américain Allen Dulles. Dans ses *Mémoires,* Dulles raconte comment, au cours de la seconde semaine de décembre 1943, alors qu'il était en poste en Suisse, Fritz Kolbe, son informateur au ministère des Affaires étrangères allemand, lui communiqua des télégrammes reçus récemment au ministère. On y lisait que les Allemands possédaient deux espions dans l'appareil de commandement britannique : *Joséphine* à Stockholm et *Cicéron* en Turquie. Donnons la parole à Dulles :

« Entre autres documents, Kolbe en apportait un du plus haut intérêt pratique, car c'était le double d'un câble de l'ambassadeur d'Allemagne en Turquie signalant à Berlin avec satisfaction (en novembre 1943) l'acquisition de documents ultra-secrets de l'ambassade britannique à Ankara, grâce à “ un important agent allemand ”. C'était naturellement le célèbre Cicéron. »

Dans une interview postérieure, Dulles ajouta : « Étant donné qu'une fuite de plans de la sécurité diplomatique anglaise, à un poste tel que celui d'Ankara, risquait d'être préjudiciable à la cause alliée partout ailleurs, je donnai à mon collègue britannique le comte Vanden Huyvel un double des télégrammes de Kolbe. » Vanden Huyvel tomba d'accord avec Dulles sur la nécessité d'informer Londres au plus vite. Mais trois jours plus tard, dit encore Dulles, « un Vanden Huyvel hors d'haleine arriva à mon bureau, me suppliant littéralement d'oublier tout ce qui touchait à ces câbles, et de n'engager aucune action relative à cette affaire, en particulier avec Kolbe. Le comte Vanden Huyvel ajouta que “ Londres était au courant ” et même s'il n'en dit rien, il m'apparut nettement que les Britanniques jouaient certaines cartes avec Cicéron. »

Anthony Cave Brown s'est demandé quel pouvait être justement le jeu des Anglais. Il croit pouvoir répondre que Cicéron ne fut rien d'autre qu'une « ruse inscrite dans l'ensemble du plan Jael ». Il rappelle que Bazna a quitté l'ambassade britannique en homme libre. Il pense qu'« après avoir rendu Bazna crédible aux yeux des Allemands grâce aux documents de sir Hugh — tactique courante de feinte — il devenait ainsi possible d'alimenter les Allemands en informations valables pour eux mais plus encore pour les Britanniques et pour les besoins du plan Jael ».

Le plan Jael, rappelons-le, cherchait à atteindre un seul but : procéder à l'intoxication progressive et massive des dirigeants allemands. Dans ce sens, les documents Cicéron auraient joué un rôle de premier plan : « Tout en révélant à Hitler que les Alliés envahiraient l'Europe du Nord-Ouest en 1944 depuis l'Angleterre — probabilité dont le Führer avait fait état dans sa directive 51 en novembre — il n'excluait pas une action alliée dans les Balkans. De sorte que les Allemands ne réduiraient pas à la fin de l'année leur puissante garnison du Sud-Est européen. Dans le cas contraire, le vol de documents aurait eu des conséquences désastreuses pour la cause alliée. Mais, telles que les choses se passèrent, Cicéron contribua à maintenir intacte cette garnison, et même à la *renforcer* — objectif précis du plan Jael. »

Il faut aller plus loin, pense Anthony Cave Brown. Les documents Cicéron vinrent atteindre de plein fouet les conclusions de Ribbentrop. La hiérarchie nazie comprit que l'Alliance qui leur faisait la guerre resterait unie jusqu'à la défaite inéluctable de l'Allemagne. Dès lors, le ver était dans le fruit. On vit par exemple Himmler autoriser Schellenberg à ouvrir des négociations avec l'O.S.S. à Stockholm dans le dessein d'obtenir un règlement de paix fondé sur la destitution de Hitler.

Certes, les documents Cicéron fournirent au commandement allemand des indications exactes. Ainsi fut annoncé le bombardement de Sofia le 15 janvier 1944 — sans d'ailleurs que les Allemands prissent la moindre mesure préventive. Mais, dans ces sortes de machination, il faut toujours laisser filtrer des informations authentiques. On s'arrange pour qu'elles soient de second ordre, ce qui est évidemment le cas pour le bombardement de Sofia. On dira que laisser filtrer le nom de code du débarquement — Overlord — se révèle le contraire d'une information de second ordre. Ici encore Anthony Cave Brown répond : « A la fin de l'année, ce mot avait perdu son importance.

Jusqu'en septembre 1943, Overlord désignait en effet le plan des opérations d'invasion ; mais après septembre, et sur l'insistance des Britanniques, pour des " raisons de sécurité ", il était devenu le nom de code général de la stratégie anglo-américaine dans l'Europe du Nord-Ouest, celui du débarquement — nom d'une importance vitale — se changeant en Neptune. Ainsi la possession du nom Overlord n'apportait rien aux Allemands sur le maître secret du jour J : le lieu et le jour du débarquement en France. » Les procès-verbaux de la conférence de Téhéran ? « Si ces comptes rendus étaient d'un immense intérêt pour les Allemands, ils n'avaient pas une réelle importance, puisqu'ils révélaient seulement que les Alliés voulaient détruire le IIIe Reich, mais nullement la manière dont ils entendaient procéder. »

Plus tard, le général sir Stewart Graham Menzies, déclarera d'un ton catégorique : « Bien entendu, Cicéron était sous notre contrôle. »

Que faut-il penser de tout cela ?

Que des Britanniques, après coup, affirment avec force que Cicéron était leur agent, voilà qui ne peut guère nous étonner. A cette quasi-unanimité s'oppose pourtant un argument de taille. Quand le livre de Moyzisch parut en Angleterre, certains s'émurent. Assurément, il s'agissait d'un mauvais roman et non d'un livre d'histoire. Il était urgent que le gouvernement de Sa Majesté mît fin rapidement à une diffamation qui n'avait d'autre dessein que de ridiculiser la diplomatie britannique. A la Chambre des communes, Mr. Shepherd posa, en termes vigoureux, mais en feignant habilement de croire à la vérité des faits, une question dans ce sens à Mr. Ernest Bevin, secrétaire d'État travailliste aux Affaires étrangères. On lit dans le compte rendu de la séance du 18 octobre 1950 à la Chambre des communes : « Étant donné le fait que d'importants documents secrets, dont ceux concernant l'opération Overlord, ont été dérobés dans notre ambassade en Turquie et transmis aux Allemands, Mr. Shepherd a demandé au secrétaire d'État pour les Affaires étrangères si une enquête avait eu lieu, quel en avait été le résultat et quelles instructions avaient été données pour éviter qu'une pareille chose ne se reproduisît... »

Le ministre Bevin ne s'abrita nullement derrière un prétendu secret diplomatique. Il répondit avec une franchise louable :

« Aucun document de la sorte n'a été dérobé à l'ambassade de Sa Majesté à Ankara pendant la guerre. Cependant une enquête a révélé que le valet de chambre de l'ambassadeur était parvenu à photographier à l'ambassade un grand nombre de documents secrets et à vendre les pellicules aux Allemands. Il n'aurait pas été en mesure de le faire si l'ambassadeur s'en était tenu aux dispositions prévues pour la garde des documents secrets. De nouvelles instructions ont été transmises dans l'intervalle à tous les intéressés et des mesures ont été prises afin que de telles fuites ne puissent se reproduire. »

Réfléchissons. Si Bazna, *alias* Cicéron, avait été un agent britannique, quelle volupté pour le ministre, quel triomphe à la tribune, s'il avait pu s'écrier :

— On vous a trompés. Notre diplomatie n'a connu aucune défaite. Jamais nous n'avons été ridiculisés à Ankara. Bien au contraire, l'affaire Cicéron sera désormais considérée comme l'un de nos succès les plus indiscutables.

Conçoit-on que, si Bazna avait été l'agent que l'on dit, Bevin l'ait tu délibérément ? Dans quelle intention ? Sûrement pas pour protéger l'avenir de Bazna. Il ne s'agissait pas d'un espion professionnel, mais d'un agent d'occasion. Il avait servi une fois. On savait que l'on n'aurait plus jamais besoin de lui.

Une seule explication : Ernest Bevin n'a exprimé rien d'autre que la vérité de l'Histoire. Dans ce cas, Cicéron a réellement agi de sa propre initiative.

J'ajouterai à cet argument une information inédite. Lorsque Bazna me rejoignit à Paris, en 1963, il me confia qu'il avait tourné quelque temps plus tôt pour la B.B.C., répondant aux questions d'un intervieweur de la télévision britannique.

— Mais je n'ai pas voulu aller en Angleterre, me dit-il. J'ai exigé que le tournage se fasse en France.

Est-ce la réaction d'un homme qui aurait délibérément travaillé pour les services anglais ? Cette *prudence,* en l'occurrence, me semble révélatrice.

Quant aux déclarations de Cornélia Kapp, elles prouvent simplement que les Américains ne furent informés qu'à la fin de mars 1944. C'est-à-dire quelques jours seulement avant que Bazna eût compris qu'il était démasqué. Avant qu'il ne décidât, de son propre mouvement, de disparaître. Si les Britanniques n'ont été avertis que par ce biais-là, il était trop tard pour qu'ils pussent en tirer avantage.

En revanche, on ne peut balayer d'un trait de plume les propos d'Allen Dulles. Ils sont graves. Ils témoignent que c'est très tôt qu'un diplomate britannique a été alerté. A la fin de 1943. Et que veut dire cet affolement du comte Vanden Huyvel ? Nous sommes tentés de tomber d'accord avec Dulles lorsqu'il estime pouvoir conclure, avec une grande netteté, « que les Britanniques jouaient certaines cartes avec Cicéron ».

Aurait-il existé plusieurs jeux britanniques ? Dont un jeu ignoré encore, en 1950, par le ministre Ernest Bevin ? En tout cas, ce jeu, sir Hugh Knatchbull-Hugessen l'a méconnu jusqu'au bout. En quittant Ankara, il avait été nommé à Bruxelles — ce qui était loin d'être une promotion. Après quoi, on l'avait tout à coup admis à faire valoir ses droits à la retraite. Il ne s'est exprimé qu'une seule fois sur l'affaire. Son commentaire mérite d'être reproduit :

« L'histoire est *authentique dans le fond*. Toute cette affaire s'est déroulée dans l'espace de quelque six semaines, du moins en ce qui concerne les transactions à proprement parler [1]. Peu de jours après que nous eûmes découvert ce qui se passait, nous avons été en mesure d'y mettre bon ordre. Le valet de chambre se prénommait Elias *(sic)*. Je ne me souviens plus de son nom de famille. Il est évident qu'avant d'être engagé, il avait fait l'objet d'un sérieux examen. Je crois qu'il travaillait déjà dans la maison avant d'être affecté à mon service. Après cette histoire, il a été renvoyé ou mis en congé. Elias a disparu. Personne ne sait ce qu'il est devenu. »

Faut-il donc conclure décidément que Cicéron ne devait rien à personne ? Qu'il a seul conçu et mis au point l'une des plus extraordinaires entreprises de l'histoire de l'espionnage ? Faut-il lui laisser toute son auréole d'espion d'exception ? Pour ma part, je serais tenté de le croire. Les arguments des Britanniques ne m'ont pas entièrement convaincu. Cependant,..

Cependant, deux propos d'Elyesa Bazna me viennent à l'esprit. C'était au Vésinet, chez moi, en 1963. Stellio Lorenzi, justement curieux d'obtenir des précisions sur une technique dans laquelle il excelle, mitraillait littéralement Bazna de questions. Quel objectif utilisait-il ? A combien ouvrait-il ? De quelle pellicule se servait-il ? A quelle distance opérait-il ?

Nous étions quelques-uns à assister, muets, à cet interrogatoire en règle. A découvrir peu à peu sur le visage de Bazna une véritable panique. Parmi nous était Georges Penchenier, grand journaliste et fort connaisseur en photographie. A bout de questions, — auxquelles Bazna n'avait répondu que par des borborygmes — Stellio finit par se taire. On eut du mal à ranimer la conversation. Penchenier m'entraîna à l'écart :

— Tu peux être sûr que ce type-là ne connaît rien à la photographie.

La soirée s'avançait. Nos amis laissaient enfin en paix l'infortuné Bazna. Dans un coin du salon, nous étions seuls, lui et moi. Sur un meuble, il saisit un album qui contenait des photos de ma fille Isa-

1. En fait, d'octobre 1943 à avril 1944.

belle, alors âgée de trois ans. Il en tourna les pages. Et il se détendit. Son visage s'éclaira. Il rêva, un instant. Puis, à voix presque basse :

— Peut-être saura-t-on un jour la vérité sur l'affaire Cicéron...

C'est donc qu'il y avait une autre vérité ? Ou bien ai-je prêté à un propos insignifiant une portée qu'il n'avait pas ?

Cette vérité, peut-être faut-il la chercher dans une déclaration de Walter Schellenberg. Le chef de l'espionnage nazi pensait que Cicéron était un *agent du Service secret turc :*

Sur le banc d'infamie... (Bazna à gauche). Coll. part.)

« Dès le début, écrit-il, j'avais été convaincu que Cicéron travaillait avec un ou plusieurs complices. Jamais je ne découvris les mobiles qui le faisaient agir : avidité, haine ou amour de l'aventure... Mais, bien souvent, pendant mes longs voyages, j'ai réfléchi à ce cas singulier. Et, toujours, j'en revenais à la même pensée : qui sait si derrière Cicéron ne se profilait pas l'ombre des services secrets turcs ? Plus j'y songeais, plus il m'apparaissait plausible que la Turquie ait, par ces document, tenté d'avertir l'Allemagne afin de lui épargner l'effondrement final. Et, en même temps, elle nous prévenait indirectement de son passage presque inévitable dans le camp des Alliés à l'abri de l'oppressante menace russe [1]. »

Je signalerai pour ma part qu'un haut fonctionnaire turc, en 1955, m'a confirmé cette appartenance de Bazna au Service turc. Quand il opérait, Bazna aurait même photographié *deux fois* chaque document. Le premier rouleau était vendu aux Allemands. Le second, remis gratuitement aux Turcs dans l'éventualité — qui se produisit — où Bazna aurait besoin de « protection ». Mais aucune preuve n'est venue étayer l'affirmation qui m'était faite. Cette hypothèse, néanmoins, Franz von Papen ne l'excluait pas [2].

Je repense souvent à Cicéron. Jamais je ne suis parvenu à éprouver pour lui de l'antipathie. Certes il a travaillé pour de l'argent. Seulement pour de l'argent. Qu'il ait été manipulé ou non, cet argent lui est demeuré acquis. Traditionnellement, la cupidité ne suscite aucune estime. Il n'en a pas moins réussi un extraordinaire exploit, devant lequel pâlissent encore les plus délirants romans d'espionnage. Il a risqué sa vie. Mais les renseignements fournis par lui n'ont nui à personne, n'ont causé aucune tragédie. Cicéron n'a pas fait couler de sang. Les Allemands n'ont pas cru à ses documents — qui étaient vrais. En compensation ils lui ont versé une fortune — qui était fausse. On découvre décidément, dans toute cette histoire, comme une morale singulière et plutôt savoureuse.

Quand il m'a quitté, en 1963, Bazna a rejoint Munich où il s'était fixé pour fuir ses créanciers. Grâce à cet exil, il pouvait encaisser la totalité des droits d'auteur de ses *Mémoires*. Mais un livre de ce genre ne peut comporter qu'un succès de curiosité, par définition éphé-

1. Walter Schellenberg : *Le chef du contre-espionnage nazi parle.*
2. Témoignage de Franz von Papen à André Brissaud, *op. cit.*

mère. Le sien fut traduit en plusieurs langues, se vendit assez bien durant quelques mois. Et puis aucun libraire n'en commanda plus. L'éditeur allemand fit savoir à son auteur que la source des droits était tarie. Elyesa Bazna n'envisageait plus de retourner à Istanbul. A Munich, il était sans ressources. Alors, il sollicita des autorités allemandes une indemnité de chômage. Il l'obtint !

C'est ainsi que, lorsque Bazna mourut à Munich, le 21 décembre 1970, celui que l'on a souvent présenté comme le plus grand espion au service de l'Allemagne était officiellement qualifié de chômeur... par l'Allemagne !

Espion en chômage : peut-être Elyesa Bazna a-t-il pris cette reconnaissance comme une consécration...

VIII

KHROUCHTCHEV-KENNEDY : LA GUERRE POUR CUBA ?

Celui qui n'a pas senti le charme de l'été indien, celui-là n'a pas connu la douceur de vivre. A Washington, ce 14 octobre 1962 — un dimanche —, d'inextricables files de voitures, monstres chromés atteints de gigantisme, s'élançaient sur toutes les routes : des milliers de pique-niqueurs en puissance avaient choisi, tout en admirant les splendeurs fauves de l'automne, d'aller déjeuner à la campagne. Décidément, la fournaise de l'été — particulièrement éprouvante, cette année-là, dans la capitale fédérale — n'était plus qu'un mauvais souvenir. Le soleil brillait sur le Potomac, mais on respirait un air vif, tonique. Autour des maisons qui s'étendaient loin de la ville, les jardiniers du dimanche traitaient leurs fleurs, tondaient leurs pelouses, ou brûlaient les premières feuilles mortes.

Or, au même moment, deux avions survolaient l'île de Cuba. Point des avions ordinaires. D'étranges appareils avec des ailes immenses — vingt-quatre mètres d'envergure — auxquelles s'accrochait un fusage de seulement quinze mètres. Des planeurs ? Cela y ressemblait, mais ce n'étaient pas des planeurs. Il s'agissait du fameux *U-2,* cet avion d'observation qui, tant d'années après, nous apparaît toujours comme l'une des réussites les plus extraordinaires de la technique américaine. Cet appareil construit par Lockheed pouvait voler à plus de vingt mille mètres et parcourir six mille cinq cents kilomètres en consommant moins de 4,5 tonnes d'essence. Ceci pour une raison fort simple : à l'altitude très élevée où se mouvait généra-

◄ *Pour Khrouchtchev, Cuba et Fidel Castro furent la cause — ou le prétexte — de tout.* (Coll. P.P.P./I.P.S.)

lement l'*U-2,* le turboréacteur ne tournait qu'au ralenti. De temps à autre, le pilote consentait une accélération, après quoi l'appareil, comme régénéré, poursuivait de plus belle sa course en planant.

Tel quel, l'*U-2* évoquait un oiseau et l'on ne pouvait s'empêcher de penser à l'aigle dont la légende a célébré à l'envi le regard, à l'acuité sans pareille. Mais qu'était-ce que l'œil de l'aigle comparé à celui de l'*U-2 ?* A la partie inférieure du fuselage s'ouvraient sept hublots, chacun laissant paraître l'objectif d'une caméra. Et quel objectif ! Sur des photos prises à vingt mille mètres — et davantage — on pouvait distinguer, au milieu d'un jeu de cartes, un as de trèfle d'un as de cœur. On pouvait lire distinctement le titre d'un journal. Ce n'est pas tout : « Des filtres d'objectifs spéciaux pouvaient accomplir des prouesses comme, par exemple, distinguer entre le véritable vert de la chlorophylle et le vert artificiel d'une peinture de camouflage. » Les caméras disposaient aussi d'un équipement qui permettait de révéler « les contours identifiables d'objets déplacés avant un survol ». C'est ainsi que, si l'on photographiait une piste ensoleillée, un avion demeuré posé plusieurs heures auparavant et qui avait été retiré, apparaissait comme une ombre noire [1].

Cet *U-2* super équipé emportait en outre un appareil capable d'enregistrer la longitude et la latitude de chaque photographie. Qui plus est, un dispositif permettait de conserver la trace de tout signal par radio et aussi de révéler si l'avion avait été pris dans les faisceaux d'un radar. Tout cela pesait lourd. Par conséquent, l'*U-2* n'emportait qu'un seul pilote, enveloppé dans sa combinaison pressurisée et ne respirant qu'à l'aide d'un masque. Afin d'alléger l'appareil, on avait même supprimé le train d'atterrissage. Au décollage, l'*U-2* utilisait un train détachable largué lors de l'envol. Pour atterrir, l'*U-2* se poait sur une sorte de patin fixé sous le ventre du fuselage.

Mais pourquoi, le dimanche 14 octobre 1962, deux *U-2* survolaient-ils l'île de Cuba ?

Longtemps, trop longtemps, Cuba avait vécu sous le pouvoir exorbitant et cruel de dictateurs soutenus par les grands propriétaires et qui, eux-mêmes, ne songeaient qu'à accumuler d'immenses fortunes personnelles. Ce fut le cas de Batista, le dernier en date. Aux ouvriers agricoles utilisés pour la culture de la canne à sucre, on versait des salaires qui figuraient parmi les plus bas du monde. L'insupportable ne peut pas durer toujours. Des révoltes avaient éclaté, plusieurs fois

1. James Daniel et John G. Hubbell : *le Coup de tonnerre de Cuba,* traduit de l'américain par Robert Latour (1963).

brisées et écrasées dans le sang. Le fils d'un riche planteur s'était paradoxalement mêlé à ces complots. Docteur en droit de l'Université de La Havane, il avait combattu d'abord le dictateur dominicain Trujillo, puis en 1953 le gouvernement tyrannique de Batista. Il s'appelait Fidel Castro. En décembre 1956, il avait débarqué sur une plage de Cuba, en compagnie de volontaires déterminés à chasser Batista. L'insurrection avait fait tache d'huile. Le 1er janvier 1959, Batista s'enfuyait en République dominicaine. Le 15 février, Fidel Castro devenait Premier ministre. Longtemps, on avait ignoré ses véritables options politiques. On le savait révolutionnaire, mais il y a tant de sortes de révolutionnaires ! Et puis, lors de la tentative avortée d'exilés cubains, appuyés par les États-Unis, d'abattre le régime castriste en débarquant à la baie des Cochons, Fidel Castro, fort de sa victoire, s'était officiellement proclamé marxiste-léniniste. De mois en mois, avec Moscou, les liens s'étaient resserrés. En fin de compte, Cuba était devenue un allié privilégié de l'Union soviétique. Au grand dam des États-Unis.

Pour comprendre les sentiments des Américains, il suffit de considérer une carte. La longue île s'étale, comme une provocation, à cent cinquante kilomètres des côtes de Floride et de Miami. Une dictature communiste sous leur nez, à leur porte, tel se présentait, aux yeux des Américains, le régime de Fidel Castro. En 1960, les républicains étant au pouvoir, le leader démocrate John F. Kennedy, sénateur du Massachusetts, avait durement attaqué : « La transformation de Cuba en une base communiste, à quelques minutes de nos côtes — que ce trajet soit parcouru par un avion, une fusée ou un sous-marin —, constitue un événement extrêmement dangereux. Il est incroyable que le gouvernement actuel — un gouvernement républicain — tolère cette situation. »

Depuis lors, Kennedy était devenu président des États-Unis. Soucieux de logique, il avait encouragé, puis couvert la lamentable expédition de la baie des Cochons. Très évidemment traumatisé par un échec qui devenait celui de son administration entière, il s'était depuis bien gardé de rien entreprendre contre Castro. Même, rencontrant à Vienne le maître de l'Union soviétique Nikita Khrouchtchev, Kennedy avait reconnu devant celui-ci que l'affaire de la baie des Cochons n'était rien d'autre qu'une « erreur ». Khrouchtchev — trapu, chauve, bougon, truculent — avait aussitôt approuvé, déclarant que les Soviétiques, eux aussi, savaient reconnaître les erreurs. Il voulait parler de celles de Staline que lui-même avait abondamment dénoncées. Non point de ses propres erreurs. De Vienne, Khrouchtchev avait emporté de Kennedy une opinion mitigée, oscillant entre l'indulgence et le dédain, le considérant un peu comme un

À Vienne, Khrouchtchev et Kennedy : le vétéran et le « bon jeune homme ».
(Coll. P.P.P./I.P.S.)

bon jeune homme qui avait tout à apprendre en politique internationale.

Sur ce jeune homme — dont le monde entier avait appris à aimer la silhouette élancée, la discrète élégance, l'épaisse touffe de cheveux châtains et le sourire irlandais — les républicains tiraient maintenant à boulets rouges. Toujours à propos de Cuba. L'attaquant devenait l'attaqué. Il est vrai que l'on devait voter bientôt aux États-Unis : exactement le premier mardi de novembre 1962.

Le républicain Capehart, sénateur de l'Indiana, demandait l'invasion immédiate de Cuba. Kennedy profita d'un discours électoral pour lui répondre :

— Quant à ces messieurs qui jouent au général ou à l'amiral, et qui voudraient envoyer les fils des autres se faire tuer... les électeurs devraient les renvoyer chez eux pour les remplacer par des hommes possédant une meilleure appréciation des problèmes du XXe siècle [1] !

Désormais, pour Kennedy, le problème primordial était l'économie :

— Il s'agit de savoir si notre économie peut tourner rond, et vite.

Les républicains, eux, ne négligeaient pas l'économie, mais estimaient que l'essentiel demeurait la sécurité nationale. Elle était, cette sécurité, durement compromise par l'installation à Cuba de ce qu'ils dénonçaient comme étant une véritable base soviétique. Les Soviétiques à Cuba ? Inutile de se voiler la face, leur présence représentait bien une réalité. Depuis le mois de janvier 1962, les principaux journaux des États-Unis avaient multiplié les informations alarmantes. On parlait des cent millions de dollars d'aide militaire accordés au régime de Castro par les pays du bloc soviétique. On dénonçait la présence à Cuba de trois cents techniciens militaires russes et tchécoslovaques. Le 5 février, le *New York Herald Tribune* révélait que Cuba possédait maintenant, « entre cinquante et cent chasseurs à réaction *Mig,* ainsi qu'une panoplie complète d'autres armes du Bloc Rouge ». Dans l'article, une phrase lourde de menaces : « Des envois ultérieurs d'armes en provenance du bloc communiste pourraient comporter des fusées guidées à courte portée et des bombardiers. »

Le 31 août, au Sénat, le sénateur Keating déclara disposer d'une information qu'il avait d'ailleurs vérifiée auprès des sources officielles du gouvernement des États-Unis :

— Entre le 3 et le 15 août, dix ou douze gros navires soviétiques ont débarqué au port cubain de Mariel douze cents soldats portant des treillis de l'armée soviétique... D'autres observateurs ont noté des convois motorisés soviétiques circulant sur les routes de Cuba en formation militaire.

De fait, l'administration Kennedy ne niait pas la présence de Soviétiques à Cuba. Elle tentait de la minimiser. Lors d'une conférence de presse du département d'État, Roger Hilsman fit le point. Il était vrai qu'entre le 26 juillet et le 8 août, huit navires appartenant au bloc communiste étaient arrivés à Cuba. Et, entre le 9 et le 24 août, douze autres. Ils transportaient « des quantités considérables d'équipement : voitures-radar et de transmissions, camions, génératrices mobiles ». Hilsman ajouta .

— D'après ce que nous avons pu observer, il semble qu'une partie de ces équipements doivent être affectés au renforcement des défenses côtières et aériennes. Il est possible que les livraisons compren-

1. Elie Abel : *Treize jours d'alerte atomique. Les fusées de Cuba.* Traduit de l'américain par Max Roth (1966).

nent des fusées sol-air, armes que les Soviétiques ont déjà fournies à l'Irak et à l'Indonésie.

Il confirma également l'arrivée de quatre mille techniciens militaires.

Et puis, tout se précipita. Le 29 août, les services de renseignement américains se déclaraient sûrs de l'arrivée à Cuba de fusées sol-air, appelées encore *Sam*. La preuve : un *U-2* qui survolait la partie occidentale de l'île avait pu photographier deux *Sam* en position de tir.

Pour John McCone, directeur de la C.I.A., la présence à Cuba de fusées *Sam* ne pouvait s'expliquer que par une seule raison et il en avertit le président Kennedy :

— Les Russes ont l'intention d'installer des fusées offensives à Cuba. Les *Sam* ne sauraient avoir d'autre utilité que la protection des sites de lancement.

Et les Soviétiques ? Pendant tout le mois d'août, ils se turent. Le 2 septembre, dans un communiqué publié à la fin des entretiens qui venaient d'avoir lieu à Moscou avec une délégation cubaine — au sein de laquelle se trouvait notamment « Che » Guevara — le gouvernement soviétique annonça que l'U.R.S.S., à la demande du gouvernement cubain, avait accepté de fournir des armes et des spécialistes, ceci en raison des menaces adressées au pays de Fidel Castro par « certaines factions impérialistes ». Le communiqué soviétique précisait : « Tant que lesdites factions continueront de menacer Cuba, le gouvernement de La Havane sera parfaitement en droit de prendre toutes les mesures nécessaires pour sauvegarder sa souveraineté et son indépendance, de même que les vrais amis de Cuba seront parfaitement en droit de répondre favorablement à ses demandes légitimes. »

Donc, des armes et des spécialistes. On ne le niait pas à Moscou. Mais Khrouchtchev, deux jours plus tard, tint à faire savoir aux Américains — par l'intermédiaire d'Anatoly Dobrynine, ambassadeur d'U.R.S.S. à Washington — qu'il s'engageait à ne provoquer aucune crise d'aucune sorte pendant la campagne électorale américaine. Le 11 septembre, nouvelle déclaration rassurante : « L'Union soviétique n'est nullement obligée, pour être en mesure de repousser une attaque et de riposter efficacement, de transférer ses armes dans un autre pays, par exemple à Cuba. » Ce texte répondait à un avertissement qui venait d'être publié au nom du président Kennedy et qui déclarait solennellement que l'installation de fusées à Cuba, ou de « tout autre armement offensif », créerait une situation d'une gravité extrême. La déclaration était datée du 4 septembre. Trois jours plus tard, Kennedy obtenait du Congrès le rappel de cent cinquante mille réservistes.

Le 28 septembre, des avions de la Marine, opérant à partir de porte-avions en manœuvre dans la mer des Caraïbes, survolèrent deux cargos soviétiques et les photographièrent. Quand on développa les épreuves, on découvrit sur les ponts plusieurs grandes caisses : sur l'un des cargos, une dizaine, très longues ; sur l'autre, des caisses d'une forme singulière, ressemblant, a-t-on dit, à « de grands éclairs ». Les experts connaissaient bien ce genre de caisses : les Soviétiques les utilisaient pour transporter leurs *Ilyouchine-28,* bombardiers à réaction d'un rayon d'action de douze cents kilomètres et propres à transporter des charges *nucléaires.*

La menace se précisait. Il fallait en avoir le cœur net. Si les Soviétiques expédiaient à Cuba des *Ilyouchine-28,* ils pouvaient tout aussi bien y installer des missiles. Ces missiles, armés de têtes nucléaires, les Soviétiques pourraient en quelques secondes les expédier sur les principales villes des États-Unis — et les anéantir. Le 3 octobre, on décida que des *U-2* iraient photographier à Cuba le secteur de San Cristobal, où l'on avait signalé des installations particulièrement suspectes.

Depuis que l'on était sûr de la présence de fusées sol-air à Cuba, il fallait s'attendre à ce que les Soviétiques en usent contre les *U-2* en incursion irrégulière sur le territoire cubain. C'est par une fusée *Sam* que Francis Gary Powers, aux commandes de son *U-2*, avait été abattu, le 1er mai 1960, au-dessus de la Russie. On décida donc de substituer, aux habituels pilotes civils de l'*U-2*, des militaires. Il fallut quelques jours pour les initier. Après quoi, un ouragan se leva qui empêcha tout survol. De sorte qu'on fùt prêt le 14 octobre seulement.

Il était temps. Le 10 octobre, le sénateur Kenneth Keating avait en plein Sénat soulevé une tempête auprès de laquelle l'ouragan des Caraïbes n'était que jeu d'enfant. Il s'était écrié qu'il avait « pleine confirmation » du fait que six bases de lancement de fusées se trouvaient en construction à Cuba « avec des rampes capables de précipiter des missiles au cœur des États-Unis et jusque dans la zone du canal de Panama ».

Voilà pourquoi, le dimanche matin 14 octobre 1962, deux pilotes de l'U.S. Air Force, aux commandes de deux *U-2*, avaient pris l'air. Ils portaient le même grade : major. Ils s'appelaient Rudolf Anderson Jr. et Richard S. Heyser. Tous les deux, ils étaient nés en 1927, l'année même de la naissance de Fidel Castro. Anderson avait servi en Corée et Heyser au Japon.

L'un des fameux U-2. (Coll. P.P.P./I.P.S.)

A Anderson et Heyser, on avait annoncé qu'ils risquaient une sévère riposte de la D.C.A. cubaine. Rien ne se produisit. Ils purent photographier à loisir les zones qu'on leur avait désignées, en particulier le secteur de San Cristobal. Après quoi, ils regagnèrent le territoire des États-Unis. Les deux *U-2* glissèrent sur leurs patins, s'immobilisèrent.

Déjà, des spécialistes se précipitaient vers les caméras, se saisissaient des pellicules. Un avion supersonique attendait. En toute hâte, les spécialistes y portèrent les pellicules. L'avion décolla aussitôt.

C'est ainsi qu'en un temps record, les pellicules prises par Anderson et Heyser atteignirent, à Washington, le Centre national d'interprétation photographique, organisme ultra-secret dépendant à la fois du département de la Défense, des services de renseignement des trois armes, du département d'État et de la C.I.A.

Les meilleurs experts, dûment convoqués, se mirent aussitôt au travail. On savait déjà que l'enjeu se révélait capital et qu'il n'était pas question de prendre une minute de repos avant que les photographies eussent livré leurs secrets, tous leurs secrets.

On travailla toute la nuit. Puis toute la matinée du lendemain. Sur les épreuves agrandies, c'est millimètre par millimètre que l'on passait Cuba au peigne fin. L'un des interprétateurs, fiévreusement penché sur la plaque dépolie d'une table de projection, désigna tout à coup un détail à ses voisins. Il s'agissait d'une région à demi boisée près de San Cristobal. Là, ce que l'interprétateur venait de distinguer, c'étaient « quatre systèmes d'érection pour des missiles balistiques à portée moyenne (2 000 kilomètres), huit missiles balistiques à portée moyenne sur des remorques de transport garées non loin, des remorques chargées de carburant pour fusées, un parc de camions militaires et un village de tentes pour cinq cents soldats russes [1] ».

Des missiles ! Ainsi, le sénateur Keating avait dit vrai. Les photos passaient de main en main. Les experts se récriaient. L'un d'eux découvrit tout à coup le nez d'une fusée qui dépassait d'une bâche. On reconnut une fusée identique à celles que l'on avait pu photographier à Moscou, lors du défilé traditionnel, le 1er mai 1960. Décidément, on allait de découverte en découverte. Un nouvel agrandissement laissait voir une base pour missiles balistiques à portée intermédiaire, soit 4 200 kilomètres. Certes, la base n'était pas achevée, mais cela ne tarderait pas. Plus loin, on pouvait reconnaître une base mobile pour missiles balistiques à portée moyenne, celle-ci presque à l'état définitif.

On compara les photographies à celles que l'on possédait précédemment de Cuba. On s'ébahit devant la rapidité des travaux entrepris et quasi menés à bien. Six semaines plus tôt, à la place de la base de missiles à portée intermédiaire, on ne découvrait qu'un pâturage. Non loin de San Cristobal, quatre rampes de lancement avaient pris la place de ce qui était encore, le 29 août, un enclos à bétail. Cette hâte à aboutir, cette fébrilité plutôt, on en trouvait une preuve supplémentaire en considérant, sur les photographies, le fourmillement de techniciens qui — véritables termites — partout s'affairaient.

A cet instant précis, aucun des interprétateurs présents ne douta plus. L'U.R.S.S. avait voulu placer les États-Unis devant le fait accompli. Il fallait que les bases fussent opérationnelles avant qu'on en eût décelé l'existence. Ce qu'avait hasardé Khrouchtchev, c'était un gigantesque coup de poker. Dans l'état présent des travaux, il était à deux doigts de le gagner.

Logiquement, c'est au directeur de la C.I.A., John McCone, que les interprétateurs auraient dû remettre le résultat de leurs travaux. Mais le beau-fils de McCone venait de se tuer en voiture en Califor-

1. James Daniel et John G. Hubbell, *op. cit.*

nie et le directeur de la C.I.A. s'y trouvait présentement. Les photographies et leurs explications furent donc portées à son adjoint, le général Marshall S. Carter. Aussitôt, Carter se rendit au Pentagone et avertit le général Joseph F. Carroll, chef du service de renseignement au département de la Défense.

La journée du lundi 15 octobre s'achevait. Il était un peu plus de 19 heures. Dans son appartement de Washington, le sous-secrétaire à la Défense, Roswell Gilpatric, s'habillait pour se rendre à un dîner. Le téléphone sonna : la ligne directe avec le Pentagone. En décrochant, Gilpatric reconnut la voix du général Carroll. Brièvement, celui-ci annonça qu'on venait de découvrir « quelque chose d'inquiétant » sur les photographies prises la veille à Cuba par les *U-2*. Deux hommes étaient en route, avec les photographies.

Très sombre, Gilpatric continua à s'habiller. Les deux experts parurent. En leur compagnie, Gilpatric examina les épreuves. Les index des experts se promenaient sur le papier glacé. Ils s'arrêtaient, désignaient les villages de tentes, les camions, les chantiers de cons-

L'une des photos prises par les U-2 : les missiles sont visibles à gauche et à droite. (Coll. P.P.P./I.P.S.)

truction. Ils insistaient sur les portiques de missiles, les rampes. Eux-mêmes se sentaient tellement convaincus qu'il ne leur fallut aucun effort pour persuader Gilpatric.

Des fusées soviétiques à Cuba ? Gilpatric se sentit dans l'instant plongé dans la plus plus profonde angoisse. A l'avance, il pouvait déterminer la réaction du président Kennedy. Celui-ci ne pouvait tolérer — et ne tolérerait pas — la présence de missiles russes à cent cinquante kilomètres des États-Unis. Gilpatric rappela le général Carroll, lui demanda de faire procéder, au cours de la nuit, à un nouvel examen des photographies. Il ajouta .

— Tenez-vous prêt à faire un exposé détaillé au patron et à ses collaborateurs dès demain matin, 7 h 30.

Le patron n'était autre que le secrétaire à la Défense, Robert McNamara.

Carroll obtempéra. Gilpatric s'en fut à son dîner, qui était offert par le général Maxwell Taylor, président du Comité des chefs d'état-major. Là, à la même table, il retrouva le général Carter et le général

Carroll. Il n'est pas nécessaire d'être doté d'une vive imagination pour se figurer les regards que les trois hommes ont dû échanger ce soir-là.

Après Gilpatric, la seconde personnalité avertie — par les soins du général Carter — avait été McGeorge Bundy, conseiller spécial du président des États-Unis pour les affaires de sécurité nationale. Par une malchance insigne, le même McGeorge Bundy avait été, la veille, interviewé pour la télévision par deux journalistes. On l'avait interrogé sur les installations militaires soviétiques à Cuba :

— Est-il impossible, avait demandé le journaliste Morgan, je veux dire tout à fait impossible, que ce matériel russe se transforme pratiquement du jour au lendemain en armement offensif ?

Réponse de Bundy :

— A ma connaissance, il n'existe pour l'instant aucune preuve et, à mon sens, il est peu probable que les gouvernements cubain et soviétique aient l'intention de créer à Cuba une base dotée d'un puissant armement offensif.

Quand Bundy, au soir du lundi 5 octobre, à 20 h 30, reçut la nouvelle de la découverte de bases de lancement de missiles cubains, il fut d'abord abasourdi. Puis atterré. Il offrait ce soir-là un dîner chez lui et, avant toute chose, il lui fallait faire bonne figure à ses hôtes.

Informerait-il le président immédiatement ? Il savait que Kennedy, lancé à fond dans la campagne électorale, avait, la veille, prononcé deux discours, l'un à Niagara Falls, l'autre à New York et qu'il n'avait regagné la Maison-Blanche qu'à 2 heures du matin. Mieux que personne, Bundy savait que Kennedy demanderait à voir les photos. Leur examen prendrait peut-être toute la nuit. Sans doute aussi le président voudrait-il réunir sur-le-champ le gouvernement. Cela obligerait les officiers à quitter les dîners auxquels ils participaient. Tout Washington — la ville la plus cancanière du monde — saurait une heure plus tard qu'il se passait « quelque chose ». Tout cela incita Bundy à laisser le président se reposer. Il en avait besoin, tenaillé qu'il était, souvent de jour et de nuit, par d'affreuses douleurs dorsales, consécutives à ses blessures de guerre. Seules de longues séances de natation en piscine le soulageaient un peu. Pour l'épreuve qui l'attendait, Kennedy avait besoin de toutes ses forces [1].

Décidément, on dînait beaucoup ce soir-là, à Washington. Au département d'État, Dean Rusk offrait un repas en l'honneur de son collègue allemand Gerhard Scroeder. Le secrétaire adjoint à la

1. Arthur M. Schlesinger Jr. : *Les 1 000 jours de Kennedy,* traduit de l'américain sous la direction de Roland Mehl (1966).

Le dilemme de Mac George Bundy : prévenir ou non le président Kennedy ? (Coll. P.P.P./I.P.S.)

Défense, Paul Nitze, figurait parmi les invités. Au milieu du dîner, on appela Rusk au téléphone. Il s'excusa, quitta la table. Hilsman lui fit part de ce qu'on venait de découvrir.

— A votre avis, demanda Rusk, ça y est, cette fois ?

— Pour l'instant, répondit Hilsman, les experts n'ont procédé qu'à une analyse préliminaire des photos. Cependant, d'après ce que j'ai pu apprendre au téléphone, il semble difficile de conserver un doute.

Rusk regagna la table, souriant, s'excusa derechef, et reprit la conversation distinguée en usage dans les milieux diplomatiques. Plus tard, seulement dans la soirée, il mit Paul Nitze au courant en l'entraînant sur la terrasse qui dominait le monument de Lincoln. Les deux hommes parlaient à voix basse. Ni l'un ni l'autre ne pouvait ignorer que l'éventualité de missiles soviétiques à Cuba avait été envisagée depuis des semaines. Que le président avait déjà déclaré qu'en aucun cas les États-Unis n'admettraient une telle situation. Que le Pentagone, pour y faire face, avait préparé deux plans d'urgence : soit l'invasion immédiate de l'île, soit la destruction des missiles par attaque aérienne. L'une et l'autre des éventualités pouvaient signifier la guerre. La Troisième Guerre mondiale. La guerre nucléaire.

Assis sur le bord de son lit — pyjama et robe de chambre, cheveux en broussaille —, John Fitzgerald Kennedy achevait de prendre son petit déjeuner en lisant les journaux. Adepte d'une méthode de lecture rapide, il absorbait en cinq minutes le contenu d'un journal entier. Comme il le faisait généralement, à peine Bundy entré dans sa chambre, il commença à commenter les nouvelles. Ceci à toute allure. Bundy l'interrompit :

— Monsieur le président, nous avons maintenant des preuves incontestables — des photographies que vous verrez tout à l'heure — de la présence de fusées stratégiques soviétiques à Cuba.

Kennedy posa ses journaux. Il regarda Bundy. En un instant, son visage s'était creusé. Il y eut un silence profond. Puis, lentement, le président parla. Ce qu'il voulait d'abord connaître c'était la nature des preuves. Le conseiller spécial du président, Arthur M. Schlesinger Jr., a témoigné que, dès qu'il fut convaincu que ces preuves étaient concluantes, J.F.K. déclara que « les États-Unis devaient mettre fin à cette menace : d'une façon ou d'une autre, il fallait que les missiles quittent Cuba ». Bundy, lui, s'est rappelé que Kennedy avait agi « sans perdre une minute ». Il lui demanda de convoquer — avec le maximum de discrétion possible — une réunion extraordinaire pour 11 h 45. Sans hésiter, J.F.K. dicta les noms de ceux qui devaient y assister : le vice-président Johnson, le secrétaire d'État Rusk, le secrétaire à la Défense McNamara, le ministre de la Justice Robert Kennedy, les généraux Maxwell Taylor et Carter, Roswell Gilpatric, George Ball, Edwin Martin, Ted Sorensen, Douglas Dillon, l'ambassadeur Bohlen et Kenneth O'Donnell, secrétaire du président. Bien sûr, Bundy assisterait également à la réunion, ce même Bundy qui dira plus tard du président : « Manifestement, il avait l'intention de jouer serré. »

Avant tout, ne pas donner l'éveil. Des audiences étaient prévues pour J.F.K. Il les assura toutes. Mais auparavant, il téléphona à son frère au ministère de la Justice. Il était 9 heures. Il fallait que Bob se rendît d'urgence à la Maison-Blanche. « Il se contenta de me dire que l'affaire était très grave ; se souviendra Robert Kennedy. Quelques instants plus tard, dans son bureau, il m'apprit qu'un avion *U-2* venait d'effectuer une mission photographique et que les services secrets étaient convaincus que la Russie était en train d'installer des missiles et des armes atomiques à Cuba [1]. »

---

1. Robert Kennedy : *Crise à la Maison-Blanche.* Traduit de l'américain par Madeleine Chapsal (1968).

Robert Kennedy devait laisser, de tous ces jours où se décida le destin du monde, un récit poignant qui ne fut publié qu'après son assassinat. A la première page de son manuscrit, il a noté : « C'était le début de la crise de Cuba, cet affrontement des deux géants atomiques, États-Unis et U.R.S.S., qui devait mettre le monde au bord de l'abîme : la destruction nucléaire et la fin de l'humanité. Depuis cette minute, dans le bureau du président Kennedy jusqu'au dimanche matin 28 octobre, ma vie fut cela — et pour les Américains, pour les Russes, pour le monde entier, ce fut aussi cela, leur vie. »

11 h 45 : à la Maison-Blanche, dans la salle du Conseil des ministres, les hommes convoqués par le président se réunissent. Ce groupe spontané, on va par la suite le désigner sous le nom de Comité exécutif du Conseil de sécurité nationale, autrement dit EXCOM. Mais cette dénomination ne lui sera attribuée que quelques jours plus tard. « Pendant toute une semaine, dira Elie Abel, le groupe n'avait pas d'existence légale, bien que ces délibérations — ultra-secrètes il est vrai — eussent lieu deux ou même trois fois par jour. »

Ces hommes du président, il faut les considérer autour de la longue table rectangulaire, dans le salon ovale orné de drapeaux américains, d'un portrait de Washington et, au-dessus de la cheminée, de maquettes de frégates. Il faut les voir campés dans leurs fauteuils de cuir et, stupéfaits, découvrant tout à coup la plus tragique des situations. Les photographies circulent autour de la table. Ted Sorensen — collaborateur de Kennedy depuis 1953 — s'est souvenu : « Le président était grave mais ferme. Il demanda d'abord de nouvelles photographies. Des preuves supplémentaires étaient nécessaires — et il fallait qu'elles fussent convaincantes. Il fallait savoir ce qui se passait à Cuba. Il fallait aussi s'assurer qu'il ne s'agissait pas d'une gigantesque mystification. Il fut décidé que des avions de reconnaissance survoleraient journellement toute l'île. Kennedy demanda ensuite à tous ceux qui étaient présents de remettre à plus tard les tâches en cours et d'étudier rapidement la situation présente afin d'évaluer le danger et d'établir un plan d'action [1]. »

Un plan d'action. Tout est là. Autour de la table, les propositions s'expriment déjà, certaines avec véhémence. On dit qu'il faut se débarrasser des rampes avant que les fusées n'atteignent le stade opérationnel. On peut, soit les bombarder, soit faire pression sur les Russes pour qu'ils les retirent. Un autre remarque qu'un bombardement ne pourra se limiter aux rampes. Dans ces sortes de cas, on ne choisit pas : « Des entrepôts, des bases aériennes seraient touchés, ce

1. Théodore C. Sorensen : *Kennedy* (1966).

L'EXCOM : un groupe informel confronté à la plus angoissante des décisions.

qui se solderait par des milliers de morts chez les Cubains. » On parle aussi d'un blocus maritime précédé d'un avertissement solennel. Finalement, la seule décision pratique qui sera prise concernera l'envoi de renforts à la base navale que possèdent les États-Unis à Cuba, celle de Guantanamo, et l'évacuation des civils américains qui y résident. Ce qui, aujourd'hui, n'apparaît pas à l'historien comme le moindre des paradoxes de cette histoire. Nous ne parvenons que difficilement à admettre que, pendant toute cette affaire de Cuba, les États-Unis aient disposé d'une base... à Cuba !

Mais pourquoi Khrouchtchev avait-il hasardé cette si périlleuse initiative ? Parmi les hommes présents autour de Kennedy, ce matin-là, ce qui dominait, c'était la colère. Comment avaient-ils pu se laisser duper à ce point ! Robert Kennedy repensait à cette rencontre, dans son bureau, quelques semaines plus tôt, avec l'ambassadeur soviétique Anatoly Dobrynine. Le diplomate était venu lui dire que les Russes étaient disposés à signer un traité interdisant les expériences nucléaires dans l'atmosphère. Bob Kennedy en avait profité pour exprimer les graves préoccupations du gouvernement américain quant à l'importance du matériel militaire envoyé à Cuba. La réaction de l'ambassadeur avait été très vive — et très nette. Il avait déclaré au frère du président qu'il ne devait pas s'inquiéter, « car le président Nikita Khrouchtchev l'avait chargé d'assurer le président

Kennedy *qu'il n'y aurait pas de missiles sol-sol ni d'armes offensives installés à Cuba* ». Ted Sorensen, lui, ne pouvait s'empêcher de songer au déjeuner que lui avait offert le même Dobrynine, deux semaines plus tôt. Comme Sorensen évoquait, lui aussi, l'affaire du matériel soviétique à Cuba, Dobrynine avait répondu en des termes que le conseiller de Kennedy avait soigneusement notés : « Dobrynine déclara qu'il communiquerait en détail cette conversation à Khrouchtchev et qu'il était lui-même conscient de l'émoi que cette affaire avait soulevé dans le monde politique et dans la presse. Quant à la mention que j'avais faite de l'importance du personnel militaire soviétique, de l'équipement électronique et des préparatifs de mise en place de fusées, il n'y apporta ni confirmation ni démenti. Il répéta plusieurs fois cependant que rien de nouveau ni d'extraordinaire n'avait été fait à Cuba, que les événements à l'origine de cette agitation avaient pris place progressivement et sur une longue période et il répéta que toutes ces mesures étaient de nature défensive et ne menaçaient en rien la sécurité des États-Unis. »

Avec une amertume bien compréhensible, Sorensen se souviendra encore que, au moment où l'ambassadeur parlait, quarante-deux missiles balistiques de portée moyenne et intermédiaire faisaient route vers Cuba.

Il y avait donc, de la part des Soviétiques, volonté flagrante de mensonge et de tromperie. Longuement, Kennedy et son entourage allaient s'interroger là-dessus.

Plutôt que d'épiloguer comme firent les conseillers de Kennedy, pourquoi ne pas s'adresser à Khrouchtchev lui-même ?

En 1970, parurent en Occident les *Souvenirs* de Khrouchtchev. La polémique s'engagea aussitôt. Pour les uns, il s'agissait d'un faux habile. Pour les autres, l'authenticité du document ne faisait aucun doute : ce fut le cas de gens qui avaient bien connu l'auteur, tels que Harrison E. Salisbury, correspondant américain à Moscou durant des années : « C'est à n'en pas douter Nikita Khrouchtchev qui parle ici. » Le cas aussi de Michel Tatu, correspondant du journal français *Le Monde* à Moscou, qui reconnaissait dans ces souvenirs « la truculence, le goût de l'anecdote et du concret, la spontanéité mêlée de ruse » propres à Khrouchtchev, tout cela se révélant comme « les traits caractéristiques de centaines de discours et conversations ». Il est certain que, même si Khrouchtchev n'a peut-être pas en totalité écrit ce livre, ces six cents pages reflètent parfaitement sa pensée. Or le leader soviétique s'exprime ici avec la plus grande franchise sur *l'affaire*. Le chapitre 20 lui est entièrement consacré ; il commence ainsi : « Je vais expliquer ce que fut exactement, en octobre 1962, la crise de Cuba. »

Le point de départ de tout avait été la tentative de débarquement dans la baie des Cochons. Certes, Castro avait écrasé les contre-révolutionnaires et fait prisonniers un grand nombre d'entre eux, mais Khrouchtchev restait persuadé que les Américains ne s'en tiendraient pas là : « Nous étions certains que les Américains ne se résigneraient jamais à l'existence d'une Cuba castriste. Ils redoutaient, autant que nous l'espérions nous-mêmes, que Cuba ne devînt un pôle d'attraction et n'attirât vers le socialisme d'autres pays d'Amérique latine. Devant la menace d'intervention permanente que faisaient peser les Américains sur les Caraïbes, quelle politique devions-nous adopter [1] ? »

Khrouchtchev confie avoir été littéralement obsédé par cette question. Il en avait discuté souvent avec les autres membres du Praesidium. Tous s'affirmaient du même avis : « L'Amérique ne laisserait pas Cuba tranquille tant que nous n'aurions pas fait quelque chose. » Voilà qui était bel et bon, mais qu'entreprendre, justement ? L'obsession poursuivait partout Khrouchtchev : « Je me souviens d'une visite officielle que je fis en Bulgarie et pendant laquelle je ne cessai de tourner et de retourner dans ma tête la même question : qu'arrivera-t-il si nous perdons Cuba ? Ce serait, je le savais, un coup terrible pour le mouvement marxiste-léniniste. Nous en sortirions diminués aux yeux du monde entier, et plus particulièrement en Amérique latine. »

C'est précisément en Bulgarie que *l'idée* s'imposa à lui. Ce qu'il fallait, c'était *installer des fusées à tête nucléaire à Cuba et le faire clandestinement afin que les Américains l'apprennent trop tard pour faire quoi que ce soit.* Nous y sommes. Il faut lire avec la plus vive attention le raisonnement de Khrouchtchev tel qu'il l'expose, mêlant le cynisme à la sincérité : « Si nous installions les fusées secrètement et si nous faisions en sorte que les Américains ignorent leur existence jusqu'au moment où elles seraient opérationnelles, ils y réfléchiraient à deux fois avant d'essayer d'anéantir militairement nos installations. Je savais que les États-Unis avaient les moyens de les détruire en partie, mais en partie seulement : qu'un quart de nos fusées leur échappe, ou un dizième, ou simplement un ou deux gros missiles, et ce serait assez pour réduire New York à sa plus simple expression. Je ne dis pas que tous les habitants de New York auraient été tués, bien sûr, mais il est certain qu'un grand nombre de gens pouvaient être rayés de la surface de la terre. Combien au juste, je l'ignore. Je laisse cela à nos savants et à notre personnel militaire. Ils sont des spécialis-

---

1. Khrouchtchev : *Souvenirs.* Introduction, commentaires et notes d'Edward Crankshaw. Traduction française sous la direction de Jacques Michel (1971).

Nikita Khrouchtchev : une gigantesque partie de poker. (Keystone)

tes en matière de guerre nucléaire et savent calculer les conséquences d'une attaque de fusées sur une ville comme New York. Mais là n'est pas la question. L'essentiel, pour moi, c'était cette idée que la présence de fusées soviétiques à Cuba dissuaderait les Américains de pouvoir lancer une attaque-surprise contre Cuba pour abattre Fidel Castro et son régime. En outre, tout en protégeant Cuba, nos fusées rétabliraient ce que les Occidentaux se plaisent à appeler *l'équilibre des forces*. Les Américains avaient entouré notre pays de bases militaires, ils nous tenaient en permanence sous la menace de leurs armes nucléaires. Ils allaient savoir ce que l'on ressent quand on sait que des fusées ennemies sont pointées sur vous ; nous ne faisions jamais que leur rendre — en plus petit — la politesse. »

Comme on comprend ces experts qui, ayant bien connu Khrouchtchev, retrouvent dans le style de ces souvenirs l'expression même de sa personnalité ! On décèle ici une verdeur, une vitalité, une alacrité dont le personnage même de celui qui mit fin au mythe de Staline était littéralement imprégné.

Le raisonnement se soutient. Avec une faille cependant, et quelle faille ! Khrouchtchev aurait-il mésestimé le risque de guerre mondiale auquel pouvait conduire son initiative ? Il s'en est défendu : « Je tiens beaucoup à ce qu'on comprenne ceci : en installant nos fusées à Cuba, nous n'avions pas la moindre envie de déclencher une guerre. Notre principal objectif, au contraire, était de dissuader l'Amérique de le faire elle-même. Nous étions parfaitement conscients du fait qu'un pareil conflit ne pourrait pas se limiter à Cuba mais se transformerait vite en guerre mondiale. N'importe quel imbécile aurait pu déclencher une guerre entre Cuba et l'Amérique. Cuba était à onze mille kilomètres de l'Union soviétique. Seul un idiot pourrait croire que nous avions l'intention d'envahir le continent américain à partir de Cuba. Nous voulions exactement le contraire : empêcher les Américains d'envahir Cuba, et nous pensions que la présence de nos fusées les ferait réfléchir. Nous avons atteint notre but, après avoir traversé, il est vrai, une phase de tension dangereuse. »

Dangereuse est un mot trop faible. Nous pouvons croire Khrouchtchev quand il affirme qu'il n'avait nulle envie de déclencher une guerre. Nous avons du mal à admettre sa sincérité quand il tente de nous persuader qu'en installant des fusées à Cuba il n'a pas envisagé — ne serait-ce qu'un instant — qu'il créait précisément les risques d'une telle guerre.

D'autre part, quand Khrouchtchev met en avant, et comme raison primordiale de sa décision, la défense de Cuba, il ne peut guère nous convaincre. Après la chute de Khrouchtchev, Fidel Castro, au cours d'une interview accordée à Claude Julien, du *Monde,* et dans un discours prononcé le 13 mars 1965, déclara sans ambages que des fusées lui avaient été proposées, que leur acceptation avait constitué un « risque », mais que Cuba n'avait pas hésité à courir ce risque « au nom du renforcement du camp socialiste ».

Il semble bien démontré, en effet, que les Russes, en 1962, ne disposaient que d'un nombre limité de fusées intercontinentales. Par voie de conséquence, les quarante missiles à portée plus réduite installés à Cuba remplaçaient avantageusement les engins intercontinentaux manquants. On se créait ainsi un avantage stratégique considérable, souligné avec beaucoup de pertinence par Michel Tatu : « Avec un déploiement relativement faible de moyens, l'U.R.S.S. faisait un “ bond en avant ” dans la course aux armements, une course à laquelle Kennedy avait imposé un rythme sans cesse croissant et à laquelle l'économie soviétique s'essoufflait. »

Donc, un pari. Mais quel pari ! Khrouchtchev n'avait nulle envie de faire usage de ces armes. Il avait traversé trois guerres, son fils était mort au cours de l'une d'elles. Un conflit mondial ? Sa seule éventualité lui faisait horreur. Mais le monde vivait, depuis l'invention de l'arme atomique, dans l'équilibre de la terreur. Bon gré mal gré, il fallait que chacun des partenaires s'y pliât.

Il n'est pas exclu d'ailleurs que Khrouchtchev ait envisagé de retirer un jour ses fusées de Cuba, moyennant un prix qu'il entendait bien fixer à sa guise. Le Soviétique Mikoyan devait confier plus tard au président Kennedy — Théodore Sorensen en a témoigné — que Moscou avait en fait l'intention d'informer Washington de la présence des fusées à Cuba, mais « après les élections américaines seulement, afin d'empêcher que l'affaire ne vînt interférer dans la campagne électorale ».

D'où la nécessité de clandestinité, sur laquelle insiste Khrouchtchev dans ses *Souvenirs*. Il fallait placer l'Amérique devant le fait accompli. Khrouchtchev avait précisément annoncé son intention de se rendre en novembre aux États-Unis. Il apparaît plus que probable qu'il aurait lui-même, à grand renfort de publicité, levé le secret et proposé une transaction. Quel en aurait été l'enjeu ? Plus que probablement Berlin. Berlin dont Khrouchtchev ne cessait de réclamer l'évacuation par les ex-Alliés de 1945 et la proclamation comme ville libre. Ce que refusaient obstinément les Américains, assurés de voir, quelques mois plus tard, la prétendue ville libre absorbée sans coup férir par la République démocratique allemande de Walter Ulbricht.

Tel était donc le plan de Nikita Khrouchtchev. Il pouvait réussir. Mais il y avait ces étranges avions en forme d'oiseau que l'on appelait *U-2*...

La première réunion du Comité exécutif s'était achevée. Kennedy avait demandé à ses membres le secret le plus absolu : « Pas un mot à vos femmes, pas une allusion à vos secrétaires. » Ce qui nous apparaît remarquable — et presque unique — c'est que la consigne a été suivie. Malgré l'extraordinaire pression des médias, pendant tous les jours qui suivront, rien n'a transpiré. Dean Rusk lui-même devait confier : « J'ai écrit plusieurs mémorandums de ma propre main afin d'éviter toute indiscrétion. »

Le représentant des États-Unis à l'O.N.U., Adlai Stevenson, allait, deux heures plus tard, apprendre la nouvelle de Kennedy lui-même.

— Nous sommes obligés d'agir rapidement, lui dit le président. A mon sens, il faudra, ou bien envoyer nos bombardiers pour les détruire *(il parlait des fusées)* ou bien trouver le moyen de les neutraliser.

John F. Kennedy face à la possibilité d'une guerre nucléaire. (SIPA)

Stevenson se voulait le plus ardent pacifiste des États-Unis. Il recommanda d'être prudent :

— Ne recourons aux bombardiers qu'après avoir exploré toutes les possibilités d'une solution pacifique !

En mars 1965, Stevenson devait confier qu'il avait été « consterné de voir que Kennedy avait songé d'emblée à une attaque aérienne. Je lui fis remarquer que, tôt ou tard, nous serions forcés de nous en expliquer devant l'O.N.U. ; il faudrait alors, à tout prix, que notre dossier fût défendable ». En tout cas, ce jour-là, il recommanda au président de n'annuler aucun des discours électoraux qu'il avait annoncés :

— Vous donneriez l'éveil.

— C'est mon avis, dit Kennedy.

Stevenson put être satisfait : le mercredi 17 octobre, Kennedy s'envola pour la Connecticut où il devait soutenir la candidature au siège de sénateur de son ami Abraham Ribicoff. Pendant ce temps, à Washington, le Comité exécutif siégeait. Cette fois, il s'était réuni dans la salle de conférences du département d'État, au septième étage. Cette pièce, on l'appellerait bientôt le « réduit des cogitations ». Terme parfaitement idoine. Au vrai, les membres du groupe n'arrêtaient pas de réfléchir. Ceci dans une pièce peu attirante, sans fenêtres, meublée seulement de l'habituelle longue table et de ses fauteuils de cuir. La réunion se poursuivit tard dans la nuit. Selon les occupations qui les appelaient, les participants s'absentaient, revenaient, repartaient. C'étaient de perpétuelles allées et venues, un désordre qui choqua Dean Acheson. Certains se faisaient apporter des sandwiches, du café. En l'absence du président, Robert Kennedy présidait. On en était toujours à se demander quelle forme prendrait la riposte. Ce mercredi 17 octobre, le secrétaire à la Défense McNamara s'affirmait l'avocat le plus chaleureux d'un blocus. Il fallait, répétait-il, établir autour de Cuba une pression limitée, qu'il serait possible de renforcer si c'était nécessaire. « De plus, c'était une action dont le caractère dramatique et draconien serait tout de suite compris mais qui, et c'était capital, nous laisserait le contrôle des événements. »

D'autres, de préférence au blocus, se déclaraient partisans d'une attaque militaire. Ils s'écriaient — et ils n'avaient pas tort — qu'un blocus ne ferait pas disparaître les missiles « et n'interromprait même pas le travail en cours sur les rampes de lancement ». Après tout, les engins étaient déjà à Cuba, et tout ce dont serait capable un blocus, ce serait de « fermer la porte de l'écurie après que le cheval l'aurait quittée ». En outre, en arrêtant les bateaux des Russes, on en viendrait fatalement à une confrontation avec eux.

L'argument le plus convaincant des partisans de l'attaque militaire ? Ils juraient que l'installation d'un blocus autour de Cuba « inciterait les Russes à en faire autant autour de Berlin ». Si les États-Unis exigeaient le retrait des missiles de Cuba pour mettre fin au blocus, l'U.R.S.S. ne manquerait pas de réclamer le retrait des fusées américaines déployées notamment en Italie et en Turquie.

En somme, il y avait ceux qui privilégiaient la paix à tout prix — on les appellerait les colombes — et ceux qui, pour préserver la paix, ne craignaient pas d'envisager la guerre : ce furent les faucons. Et jusqu'au bout faucons et colombes s'affrontèrent.

Récit de Robert Kennedy : « Ainsi allaient les discussions et les désaccords de ce groupe d'hommes intelligents et ardents qui s'affrontaient et se battaient pour l'avenir de leur pays et de l'humanité. Et cependant le temps s'écoulait. »

A son retour, tard dans la nuit, le président Kennedy va prendre connaissance des « cogitations » de ses conseillers. D'un revers de main, il écarte les solutions qui lui paraissent impraticables, voire fantaisistes. Pour lui, il ne reste que deux moyens d'action : le *bombardement* ou le *blocus.*

Ce qui est sûr, c'est qu'il faut se décider vite. Très vite. On dispose de nouvelles photographies prises par les *U-2*. Les experts sont formels : les missiles soviétiques pourront entrer en action au plus tard dans une semaine. Regagnant sa chambre de la Maison-Blanche, Kennedy sait, quelles que soient les résolutions que lui présentera le Comité, qu'il lui appartiendra — à lui seul — de trancher.

Ce qu'il aura à choisir, c'est la paix — ou la guerre.

Le lendemain matin, appelé par Kennedy, Dean Acheson parut à la Maison-Blanche. Semblable à lui-même — haute taille, élégance recherchée, allure combative — Acheson ne mâcha pas ses mots. Quand le président déclara que son frère Bob repoussait l'hypothèse d'un bombardement parce que cela ressemblerait fâcheusement à l'attaque de Pearl Harbor par les Japonais, Acheson se mit en colère :

— Qualifier un bombardement des bases soviétiques de « Pearl Harbor à l'envers » est stupide. C'est une réaction adolescente, indigne d'hommes chargés de gouverner un grand pays !

Kennedy l'écoutait, assis dans son fauteuil à bascule dont la forme apaisait parfois ses douleurs dorsales. Il se balança et dit à mi-voix :

— J'ai l'impression que, cette semaine, je vais vraiment mériter mon salaire.

Par deux fois, ce jour-là — jeudi 18 octobre — il allait se rendre à la réunion du Comité exécutif. A 11 heures et à 22 heures. C'est aussi ce jour-là que les services secrets firent savoir que les engins installés possédaient, avec leurs ogives atomiques, un potentiel équivalant à « environ la moitié de la capacité actuelle des missiles intercontinentaux de l'Union soviétique tout entière ». Une photographie indiquait que ces engins étaient pointés sur certaines villes américaines. Il fallait en déduire que « quelques minutes après leur mise à feu, 80 millions d'Américains seraient morts ».

L'état-major interarmes, lui, réclamait avec force une action militaire immédiate. C'était le point de vue du général Curtis LeMay, chef d'état-major de l'armée de l'air. Le président lui demanda ce que serait à son avis la riposte des Russes. Avec une assurance admirable, le général LeMay assura qu'il n'y aurait pas de réaction. Ce qui lui attira cette réplique du président :

— Ils ne peuvent, pas plus que nous, laisser aller les choses sans réagir. Après toutes leurs déclarations, ils ne peuvent pas nous permettre de détruire leurs engins, de tuer pas mal de Russes et, là-dessus, ne rien faire. S'ils n'agissent pas à Cuba, ils agiront alors à Berlin.

Le général David M. Shoup, qui commandait les *Marines,* se permit une exclamation toute militaire :

— Vous êtes dans un sale pétrin, monsieur le président !

J.F.K. répliqua :

— Vous y êtes avec moi.

On rit. Ce qui soulagea les nerfs de tout le monde, mais on n'avait toujours rien décidé.

Un peu plus tard, le secrétaire McNamara — partisan du blocus — fit savoir que, malgré tout, les moyens étaient en train d'être déployés et que, si le président en décidait ainsi, les bombardements pourraient commencer à partir du mardi 23 octobre.

Ce qui a frappé tous les participants aux réunions du Comité, c'est le remarquable calme du président. Il écoutait plus qu'il ne parlait. Parfois, signe de tension nerveuse plus aiguë, il se tapotait les dents avec l'ongle de l'index. Quand il posait des questions, il était aisé de se rendre compte de la réponse qu'il souhaitait. C'est pourquoi Robert Kennedy demanda parfois à son frère de ne pas assister aux délibérations : « J'avais l'impression que sa présence étouffait quelque temps la sincérité du débat. Et je craignais qu'en indiquant ses vues ou ses préférences, il n'incitât les membres du Comité à lui emboîter le pas plus ou moins aveuglément. Or une liberté totale de parole et de pensée me paraissait essentielle pour étudier et approfondir tous les aspects du problème. Même si certains d'entre nous n'appréciaient guère cet affrontement. »

Mais chacun attendait avec une curiosité nuancée d'anxiété la visite que le ministre soviétique des Affaires étrangères, Gromyko, venu aux États-Unis pour assister à la session de l'O.N.U., devait, ce jour-là, rendre au président. Elle était prévue de longue date, cette visite. Gromyko n'en profiterait-il pas cependant pour parler de Cuba, apporter peut-être un message de Khrouchtchev ?

A 17 heures, on introduit Gromyko dans le bureau du président. Il est là, enfoncé dans la mollesse de son fauteuil blanc, un sourire de convenance errant sur son visage triste et rond. Face à lui, Kennedy se balance dans son fauteuil à bascule. Oui, Gromyko parle de Cuba. Mais c'est pour affirmer, d'une voix feutrée, presque terne, que son pays ne fournit à Cuba que des armes défensives. Il tient à insister sur le mot : défensives. Il prie Kennedy de tout tenter pour que diminue l'inquiétante tension qui divise les deux pays. Le président va-t-il, pour toute réponse, sortir soudain de son tiroir la collection des photographies prises par les *U-2 ?* Quoi de plus tentant qu'un tel coup de théâtre ! Mais c'est une autre tactique qui a été résolue une demi-heure plus tôt avec Dean Rusk et Llewellyn Thomson. Alors, Kennedy ne pipe pas. Il répète seulement au ministre soviétique que les États-Unis ne toléreront jamais la présence de fusées soviétiques à Cuba.

Un nouveau sourire contraint et Gromyko — est-il dupe ? — prend congé.

Le soir, Rusk offrit un dîner en l'honneur de Gromyko. On espérait que le ministre soviétique laisserait percer au moins une arrière-pensée. Il n'en fut rien. Il demeura ce qu'il avait toujours été : une tombe.

Le Russe ne pouvait se douter que, immédiatement à l'étage au-dessous, le Comité exécutif, que l'on commençait à appeler EXCOM, se réunissait à ce moment même. En ce qui concerne les réunions, on n'était guère fixé. Tantôt on siégeait à la Maison-Blanche, tantôt au département d'État. Cela faisait beaucoup d'allées et venues et beaucoup de Cadillac. Ce soir-là, un fonctionnaire se permit d'alerter Rusk :

— Je sais qu'il se passe des choses dont vous ne voulez pas parler. Mais si vous tenez vraiment à ce que personne ne se doute de rien, vous devriez dire à toutes ces grosses légumes de garer leurs voitures ailleurs.

Devant Kennedy, Gromyko reste une tombe. (Coll. P.P.P./I.P.S.)

Rusk courut à la fenêtre et vit en bas un véritable magma de ces grosses Cadillac noires dont les plaques minéralogiques révélaient à tout initié l'identité de leur utilisateur. Il ne fallut que cinq minutes pour faire disparaître les Cadillac dans le sous-sol du ministère.

Car on discutait toujours. Chaque camp défendait mordicus son point de vue. *Bombardement* ou *blocus* gardaient leurs partisans. Ce qui ne veut pas dire que ces partisans restaient toujours les mêmes. On vit en quelques jours certains membres du Comité changer plusieurs fois d'opinion. Elie Abel nous dit que McGeorge Bundy, lui, ne changea d'avis *que* deux fois. De son propre aveu, Douglas Dillon passa d'un camp à l'autre pendant la soirée du 18 octobre : « Au début, j'avais été en faveur d'une attaque aérienne. J'étais certain que les Russes allaient nous induire en erreur. Je m'y attendais. De plus, j'estimais que, même si nous bombardions les bases cubaines, les Russes n'iraient jamais jusqu'à lancer des fusées sur le territoire américain. En d'autres termes, le bombardement me paraissait la solution la moins dangereuse. Je ne devais changer d'avis qu'après avoir entendu Robert Kennedy. En affirmant que nous devions rester fidèles à nos grandes traditions, il avait certainement raison : une attaque-surprise était certainement contraire aux principes moraux dont les États-Unis s'étaient toujours faits les défenseurs. J'avoue que, sans l'éloquence de Robert Kennedy, cette objection ne me serait pas venue à l'esprit. »

McNamara avait pris le relais du ministre de la Justice. Il proposait maintenant une solution positive : le président devrait *d'abord* se décider pour le blocus. Après quoi, si le blocus ne donnait pas les résultats qu'on en escomptait, le président aurait encore le choix entre d'autres solutions.

A 22 heures, les membres du Comité étaient morts de fatigue. On vint leur dire que le président les attendait. Edwin Martin préféra prendre l'air et se rendre à pied à la Maison-Blanche. Les autres, afin d'éviter les soupçons qu'aurait éveillés un nouveau ballet de Cadillac, montèrent tous dans la voiture de Robert Kennedy : John McCone, Maxwell Taylor, le chauffeur et le ministre de la Justice tassés sur le siège avant, les six autres agglutinés à l'arrière. La voiture venait de démarrer quand quelqu'un murmura :

— Si nous avions un accident...

En arrivant à la Maison-Blanche, il y avait parmi les membres du Comité une majorité de partisans du blocus. Ils s'exprimèrent. Le président les écouta. Mais les partisans du bombardement prirent aussi la parole. Le président les écouta encore. La discussion reprit.

Las ! nous dit Robert Kennedy, « les opinions recommencèrent à changer, et point seulement sur des points de détail. Certains passèrent d'un extrême à l'autre : partisans d'une attaque aérienne au début de la réunion, lorsque nous quittâmes la Maison-Blanche, ils étaient en faveur de la non-intervention ».

Pas du tout satisfait, le président. D'un ton impatient, il demanda au Comité de reprendre d'urgence ses délibérations. Quant à lui, il avait l'intention de se rendre à ses rendez-vous électoraux.

De fait, il quitta Washington le vendredi matin — 19 octobre — pour une nouvelle tournée de discours.

Ici entre en scène Pierre Salinger, chargé de l'Information à la Maison-Blanche. Il n'était pas dans le secret, mais nous le savons trop fin pour ne pas avoir deviné ce qui se passait. Ce matin-là, alors que Kennedy s'habillait, il entra dans sa chambre pour révéler au président que des journalistes se montraient intrigués par les mouvements de troupes vers la Floride. Salinger voulait savoir ce qu'il fallait leur dire. Kennedy fit une grimace :

— Déclarez que ces rumeurs sont dénuées de tout fondement.

Ce que fit aussitôt Pierre Salinger, avec la gravité d'un pape. Sans en croire un seul mot. Il rejoignit le président pour s'envoler avec lui vers le Midwest. Kennedy, lui, savait que l'EXCOM allait, ce jour-là encore, siéger pratiquement sans discontinuer. Et il savait l'EXCOM toujours aussi divisé. Cependant, le soir, à l'hôtel *Sheraton-Blackstone* de Chicago, quand Salinger entra dans l'appartement de Kennedy pour lui parler des questions que la presse ne cessait de lui poser, il le trouva en train de s'entretenir au téléphone avec son frère Bob. Le ministre de la Justice lui disait qu'« aux réunions de l'EXCOM, le champ des solutions se resserrait, qu'ils s'étaient arrêtés à celle du blocus et que le département de la Justice préparait dès à présent la déclaration du président [1] ».

Était-il possible que l'on eût vraiment progressé ? Le lendemain matin, Bob Kennedy appelait de nouveau son frère, l'informant que l'EXCOM « pouvait maintenant présenter ses avis et que la situation commençait à devenir dangereuse ». Aussitôt, le président annula son voyage et retourna à Washington. Prétexte pour la presse : un rhume. Pierre Salinger eut la charge de diffuser un bulletin de santé ainsi conçu : « *Légère infection respiratoire. Température : 38 degrés.* »

Pendant que John F. Kennedy volait vers la capitale américaine, les forces armées des États-Unis à travers le monde étaient mises en état d'alerte. McNamara ordonnait à quatre escadrilles tactiques de

1. Pierre Salinger : *Avec Kennedy* (1967).

Les deux frères Kennedy, mais l'affaire d'un seul homme. (Coll. P.P.P./I.P.S.)

se tenir prêtes pour une attaque aérienne au cas où le président opterait pour cette recommandation.

Il était 13 h 40 quand J.F.K. arriva à la Maison-Blanche. Il souffrait du dos. Donc, il alla nager. Bob vint s'asseoir au bord de la piscine. Les deux frères parlèrent. Il fallait que J.F.K. comprît que l'affaire demeurait celle d'un seul homme. Le Comité allait lui présenter des propositions. Mais nul comité ne pouvait prendre la décision.

A 14 h 30, les deux frères Kennedy entrèrent dans le salon Ovale. C'est une réunion élargie que l'on avait convoquée, une assemblée du Conseil national de sécurité. Sous le portrait de Washington, aux membres de l'EXCOM s'ajoutaient donc des personnalités n'ayant jamais assisté aux délibérations. Une fois de plus, chacun s'exprima. Un membre de l'état-major alla jusqu'à préconiser, du côté américain, l'usage d'armes nucléaires, « puisque nos adversaires ne manqueraient pas d'utiliser les leurs en cas d'attaque ». Robert Kennedy ne put s'empêcher de penser que, si l'on en venait à utiliser la bombe atomique, ce militaire ne risquait aucune critique puisque bientôt plus personne ne serait là pour lui en adresser. Cet après-midi-là, John F. Kennedy annonça qu'il avait pris sa décision : ce serait le blocus.

Le même jour, on continua à renforcer la base de Guantanamo. Plusieurs navires gagnèrent les positions qui leur avaient été assignées dans la mer des Caraïbes.

Il fallait maintenant avertir les alliés des États-Unis. Pour les Anglais, un ambassadeur suffirait. Assurément, le plus coriace serait — comme toujours depuis des années — de Gaulle. Kennedy admirait le vieux chef d'État. Il avait fait de ses *Mémoires de guerre* son livre de chevet. Il décida de lui envoyer Dean Acheson. L'ambassadeur des États-Unis à Bonn se trouvait en Géorgie auprès de sa mère malade. On lui intima l'ordre de rentrer d'urgence en Allemagne afin d'aller remettre au chancelier Adenauer un message personnel de Kennedy. Avant midi, le dimanche 21 octobre, le *Jet* de l'U.S. Air Force qui emportait Acheson à Paris fonça vers l'Europe. On prit aussi les dispositions nécessaires pour avertir l'Organisation des États américains.

Miracle : ni la presse, ni la radio, ni la télévision n'avaient encore dit un mot des missiles soviétiques à Cuba.

John F. Kennedy avait décidé que lui-même — et lui seul — révélerait la vérité aux Américains. Et au monde. Il parlerait le lundi soir. Comme nul à Washington ne prenait les journalistes pour des imbéciles et comme on tenait essentiellement à l'effet de surprise que provoquerait le discours présidentiel, Kennedy appela lui-même les directeurs de plusieurs journaux, leur demandant de ne rien faire paraître le lundi matin, si ce n'est l'annonce que le président allait prononcer un important discours et que le pays était au bord d'une crise grave.

L'effort diplomatique se déroulait — immense et d'une redoutable efficacité. L'Organisation des États américains allait être consultée. On savait déjà qu'elle approuverait, quasi à l'unanimité, le projet de blocus. Le lundi 22 octobre, Acheson était reçu par de Gaulle. Quand il lui montra les photos prises par les *U-2,* le Général ne songea pas à dissimuler son émerveillement :

— C'est formidable !

Il demanda à Acheson :

— A votre avis, qu'est-ce qui a pu inciter les Soviétiques à faire stationner leurs fusées à Cuba ?

— Je pense, répondit Acheson, que Khrouchtchev a tenté un coup de poker. L'explication n'est peut-être pas flatteuse pour mon gouvernement, mais sans doute les Russes ont-ils été amenés à croire qu'ils pourraient s'en tirer.

De Gaulle approuva. Et quand Acheson développa les dispositions qui allaient être prises pour établir un blocus autour de Cuba, de Gaulle déclara énergiquement :

— C'est exactement ce que j'aurais fait.

C'est du moins la phrase que plusieurs historiens ont citée. La véritable réponse du général, je la tiens de M. William Royall Tyler qui était à l'époque secrétaire d'État adjoint pour les Affaires européennes. Celui-ci a bien voulu m'écrire que Dean Acheson, à son retour, a dit au Président Kennedy et au secrétaire d'État que de Gaulle avait terminé en lui disant : « Dites au président que si l'on en vient à la guerre, la France sera aux côtés de l'Amérique. »

M. William Royall Tyler ajoute : « J'ai entendu par la suite le président répéter à d'autres l'impression que lui avait faite la prise de position du général de Gaulle [1] ».

A 18 heures, Rusk remit à l'ambassadeur soviétique Dobrynine, convoqué au département d'État, le texte de la déclaration que Kennedy allait lire le soir même. Le Soviétique blêmit.

A 19 heures, John F. Kennedy, dans le studio présidentiel de la Maison-Blanche, s'installa devant les caméras de la télévision. Les projecteurs s'allumèrent, le signal fut donné. Le président parla :

« Bonsoir, mes compatriotes.

» Fidèle à sa promesse, le gouvernement a continué de surveiller de très près les préparatifs militaires soviétiques à Cuba. Au cours de la semaine dernière, nous avons eu des preuves incontestables de la construction de plusieurs bases de fusées dans cette île opprimée. Ces sites de lancement ne peuvent avoir qu'un but : la constitution d'un potentiel nucléaire dirigé contre l'hémisphère occidental.

» Plusieurs de ces bases sont dotées de missiles balistiques de portée moyenne, capables de transporter une pièce atomique à quelque 2 000 kilomètres. Ce qui signifie que chacune de ces fusées peut atteindre Washington, le canal de Panama, cap Canaveral, Mexico, ou encore toute autre ville du sud-est des États-Unis, d'Amérique centrale ou des Caraïbes... »

J.F.K. allait parler des bases en cours d'achèvement, prêtes à recevoir des missiles de portée intermédiaire qui, eux, pourraient atteindre « la plupart des principales villes du continent, de Hudson's Bay (Canada) au nord, jusqu'à Lima (Pérou), au sud... ».

1. Lettre du 18 juin 1982.

Il allait dire encore que la transformation accélérée de Cuba en une importante base stratégique constituait « une menace indiscutable pour la paix et la sécurité de tout le continent américain ». Il s'agissait d'un « changement délibérément provocateur et injustifié du *statu quo,* et notre pays ne peut l'accepter, si nous voulons que nos amis, pas plus que nos ennemis, ne mettent jamais en doute notre détermination et la valeur de nos engagements ».

Alors il annonça les premières mesures qu'il avait décidées. Et d'abord le blocus : « Tous les bateaux à destination de Cuba, quel que soit leur pavillon ou leur provenance, seront interceptés s'ils transportent des armes offensives. Toutefois, nous ne priverons pas l'île de ses approvisionnements normaux comme les Russes avaient essayé de le faire pour Berlin, en 1948. » Il en arriva au passage assurément le plus dur de son discours : « Toute fusée nucléaire lancée à

« Bonsoir, mes compatriotes ». (Keystone)

partir de Cuba contre l'une quelconque des nations de l'hémisphère occidental sera considérée comme l'équivalent d'une attaque soviétique contre les États-Unis, attaque qui entraînerait des représailles massives contre l'Union soviétique. »

Kennedy annonçait encore que les États-Unis avaient demandé la réunion immédiate de l'Organisation des États américains, de même que la convocation du Conseil de sécurité « auxquels nous soumettrons un projet de résolution invitant l'Union soviétique à démonter et rembarquer l'ensemble des armes offensives stationnées à Cuba, et avant la levée du blocus ».

Pour faire bonne mesure, J.F.K. en appelait au bon sens de ses adversaires : « Il appartient au président Khrouchtchev de mettre fin, radicalement, à cette menace sournoise, téméraire et intolérable pour la paix du monde et pour les relations entre nos deux pays. Je l'invite également à renoncer à sa politique de domination mondiale, à joindre ses efforts aux nôtres pour interrompre cette périlleuse course aux armements, pour modifier l'histoire de l'humanité. Aujourd'hui, il a la possibilité d'éloigner le monde du bord du gouffre, en respectant enfin les paroles de son propre gouvernement affirmant que la Russie soviétique n'était aucunement obligée de faire stationner des fusées en dehors de son propre territoire, et en retirant ses missiles de Cuba... »

Il en venait à sa conclusion : « Notre but n'est pas la victoire du plus fort, mais la défense du bon droit ; non pas la paix aux dépens de la liberté, mais à la fois la paix *et* la liberté, chez nous, dans cet hémisphère et, nous l'espérons, dans le monde entier. Si Dieu le veut, le but sera atteint. »

John F. Kennedy avait achevé. L'attente commençait.

Ce mercredi 24 octobre, dans la vaste salle du National Military Command Center, les visages des spécialistes sont tournés — tous — vers les panneaux lumineux où s'inscrivent les données des ordinateurs qui centralisent et décodent les informations en provenance des bâtiments et des avions américains. Ce qui apparaît comme une certitude, c'est que des cargos soviétiques — et l'on en dénombre vingt-quatre — progressent vers Cuba.

La flotte américaine, elle, a pris position autour de l'île. Si ces cargos franchissent la limite qui a été portée à la connaissance du monde, la flotte américaine les interceptera.

La question est de savoir ce qui se passera ensuite.

En tout cas, les Américains approuvent Kennedy. Un sondage

témoigne que 84 % des citoyens sont favorables au blocus. Mais les cargos soviétiques, imperturbables, voguent toujours vers Cuba.

Le Kremlin a informé les pays du pacte de Varsovie — la République démocratique allemande, la Tchécoslovaquie, la Pologne, la Hongrie, la Roumanie — et les a invités à mettre sur le pied de guerre leurs forces armées. Nikita Khrouchtchev a expédié au président Kennedy un message furieux dans lequel il qualifiait le blocus d'« acte de piraterie » et dénonçait le président comme un provocateur de guerre.

Quant au gouvernement américain, il démontre chaque jour sa détermination absolue. D'évidence, le pays est prêt à aller, s'il le faut, plus loin que le blocus. Depuis la Seconde Guerre mondiale, les États-Unis n'ont jamais eu autant d'hommes sous les drapeaux. Pierre Salinger — c'est son métier — les énumère : « Plus de cent mille soldats rassemblés en Floride et dans les autres États du Sud-Est, prêts à envahir Cuba si cela se révèle nécessaire. Une flotte de quatre-vingt-dix navires, dont huit porte-avions avec leurs soixante-huit escadrilles, sont prêts à faire appliquer le blocus dès qu'ils en recevront l'ordre. Le *Strategic Air Command* et les sous-marins *Polaris* se trouvent en état d'alerte. »

On attend.

Primitivement fixée à 1 300 kilomètres, la ligne d'interception des navires à destination de Cuba a été ramenée par le président à 800 kilomètres. Si les cargos franchissent cette ligne, il faudra les arraisonner.

Avec une émotion qu'après lui, avec lui, nous ressentons, Robert Kennedy a évoqué la réunion du mercredi matin 24 octobre, la plus éprouvante, la plus difficile, la plus tendue de toutes : « Les bateaux russes continuaient d'avancer, ils approchaient de la barrière des 800 kilomètres. Nous devions soit les intercepter, soit annoncer notre reculade. J'étais assis de l'autre côté de la table, en face du président. C'était le moment pour lequel nous nous étions préparés et qui, espérions-nous, ne viendrait jamais. Le danger et l'anxiété que nous ressentions pesaient sur nous comme une chape de plomb, et spécialement sur le président. »

On dispose maintenant de nouvelles photos prises par les *U-2*. On distingue très nettement les progrès considérables accomplis, en quelques jours seulement, par les techniciens soviétiques. Tout est en place désormais : les rampes de lancement, les engins eux-mêmes, les abris pour les ogives nucléaires. Dans quelques jours, plusieurs rampes de lancement seront prêtes. Prêtes pour la guerre.

10 heures du matin. McNamara annonce que deux cargos russes, le *Gagarine* et le *Komiles,* se trouvent à quelques kilomètres de la ligne

*L'*Essex *sur le tranchant du rasoir.*

d'interception. S'ils poursuivent leur navigation, l'un au moins des navires sera stoppé et arraisonné entre 10 h 30 et 11 heures.

Un nouveau message : un sous-marin soviétique en plongée vient d'être repéré entre les deux cargos.

Or dans la zone critique se trouve le porte-avions américain *Essex*. A son bord, des hélicoptères armés pour la chasse aux sous-marins. *Alea jacta est*. On donne l'ordre au porte-avions de sommer le sous-marin, par sonar, de faire surface et de décliner son identité. La voix de McNamara s'assourdit quand il précise qu'il faudra, s'il le faut, utiliser des grenades sous-marines pour forcer le sous-marin à faire surface. Autour de la table, le silence. *Récit de Robert Kennedy :* « Je crois que ces quelques minutes furent les plus graves qu'ait vécues le président. Le monde était-il au bord de l'holocauste ? Par notre faute ? Avions-nous commis une erreur ? Y aurait-il autre chose à faire ? Ou à ne pas faire ? Sa main remonta vers son visage et couvrit sa bouche. Il ouvrit et ferma le poing. Son visage était tiré, ses yeux douloureux semblaient presque gris. Nous nous dévisageâmes à travers la table. Pour quelques brèves secondes, ce fut presque comme s'il n'y avait personne d'autre et comme s'il n'était plus le président. Inexplicablement, je repensai au temps où il était malade et où il avait failli mourir ; au temps où il avait perdu son enfant ; au jour où nous apprîmes que notre frère aîné avait été tué ; aux périodes où nous avions été personnellement blessés et éprouvés. »

La voix du président s'élève :

— N'y a-t-il pas un moyen d'éviter d'avoir notre premier contact avec un sous-marin russe ? Tout vaut mieux que ça.

— Non, répond McNamara, cela représenterait trop de danger pour nos navires. Il n'y a pas d'alternative. Nos commandants ont reçu l'ordre d'éviter si possible les hostilités, mais c'est à cela qu'il faut nous préparer, c'est à cela qu'il faut nous attendre.

Un silence encore. Et la voix du président :

— Nous devons nous attendre à ce qu'ils bloquent Berlin. Terminez les préparatifs de ce côté-là.

Autour de la table, chacun sent, comme Bob Kennedy, que l'on se trouve à l'extrême bord du précipice et qu'il n'existe aucun moyen de revenir en arrière. Ce n'est pas la semaine suivante ni même le lendemain que tout va se jouer. C'est à l'instant même : « Le président Kennedy avait mis en marche le mécanisme des événements mais il ne le contrôlait plus. Il lui fallait attendre — il nous fallait tous attendre. Dans la salle du Conseil, les minutes s'écoulaient lentement. Que pouvions-nous désormais — que pouvions-nous faire ? »

10 h 25. On apporte à J.F.K. un message du directeur de la C.I.A., McCone. Il est ainsi conçu : « Monsieur le président, nous venons de recevoir un rapport préliminaire qui semble indiquer que certains navires soviétiques ont stoppé net en pleine mer. »

Autour de la table, la stupeur. Point encore l'espoir. Il faut attendre la confirmation. Ou l'information.

10 h 32. Nouveau message : « L'information est exacte, monsieur le président. Six navires en route vers Cuba ont stoppé à la limite du blocus ou bien s'en retournent vers l'Union soviétique. Un porte-parole des services de renseignement de la marine est en chemin avec le rapport complet. »

Il arrive, le porte-parole, porteur du rapport miracle. Cette fois, impossible de douter : les vingt navires russes les plus proches de la ligne d'interception non seulement ont stoppé en pleine mer, mais ont viré de bord.

— De sorte, dit lentement le président, qu'aucun navire ne sera arrêté ni intercepté.

Reste la possibilité d'un accident, d'une erreur. Bob, fébrilement, dit qu'il faut à l'instant s'assurer que la marine sait qu'elle ne doit plus bouger, ni procéder à aucun arraisonnement. C'est dans la seconde qu'il faut transmettre les instructions. Dans la seconde !

J.F.K. confirme :

— Si les bateaux ont l'ordre de faire demi-tour, il faut leur laisser toute liberté de le faire. Entrez directement en contact avec l'*Essex* et dites-leur qu'ils ne bougent surtout pas, qu'ils donnent aux Russes la possibilité de virer de bord. Il faut se dépêcher parce que le temps passe.

Les adjoints quittent la salle en courant, se saisissent des téléphones. Les ordres galopent sur les ondes. Dans le salon Ovale, désormais, la réunion traîne un peu. « Mais chacun semblait être devenu un autre homme : pour un court instant, le monde s'était arrêté et maintenant il tournait à nouveau. »

Dans ces sortes d'affaires, il importe surtout de ne pas se réjouir trop tôt. Certes, un pas immense vient d'être accompli, mais on ignore toujours quelles sont les véritables intentions de Khrouchtchev. Le même jour, fidèle à une tactique souvent utilisée par lui, profitant de la présence à Moscou du directeur de la Westinghouse, William Knox, en voyage d'affaires en Russie, Nikita Khrouchtchev l'a convoqué au Kremlin. Knox a trouvé le Premier soviétique « au bord de l'effondrement ». Knox dira qu'il avait l'air de ne pas avoir dormi de la nuit. Alors, pendant trois heures, Knox a dû se résigner à entendre soliloquer le Russe, lequel alternait d'inquiétantes menaces et d'énormes plaisanteries. La phrase qui inquiéta le plus Knox :

— Parfaitement, a dit Khrouchtchev, nous avons des fusées et des bombardiers à Cuba ; mieux, nous allons nous en servir au besoin !

Écarlate, Khrouchtchev pointe son index boudiné vers Knox. Voilà ce que le président de la Westinghouse devra expliquer au président des États-Unis et à tous les Américains :

— Si jamais les navires essaient d'arraisonner les bateaux soviétiques, les sous-marins commenceront à couler les bâtiments américains ! Et alors ce sera la Troisième Guerre mondiale !

Khrouchtchev se calme un peu. Il se penche en avant pour confier

Coup de théâtre à l'ONU : les photos confondent le délégué soviétique Zorine.
(Coll. P.P.P./I.P.S.)

à Knox que décidément il ne comprend pas l'attitude de Kennedy. Déjà, il avait eu beaucoup de difficulté avec Eisenhower. Pourtant, c'était un homme de sa propre génération :

— Comment pourrais-je m'entendre avec un homme qui est plus jeune que mon fils ?

D'évidence, la proposition laisse Knox interloqué. Khrouchtchev agite ses petites mains. Il passe au sujet essentiel : s'agit-il à Cuba d'armes *offensives* ou *défensives ?*

— Si je vous vise avec un revolver là, comme ça — le revolver constitue une arme offensive. Mais si je le fais uniquement pour vous empêcher de tirer sur moi, cela devient une arme défensive, non ?

A peine sorti du Kremlin, Knox va immédiatement transmettre à Washington la relation de l'entretien. Khrouchtchev n'a rien voulu d'autre, c'est évident.

A Washington, justement, on ne comprend plus. D'une part, Khrouchtchev donne l'ordre à ses cargos de rebrousser chemin, de l'autre il menace. Alors ?

Avec une sage lenteur, l'O.N.U. s'est chargée, si faire se peut, de résoudre la crise. Le secrétaire général U-Thant suggère aux deux parties de se réunir. Mais le jeudi 24, au Conseil de sécurité, le Russe

Valerian Zorine — qui préside — déclare solennellement que le blocus de Cuba se fonde sur « un prétexte truqué ». Le représentant américain, Adlai Stevenson, oubliant pour un instant son pacifisme, bondit :

— Niez-vous que votre pays installe des fusées à Cuba ? Oui ou non ?

Zorine se drape dans une dignité blessée. Il rétorque qu'il n'est pas devant un tribunal américain :

— Je répondrai quand l'instant sera venu.

Stevenson, décidément hors de lui, crie dans le micro :

— J'attendrai votre réponse jusqu'à ce que l'enfer gèle !

Il n'a droit qu'à un sourire dédaigneux de Zorine. Qui se fige sur ses lèvres lorsque Stevenson, tout à coup, brandit sous son nez les photos accusatrices prises par les *U-2*.

Les *U-2* qui survolent toujours Cuba. Et même, un pilote, le major Rudolf Anderson, sera abattu par la D.C.A. de l'île, sortie enfin de son étonnante passivité. Le major Anderson : l'un des deux pilotes qui, le 14 octobre, avaient rapporté les premières photos accusatrices. Le major Anderson, mort aux commandes de son appareil et qui peut-être avait sauvé, sinon la paix, du moins l'équilibre du monde.

Les autres pilotes sont revenus, eux. Ils apportent la preuve que, dans l'île, les travaux n'ont pas été interrompus. Bien mieux, les Soviétiques accélèrent l'installation des fusées.

Grave question : Khrouchtchev ne cherche-t-il pas simplement à gagner du temps ? J.F.K., qui a d'abord laissé passer un pétrolier — ostensible geste d'apaisement — en vient à envisager d'étendre le blocus au pétrole. Il ordonne que l'on prépare un plan d'invasion de Cuba.

On avait cru voir la guerre atomique s'éloigner. Son souffle terrifiant ne se lève-t-il point au contraire ? Le pape Jean XXIII supplie les nations de sauver la paix. Mais Khrouchtchev n'est-il point le successeur de ce Staline qui demandait, lui, en réponse à une adjuration semblable d'un autre souverain pontife, combien le pape avait de divisions ?

Des signes, pourtant. Des Soviétiques prennent des contacts, ici et là. Un diplomate russe rencontre un journaliste américain. Il fait connaître le désir de son pays de trouver une porte de sortie : on croit comprendre que les Russes enlèveront leurs fusées si les Américains s'engagent à ne pas envahir Cuba. Que faut-il penser de ces contacts officieux ?

On en est là, lorsque, le vendredi 27 octobre, Kennedy reçoit un message de Khrouchtchev. Un très long et très véhément message.

Les spécialistes qui l'analysent aussitôt reconnaissent le style si personnel du Premier soviétique. Cette lettre, il n'a laissé à personne le soin de l'écrire. Elle apparaît « comme le cri d'épouvante d'un homme prisonnier d'un cauchemar [1] ».

Khrouchtchev adjure Kennedy d'arrêter la course à l'abîme avant qu'il ne soit plus possible à quiconque d'éviter le cataclysme. Longuement, il évoque les horreurs de la guerre telles qu'il les a connues lui-même, tels qu'il en a souffert dans sa chair et dans sa descendance. Il en arrive aux fusées elles-mêmes, revient sur sa distinction des armes offensives et défensives. Au fond, tout dépend de l'usage que l'on fait d'une telle arme. De toute façon, Kennedy doit bien savoir que des fusées à elles seules ne peuvent représenter un potentiel d'attaque. Derrière, il faut des troupes. Où sont-elles, ces troupes ?

Khrouchtchev ne veut plus rien cacher : c'est vrai, dans les mois précédents, l'Union soviétique a livré des armes à Cuba. Maintenant, les bateaux en route pour l'île ne transportent plus d'armes. Par conséquent, si la flotte américaine arraisonne ces bateaux, elle ne commettra rien d'autre qu'un acte de piraterie. Et l'Union soviétique sera bien obligée de se défendre. Et qui peut prévoir où tout cela mènera ?

Khrouchtchev répète son leitmotiv en forme d'obsession : il faut absolument sauver la paix. Si une guerre éclate, elle sera mondiale et menacera l'humanité tout entière. Khrouchtchev demande à Kennedy de prendre un double engagement : l'assurance de ne pas attaquer Cuba et de retirer la flotte américaine des eaux cubaines. Si le président des États-Unis accepte, nul doute que la situation ne change du tout au tout.

Enfin, la conclusion, qui ressemble à une adjuration : « Si vous n'avez pas perdu votre sang-froid, si vous vous rendez vraiment compte où cette affaire risque de nous entraîner, alors, monsieur le président, vous et moi devrions éviter de tirer sur les extrémités de la corde dans laquelle vous avez noué la guerre, car plus nous tirerons, plus le nœud se resserrera. Et il arrivera un moment où même celui qui a fait ce nœud n'aura plus la force de le défaire, si bien qu'on sera forcé de le trancher. Ce n'est pas à moi de vous expliquer ce que cela signifierait. Vous-même connaissez les moyens terrifiants dont disposent nos deux pays.

» Par conséquent, si vous n'avez pas l'intention de resserrer ce nœud, de condamner le monde à subir le cataclysme d'une guerre thermonucléaire, eh bien, mettons fin à la tension qui, en ce

1. Elie Abel, *op. cit.*

moment, s'exerce sur les extrémités de la corde et, surtout, prenons des mesures pour défaire ce nœud. Nous, les dirigeants d'Union soviétique, nous sommes prêts à agir dans ce sens. »

A la Maison-Blanche, on respire. Kennedy est prêt à parier qu'il s'agit d'un message de bonne foi : « Pour la première fois, dira-t-il, j'avais l'espoir de voir nos efforts réussir. »

Hélas, cet optimisme ne durera pas. Le samedi matin 27 octobre, on reçoit à Washington un nouveau message de Khrouchtchev, cette fois rédigé dans ce style froid et neutre dont on use dans les chancelleries. Khrouchtchev déclare qu'il enlèvera ses fusées de Cuba si les Américains ôtent les leurs de Turquie.

Une vague de colère secoue Kennedy : ces fusées américaines de Turquie, d'ailleurs périmées, il y a longtemps qu'il a donné l'ordre de les enlever ! A ses yeux, un tel geste devait favoriser la paix. Après

Sur le cargo soviétique Kasimov, *quinze Ilyouchine 28 repartent pour l'Union soviétique. L'une des caisses est volontairement ouverte pour faciliter l'inspection par l'*US Air Force. (Coll. P.P.P./I.P.S.)

quoi, il n'y a plus pensé. Et maintenant, renseignements pris, on lui annonce que les fusées sont toujours en Turquie ! *Et il ne peut plus les enlever.* Dans la conjoncture, une telle dérobade serait considérée par le monde entier comme une défaite qui porterait au prestige des États-Unis un coup peut-être décisif.

Dans la foulée, les généraux qui, au Pentagone, n'avaient jamais voulu croire au succès du blocus, affichent un triomphe rien moins que modeste. Ce qu'ils préconisent, c'est un bombardement de Cuba pour le lundi 29 octobre. Les techniciens soviétiques ne continuent-ils pas à monter fiévreusement les rampes de lancement ? La seconde opération préconisée par le Pentagone est l'invasion de l'île qui devra suivre le bombardement.

Dean Acheson entreprend derechef le siège de Kennedy : le bombardement est désormais la seule solution, la seule efficace.

Kennedy ne veut pas se résigner à l'inéluctable. Mais il sait que l'inéluctable, justement, est au bout de la route. Déjà, les appareils du *Strategic Air Command* tournent dans le ciel, leurs soutes pleines de bombes atomiques. La guerre pour demain ? L'horreur nucléaire ?

Non. Contre la guerre intervient l'intelligence. Celle de Robert Kennedy, qui propose de répondre non pas au second message de Khrouchtchev — celui qui réclame le retrait des fusées de Turquie — mais au premier qui reste, lui, parfaitement acceptable. Les États-Unis s'engageront à faire cesser le blocus et à ne jamais envahir Cuba. En revanche, l'U.R.S.S. retirera ses fusées de l'île.

Avec un soulagement mêlé de joie inquiète, J.F.K. se saisit de l'idée. Sa réponse à Khrouchtchev — rédigée dans ce sens — vole sur les ondes.

A la Maison-Blanche, Dean Acheson se fait oiseau de mauvais augure :

— Une chance sur cent de réussite !

La nuit qui vient sera la plus longue nuit. Ce dimanche dont l'aube se lève voit des foules, dans les églises et les temples, partout en prière. Ne reste-t-il plus que cela, la prière ?

9 heures. Sur les antennes de Radio-Moscou, un speaker lit un message. A Washington, où on le reçoit bribe par bribe, d'abord on refuse d'y croire. C'est trop beau en vérité. Trop beau pour être vrai. Mais il faut se rendre à l'évidence : Nikita Khrouchtchev annonce que le gouvernement soviétique a donné l'ordre de démonter les fusées et de les ramener en Union soviétique « afin d'éliminer aussi rapidement que possible le conflit qui met en péril la cause de la paix... ».

Un entretien secret n'était peut-être pas étranger à la décision de Khrouchtchev : celui qui s'était déroulé la veille entre Robert Kennedy et l'ambassadeur soviétique. Bob avait parlé à Dobrynine de la lettre que le président venait d'envoyer à Khrouchtchev. Le diplomate avait soulevé la question du retrait des missiles de Turquie. Bob avait alors déclaré qu'il ne devait pas y avoir là-dessus de quiproquo, « aucun accord ne pouvait être conclu sous la pression et la menace ». Mais il avait ajouté — et cela reste peut-être la clé de tout — qu'en définitive la décision devait être prise par l'O.T.A.N. : « Le président désire depuis longtemps retirer ses missiles de Turquie et d'Italie. Il y a quelque temps, il a même ordonné leur retrait et, d'après nos estimations, peu de temps après la fin de la crise, les missiles seront enlevés. »

De fait, les missiles de Turquie furent enlevés.

Ici et là, dans le monde, les boutefeux crièrent victoire, saluèrent la défaite de Khrouchtchev. La chute spectaculaire du Premier soviétique découlera en grande partie de ces criailleries savamment exploitées par les adversaires de Nikita au Kremlin.

John F. Kennedy, lui, avait interdit tout chant de victoire. Il se refusa à prononcer aucune déclaration qui attribuât à son gouvernement le mérite de ce qui s'était déroulé. Il interdit aux membres de l'EXCOM de se plier à des interviews qui leur eussent permis de célébrer le triomphe des États-Unis. On ne peut, avec André Fontaine, que se réjouir que Kennedy, ayant gagné aux points, se soit gardé « contre la tentation de transformer son succès en KO ». Et frémir « en pensant à ce qui se serait passé si, à la place de ces deux jouteurs qui surent, le moment venu, faire prévaloir la paix sur le prestige, s'était trouvé quelqu'un de ces obstinés dont l'espèce ne s'est jamais éteinte quelque part, hélas ! que pour ressusciter ailleurs ».

Robert Kennedy a dit de son frère qu'il respectait Khrouchtchev « d'avoir su déterminer ce qui était dans l'intérêt de son pays et ce qui était dans l'intérêt de l'humanité ». Aux yeux de Bob, comme de J.F.K., « si c'était un triomphe, c'était un triomphe pour la prochaine génération, et non pas celui d'un gouvernement ou d'un peuple en particulier. »

Une fois, une fois seulement, entre l'époque où furent lancées les bombes d'Hiroshima et de Nagasaki et notre présent, le monde s'est vu à l'instant d'une guerre nucléaire. A l'horloge de l'Histoire, il était moins cinq. Si la paix s'est en définitive trouvée sauvegardée, c'est parce qu'aux leviers de commande des blocs antagonistes se tenaient, vigilants mais lucides, deux hommes de bonne volonté.

Comment, nous qui peut-être leur devons d'être en vie, les oublierions-nous ?

TABLE DES MATIÈRES

ACHEVÉ D'IMPRIMER
LE 23 DÉCEMBRE 1982
SUR LES PRESSES DE
L'IMPRIMERIE HÉRISSEY
A ÉVREUX (EURE)

Imprimé en France
N° d'éditeur : 612
N° d'imprimeur : 31315
Dépôt légal : Octobre 1982
ISBN 2-262-00272-X